Kaukasus
GEORGIEN
Tiflis
ARMENIEN
ASERBAIDSCHAN
Baku
Jerewan
Ararat
5165
zu Aserbaidschan
Kaspisches Meer
Van
Täbris
Urmiasee
Urmia
Barsan
Mahabad
Ruwanduz
Bukan
Salahaddin
Saqqez
Erbil
Elburs Gebirge
5671
Demawend
Teheran
Kirkuk
Sanandasch
Kanaquim
IRAN
Bagdad
Tigris
Kermandasch
Zagros Gebirge
Isfahan
Euphrat
Basra
KUWAIT
Persischer Golf

Günther Deschner

DIE KURDEN

Günther Deschner

DIE KURDEN

Volk ohne Staat
Geschichte und Hoffnung

Herbig

Die Karte im Vorsatz zeigt das Wohngebiet der Kurden, das sich über fünf Staaten erstreckt, in seinen tatsächlichen Grenzen jedoch umstritten ist. Die schraffierte Fläche zeigt das Gebiet, in dem die Kurden die Bevölkerungsmehrheit stellen, die gepunktete den von kurdischen Nationalisten reklamierten Siedlungsraum.

Besuchen Sie uns im Internet unter:
http://www.herbig-verlag.de

Schutzumschlag: Wolfgang Heinzel
Umschlagfoto: © Reza/Webistan
Vorsatzkarte: Eckehard Radehose, Schliersee
Herstellung und Satz: VerlagsService Dr. Helmut Neuberger
& Karl Schaumann GmbH
Gesetzt aus 11/13,5 Punkt Palatino
Druck und Binden: Ueberreuter Buchproduktion, Korneuburg
Printed in Austria
ISBN 3-7766-2358-6

»Aber wie sollte man glauben,
ein Volk für immer unterdrücken zu können,
das auf seiner Freiheit besteht und auch bereit ist,
den Preis dafür zu bezahlen?«

Jawaharlal Nehru 1935 über die Kurden

Inhalt

1
Volk ohne Staat

Die Kurdenfrage auf der Bühne der internationalen Politik

Die Kurden. Sie sind 30 Millionen. Oder ein paar Millionen mehr oder weniger. Ganz genau weiß das keiner, einfach deswegen, weil die Existenz des kurdischen Volkes in einigen Staaten der Region offiziell geleugnet wurde oder wird, vor allem in der Türkei, und weil die Regierungen anderer Staaten, zum Beispiel des Irak, bei denen sich die Existenz der Kurden nicht leugnen läßt, geneigt sind, untertriebene Zahlen anzugeben. Und schließlich: Wird sich in den Staaten, in denen Kurden als Menschen zweiter Klasse gelten, wenn es doch mal zu einer Volkszählung kommt, auch wirklich jeder zu seinem angestammten Volkstum bekennen? Die Vertreter der kurdischen Nationalbewegungen neigen umgekehrt dazu, mit immer höheren Zahlen zu operieren. 35 oder 40 Millionen werden von diesen Gruppen genannt, eine sozialistisch inspirierte Kurdenorganisation gibt neuerdings sogar 45 Millionen Kurden an.

Fest steht jedenfalls, daß die Kurden nach Arabern, Türken und Persern das viertgrößte Volk des Nahen Ostens sind. Seriöse Beobachter rechnen mit 15 Millionen oder mehr in der Türkei, an die zehn Millionen im Iran, rund fünf Millionen im Irak und ein bis zwei Millionen in Syrien. Die kurdischen Volkssplitter in den Nachfolgestaaten der ehemaligen Sowjetunion, insbesondere in Armenien, Georgien, Aserbeidschan, und die große Zahl der ins Exil getriebenen Kurden sind dabei noch gar nicht eingerechnet. Allein in Deutschland leben mehr als 500 000 von ihnen, überwiegend mit türkischem Paß.

Die Kurden haben eine Jahrtausende alte eigene Geschichte und Kultur. Seit ihrem ersten Auftauchen in der Geschichte bewohnen sie denselben Raum, in dem sie jetzt leben. Ihr Name leitet sich wahrscheinlich von den antiken Guti ab (Guti – Qurti – Kurtie), den Eroberern Babylons. Auch bei den nicht-semitischen Hurritern Mesopotamiens und den Medern der persischen Geschichte dürfte es sich um die Vorfahren der heutigen Kurden gehandelt haben.

Sie sprechen eine eigene, eine indogermanische Sprache, die zur Gruppe der westiranischen Sprachen gehört, sehr eng mit dem Altpersischen verwandt ist und absolut nichts gemein hat mit dem Arabischen oder Türkischen. Das Kurdische ist von diesen Sprachen so weit entfernt wie Deutsch von Koreanisch, wie Englisch von Kisuaheli. Viele Kurden fühlen sich deswegen den Europäern stärker verwandt als Arabern oder Türken. Zu allem Überfluß schreiben die Kurden auch noch in verschiedenen Alphabeten: Im Irak, im Iran und in Syrien schreiben sie mit arabischen Buchstaben, in der Türkei mit lateinischen, in den kleineren Siedlungsgebieten in den Nachfolgestaaten der Sowjetunion mit kyrillischen oder armenischen.

Vom biblischen Berg Ararat im Norden bis fast zum Persischen Golf, von Armenien bis nahe an die Gestade des Mittelmeers, von den Ufern des Tigris bis ins Hochland von Iran erstreckt sich ihr geschlossenes Siedlungsgebiet, ihre zerstückelte Heimat – ihr Kurdistan. Ein großer Teil ist schwer zugängliches Hochgebirge, das Bergmassiv des Zagros zieht sich durch das ganze Land, eine Region mit einer Bilderbuchlandschaft (so stellt man sich die unzerstörte Alpenlandschaft vor!), mit entlegenen Bergdörfern und unterentwickelter Infrastruktur. Der deutsche Bestsellerautor Karl May brachte das vor mehr als 100 Jahren auf die Formel »Das wilde Kurdistan«. Dieses »wilde«, ursprüngliche und unverfälschte Kurdistan gibt es auch heute noch.

Aber es gibt auch das andere: die weiten fruchtbaren Ebenen mit einer ertragreichen Landwirtschaft, die Ölfelder mit ihren Förderpumpen und die Großstädte wie Kirkuk und Erbil – teilweise seit der Antike durchgehend bewohnt, manche seit 5000 Jahren. Von den Dimensionen Kurdistans, seinen vielen Gesichtern und ihrer Beziehung zueinander hat man in der Welt oft eine ungenaue Vorstellung: Natürlich gibt es noch den kurdischen Hirten, der mit seiner Schaf- oder Ziegenherde auf die Almen zieht, natürlich kann man hie und da noch den stolzen Reiter mit dem umgehängten Gewehr und den Patronengürteln über der Schulter sehen, so wie wir ihn aus Karl Mays Erzählungen kennen.

Aber die Kurdenstadt Erbil im Nordirak hat jetzt schon 800 000 Einwohner, vielleicht sogar schon eine Million, ein Parlamentsgebäude und drei Krankenhäuser, zwei Fernseh- und ein paar Radiosender, klimatisierte Supermärkte, ein Dutzend Kosmetiksalons und ein Betreibernetz für Mobiltelefone. Solche Gegensätze gibt es viele.

Kurdistan ist nicht bloß ein romantischer Winkel, sondern ein großes Land mit vielen Gesichtern. Und es ist ein potentiell reiches Land. Die größten Schätze des Nahen Ostens – Wasser und Öl – besitzt es reichlich. Fast die Hälfte des irakischen Erdöls stammt aus kurdischem Boden. Und die größten Flüsse des Nahen Ostens, Euphrat und Tigris, von deren Wasser die Türkei sowie Syrien und der Irak zehren, entspringen in Kurdistan. Das von jeher von Kurden besiedelte Kurdistan ist mit 500 000 Quadratkilometern Fläche so groß wie Frankreich und größer als das wiedervereinigte heutige Deutschland und Österreich zusammen. Mit anderen Worten bilden die Kurden in ihrem angestammten Land keine Minderheit, sondern sie sind die Mehrheit.

Und trotzdem ist Kurdistan auf keiner Landkarte zu finden. Denn die Kurden sind das letzte große Volk ohne einen eigenen Staat. Ihr Land wurde zerstückelt und neu gebildeten Staaten einverleibt, das kurdische Volk selbst wurde aufgeteilt auf die heutigen Staaten Türkei, Irak, Iran und Syrien und mit einer kleineren Gruppe auch auf südliche Nachfolgestaaten der ehemaligen Sowjetunion. So machte man viele Minderheiten aus der einen Mehrheit.

Es sind drei Hauptfaktoren, die das Schicksal der Kurden bis heute bestimmen: die Zerstreuung, die Zersplitterung, die Geopolitik. Selten hat sich an einem Volk Napoleons Wort, die Geographie sei das Schicksal, nachhaltiger bewahrheitet als an den Kurden. Über Jahrhunderte hinweg war ihr Lebensraum Schauplatz der Auseinandersetzung zwischen anderen, mächtigeren Reichen und Völkern. Auf kurdischem Boden spielte sich das geschichtliche Ringen zwischen den seit dem 11. Jahrhundert aus Mittelasien nach Anatolien zugewanderten Türken und den bis dahin dominierenden Persern ab. Als sich die rivalisierenden Osmanen und Perser im Jahr 1639 im Vertrag von Kasri Schirin endlich auf eine Grenze einigten, ging sie mitten durch Kurdistan. Die Kurden nennen diesen Vertrag die »Erste kurdische Teilung«.

Weitere, noch sehr viel schmerzhaftere Teilungen folgten im 20. Jahrhundert, paradoxerweise im Zeitalter des Selbstbestimmungsrechts der Völker. Nach dem Ersten Weltkrieg, also nach 1918, hatten die siegreichen Demokratien Frankreich und England beschlossen, die besiegten Mittelmächte auf Dauer zu schwächen oder ganz zu zerschlagen. Mit viel Ranküne, aber leider ganz ohne staatsmännische Weisheit, wurde in Versailles, in St. Germain und in Sèvres, in den sogenannten »Pariser Vorortverträgen« von 1919/1920, den Verlierern die »Neue Weltordnung« der damaligen Zeit diktiert – mit teilweise verheerenden Folgen.

In Versailles demütigte man das Deutsche Reich und amputierte große Gebiete – eine der Ursachen für den Zweiten Weltkrieg, wie heute jeder weiß. In St. Germain zerlegte man das österreichische Habsburgerreich und entließ dessen nichtdeutsche Nationalitäten in eine neue staatliche Zukunft. Friedenssichernd war das Diktat der Westmächte allerdings nicht. Mit den neuen künstlichen Staaten Jugoslawien und Tschechoslowakei schuf man neue Probleme, die schlimmer und destabilisierender wirkten als alle Spannungen zusammen, die es im Habsburgerreich je gegeben hatte.

Ähnlich verfuhr man in Sèvres mit dem Osmanenreich. Statt die neue politische Landkarte entsprechend den Linien ethnischer, religiöser und historischer Zusammenhänge zu zeichnen, zerschlugen die Westmächte das Türkenreich nach Lust und Laune. Allein orientiert an den eigenen Machtinteressen skizzierten England und Frankreich auf dem Reißbrett die neuen Staaten Jordanien, Syrien, den Libanon und den Irak. (Auf englischer Seite war der junge Winston Churchill, Unterstaatssekretär im britischen Kolonialministerium, mit dem befaßt, was man damals unter »Neugestaltung« des Nahen Ostens verstand.) Wichtiger als das Wohl der Völker war den Engländern beim »Nation building«, das Versprechen einzulösen, das sie während des Krieges kollaborierenden Araberscheichs gegeben hatten, sie mit einem Königreich zu belohnen. So entstanden die Königreiche Jordanien und Irak. Raum- und volksfremde Herrscherfamilien wurden auf den Thron gesetzt, mit den Regierten hatten sie nicht viel gemeinsam. Vom Osmanischen Reich blieb nur noch die heutige Türkei übrig – von inneren und äußeren Krisen geschüttelt, verletzt von der Amputation großer Gebiete, verwirrt durch den gleichzeitigen Zusammenbruch der alten islamisch-osmanischen Ordnung.

So wie man aus der Erbmasse des österreichisch-ungarischen Habsburgerreiches so willkürliche Schöpfungen wie die Tschechoslowakei herausgeschnitten hatte, die sich schon bald für die gegen ihren Willen in den Tschechenstaat hineingezwungenen Deutschen, Polen und Slowaken als unerträgliches Völkergefängnis herausstellte, so pferchte man auch das (heute) 30-Millionen-Volk der Kurden in die Völkergefängnisse der neuen Staaten, in den britischen Irak, in das damals französische Syrien oder in die neue Türkei Kemal Atatürks.

Was die Kurden betrifft, so waren vielleicht nicht einmal böser Wille oder Dummheit maßgebend. Denn die Kurdenfrage war schon kurz vor den Pariser Vorortverträgen, noch im Ersten Weltkrieg, für ein paar kurze historische Momente auf der Bühne der Weltpolitik erschienen. Insbesondere zwei politische Ereignisse in den Kriegsjahren signalisierten den Kurden Höhen und Tiefen ihrer Hoffnungen: 1916 wurde in dem nach den beiden Verhandlungsführern benannten Sykes-Picot-Abkommen, in dem England und Frankreich ihre nahöstlichen Interessen für die Zeit nach dem erhofften Sieg der Alliierten definierten, eine weitere Aufteilung Kurdistans vorgesehen. 1918 hingegen wurden im 14-Punkte-Programm des US-Präsidenten Wilson unter anderem erstmals auch die nationalen Rechte der Kurden erwähnt.

Unter Berufung auf diese 14 Punkte Wilsons nahm in Sèvres eine kurdische Delegation unter Sherif Pascha, einem kurdischen General des osmanischen Heeres, als Beobachter teil. Die Kurdendelegation forderte, bei der Gelegenheit der Neuordnung des Orients die »schlafenden Irrtümer« zu beseitigen, verlangte erstmals auf internationalem Parkett das Selbstbestimmungsrecht für das kurdische Volk und, da man doch gerade beim Staatengründen war, einen eigenen »Staat Kurdistan«. England und Frankreich hatten im Prinzip nichts dagegen. Für ihre Politik konnte es nur nützlich sein, wenn die Zahl der Figuren zunahm, die sie auf dem Schachbrett ihrer imperialistischen »Gleichgewichtspolitik« hin und her schieben und gegeneinander ausspielen konnten. Man einigte sich darauf, im Nordwesten des hinfort britisch dominierten neuen Irak und im Südosten der Resttürkei die Kurdenregionen abzustecken und –

wenn die Kurden dies wollten – nach einer Übergangszeit dem Völkerbund die staatliche Unabhängigkeit vorzuschlagen.

Die Vereinigung der Kurden der heutigen Türkei mit den Kurden des heutigen Irak zu einem »Unabhängigen Kurdistan« wäre also im Rahmen des Vertrags durchaus möglich gewesen. Im Lichte der darauf folgenden Entwicklung stellten sich allerdings die Kurden immer wieder die Frage, ob es den Briten und Franzosen wirklich ernst war mit der Verwirklichung dieses Plans. Oder ging es ihnen vielleicht doch nur darum, mit der Drohgeste einer weiteren territorialen Amputation das besiegte Osmanische Reich noch etwas gefügiger zu machen? Zur gleichen Zeit zeichnete sich nämlich schon ab, daß der Sultan abtreten und der General Mustafa Kemal Pascha, später genannt Atatürk, ein populärer Kriegsheld und glühender türkischer Nationalist, der künftige starke Mann in der Resttürkei werden würde – ein Mann, der keinen Fußbreit türkischen Bodens mehr abgeben würde. Am Ende jedenfalls wurde das kurdische Volk doch überfahren und landete nicht in einem eigenen, sondern in anderen, den »neuen« Staaten. Zerrissen und zerstückelt bis heute.

Die Grenzen, die Kurdistan teilen, sind weder natürliche, wirtschaftliche noch kulturelle Grenzen. Es sind künstliche Grenzen, die gegen den Willen des kurdischen Volkes nach den Interessen der Teilungsmächte und eines von den Westmächten definierten »Gleichgewichts« gezogen wurden. Sie haben ganze Landschaften, ja Städte und Dörfer, ganze Stämme und sogar Sippen und Familien voneinander getrennt. Die Zahl der kurdischen Stämme, deren Lebensraum von Grenzen durchschnitten wurde und wird, ist beträchtlich. Einige Stämme und sogar Großfamilien leben auf zwei, selbst drei Staaten verteilt. Auch heute noch gibt es große nomadisierende Stämme. Es kommt vor, daß deren Winterweiden im Territorium des einen Staates, die Sommerweiden jenseits der Grenzen in einem anderen Staat liegen.

Die fortdauernde Trennung hat sich auf das wirtschaftliche und kulturelle Leben lähmend und auf die Entwicklung einer modernen kurdischen Gesellschaft destruktiv, spaltend und bremsend ausgewirkt. »Die heutigen, sogenannten internationalen Grenzen, die Kurdistan aufteilen«, so formulierte das PKK-Führer Abdullah Öcalan in einem Interview, das ich 1998 in Damaskus mit ihm führte, »betrachten wir Kurden als Binnengrenzen, als inländische Grenzen, die genauso gut oder schlecht sind wie die Grenzen, die das deutsche Volk bis zu seiner Vereinigung so lange getrennt haben. Die Grenzen, die unser Volk zerreißen, riechen nach Blut, sind Linien des Hasses.«

Seit mehr als acht Jahrzehnten dauert dieser widernatürliche Zustand schon an, ist das kurdische Volk jetzt gegen seinen Willen getrennt. Selbstbestimmung, Autonomie oder gar ein eigener Staat ist ihnen bis heute verwehrt. Unterdrückung und Verfolgung oder (wie in der Türkei) die Leugnung ihrer bloßen Existenz sind seit Jahrzehnten an der Tagesordnung. Oft wurden sie auf dem Schachbrett der Politik als Bauern hin und her geschoben – und geopfert. Mal unterstützte zum Beispiel der Iran die Kurden des Irak und unterdrückte seine eigenen, mal war es genau umgekehrt. Zuletzt unterstützte Syrien die Aufstandsarmee der türkischen Kurden und gewährte ihrem Führer Öcalan ein Jahrzehnt lang Asyl, während es gleichzeitig die Organisationen seiner eigenen Kurden verbot.

Auch raumfremde Großmächte machten und machen sich das Schicksal der Kurden zunutze: 1946 ermutigte Moskau die Kurden des Iran zur Gründung einer eigenen Kurdischen Republik – und ließ sie ein Jahr später (eines vorteilhaften Erdölvertrags mit Teheran wegen) wieder fallen. Eine Generation später wurden die Kurden des Irak von Amerika zweimal, 1974 und 1991, zum Aufstand verführt, und zweimal wurden sie von den Machtpolitikern in Washington, sobald diese ihre Interessen anders orientiert hatten, wieder verraten, zweimal der blutigen Rache Bagdads überlassen.

Diesmal könnte es – vielleicht – anders enden: Im Norden des Irak existiert seit 1991 unter amerikanischem Schutz eine kurdische Selbstverwaltung, die in ihrer Realität einem unabhängigen Staat nahekommt. Eine Autonome Region Kurdistan ist entstanden, mit eigener Regierung, Parlament, relativem wirtschaftlichen Wohlstand und internationalen Kontakten. Wenn es nach den Kurden geht, soll diese Autonomie noch weiter ausgebaut werden, in einem neuen Irak – oder auch ohne ihn. Die Kurden im Nordirak haben gezeigt, daß sie sich selbst regieren können. Es könnte ihnen durchaus gelingen, ihre De-facto- zu einer De-jure-Autonomie auszubauen. Das wäre schon fast so viel wie ein eigener Staat.

Doch trotz allem hängt der Erfolg dieses neuen kurdischen Anlaufs an einem seidenen Faden. Die Türkei, ein wichtiger US-Verbündeter, ist strikt gegen jede gesicherte kurdische Autonomie. Denn – so fürchtet Ankara nicht zu Unrecht – jede erfolgreiche kurdische Region kann auf alle anderen (und vor allem auf die türkische) wirken wie ein »kurdisches Piemont«, wie jener italienische Kleinstaat, der im 19. Jahrhundert zur Keimzelle der italienischen Einigungsbewegung geworden war. Selbst mit dem militärischen Einmarsch droht die Türkei, und der ist ihr jederzeit zuzutrauen.

»Überlegungen über das Schicksal staatenloser Nationen mögen etwas theoretisch erscheinen«, schrieb der Oxforder Historiker Timothy Garton Ash, als die US-Truppen bereits halbwegs nach Bagdad waren. »Doch die Kurdenfrage ist die größte Zeitbombe, die im Irak tickt.« Er hätte auch sagen können: »die im Nahen Osten tickt«. Doch wie kann und soll man sie entschärfen? An welche Autonomie denken die diversen Planer und Entscheider? Bereits vor und während des Krieges der USA gegen Saddam Hussein haben kluge und weniger kluge politische Köpfe Pläne für eine Zukunft der Kurden in einer Föderation im Irak entworfen, Pläne für ein autonomes Irakisch-Kurdistan. Doch ein Irakisch-Kurdistan in welchen Grenzen? Mit oder ohne die Ölfelder von Kirkuk, von Kanaquim und Shangar? Mit oder ohne Rückkehrrecht der von Saddam und den Bagdader Despoten vor ihm vertriebenen oder deportierten Kurden?

Und warum nicht gleich ein eigener Staat? Die Gelegenheit war noch niemals so günstig. Aus dem Ende des Kalten Krieges und dem Zerbrechen der Blöcke hat sich eine wahre Renaissance des Nationalstaats und ein Zerbröckeln der meist mit Gewalt zusammengehaltenen Vielvölkerstaaten ergeben. Aus dem Zerfall Jugoslawiens, der Tschechoslowakei und der Sowjetunion gingen mehr als ein Dutzend junger Nationalstaaten hervor, Armenien, Georgien, Lettland, Litauen, Estland, Slowenien, Kroatien, um nur einige zu nennen. Die meisten haben ein kleineres Territorium, weniger Einwohner und eine schwächere wirtschaftliche Grundlage als allein das irakische Kurdistan.

Die teils erheblichen Widerstände, die es gegen die staatliche Unabhängigkeit dieser Völker gab, wurden im Rahmen der internationalen Politik überwunden, der Unabhängigkeitsprozess teils von

UNO, NATO und EU militärisch abgesichert. In einigen Fällen ließ sogar Deutschland seine ECR-Tornados fliegen und schickte Soldaten. Einige dieser neuen Staaten sind von NATO und EU umworbene Partner, und manche zeichnen sich sogar durch die Zugehörigkeit zum »neuen Europa« aus.

Der erwähnte Historiker Timothy Garton Ash, der schon immer ein gescheiter Witzbold war, kleidete das Dilemma mit den Kurden in eine Rätselfrage »mit explosivem Kern«. »Nennen Sie«, so schrieb er zu Beginn des letzten Irakkriegs, im März 2003, »ein kühnes, überwiegend islamisches Volk, seit langem unterdrückt von einer anderen ethnischen Gruppe und deren repressiver Staatsführung. Die Angehörigen dieses Volkes wurden gefoltert, mit Bomben beworfen und aus ihren Häusern gejagt. Das kämpferische Volk mit Bergbanden-Tradition wehrte sich durch bewaffnete Aufstände und Guerillakrieg – auch mit Mitteln, die als Terrorismus gelten können. Um welches Volk handelt es sich, und wie gehen wir damit um?«

Als erste mögliche Antwort ließ er gelten: »Es sind die Kosovo-Albaner.« Richtig. Der Westen ging militärisch gegen ihre Unterdrücker vor. US-Spezialeinheiten kooperierten zunächst verdeckt, dann offen mit der Kosovo-Befreiungsarmee UÇK. Der Westen verhalf diesen Menschen unter internationalem Protektorat zur Unabhängigkeit von Serbien. Zweite mögliche Antwort: »Es sind die türkischen Kurden.« Auch richtig. Doch der Historiker spöttelt: »Wir stehen händeringend da, winken mit Dollarscheinen oder Euros und fordern die Türkei auf, doch bitte im Namen Gottes, Allahs und der Weltbank ihre große kurdische Minderheit etwas besser zu behandeln – schließlich ist die Türkei ja Mitglied der NATO und will dringend in die EU.«

Die dritte Möglichkeit sind natürlich die irakischen Kurden. Auch sie haben schon vor dem Krieg mit US-Spezialeinheiten kooperiert, und im Krieg waren sie ein zuverlässigerer Partner als das NATO-Land Türkei. In der öffentlichen Meinung der USA wird dies vielfältig zum Ausdruck gebracht. Die USA hätten gegenüber den Kurden eine doppelte Dankesschuld: Zunächst weil man sie zweimal in den Aufstand gejagt und dann sitzengelassen hatte. Und zweitens wegen ihrer »vorbildlichen Koalitionstreue« im Irakkrieg. Auch die Briten, so kann man lesen, hätten an den Kurden etwas wiedergutzumachen, »denn England bombardierte als erstes Land dieses Volk, als es sich nach dem Ersten Weltkrieg gegen den von England ins Leben gerufenen Staat Irak erhob«.

Nach meiner Einschätzung steht schon jetzt fest, daß ein Erbe des Krieges der USA gegen Saddam Hussein das endgültige Auftauchen der Kurdenfrage in der Weltpolitik ist, ähnlich wie das Erbe des israelischen Sechs-Tage-Krieges von 1967 gegen seine arabischen Nachbarn das endgültige Auftauchen der Palästinafrage in der Weltpolitik bewirkte. Diese neue Qualität der Kurdenfrage kommt gar nicht überraschend. Das Kurdenproblem hat sich schon seit Jahren von einem Regionalproblem (oder von vielen getrennten Regionalproblemen) zu einem international wahrgenommenen Problem entwickelt. Der Beschluß der Vereinten Nationen über eine Schutzzone für die irakischen Kurden gehört in diesen Zusammenhang. Und genauso die Forderung der EU an die Türkei, die aufgenommen werden will, die politische und kulturelle Wirklichkeit europäischen Standards anzupassen und die internationalen Vereinbarungen, die sie unterzeichnet hat, praktisch umzusetzen.

Die Kurdenfrage ist auch der Kern des türkischen Pokerns mit Washington, wie es sich im März 2003 in der Frage des Durchmarsch- und Stationierungsrechts für US-Truppen in den Nordirak zeigte. Der oberflächlich beigelegte, aber tief verzwurzelte und weiter schwelende Interessenkonflikt zwischen Washington und Ankara entzündet sich am langfristigen Status der irakischen Kurden. Ausschließen kann man sicher nicht, daß die USA – sollte ihre Nahostpolitik tatsächlich auf Kontinuität und langanhaltende Dauer ausgerichtet sein – an einem größeren kurdischen Partner ebensoviel Interesse zeigen könnten wie an der für sie unberechenbar gewordenen Türkei. Die Bemerkung von Paul Wolfowitz, die Türkei habe mit ihrem Nein »einen großen Fehler« begangen, den sie »sicher bald bereuen« werde, wurde von kurdischen Ohren sehr genau registriert.

Amerikanische Nahostkenner, Analysten und Regierungsberater sehen in der Kurdenfrage gar eine Art Schlüssel, den ins richtige Schloß zu stecken und richtig herumzudrehen, Türen zum Vorwärtsschreiten in dieser Region des Nahen Ostens aufmachen, genausogut aber wie ein Zündschlüssel die kurdische Zeitbombe hochgehen lassen kann, vor der jeder sich fürchtet. »Die Kurdenfrage wird zum nächsten großen Problem im Nahen Osten«, sagt etwa

Henri Barkey aus dem »Policy-planning staff« des State Department, ein Experte für kurdische Geschichte und Politik. »Je mehr Geschmack sie an der Freiheit finden, je selbstbewußter sie werden, desto mehr werden sie verlangen.« Die Experten seien sich einig, meint der Professor, daß keine Gruppe ein größeres Potential als die Kurden besitzt, die Region zu destabilisieren, wenn die künftige irakische Regierung die Autonomie und den erreichten Fortschritt der Kurden des Irak nicht anerkennt und akzeptiert. Die US-Regierung müsse sich bewußt sein, wie fragil die politischen und gesellschaftlichen Strukturen im Irak und einigen Nachbarländern seien. »Die kurdische Situation unterstreicht, wie rasend schnell Ärger mit den Kurden auch Iraks Nachbarn in Mitleidenschaft ziehen kann, natürlich vor allem Iran, Syrien und die Türkei.«

Die in der Region herrschenden, latent rivalisierenden Kurdenführer versichern zwar, die völkerrechtliche Unabhängigkeit nicht anzustreben. In der Praxis sind solche Erklärungen von geringer Bedeutung. Die Eigendynamik einer Kombination aus ethnischer Bewußtwerdung, politischem Ehrgeiz rivalisierender politischer Führer und günstiger Umstände ist unberechenbar. Auch der Druck, den breite politisierte Schichten in Kurdistan auf die politisch Verantwortlichen ausüben (können), sich nicht mit Autonomie innerhalb der bestehenden Staaten abspeisen zu lassen, sondern auf einem eigenen Staat zu bestehen, dem sich auch andere Kurdenregionen anschließen könnten, ist beträchtlich. Tatsächlich würde ja das Verharren in bloßer Autonomie den Menschen dort zwar etwas mehr Freiheit bringen, jedoch die Spaltung des kurdischen Volkes zementieren.

Die jüngst von einer kurdischen Studiengruppe ausgearbeitete Vorstellung, alle autonom gewordenen Kurdengebiete in den erst noch föderal umzubauenden Staaten Irak, Iran, Syrien und Türkei könnten dann (die Staaten überwölbend) ebenfalls eine Föderation bilden, geht an der politischen Realität der dem Nahen Osten immanenten nationalen, religiösen und wirtschaftlichen Spannungen völlig vorbei.

Schon im Vorfeld des US-Krieges gegen Saddam Husseins Irak, als man die ersten Überlegungen über die Zukunft der irakischen Kurden anstellte, wurde bei einflußreichen kurdischen Wortführern Kritik an föderalistischer Selbstgenügsamkeit laut. Man verspiele womöglich die Chance auf eine Lösung des Kurdenproblems im größeren Maßstab, wenn man sich im behaglichen Bett bloß regionaler Autonomie einrichte. Am deutlichsten wurde der aus Syrien stammende Kurde Jewad Mella, der Mustafa Barsani noch persönlich kannte. Als Präsident der 1984 in London gegründeten Exilorganisation »Kurdistan National Congress« (KNC) sagte er im März 2003 im »Deutschlandfunk«: »Das kurdische Volk ist bereit, seine Unabhängigkeit zu verlangen. Aber die kurdischen Führer und kurdischen Parteien sind nicht bereit zu verstehen, daß heute der Tag für einen kurdischen Staat ist. Jetzt ist die richtige Zeit, davon zu sprechen. Nationen erlangen ihre Unabhängigkeit in Zeiten von Kriegen. Jetzt steht der größte Krieg im Nahen Osten bevor, und das ist eine gute Chance für die Kurden, ihre Unabhängigkeit zu erlangen.«

Der heute oft als kurdischer Nationalheld beschworene Mustafa Barsani hatte als Ziel seiner Politik immer diesen größeren Horizont, vielleicht auch weil er in seinem Leben gegen so ziemlich alle Unterdrücker seines Volkes zu kämpfen hatte. Das wurde auch in den Gesprächen, die ich als Journalist mit ihm führen konnte, sehr deutlich: Er hat die künstlichen Grenzen durch Kurdistan nie akzeptiert. Auch seine engsten Mitarbeiter holte er ganz bewußt aus allen Teilen Kurdistans. Als seine Revolution begann, war ihr erster Repräsentant in Europa der aus Nord-(Türkisch-)Kurdistan stammende Prinz Amurhan Bedir Khan. Ihm folgte Ismet Sherif Vanly, ein Syrien-Kurde. Barsani hatte auch einen persönlichen Schreiber, den Dichter Hedschar Mukriyani aus Iranisch- bzw. Ost-Kurdistan. Barsani war nie auf Irakisch-Kurdistan fixiert.

Diese größere Dimension entspricht auch dem Verlauf der kurdischen Geschichte. Es gab in den zurückliegenden Jahrzehnten nicht nur einen einzigen Schwerpunkt des Strebens nach Einheit und Freiheit. Wiewohl zwischen dem Irak, der Türkei, Iran und Syrien die Situation sehr unterschiedlich war und ist, wirkt ein beinahe osmotisches System der Dynamik zwischen diesen Gebieten. In den zwanziger und dreißiger Jahren des vergangenen Jahrhunderts lag der Schwerpunkt in der Türkei, wo sich die Kurden der vorgesehenen völligen kulturellen und völkischen Auslöschung zu erwehren hatten. Nach dem Zweiten Weltkrieg waren die iranischen Kurden der Kristallisationspunkt der kurdischen Hoffnungen. Dort war auch die Geburtsstunde der Demokratischen Partei Kurdistans, dort wurde mit der Kurdischen Republik von Mahabad zum ersten Mal in der neuesten Zeit der Anspruch auf einen eigenen Kurdenstaat verwirklicht, für eine kurze Zeit. Dort entstanden die Nationalhymne und die Flagge des kurdischen Volkes. Wie selbstverständlich eilte aus dem Irak Barsani herbei und übernahm den Oberbefehl über die Streitkräfte der Kurdischen Republik.

Nach dem Sturz der irakischen Monarchie 1958 spielten die irakischen Kurden die Rolle einer Avantgarde in Sachen politischer und kultureller Selbstbestimmung. Das hat auch auf die anderen Gebiete ausgestrahlt. Der Irak wurde wieder zum Mittelpunkt, bis Mitte der siebziger Jahre Barsani endgültig scheiterte. Von da an übernahmen eine Zeitlang wieder die türkischen Kurden die Initiative. Der Kampf von Öcalans »Arbeiterpartei Kurdistans« (PKK) und seiner Aufstandsarmee wirkte – trotz teilweise heftiger Ablehnung einiger ideologischer Positionen der PKK – in den 80er und 90er Jahren wie ein Magnet auf Eisenfeilspäne auf die Kurden aus allen Nachbarregionen. Ein Gutteil seiner Kämpfer kam aus Syrien, dem Irak und selbst aus der europäischen Diaspora.

Überhaupt spielen die Kontakte zwischen den verschiedenen Volksteilen, die bis zum Ersten Weltkrieg kaum reale Grenzen kannten, eine das kurdische Bewußtsein stark beschleunigende Rolle. Der schnelle Austausch von Nachrichten, Meinungen und Stimmungen erfolgt heute durch Presse, Rundfunk, Internet und bislang drei Satelliten-TV-Sender (zwei in Irakisch-Kurdistan und einer in Brüssel). Eine besondere Rolle spielt auch die Diaspora, die in der großen Auswanderungswelle infolge des Krieges zwischen Irak und Iran zunächst intellektuell geprägt war. Aber auch das aus der Türkei verdrängte kurdische Landproletariat findet erst in Deutschland, Belgien oder Frankreich seine kurdische Kultur. Die Kurden sind wohl vor der werdenden politischen zuerst eine Kulturnation.

Seit Bildung der Autonomen Region Kurdistan in Irak, also seit 1991, und seit dem Sturz der Gewaltherrschaft Saddam Husseins nun erst recht liegt die Verantwortung für die kurdischen Geschicke in den Händen und Köpfen der regierenden kurdischen Parteien und ihrer Führer. Vor allem an ihnen liegt es, was aus dem gewachsenen kurdischen Potential entstehen wird. Sie müssen nun zwischen Träumen und Realpolitik, zwischen Geschichte und Hoffnung, die kurdische Realität gestalten.

2
»Wer sagt denn, daß wir den USA blind vertrauen?«

Das kurdische Bündnis mit Amerika

Die Autonome Region Kurdistan, in den beiden ersten Märzwochen 2003. Dorthin zu kommen, ist gar nicht so einfach. Jeder weiß in diesen Tagen, daß der Beginn des Krieges der USA und ihrer Verbündeten gegen den Irak kurz bevorsteht. Wer nicht ganz begriffsstutzig ist, ist sich längst darüber im klaren, daß die UNO-Inspektoren nur zum Mickymaus-spielen im Irak sind, daß es vollständig gleichgültig ist, ob sie »etwas« finden oder nicht. »Er« und der liebe Gott haben doch schon längst beschlossen, daß dem Nahen Osten eine neue Geschäftsgrundlage aufgezwungen werden soll. Die meisten Staaten mit einer gemeinsamen Grenze zum kurdischen Nordirak haben aus Gründen der »nationalen Sicherheit« den Grenzübertritt bereits erschwert. Journalisten dürfen angeblich überhaupt nicht mehr über die Grenze. »Rein« zu kommen, wird mit jedem Tag, der vorbeigeht, schwieriger. Die syrisch-irakische Grenze ist, zumindest im Norden, für den Durchgangsverkehr ganz geschlossen, und alle Anträge für eine Ausnahmegenehmigung müssen von der Sicherheitspolizei in Damaskus bearbeitet werden, die sie in der Regel erst einmal liegen läßt. Auch meine »Grenzübertrittserlaubnis« läßt zehn Wochen auf sich warten. Als sie endlich eintrifft, lerne ich die Nummer vor lauter Freude auswendig. Wer überhaupt »rüber« will, kann es – wenn er es bis zur Genehmigung geschafft hat – in der äußersten Nordostecke Syriens, dort wo die Grenzen der Türkei, Syriens und des Irak an den Ufern des Tigris ein Dreiländereck bilden. Dort überquert man eine dreiviertel Taxistunde östlich von Quamishli, bei Digla, auf einer heruntergekommenen Seilfähre den von Regen und Schmelzwasser angeschwollenen Fluß. Die meisten, die auf die Überfahrt warten, sind kurdische Männer aus dem Irak. Sie wollen nach Hause, um sich während des erwarteten Krieges um ihre Familien zu kümmern, und sie freuen sich auf die Heimat.

Die der Grenze nächstgelegene syrische Stadt ist Quamishli. Es ist die größte Stadt im syrischen Kurdengebiet. Die Kurden nennen diese Gegend »West-Kurdistan«. (Auf der anderen Seite des Tigris beginnt »Süd-Kurdistan«. In der heutigen Türkei liegt »Nord-Kurdistan«. Und die Kurden des Iran leben in »Südost-Kurdistan«.) Bestimmt weit mehr als die Hälfte der Einwohnerschaft Quamishlis ist kurdisch. Auch in Syrien sind die Kurden eine ungeliebte und unterdrückte Minderheit. Aber man hat doch den Eindruck, daß die Nähe zur Autonomen Region Kurdistan im Irak auch hier die Stimmung und das Selbstbewußtsein etwas gehoben hat. Im Basar oder in der langgestreckten Halle des Mamar-Hotels mit ihren vielen Sitzgruppen, den Kaffee-Jungen und Tschai-Kellnern und den an jedem Tisch stehenden Wasserpfeifen hört man laute kurdische Unterhaltung und Lachen. An anderen Tischen hört man in diesen Tagen Englisch aller Provenienzen, manchmal auch Deutsch und natürlich Arabisch.

Schon nach Quamishli zu kommen, ist nicht ganz unkompliziert, obwohl es hier einen Flughafen gibt, der von Damaskus aus regelmäßig von der Syrian Arab Airlines angeflogen wird. Obwohl die Maschinen meist so gut wie leer sind, muß man wohl über besondere Beziehungen oder über eine ausgefeilte Kenntnis der Bakschisch-Rituale verfügen, um einen Platz buchen zu können. Quamishli liegt zwar im syrischen Kurdengebiet und nahe zum einzigen Erdölgebiet des Landes, wird also vom Inlandsgeheimdienst, dem Mukhabarat, mit Argusaugen überwacht, aber warum man die Maschinen immer leer fliegen läßt, warum die Flüge immer angeblich »ausgebucht« sind, »gestrichen« oder »der Computer« gerade nichts annimmt, hat mir noch keiner erklären können.

Aber man kann von Damaskus aus ja auch mit dem Schnellbus fahren. Das kostet nicht viel, und man sieht mehr vom Land. Man muß sich halt nur neun Stunden Zeit dafür nehmen. So lange kann die Fahrt bis nach Quamishli dauern. Die Strecke führt über Tadmor, ein kleines Städtchen, das vor allem von der großartigen antiken Ruinenstadt Palmyra lebt, an deren Rand es erbaut worden ist. Nach der stundenlangen Fahrt, von der man vor allem die grauen und roten Töne der Sand- und Geröllwüste in Erinnerung behält, schlafen die meisten Passagiere, wenn der Bus über die grüne Fläche zu beiden Seiten des Quellwassers rollt, das die Oase speist. Danach führt die Strecke weiter durch die syrische Wüste nach Deir es-Soor. Von den letzten 150 Kilometern nach Quamishli sieht man nicht mehr viel. Es ist stockfinster, als der Bus in Quamishli einrollt. Am nächsten Morgen geht es um sechs Uhr früh weiter nach Digla und über den Tigris in das irakische Kurdistan. Am Nachmittag ist man in Erbil.

Eine merkwürdige Stimmung liegt über dem Land! Jeder wartet darauf, daß in diesem Orient-Western, der schon einige Zeit läuft und dessen Zuschauer wir alle sind, die Zeiger der Uhr unerbittlich vorrücken auf »High noon«, auf »zwölf Uhr mittags«, daß dann George W. Bush seinen Krieg beginnen wird, daß bald darauf der ungeliebte Diktator Saddam Hussein gestürzt, verjagt oder beseitigt sein und daß dann ein neues Spiel um eine neue Ordnung im Irak beginnen wird, dessen Ausgang in den Sternen steht und bei dem man am Ende vielleicht lange brauchen wird, um dahinterzukommen, wen man zu den Siegern zählen darf und wen zu den Verlierern.

In diesen Märztagen machen Beobachtungen und Eindrücke aus Erbil, der mit einer Million Einwohnern größten Stadt in Irakisch-Kurdistan, und aus anderen Orten der Region das Nebeneinander und oft auch Durcheinander von bevorstehendem Krieg und von ganz alltäglicher Normalität deutlich: Da wird zum Beispiel im vollbesetzten Fußballstadion von Erbil an einem Nachmittag um drei das Heimspiel der Mannschaft »Hewler« (so heißt Erbil auf kurdisch und übersetzt bedeutet es: »Sitz der Götter«) gegen den Gastclub »Al Naft« (arabisch »das Öl«) aus Bagdad angepfiffen. Es kann gut sein, daß sich – ein paar Wochen später – die Spieler als Soldaten, als Feinde wieder gegenüberstehen und aufeinander schießen. Niemand findet etwas dabei, die begeisterten Zuschauer nicht, und auch nicht die Spieler. Einige von ihnen nutzen in der Halbzeitpause sogar die Gelegenheit, den anwesenden westlichen Journalisten zu sagen, hier könne man wieder einmal sehen, daß es auch eine Normalität für das Zusammenleben von Kurden und Arabern in ein und demselben Staat gebe. »Hewler« gewinnt an diesem Tag mit 1:0. Etwas betröppelt steigen die Bagdader wieder in ihren Bus. Man wird sie zu Hause nicht loben.

Etwa 50 Kilometer südlich von Erbil, an der Demarkationslinie zum Saddam-Irak, geht es am selben Tag nicht so freundlich zu. Während die Frauen gerade das Mittagessen vorbereiten, umstellt eine Einheit der irakischen V-Division den Ort Scherowa und ein paar kleine Nachbardörfer und fordert die Bewohner zur sofortigen Räumung auf. Ahmad Hamud, der mit anderen Männern 20 Kilometer entfernt bei einer kurdischen Einheit Dienst tut, berichtet hinterher: »Sie sagten ihnen: Ihr habt 15 Minuten Zeit zu verschwinden. Wer danach noch hier ist, wird erschossen. Die Frauen und Kinder nahmen, was sie tragen konnten, verließen die Häuser und liefen, bis sie bei uns waren.« Am Nachmittag wurden die Lehmziegelhäuser von Planierraupen eingerissen.

In Salahaddin, gerade mal 20 Kilometer nördlich von Erbil und bereits im beginnenden Bergland gelegen, ist kein einziges freies Zimmer mehr zu bekommen. In dem Kleinstädtchen befindet sich der Sitz des Barsani-Clans. Auch das Hauptquartier der von den Barsanis dominierten Demokratischen Partei Kurdistans (Kurdistan Democratic Party, KDP) ist in Salahaddin. Eine Reihe irakischer Exilpolitiker des von den Amerikanern eine Zeitlang favorisierten Irakischen Nationalkongresses (Iraqui National Congress, INC) ist bereits eingetroffen, um mit den Kurdenführern und amerikanischen Sondergesandten über die Koordination des weiteren Vorgehens zu sprechen. Auch US-Geheimdienstler und Special Forces wuseln herum, und amerikanische und britische Journalisten. Eine kriegsstarke Abteilung des US-Nachrichtensenders CNN wartet darauf, daß endlich etwas passiert, das ihre Anwesenheit lohnt. Daß es kurdisch-amerikanische Sonderbeziehungen gibt und daß eine direkte operative Zusammenarbeit der Kurden mit US-Militär und -Dienststellen schon angebahnt ist, ist unübersehbar.

Zur gleichen Zeit und 150 Kilometer weiter im Osten gibt Faraidun Abdul Quadir, der für den Zivilschutz zuständige »Innensenator« der kurdischen 500 000-Seelen-Stadt Suleimania, so etwas wie eine Bankrotterklärung ab: Weil Gasmasken so gut wie nicht zu kaufen und für Normalverbraucher auch nicht erschwinglich sind, und weil »unsere amerikanischen Freunde« bis heute keine einzige der versprochenen Schutzausrüstungen geliefert haben, sollen möglichst viele Bürger ihre Familien in weniger gefährdete dörfliche Gebiete evakuieren. Zusätzlich werden Anleitungen zum Selbstbau von Ersatzgasmasken verteilt. Sie sollen aus Babywindeln, gemahlener Holzkohle und Salz gefertigt werden. »Uns liegen Informationen vor«, so Quadir, »daß bei den uns am nächsten liegenden irakischen Einheiten Chemie- und Biowaffenspezialisten eingetroffen sind. Was das bedeuten kann, wissen wir noch von den Angriffen auf Halabscha und andere Orte in den achtziger Jahren.«

Die Angst vor dem Gas geht um. Verständlich. Verstärkt wird sie noch dadurch, daß in diesen Tagen in der ganzen Region, in den Programmen der beiden kurdischen TV-Sender, die es dort gibt, in den Tageszeitungen und auf Plakaten des verheerenden Giftgasangriffs auf Halabscha vor 15 Jahren, in der Endphase des irakisch-iranischen Krieges, gedacht wird. Dieser Tag, der 16. März 1988, ist ein traumatisches Datum in der Geschichte der Kurden des Irak. Die Älteren können sich noch an jede grausige Einzelheit erinnern, für die Jungen ist der Klang der drei Silben Ha-lab-scha 15 Jahre später ein abstraktes Synonym für »Tod«, »Opfer« und »Saddam«.

Ein Rückblick: Im September 1980 hatte der Irak sein Nachbarland Iran angegriffen, in dem im Jahr davor das proamerikanische Schah-Regime zusammengebrochen war und in dem schiitische Ajatollahs einen durch und durch amerikafeindlichen islamischen Gottesstaat errichtet hatten. Saddam Hussein erhielt für diesen Krieg die volle Unterstützung aus dem Westen, vor allem aus den USA. Für Washington war der damals schon genauso grausame Diktator zu dieser Zeit ein gehätschelter Verbündeter. Finanzhilfe in Höhe von mehreren Milliarden Dollar, Waffen, Satellitenaufnahmen, sogar Anthraxsporen zur Herstellung von Biowaffen – alles kam reichlich über den großen Teich. Die Nationale Sicherheits-Direktive Nr. 114 aus dem Jahr 1983 schuf dafür den politischen Rahmen. Der Krieg zog sich bis zum Jahr 1988 hin. Den Einwohnern Halabschas und der ganzen irakisch-iranischen Grenzregion waren deswegen Flugzeuglärm und auch sporadische Luftangriffe durchaus vertraut.

Aber am Nachmittag dieses 16. März 1988 zeigte der Bombenkrieg ein bis dahin nie gesehenes Gesicht. Zu hören war nicht das laute Krachen explodierender Bomben. Die irakischen Flugzeuge warfen graugrün gestrichene Blechkanister ab, die erst am Boden mit einem dumpfen Laut zerplatzten. Als die Bomber fort waren, stand grauer Nebel über der Stadt. Viele Einwohner waren aus ihren provisorischen Schutzräumen und aus den selbstgegrabenen Splittergräben schon wieder auf die Straße gelaufen, aber zu spät, um noch fliehen zu können. Die Menschen spürten ein Brennen in den Augen, sie wurden von Hustenreiz und heftigen Krämpfen geschüttelt. Eine Ärztekommission später: »Einige Menschen machten verschiedene Gerüche aus, darunter den von verfaulten Zwiebeln, von Senf und von Kadavern.« Es war der Geruch des lautlosen Todes. Von den Berghängen wälzte sich, schwerer als Luft, Giftgas in die Stadt, kroch durch die Straßen und sickerte in die Gräben. Das Regime des irakischen Präsidenten Saddam Hussein hatte Tabun, ein tödlich wirkendes Nervengas, und Senfgas, einen bewegungsunfähig machenden Kampfstoff, gegen die wehrlosen Kurden eingesetzt.

Als sich nach einer halben Stunde die gelb-grauen Schwaden verzogen hatten, lagen auf den Straßen und in den Häusern an die 5000 Tote. Kurdische Mütter, Kinder, Väter. Erstickt, verätzt, umgebracht durch chemische Waffen. Weitere 10 000 Menschen waren verletzt. Noch heute, 2003, leidet die Einwohnerschaft Halabschas unter einer signifikanten Häufung von bestimmten Krebserkrankungen, von Nervenstörungen, Kindsmißbildungen und Totgeburten.

Die Demokratische Partei Kurdistans, schon damals geführt von Massud Barsani, einem Sohn des 1979 verstorbenen und zur Legende gewordenen kurdischen Freiheitshelden Mustafa Barsani, veröffentlichte eine lange Liste mit 65 weiteren Orten, in denen die irakischen Truppen Giftgas eingesetzt haben sollen. Ein anderer Kurdenführer, Chef der ursprünglich linksgerichteten Patriotischen Union Kurdistan (PUK), Dschalal Talabani, zeigte im Sommer 1988 in Bonn, London, Paris und Washington 40 Videobänder, die seine Gefolgsleute in irakischen Kurdendörfern aufgenommen hatten. Diese Videodokumentation in einer Länge von 40 Stunden wurde von mir ausgewertet. Es waren überall die gleichen Bilder: Leichen ohne äußere Verletzungen und aufgedunsene Tierkadaver. Schwärende Hautwunden, sich langsam ausbreitende Lähmungen und apathisches Verenden von Frauen und Kindern bei den noch Lebenden. Ein paar Monate später zeigte der Westdeutsche Rundfunk die daraus resultierende TV-Dokumentation.

Die Kurdenführer wandten sich an die Großmächte und riefen die UNO um Hilfe an. Doch kein UNO-Beobachter durfte den Norden des Irak besuchen, weil Bagdad sich die »Einmischung in innere Angelegenheiten« verbat – und weil die USA das Verbrechen vertuschen wollten. Ein bei den Kurden bis heute diskret erinnertes Beispiel politischer Doppelzüngigkeit! Während die vorgelegten Beweise gegen Bagdad fast überall sonst auf der Welt zu wenigstens papiernen Protesten reichten, vollführten US-Beamte auf Weisung des State Departement einen peinlichen Eiertanz. Ein Mitarbeiter der *International Herald Tribune*, J. R. Hiltermann, hat dies im Manuskript seines Buches über die US-amerikanische Irakpolitik detailliert dargestellt. Demnach, so sollten US-Diplomaten verbreiten, verfüge man über »mehr als Hinweise« darauf, daß die Giftgasangriffe von der iranischen Luftwaffe »mit zu verantworten« seien ...

Die abgründige Ironie der Weltgeschichte demonstrierte ihre Blindheit wieder einmal an den Kurden: Während die Welt Ende August 1988, nach der Erschöpfung beider Seiten, die Feuereinstellung zwischen Iran und Irak beklatschte, mit der der achtjährige Golfkrieg zu Ende ging, setzte Saddam Hussein seine jetzt freigewordenen Truppen in den kurdischen Norden des eigenen Landes in Marsch. Wie sich schnell zeigen sollte, war Halabscha nur der Auftakt für eine systematische Kampagne. Saddam Hussein hatte sie befohlen, und sein Cousin, der Generalleutnant Ali Hassan al-Madschid, den man wegen seiner Vorliebe für chemische Waffen bald »Ali – der Chemiker« nannte, führte sie durch. Was Bombenangriffe, Strafexpeditionen, Verfolgung und »ethnische Säuberungen« durch die arabischen Herrscher des Irak in Jahrzehnten blutiger Kämpfe nicht vermocht hatten, sollten sie nun, ohne Zeugen von außen, bewerkstelligen – eine Art Endlösung des kurdischen Problems. Der Feldzug gegen die Kurden bekam das Etikett »Anfal«, was soviel wie »die Trümmer« bedeutet, und mehr sollte wohl auch von der Infrastruktur der kurdischen Region und von den Organisationen der Kurden nicht übrigbleiben. Die irakischen Divisionen sollten nicht nur den Freiheitswillen des kurdischen Volkes ein für allemal brechen, sondern die gesamte ländliche Region, vor allem in den grenznahen Gebieten, von allem kurdischen Leben säubern. Die irakischen Truppen traten nach dem Motto auf: Fliehen die Kurden in panischem Schrecken, dann dient das diesem Ziel. Sterben sie, dann auch. Bleiben sie, so werden sie in Ghetto-Dörfer deportiert, wo die Armee sie besser unter Kontrolle hat. Massud Barsani teilte der UNO mit, mehr als 3500 Dörfer und Weiler seien dem Erdboden gleich- oder durch Massendeportationen »kurdenfrei« gemacht worden. Internationale Beobachter schätzen, daß bei dieser Operation bis zu 100 000 Kurden umgebracht worden sind. Allein 30 000 junge Männer wurden von Bagdads Truppen eingefangen und fortgeführt. Bis heute, 15 Jahre später, hat man keinen von ihnen wiedergesehen.

Kein Wunder, daß ein Bulletin der Barsani-Partei Mitte März 2003, am Vorabend des Bush-Krieges gegen den Irak, verlautbart: »Diese Verbrechen werden nicht vergessen werden. Wir sehnen den Tag herbei, in dem sich die an höchster Stelle für den Gasangriff auf Halabscha und für die Operation Anfal Verantwortlichen in einem freien und demokratischen Irak vor einem Internationalen Gerichtshof für ihre Verbrechen verantworten müssen.« (Was Ali, den Chemiker, angeht, hat sich der Fluch der Kurden bereits erfüllt: Am 7. April 2003, am 19. Tag des jüngsten Irakkriegs, meldeten die Nachrichtenagenturen, man habe den Leichnam von Generalleutnant Ali Hassan al-Madschid identifiziert. Er sei bei der Bombardierung seines Hauses in Basra, zusammen mit Angehörigen seiner Familie und einigen Mitarbeitern umgekommen.)

Überall in der Autonomen Region Kurdistan (die so groß ist wie die Schweiz und in der dreieinhalb der schätzungsweise fünf Millionen Kurden des Irak leben) macht sich der für unausweichlich gehaltene Krieg bemerkbar, ist er das zentrale Thema. Werden die Kurden wieder die Dummen sein? Wird Saddam, wenn er schon die verhaßten Amerikaner oder wenigstens die Israelis nicht direkt treffen kann, sein Mütchen auch diesmal wieder an den Kurden kühlen – mit Strafexpeditionen, Giftgas und Bomben? Im ganzen Land brodelt es. Was ist Nachricht, was ist Gerücht? Wem kann man glauben? Was kann man tun? Durch den fiebrigen Dschungel aus Hoffnungen und Ängsten finden die wenigsten den Ausweg. Es ist ein Wechselbad der Gefühle, das die Menschen in der »Autonomen Region Kurdistan« umtreibt, sie von einem Extrem ins andere wirft.

Einerseits muß man die USA mögen, weil sie den Kurdenmörder Saddam stürzen wollen. Und jeder in Kurdistan weiß, daß man die Chance zur Selbstverwaltung und zur relativen wirtschaftlichen Prosperität vor allem den Amerikanern und der von ihnen und den Briten eingerichteten Flugverbotszone zu verdanken hat. Andererseits gibt es zumindest bei den Älteren bittere Erinnerungen an die unsichere Halbwertzeit auch allerheiligster amerikanischer Treueschwüre. Zweimal hatten die USA (einmal 1973–1975 und dann wieder 1991, nach dem ersten amerikanischen Golfkrieg) die irakischen Kurden zum Aufstand gegen Bagdad gedrängt, zweimal hatten die Kurden ihnen geglaubt und zu den Waffen gegriffen und zweimal hatten die Amerikaner quasi über Nacht die »ewiggültigen« politisch-moralischen Werte der »westlichen Wertegemeinschaft« an einem aktuelleren Vorteil orientiert, die Kurden fallengelassen und ungerührt der blutigen Rache Bagdads überlassen. Unvergeßlich ist jedem kurdischen Politiker der zynische Satz des US-Außenpolitikers Henry Kissinger, man dürfe halt »verdeckte Operationen nicht mit Wohltätigkeitsveranstaltungen verwechseln«. Man fährt besser in Kurdistan, wenn man sich nicht auf diesen Ehrenmann beruft.

Wird es diesmal anders sein? Werden die Amerikaner wenigstens diesmal ihre Versprechen halten? Wird man den Traum von der kurdischen Selbstbestimmung noch ein bißchen länger träumen können, so lange, bis es gar kein Traum mehr ist, sondern eine auch von Bagdad und der Welt anerkannte Realität? Die Hoffnungen der Kurden überwiegen. Denn so sehr Vorbehalte gegen Prinzipienfestigkeit und Bündnistreue der USA auch berechtigt sein mögen, sind sie in den zurückliegenden zwölf Jahren bei den meisten Kurden in der Autonomen Region schon längst einem vorsichtigen Vertrauen gewichen. Der kurdischen Führung und den einfachen Leuten, sogar den jungen Heißspornen der politischen Gruppen, ist bewußt, daß die »goldenen Jahre« der schon seit 1991 andauernden Autonomie zuallererst dem Luftschirm zu verdanken sind, den Amerikaner und Briten in der von ihnen gesicherten Flugverbotszone nördlich des 36. Breitengrads aufgespannt hielten.

Das war nach dem mit UNO-Mandat geführten Golfkrieg von 1991 gegen Bagdad, das im Jahr zuvor Kuweit angegriffen hatte. Nachdem der militärisch besiegte, aber aus »realpolitischen« Gründen damals nicht gestürzte Saddam Hussein unter den Augen der damaligen Kriegskoalition sich an der kurdischen und der schiitischen Bevölkerung gerächt und die USA ungerührt zugeschaut hatten, wurde Europa zum Stimmführer der Empörung in der Welt und setzte die USA unter Druck. Frankreichs Präsident Mitterrand bewirkte gegen die Skepsis von George Bush (Vater) in den Vereinten Nationen im April 1991 die Resolution 688 über »humanitäre Einmischung«. Englands Premier John Major brachte ein paar Tage später auf dem Europagipfel den Plan einer internationalen Schutzzone zur Rückkehr der kurdischen Flüchtlinge vor, den der Kommissionspräsident Jacques Delors dann erfolgreich dem Generalsekretär der Vereinten Nationen und Präsident Bush vorstellte. Das war die Geburtsstunde der Flugverbotszonen im Süden und Norden des Irak. Für die Kurden war sie bis zum Ende Saddams eine Schutzzone. Nur unter diesem Schutzschirm, der neuerliche »Disziplinierungen« aus Bagdad verhindert hat, war es möglich, die historische Chance der Selbstverwaltung zu nutzen.

Das bis dahin niemals erreichte Ausmaß an Selbstbestimmung hat der Region nicht nur einen überall sichtbaren Wiederaufbau und Ausbau der Infrastruktur und wirtschaftlichen Aufschwung gebracht (obwohl die gegen den Irak verhängten Sanktionen auch für den kurdischen Landesteil gelten), sondern es hat auch den nationalen Bewußtseinskonsens der Kurden gefestigt. Sie sind stolz auf ihr Parlament in der vorläufigen Hauptstadt Erbil, auf ihre eigenen Parteien, Auslandsvertretungen in Washington, Berlin und London, kurz: auf ihren eigenen kleinen »Staat«. Ausdruck der gewandelten Verhältnisse ist für sie auch, wie Barsani es nennt, »die neue Qualität der Beziehungen zu den USA«.

Begonnen hatte das neue Techtelmechtel Washingtons mit den Kurden bereits im April 2002. Die beiden wichtigsten Kurdenführer des Irak folgten damals einer Einladung aus Washington »zu wichtigen Gesprächen«. Die beiden oft rivalisierenden, aber immer wieder aufs neue vereinten Kurdenführer waren Massud Barsani, der Vorsitzende der Demokratischen Partei Kurdistans (Kurdistan Democratic Party, KDP), und Dschalal Talabani, der Chef der Patriotischen Union Kurdistans (PUK). Die PUK und die KDP als die beiden Hauptgruppen der Kurden des Irak sind nicht immer ein Herz und eine Seele. Ihre Führer und Funktionäre lieben sich nicht. Denn so gut wie überall im Nahen Osten spiegelt sich in den politischen Organisationen und den zu ihnen gehörenden Milizen auch eine vorgegebene Stammes-, Clan- und Familienstruktur wider.

Oft geht es nicht in erster Linie (und manchmal überhaupt nicht) um hehre politische Ziele, aber immer zumindest auch um Macht,

Ansehen und Eitelkeit der Führer, Einfluß und Reichtum der bestimmenden Familien – bei dem einen mehr, dem anderen weniger. Beim Kampf um wichtige Machtpositionen im Nordirak lieferten sich die Pesh-Merga-Kämpfer der beiden Parteien in den letzten Jahren sogar noch blutige Gefechte. Talabani ließ sich vom iranischen Ajatollah-Regime militärisch unterstützen, Barsani verbündete sich beim Kampf gegen Talabani in den neunziger Jahren kurzfristig sogar mit Saddam Hussein. Beiden scheint aber rechtzeitig klar geworden zu sein, daß sie zur Aufrechterhaltung der De-facto-Autonomie innerhalb des Irak und zur jetzt angestrebten Herstellung einer De-jure-Autonomie mit einer Stimme sprechen müssen, um von den USA als verläßlicher Partner akzeptiert zu werden.

Barsani beherrscht den Westen Kurdistans, zur türkischen Grenze hin, und verfügt damit auch über die lukrativen Einnahmen aus Zöllen und Schmuggelgeschäften mit der Türkei; Talabani kontrolliert den Osten bis hin zum Iran. Gemeinsam steuern beide die kurdische Regionalregierung und das Parlament in Erbil, in dem noch rund 30 weitere Kleinparteien und ethnische und religiöse Minderheiten (Turkmenen, Araber, Armenier, assyrische Christen etc.) vertreten sind.

In Washington war »großer Bahnhof« für die beiden Kurdenführer befohlen. Sie sprachen mit Außenminister Powell, mit Vizepräsident Cheney und mit Verteidigungsminister Rumsfeld, Barsani wurde zusätzlich vom Präsidenten empfangen. US-Beamte hatten richtig erkannt, daß die Kurden mit ihren Parteien, ihren kriegserfahrenen Milizen, den Pesh Merga (»die den Tod nicht fürchten«), und ihrem Reduit im Grenzgebiet zur Türkei und zum Iran der einzige ernstzunehmende Faktor in dem bunten Haufen irakischer Oppositioneller waren, die – so hatte es das Weiße Haus damals noch verkündet – Saddam beerben sollten.

Bei einem anschließenden Geheimtreffen mit US-Militärs und Geheimdienstlern in der Nähe von Berlin, von dem weder die deutschen Sicherheitsbehörden noch das Auswärtige Amt etwas mitbekommen hatten (das ahnungslose AA erklärte auf Fragen der Presse: »Wir wissen definitiv, daß an Personen dieses Namens keine Visa erteilt worden sind.«), verabredeten die Kurdenführer, ihre Regierungen und Milizen zu vereinigen und sich auf die militärische Zusammenarbeit mit den US-Angriffstruppen vorzubereiten.

Ich habe noch heute die Begeisterung im Ohr, mit der mir Dilschad Barsani, ein jüngerer Bruder Massuds und diplomatischer Vertreter der autonomen Kurdenregion in Berlin, von den weitgehenden Plänen und den Garantien der Amerikaner (»diesmal schriftlich«) für eine territoriale Integrität der irakischen Kurdengebiete und für einen »gerechten« kurdischen Anteil an den Öl-Einkünften des Irak im vertraulichen Hintergrundgespräch berichtete.

Der manchmal zum Vorlauten neigende Talabani posaunte im Beiruter *Daily Star* gleich danach in alle Welt hinaus, seine Pesh Merga würden mit den Amerikanern auf Bagdad marschieren und den Irak befreien. Erschrocken über soviel Naivität, ruderten die US-Beauftragten zurück, geht es Washington doch nicht einfach nur darum, in Bagdad ein willfähriges Regime zu installieren, sondern auch um künftige Stabilität, die die US-Hegemonie langfristig absichert. Eine Beunruhigung der Nachbarn, vor allem der Türkei, die seit Jahrzehnten mit der Unterdrückung ihren eigenen 15 Millionen oder mehr Kurden ihre Probleme hat, war mit den Geheimgesprächen nicht intendiert!

Massud Barsani ist eher ein Freund der leisen Töne, ein vorsichtiger, gewiefter und in gewisser Hinsicht auch desillusionierter Politiker. Auch er ist Washington und London dankbar für die Flugverbotszone über Kurdistan, aber deswegen deren willenloses Werkzeug zu sein, das käme ihm kaum in den Sinn. Schon sein langes Zögern, sich in die von Washington ausgehaltene Gruppe irrelevanter irakischer Emigranten zu begeben, die als Irakischer Nationalkongreß auftritt, spricht für diese Einschätzung. Seine wirkliche Einstellung trägt Barsani nicht auf der Zunge. Hat man die Gelegenheit, vertraulich mit ihm zu sprechen, merkt man schnell, daß man es mit einem Pragmatiker zu tun hat. Das Charisma, die zwingende Ausstrahlung, die sein Vater Mustafa Barsani an sich hatte, hat er nicht geerbt. Er führt seine Bewegung und die Region ganz ohne den metallischen Zug im Wesen, den erfolgreiche Führer meist an sich haben. Aus mehreren Gesprächen mit ihm in privater Atmosphäre weiß ich, daß ihn das Trauma der Vergangenheit umtreibt. In dem runden halben Jahrhundert, das er im Zentrum des Geschehens verbracht hat, hatte es bis 1991 niemals Frieden in Irakisch-Kurdistan gegeben. Der Frieden spielt in seinem politischen Denken und Handeln eine größere Rolle als bei allen kurdischen

Führern vor und neben ihm. »Drei Generationen leben miteinander. Und keine hat jemals erfahren, was Frieden ist. Jeder Mensch, der in Kurdistan lebt, kennt nur Kampf, Krieg, Bombenangriffe, Flucht. Es gibt keine Familie, die nicht mindestens einen Toten zu beklagen hat, manche sogar sehr viele. In allen Briefen hieß es immer nur: gefallen, vermißt, verschleppt, im Gefängnis, gefoltert, ausgewandert, verschwunden. Und das will ich ändern. Ich will, daß einmal eine ganze Generation den Frieden kennenlernt, daß Kinder wissen, wie ihr Vater aussieht. Wir dürfen nicht nur immer wieder aufs neue Ruinen aufbauen. Wir müssen etwas Neues schaffen können, das bleibt und überdauert. Jetzt wissen Sie, was mich bewegt.«

Auf die Frage, ob er denn Washington im vollen Wissen um den zweimaligen Verrat wirklich vertraue, sagt er, was er dem Sinne nach auch bei seiner Good-will-Tour nach Damaskus und Teheran im Dezember 2002 geäußert hat: »Wer sagt denn, daß wir den USA blind vertrauen? Jeder muß sich um seine ureigensten Interessen kümmern. Und derzeit liegen eben – was Bagdad angeht – unsere Interessen und die der Amerikaner sehr eng beisammen.«

Das gemeinsame Interesse lag auf der Hand: Den Sturz Saddam Husseins und die Zerschlagung seines Herrschaftssystems, das wollten Kurden und Amerikaner, wenn auch nicht aus denselben Gründen. Jeder irakische Kurde weiß, was ohne die Beseitigung Saddams und ohne die von den Amerikanern garantierte Schutzzone mit der kurdischen Autonomie geschehen wäre. Mit den USA zusammenzuarbeiten ist deswegen pure Selbstverständlichkeit. Und wenn diesmal wirklich eingehalten wird, was versprochen worden ist, dann kann es mit der kurdischen Situation nur aufwärts gehen, jedenfalls solange die Amerikaner nicht das Interesse verlieren. Und dann muß man weitersehen, aber dann von einer konsolidierten Plattform aus, die man bis dahin gebaut haben wird. So oder so ähnlich sieht die Argumentation der irakischen Kurden aus. Eine im Mai 2003 von der Regierung der Autonomen Region Kurdistan-Irak durchgeführte Umfrage ergab, daß zwei Drittel glauben, diesmal könne man den USA vertrauen.

Schließlich ist auch die eigene militärische Kraft der Kurden kein Anlaß, aufzutrumpfen oder den militärischen Schutz der Amerikaner zurückzuweisen. Zwar verfügen die KDP und die PUK über mindestens je 25 000 ausgebildete und mit leichten Infanteriewaffen ausgerüstete Pesh Merga und nochmals die gleiche Zahl an Reservisten. Eingesetzt im Partisanenkampf zur Verteidigung der Gebirgstäler und Schluchten des »wilden Kurdistan«, haben die Pesh Merga einen legendären Kampfwert. Bislang hat sich noch jede reguläre Armee an diesen »Todesbereiten« die Zähne ausgebissen. Aber aus den oft nach Sippen- und Stammeszusammenhängen organisierten Partisanengruppen ein stehendes Heer zu bilden, mit dem man eine ganze Region, Großstädte und das Flachland militärisch sichern könnte, dafür fehlen Zeit, schwere und moderne Waffen. Und vielfach fehlen sogar die jungen Männer zwischen 18 und 30. (Sie kann man heute leichter auf Massenveranstaltungen der KDP und der PUK in Berlin, Frankfurt oder Dortmund finden als in der kurdischen Heimat!) Hamid Afandi, der KDP-»Verteidigungsminister«, bringt die Diskussion über die militärische Rolle der Kurden im damals kurz bevorstehenden Irakkrieg auf den Punkt: »Die Amerikaner haben ihre Ziele. Und wir auch. Wir wollen mit unseren Kämpfern nicht den Irak angreifen. Wir wollen Kurdistan verteidigen. Wir wollen das sichern, was wir haben, und nur das dazuholen, was uns gehört.« Der spätere Kriegsverlauf hat gezeigt, daß man sich genau an diese Maxime gehalten hat.

Natürlich ist der kurdische Traum viel größer und leuchtender als das, worüber kurdische Politiker offiziell reden und laut denken dürfen. Die meisten Kurden verstehen unter der politischen Verwirklichung von Freiheit und Selbstbestimmung eindeutig einen eigenen Kurdenstaat. Sie können sich nicht damit abfinden, daß ausgerechnet sie auf einen eigenen Staat verzichten sollen, wo die letzten zehn Jahre doch gezeigt haben, daß – in Europa und auch unweit der nahöstlichen Region – am laufenden Band neue Staaten für viel kleinere Völker entstanden sind.

Der Irak ist für die meisten Kurden nur die zweitbeste Lösung. »Mehr als 80 Prozent der Leute hier sind für Unabhängigkeit«, kommentiert Farhad Pirbal, Professor für kurdische Geschichte und Literatur an der Universität Erbil. »Die Politiker sagen das, was die Amerikaner hören wollen. Es ist ein höfliches Spiel.« Peter Galbraith, ein amerikanischer Beobachter, Professor am National War College in Washington, geht noch weiter: »Die Kurden sind unverzichtbar. Aber sie sind der Joker im Spiel. Wenn man ihnen die Wahl ließe, würden sie wohl einstimmig gegen den Verbleib im Irak votieren. Ein großes Problem für die Zukunft!« Ich kann gut verstehen, daß viele Kurden in der Autonomen Region ihre Schwierigkeiten damit haben, sich als Iraker zu fühlen. Nach zwölf Jahren kurdischer Freiheit haben die Jungen keine irakische Identität und viele haben auch nicht mehr Arabisch gelernt. Und für die ältere Generation ist das Wort »Irak« gleichbedeutend mit Giftgas, Deportation und Exekutionen.

Für die Realpolitiker im irakischen Kurdistan ist die Sache nicht so einfach. Sie müssen und sie wollen sich mit dem begnügen, was sie für machbar halten. In den letzten Monaten, seit sie annahmen, für die USA ein wichtiger Partner zu sein, wurde das Ziel offen diskutiert und formuliert: Unabhängigkeit von Bagdad, warum nicht als eigener Staat? Gemeinsam arbeiteten KDP und PUK einen Verfassungsentwurf für die Zeit nach Saddam aus. Als Hauptstadt wurde das 3000-jährige Kirkuk auserwählt, so etwas wie ein kurdisches Jerusalem, eine Großstadt am nördlichen Rand der mesopotamischen Tiefebene – und Zentrum eines der reichsten Erdölgebiete des Irak. Seit Jahrzehnten wurde diese Stadt von Bagdad entschlossen arabisiert – schon lange vor Saddam, aber besonders rücksichtslos unter ihm. Weit mehr als 100 000 Kurden wurden aus der Region Kirkuk vertrieben. Sie sollen in das neue Kurdistan zurückkehren dürfen, und das wollen sie auch. Sie wollen wieder in ihre Häuser, Geschäfte und Werkstätten, auf ihr Land. Es wäre überraschend, wenn sie nun nach dem Ende Saddams jemand davon abhalten könnte.

Maliziös wies Barsani seine amerikanischen Gesprächspartner darauf hin: »Nach dem Zerfall der Sowjetunion bekamen viel kleinere Völker ihren eigenen Staat und sind jetzt begehrte Partner der USA. Warum nicht wir?« Doch: The president was not amused. Aus Rücksicht auf Bedenken Washingtons und Ankaras beschied man sich in Erbil dann mit der »gesicherten Autonomie, das heißt Selbstregierung, im Rahmen eines föderal strukturierten neuen Irak«. Und die haben ihnen die US-Politiker für die Zeit nach dem Sieg über Saddam versprochen, wenn …

Ja, wenn Ankara keinen Strich durch die Rechnung macht, das Washington immer unverblümter verdeutlicht, daß auch die Türken mitspielen wollen auf dem Schachbrett des Nahen Ostens. Eine kurdische Hauptstadt im ölreichen Gebiet? Nein! Noch mehr Geld in kurdischen Kassen könnte eines Tages den unterdrückten kurdischen Volksgenossen in der Türkei zugute kommen! Quasi-staatliche Autonomie für den kurdischen Bauern? Nochmals nein! Autonomie könnte doch die Vorstufe sein für einen eigenen Staat! Schon drohen die Türken, selbst das zu tun, was sie dem amerikanischen Militär verweigerten: in den kurdischen Nordirak einzumarschieren. In Erbil, in Salahaddin (dem Hauptquartier Barsanis) und in Suleimania (wo Talabani regiert) schrillen die Alarmglocken. Für die Pesh Merga gilt Alarmstufe Rot. »Wir wollen und wir dulden hier keine Türken«, sagt der sonst so zurückhaltende Massud Barsani. »Wenn sie ohne unsere Zustimmung einmarschieren, dann werden wir sie nach alter Sitte empfangen. Wenn es sein muß, machen wir aus unserem Land einen Friedhof für die türkischen Aggressoren.«

Zwei Monate später, im Mai 2003, war die Situation etwas klarer. Saddam war gestürzt, sein Unterdrückungssystem zerschlagen. Es wurden keine Massenvernichtungswaffen eingesetzt und auch keine gefunden. Die Einwohner Suleimanias hatten Gottseidank die Schutzwirkung ihrer selbstgebastelten Windel-Gasmasken nicht erproben müssen. Ein richtiger Krieg gegen die irakischen Truppen fand eigentlich gar nicht statt. Die türkische Armee war nicht einmarschiert. Die kurdischen Pesh Merga waren in die von den Irakern geräumten übrigen Kurdengebiete vorgerückt. Versehentliches amerikanisches »friendly fire« hatte mehr Opfer gekostet als die Scharmützel mit Saddams Truppen.

Auch die vorübergehende Grenze des 36. Breitengrads der Flugverbotszone ist gefallen. Die Kurden strömen jetzt wieder in die südlich davon gelegenen Täler und in ihre Dörfer zurück, aus denen sie seit den sechziger Jahren in immer neuen Säuberungsaktionen vertrieben worden waren. Das Territorium der Autonomen Region Kurdistan ist auf einen Schlag deutlich größer geworden. Allein im südlichen Teil der Provinz Erbil reklamieren die Kurden 400 Dörfer wieder für sich. Nach den Deportationen und den Massenmorden der vergangenen Jahrzehnte fühlen sich die Vertriebenen wieder sicher, wenn sie in ihre Häuser zurückkehren. Selbst nach Kirkuk sind Tausende wieder heimgekehrt. Man nimmt an, daß es trotz der großen und kleinen Minderheiten, der Turkmenen und der Araber und der christlichen Assyrer, die es in der Stadt schon immer gegeben hat und die auch bleiben werden, schon jetzt wieder eine große kurdische Mehrheit gibt. Jedenfalls ist der Bürgermeister seit Ende Mai wieder ein Kurde, die Stadtpolizei besteht zu 80 Prozent aus Kurden. Und – wenn die kurdische Wiederbesiedlung der Region auch nicht ohne Friktionen abgeht – sieht es doch so aus, als könne Kirkuk tatsächlich die Hauptstadt Kurdistans werden.

Bei vielen ist Siegesstimmung ausgebrochen, obwohl es gar keinen Krieg und keinen Sieg gegeben hat. Optimismus ist angesagt. Schon wird bedauert, daß man im Februar 2003 die Vorbereitungen für die Feiern zum 100. Geburtstag des legendären Führers Mulla Mustafa Barsani, des Gründers der kurdischen Bewegung, wegen der politischen Unsicherheiten hinsichtlich des Krieges gegen Saddam abgebrochen hat. Augenzwinkernd sagte mir ein Kurdenpolitiker, der besser nicht genannt wird, schon Wochen vorher: »Eigentlich ist sein Geburtsjahr umstritten. Die genannten Jahreszahlen für seine Geburt erstrecken sich von 1899 bis 1904. Dann ist es doch besser, wir feiern 2004. Dann ist der Krieg auf jeden Fall vorbei, Saddam ist weg und wir haben doppelten Grund zum Feiern.«

Selbst der Geburtsmonat ist nicht sicher. Daß die Kurden den März als Geburtsmonat annehmen, mag auch irrationale Gründe haben. Zunächst bringt der März das Neujahrsfest Newroz (übersetzt: neuer Tag, neues Licht), üblicherweise bei allen Kurden in der ganzen Welt eine schier endlose Kette von Festen mit Musik und Tanz, voller Lebensfreude und dem Gefühl des Neuanfangs. Auch das »Abkommen vom 11. März« zwischen Barsani und der irakischen Zentralregierung, unterschrieben von Saddam Hussein, mag eine Rolle spielen. Von Barsani in einem zehnjährigen blutigen Bürgerkrieg erkämpft, gab es 1970 »Süd-Kurdistan« erstmals einen autonomen Status. Allerdings nur auf dem Papier, denn er wurde in der vorgesehenen vierjährigen Übergangszeit nicht umgesetzt, und das war der Grund dafür, daß 1974 ein neuer Krieg ausbrach, in dem die USA Barsani erst ermuntert, dann unterstützt und schließlich verraten hatten. In dieser Zeit hatte ich meine ersten Begegnungen mit den Kurden. Damals konnte Barsani sein Reduit nur aus Bergverstecken heraus »regieren«, im Hochgebirge direkt an der Grenze zum Iran.

Heute stehen die Kurden anders da. Daß es überhaupt zu einem Unabhängigkeitskampf der irakischen Kurden gekommen ist, das verdanken sie Mustafa Barsani. Jemal Nebez, Autor der auch auf deutsch erschienenen Darstellung »Kurdistan und seine Revolution«, meint: »Denkt man an Barsani, so denkt man an die kurdische Geschichte, beziehungsweise die politische Geschichte der Kurden im 20. Jahrhundert. Barsani war ein Nationalheld.« Barsani ist ein Nationalheld, müßte man besser sagen. Denn auch, wenn die Feiern zu seinem 100. Geburtstag um ein Jahr verschoben worden sind, prangt jetzt im irakischen Kurdistan überall sein Porträt. In jedem Laden der Basare, in jedem Geschäft, in öffentlichen Gebäuden, überlebensgroß an Ortseinfahrten und im kleinen Magnetrahmen in Taxis: Barsani ist überall gegenwärtig, er ist der kurdische Mythos, er verbindet Geschichte und Hoffnung. Die Szenen meiner vielen Begegnungen mit ihm und zuletzt die von seinem Begräbnis kamen mir wieder in Erinnerung.

3
Der Mann, der zum Mythos wurde

Mulla Mustafa Barsani

Aus allen Himmelsrichtungen waren sie unterwegs. Von überall, wo Kurden wohnen, eilten sie herbei. Sie kamen aus dem unwegsamen Bergland des Irak, wo sie ihren großen Freiheitskrieg gegen Bagdad 1975 hatten aufgeben müssen. Sie kamen aus dem anatolischen »wilden Osten« der Türkei heimlich über die schwer kontrollierbare grüne Grenze. Sie kamen mit Taxis und in Landrovern, in wackligen Bussen, denen die Fensterscheiben fehlten. Sie kamen zu Pferd oder zu Fuß aus dem ganzen umliegenden Kurdengebiet des Iran, das sich seit dem Sturz des Schahs in Aufruhr befand. Und sie kamen per Flugzeug aus dem westlichen Exil, aus den USA, der Bundesrepublik Deutschland, aus Wien, London und Stockholm.

Die ersten traf ich schon während des kaum zweistündigen Fluges von Teheran in die westaserbeidschanische Provinzstadt Urmia, die auf persisch Orumdschieh gesprochen wird. Während des halben Jahrhunderts der Dynastie Pahlevi hatte die Stadt Rezaiyeh geheißen, benannt nach Reza I., dem Vater des 1979 von der islamischen Revolution gestürzten Schahs. Nach der Revolution hatte man nicht nur das Schahdenkmal entfernt, sondern die Stadt wurde auch eilends wieder in Orumdschieh umbenannt.

Die Stewardeß der »Iran Air«, ganz im Stil der neuen Zeit mit dem dunklen Schador vermummt und ängstlich darauf bedacht, den Fluggästen ja nicht mit dem neuerdings als dekadent, wenn nicht gar als unzüchtig geltenden Charme westlicher Fluggesellschaften zu begegnen, der während der Schahzeit so lange als Verhaltensnorm auch dieser Fluggesellschaft gegolten hatte, sagte die Landung an. Die beiden Herren auf den Plätzen neben mir mit den gutsitzenden Maßanzügen und dem vorzüglichen Englisch verstauten die Papiere, in denen sie während des Fluges Notizen gemacht hatten, in ihren Aktenkoffern und zogen den Sitzgurt wieder fest. Politische Gespräche hatten wir während des ganzen Fluges vermieden. Man wußte ja nie im Persien jener Monate …

Aber ich war mir eigentlich sicher, daß es sich um Kurden aus dem westlichen Exil handelte. Von vielen Reisen, von zahllosen Gesprächen kannte ich die Gesichter, die Haltung, die intelligenten, wachsamen Augen, die verbindliche Konversation. Sicher hatte die Herren der gleiche Anlaß nach Urmia geführt wie mich.

Es war Sonntag, der 4. März 1979. Einige Tage vorher hatten die internationalen Nachrichtenagenturen die Meldung verbreitet, daß der legendäre Kurdenführer Mulla Mustafa Barsani in den frühen Morgenstunden des 1. März in einer Klinik der Washingtoner Georgetown-Universität einem Herzanfall erlegen war. Barsani hatte seit 1976 in den USA gelebt, wohin er sich nach der Niederlage der Kurden in ihrem Kampf gegen das Regime der irakischen Baath-Partei und auf Druck Teherans als Flüchtling zurückziehen mußte.

Seine vom damaligen US-Außenminister Dr. Henry Kissinger mit Hilfe der CIA angezettelte und von Persiens Schah Reza Pahlevi unterstützte Erhebung von 1974 und 1975 war nach einem ruckhaften Kurswechsel der amerikanischen und iranischen Politik zusammengebrochen, und der Kurdenführer selbst war ein todkranker Mann, als er – nur von zweien seiner Söhne begleitet – seine Heimat via Teheran verlassen hatte. Der Leibarzt Barsanis, der kurdische Mediziner und Revolutionär Dr. Mahmud Osman, hatte schon vor Jahren eine geheimnisvolle Erkrankung des Rückgrats, die auf das Bein ausstrahlte, festgestellt und schließlich die Diagnose Krebs gestellt. Im amerikanischen Exil, in der Mayo-Klinik, wurde diese Diagnose schließlich erhärtet. Fazit: fortgeschrittener Krebs in unheilbarem Stadium.

Im Februar 1979 war der streitbare Führer eines streitbaren Volkes, der die Niederlage von 1975, die Enttäuschung über die amerikanischen Freunde von gestern und das erzwungene Exil fern seines leidgeprüften Volkes nie verwinden konnte, zur Heimkehr entschlossen. Wenn er schon nicht in Kurdistan leben durfte, so wollte er wenigstens dort sterben.

Einer seiner Söhne und der Vorsitzende der amerikanischen Kurdengruppe, Mohammed Dosky, hatten bereits die Reisevorbereitungen für den Todkranken getroffen, in schwierigen diplomatischen Kunststücken von Teheran die Rückkehrerlaubnis erwirkt und die Flugscheine nach Persien besorgt. Zwei Tage vor der geplanten Reise konnte Dosky der Presse in Washington aber nur noch den Tod des 76jährigen Greises melden. Außerdem wurde der letzte Wunsch des Verstorbenen mitgeteilt, ihn mitten unter seinem Volk, auf kurdischem Boden zu bestatten.

In Windeseile hatte sich die Nachricht unter den verschiedenen kurdischen Organisationen, im Irak, in Persien und der Türkei, bei den Exilgruppen auf der ganzen Welt und bei der Handvoll Journalisten herumgesprochen, die Barsani und seiner Sache in den letzten Jahrzehnten ihre Aufmerksamkeit gewidmet hatten. In dem Kurdendorf Shuno, iranisch Oshnovjieh, nahe der irakisch-persischen Grenze in Irans Nordwestprovinz Aserbeidschan gelegen, wollte man am Montag, dem 5. März, den verehrten Revolutionär beerdigen. Und das war auch der Grund, warum ich selbst und die beiden, wie sich bald herausstellte, aus London angereisten kurdischen Exilpolitiker in der Boeing der »Iran Air« nebeneinandersaßen.

Kaum hatten wir nach der Landung und der mißmutigen Gepäckkontrolle durch Khomeinis Revolutionsgardisten das noch in der Schahzeit aus Glas und Beton errichtete und mit geschmacklosen Mosaiken verunstaltete Flughafengebäude von Urmia verlassen, als wir auch schon auf andere Trauergäste stießen. Überall waren die ockerfarbenen Pluderhosen und die schwarz-weiß oder rot-weiß gescheckten Kaffyehs, die Kopfbedeckung der typischen Kurdentracht, zu sehen. Urmia selbst ist mehrheitlich von türkisch sprechenden Aserbeidschanern bewohnt, aber auch eine kurdische und eine assyrisch-christliche Gemeinde lebt in der Stadt.

Ich mußte an den assyrischen Schriftsteller Georg Hafizullah denken, mit dem ich mich während eines früheren Aufenthalts, beim Zusammenbruch des damaligen Kurdenkrieges im benachbarten Irak, angefreundet hatte. Wir hatten unzählige Gläser Tschai, den starken, sehr süßen Tee, miteinander getrunken, und jeden Tag übergab mir Hafizullah im rührenden Glauben an die Macht der Presse lange, handgeschriebene Briefe an ihm vom Namen her bekannte Politiker der Bundesrepublik, die ich nach Deutschland mitnehmen sollte und mit denen er westliche Hilfe für die geschlagenen Kurden und die ihnen verbundenen assyrischen Christen erflehte. Was mochte aus ihm in den Wirren der iranischen Revolution und des wiederaufgeflammten Konfliktes der Kurden mit Teheran geworden sein?

»Gehen Sie zum Hotel Mehmansara«, hatte mir der Angestellte der iranischen Luftverkehrsgesellschaft am Flughafen geantwortet, als ich ihn nach der Möglichkeit, einen Wagen zu mieten, befragte. Die »Entschahifizierung« hatte das, wenn man dieses Wort hier überhaupt verwenden will, beste Hotel der Stadt noch nicht ereilt. »Rezaiyeh Inn« stand noch in kaputten Leuchtbuchstaben über dem Hoteleingang. Auch sonst war alles wie früher: schmutzig, trostlos, der Bedienstete am Empfang uninteressiert. Nur hatte man statt des Schahbildes nun ein Foto des Revolutionsführers Khomeini auf den Empfangstresen gestellt.

Volker Hinz, der jetzt *Stern*-Fotograf ist, und ich hatten 1974 in diesem Hotel den gerade nach Persien versetzten Botschafter Wieck kennengelernt, einen späteren Präsidenten des BND. Wir waren noch nie einem Hotelgast begegnet, welcher so ratlos und erschüttert um sich blickte wie der deutsche Botschafter, der sich im Speisesaal des unter Staatsaufsicht betriebenen Hotels mit dem beschäftigte, was man ihm als Frühstück angeboten hatte. Die Tischdecke war noch steif vom Eigelb zahlloser Spiegeleier, die viele Gäste in den letzten Tagen auf ihr verkleckert haben mußten. Das Geschirr war alles andere als sauber. Die Gäste teilten sich schließlich das letzte Briefchen Nescafé und eine Kanne heißen Wassers, die nach zahlreichen Bestellungen, Bitten, Beschwerden, Flüchen und zur »orientalischen Verwendung« gelangter Rial-Scheine endlich serviert wurden. Solche Erlebnisse am Rande waren freilich nur der sichtbare Ausdruck des kaum faßlichen Gefälles zwischen den Luxushotels und Kaviarlokalen Teherans und der Armut und Desorganisation, mit der das Schahregime seine aserbeidschanischen und kurdischen Provinzen vernachlässigte.

Ich war nicht überrascht, daß sich das auch 1979 noch nicht geändert hatte. Auch Wagen oder Taxi konnte der Hoteldiener nicht beschaffen. So besann ich mich noch eines anderen Hotels, das unweit der aus dem 13. Jahrhundert stammenden blauen Kuppel der Freitagsmoschee im Zentrum versteckt lag. Die Kurden hatten es häufig frequentiert und oft auch ihren Gästen zugewiesen. Dort gab es nicht nur ein Zimmer, sondern für Geld und gute Worte fand sich auch ein Fahrer, der bereit war, mich am nächsten Morgen mit seinem Toyota sicher durch die Straßenkontrollen der Revolutionsgardisten und anderer Gruppen zu bringen, die jede für sich ein Stück der zerfallenden Macht des persischen Staates übernommen hatten. Mein Ziel war das kaum zwei Fahrstunden entfernte Oshnovjieh. Der Fahrer fand es nicht überraschend, daß auch ein paar ausländische Journalisten »wegen Barsani« angereist waren, denn alle waren in diesen Tagen »wegen Barsani« gekommen. Er hielt sich aber mit politischen Kommentaren, ob sie nun Teheran, Khomeini, den Schah oder die Kurden betrafen, zurück.

Ich rechnete nach, wie oft ich die Straße nach Oshnovjieh in Richtung irakische Grenze und in das schwer zugängliche Bergland der Kurden schon gefahren war. Sechsmal, siebenmal, öfter? Es war einmal im Frieden gewesen, vor dem großen irakisch-kurdischen Krieg von 1974/75. Es war einige Male während der militärischen Auseinandersetzungen mit den hochgerüsteten und damals von der Sowjetunion unterstützten Streitkräften des Irak. Es war ein weiteres Mal fast auf den Tag genau vier Jahre vorher, am 6. März 1975, als der Schah von Persien den bis dahin von ihm unterstützten Kurden des Irak »den Dolch in den Rücken« stieß, wie es die Kurden nennen. Damals waren sich auf der OPEC-Konferenz von Algier der Schah und der stellvertretende Vorsitzende des irakischen Revolutionären Kommandorates, Saddam Hussein, um den Hals gefallen, nachdem sie ihren alten Grenzstreit über den Schatt el-Arab, den Zusammenfluß von Euphrat und Tigris, auf dem Rücken der Kurden beigelegt hatten – vorläufig nur, wie sich bald zeigen sollte. Und das letzte Mal war nach der Flucht der Aufständischen und ihrer Familien aus dem Irak nach Persien. Auch Mulla Mustafa war damals aus seinem Bergversteck in Hadsch Omran, wo er sich mit seinen zwei Frauen, neun Kindern und 150 Leibwächtern aufgehalten hatte, in den Iran geflohen.

Und immer war die Fahrt zu den Kurden – ob in friedlichen oder kriegerischen Zeiten – auch eine Fahrt zu dem Manne gewesen, der fast ein halbes Jahrhundert lang der von seinen Leuten geliebte, von seinen Feinden gehaßte, oft umstrittene, aber von allen respektierte Führer seines unterdrückten Volkes war.

Und nun hatte Barsani selbst seine letzte Fahrt hinter sich gebracht. Aus den USA, die ihn zuerst ermutigten und dann verrieten, war er heimgekehrt in die landschaftlich wilde, politisch zerrissene und sozial unterentwickelte kurdische Bergwelt im Dreiländereck zwischen der Türkei, dem Iran und dem Irak, der er entstammte.

Tausende von Kurden (ob es wirklich 100 000 waren, wie von der Pressestelle der Demokratischen Partei Kurdistans gemeldet wurde, sei dahingestellt) hatten sich in Oshnovjieh eingefunden. Auch die Bevölkerung der südlich und westlich des Urmia-Sees gelegenen Bergregion nahm an den Trauerfeierlichkeiten teil. Repräsentanten der unterschiedlichsten gesellschaftlichen und politischen Gruppen waren erschienen. Hunderte kurdische Geistliche und Abgesandte linksorientierter Verbände, Bergbauern aus den armseligen Lehmhüttendörfern des Grenzlandes und Studenten aus Teheran und Täbris. Abordnungen der Pesh Merga, der kurdischen Partisanen verschiedenster politischer Richtungen, traten in Uniform und mit voller Bewaffnung auf.

Lautes Wehklagen, Gesänge und der Klang des »Ey Raquib« (»Höre, Feind«), der erst 1946 entstandenen Nationalhymne eines Volkes ohne Staat, begleiteten die Zeremonie bei Sonnenuntergang. Selbst die in vielen Gefechten und Aufständen ergrauten Bergkrieger, die mit ihren umgehängten Waffen und Patronengurten, dem in der Gürtelschärpe getragenen Kurdendolch und mit ihren Schnauzbärten in den wettergegerbten Gesichtern martialisch anzuschauen waren, weinten, als der Leichnam ihres letzten großen Kämpfers in dem lehmigen Erdreich des Grabfeldes verschwand.

Idris Barsani, einer der Söhne des toten »Löwen von Barsan«, des »Berglöwen«, wie ihn die Journalisten zu Lebzeiten nannten, hielt am Grab die Trauerrede: »Was wir hier erleben, ist unbeschreiblich und ein Beweis für den Grad der Liebe und Ehre, die das ganze kurdische Volk für den Verstorbenen empfindet.«

Krieg war sein Leben. Seit er ein Gewehr halten konnte, benutzte er es auch. Erst gegen die Araber des Irak und gegen ihre einstigen britischen Kolonialherren. Dann gegen die Perser, und schließlich immer wieder gegen die wechselnden, aber nach wie vor kurdenfeindlichen Regierungen Bagdads.

Was politische Freiheit ist, hatte Barsani nie erfahren. Schon als Kind im damals unter türkischer Herrschaft stehenden Barsan-Gebiet des heutigen Irak erlebte er Unterdrückung und Verfolgung. Sowohl der Großvater als auch der Vater waren von den Türken als

Aufrührer hingerichtet worden. Als Dreijährigen hatte ihn die von den Türken in Sippenhaft genommene Mutter mit in eines der Gefängnisse (in Mosul) nehmen müssen, mit denen die Hohe Pforte den Widerstandsgeist ihrer kurdischen Untertanen zu dämpfen versuchte.

Auch unter den Regierungen des nach dem Ersten Weltkrieg aus der Erbmasse des Osmanenreiches gegründeten Irak hatte Mulla Mustafa, wie alle Barsanis, keine Freiheit erfahren. Und auch nicht in der Sowjetunion, in die er mit ein paar hundert Getreuen nach dem kurzlebigen Zwischenspiel einer Kurdenrepublik auf persischem Boden 1947 geflüchtet war. Erst 1958 nach dem Sturz der irakischen Haschemiten-Monarchie in das heimatliche Barsan zurückgekehrt, hatte er zunächst mit Bagdad Verhandlungen über eine gesicherte kurdische Autonomie geführt. Aber bald brachen die Auseinandersetzungen aufs neue los. Von 1960 bis 1975, von ein paar friedlichen Intervallen eines unsicheren Waffenstillstandes abgesehen, leitete Barsani den Freiheitskrieg seines Volkes gegen Bagdad – manchmal von der Sowjetunion unterstützt, dann wieder von Israel und den USA, manchmal von Persien und ein wenig sogar von der mit der irakischen Baath-Partei verfeindeten Baath-Partei des syrischen Nachbarn.

»Vertraue der Pranke, Löwe, die Heiligen werden dir nicht helfen.« Dieses kurdische Sprichwort war die Maxime eines Mannes, dessen Leben wie kein zweites symbolhaft das Leben des ganzen kurdischen Volkes widerspiegelt.

Ein Jahr vor seiner schweren Niederlage von 1975, während eines langen mitternächtlichen Gesprächs, das ich in Barsanis Hauptquartier in Hadsch Omran mit ihm und seinen beiden Söhnen Massud und Idris sowie dem geschliffen argumentierenden amerikanisch-kurdischen Juristen (und Dolmetscher) Shaffiq Quazzaz führen konnte, blickte der damals 72jährige General, vielleicht schon in Vorahnung der kommenden Niederlage, auf mehr als ein halbes Jahrhundert politischer Erfahrungen, auf die Hoffnungen und auf das Schicksal eines kurdischen Lebens zurück.

»Sehenden Auges den Tod erwarten und doch nicht sterben, auch in der tiefsten Erniedrigung Hoffnung nähren und Zuversicht auf einen endlichen Sieg«, das waren die Stimmungen, die Mulla Mustafa damals beschrieb. »Es ist wie in einem Alptraum. Wehrlos, bewegungsunfähig auf einer Decke zu liegen und zu sehen und zu fühlen, wie ein Skorpion auf einen zu kriecht. Das Bein entlang, über die Brust. Man weiß, daß man dem tödlichen Biß nicht entkommen kann, daß man ausgeliefert ist. Man schließt die Augen und erwartet den Tod. Und plötzlich, so, als hätte Gott sich anders besonnen, gleitet der Skorpion von der Brust und kriecht davon. Die Lähmung fällt von einem ab. Man erhebt sich und greift einen Stein. Man nimmt Maß und schlägt zu.«

Viele dieser politischen Skorpione hatten sich den Kurden schon genähert, und immer waren die Barsanis, Mulla Mustafa selbst, seine Vorfahren und seine Söhne, an führender Stelle dabei, wenn das kurdische Volk einen Stein erhoben, Maß genommen und dann zugeschlagen hatte.

Im unzugänglichen Bergland nordöstlich der Stadt Erbil im Irak, am linken Ufer des Großen Zab, der später in den Tigris mündet, ist es, wo die Gefolgsleute der Scheichs von Barsan wohnen. Das Dorf Barsan selbst hat nichts aufzuweisen, was es von anderen Dörfern des Umlandes unterscheiden und woran sich ein Reisender erinnern würde. Aber gerade in diesem Dorf und der nach ihm benannten Gegend nahm eine Bewegung ihren Ausgang, die noch heute andauert und für die bislang erfolgreichste Entfaltung des kurdischen Willens zur Unabhängigkeit verantwortlich ist.

Begonnen hatte die Geschichte der Barsanis ganz zu Anfang des 19. Jahrhunderts. Damals hatte der Führer eines der mächtigsten Derwisch-Orden des Islam, des Naqshbandi Sufi, der im ganzen Osmanischen Reich religiöse Erweckung betrieb, auch in dem Dorf Barsan einen frommen Mann namens Tadsch ad-Din für seine einflußreiche Gemeinschaft geworben. Dieser verstand es, mittels der kollektiven, von Tanz und Spiel begleiteten Andachtsübungen, immer stärkeren Einfluß auf die Menschen aus der ganzen Gegend zu gewinnen. Die Silsila, die Kette, mit der sich nach dem Derwisch-Glauben die religiösen Kräfte der Gemeinde mit denen ihrer Vorfahren verbinden, verhalf auch Tadsch ad-Din zu Einfluß und Macht.

Er wurde nicht nur zum ersten Scheich von Barsan und der 750 Familien, die als die Barsanis in dem Tal wohnten, sondern mehr und mehr gerieten auch die benachbarten Stämme der Shirwani mit ihren 1800 Familien sowie die Misuri und Dola Mari unter seine Führung.

Als um 1900 der britische Orientreisende Mark Sykes, dem wir viele Kenntnisse über die Stammesstruktur und -sitten der Kurden verdanken, das Gebiet des heute zwischen dem Irak und der Türkei aufgeteilten Grenzraumes studierte und beschrieb, fand er die Barsanis schon als einen »für seine kriegerischen Eigenschaften berühmten Stamm« vor, der sich anderer Kurdenstämme, vor allem der nomadisierenden und zweimal im Jahr durch das Barsan-Gebiet ziehenden Herkis, gut zu erwehren vermochte. Noch heute lassen sich die Barsanis – trotz in den letzten Jahrzehnten stark verwischter Stammesabgrenzungen – auf vielleicht 2000 Familien mit an die 20 000 Menschen beziffern.

Zu Beginn des 20. Jahrhunderts ging der kurdische Kampf um Freiheit, wiewohl immer auch mit dem Kampf um persönlichen Einfluß der Scheichs vermischt, erstmals von den Barsanis aus. Zunächst richtete sich dieser Kampf gegen die osmanische Oberherrschaft, denn fast alle Wohngebiete der Kurden, abgesehen von ihrer Region in Persien, gehörten bis zum Ende des Ersten Weltkrieges zum Osmanischen Reich. Dessen Nachfolgestaaten, etwa die heutige Türkei, der Irak oder Syrien, bildeten sich erst in teils langwierigen Grenzfindungsprozessen in den Jahren nach der osmanischen Niederlage von 1918 und dem Friedensvertrag von Sèvres 1920 heraus.

Der erste Barsani, der den als Besatzungsmacht empfundenen Türken zu schaffen machte, war Scheich Abdul Salim. 1908 erhob er sich mit seinem Stamm und fegte im ganzen Barsan-Gebiet die Vertreter der osmanischen Obrigkeit hinweg. Gleichzeitig begann er Gespräche mit Abgesandten Rußlands, das schon seit den Kriegen gegen die Türken Mitte des vergangenen Jahrhunderts Kontakte zu den kurdischen Stämmen pflegte.

1914 jedoch wurde Abdul Salim von den Türken gefangengesetzt und ohne Gerichtsverfahren in Mosul gehenkt. Sein ältester Sohn Ahmad, der ihm in der Führung der Barsanis folgte, trat bald in die Fußstapfen des Vaters. Nun waren allerdings nicht mehr die Türken die Gegner, sondern die im Ersten Weltkrieg siegreichen Briten, welche sich aus dem ehemaligen Osmanischen Reich ihr Mandatsgebiet Irak herausgeschnitten hatten, das sie 1930 in eine stark nach Großbritannien orientierte eingeschränkte Unabhängigkeit entließen.

Mit britischer Hilfe wollte die in Bagdad installierte Mandatsregierung ihre Amtsgewalt auch in das unbotmäßige Barsan-Gebiet ausdehnen. Aber Scheich Ahmad empfing die neuen Machthaber nach Kurdensitte: Eine irakische Militärkolonne geriet in einen Hinterhalt und wurde nach schweren Verlusten zur Umkehr gezwungen. Die militärische Führung bei dem Überfall hatte ein jüngerer Bruder Ahmads übernommen, ein bis dahin noch ganz unbekannter junger Mann namens Mulla Mustafa.

Wie seither in allen Kurdenkriegen bis in unsere Tage – gleichgültig, in welchem Staat sie stattfanden – griff die zahlen- und ausrüstungsmäßig überlegene, im kurdischen Bergland den erfahrenen Stammeskriegern aber immer unterlegene Militärmacht auf die Ultima ratio ihrer Herrschaft zurück: auf die Luftwaffe. 1931 und im Jahr darauf waren es die im Irak stationierten Staffeln der britischen Royal Air Force, die in Strafexpeditionen kurdische Dörfer angriffen und in Schutt und Asche legten. So kam Bagdad doch noch zu seinem Erfolg: Nun, da die Revolte von den Briten niedergebombt war, konnten auch irakische Verbände nach Barsan vorstoßen. Scheich Ahmad wurde über die türkische Grenze gedrängt, dort vom Militär ergriffen und 1935 an den Irak ausgeliefert. In Hilleh, später in der politischen und kulturellen Metropole der irakischen Kurden, in Suleimania, wurde er wie Dutzende anderer Kurdenführer interniert. Auch Ahmads jüngerer Bruder Mulla Mustafa machte dort wieder einmal mit den Gefängnissen der Unterdrücker seines Volkes Bekanntschaft. Bis 1943 blieb er Gefangener Bagdads und der Briten. Nach zehnjähriger Haft gelang ihm die Flucht und damit auch der Anfang einer politischen Führerrolle, die erst mit seinem Tod enden sollte.

Die Barsanis und ihr Stamm waren eine besondere, vielleicht die kriegerischste Art von Kurden. Die abgelegenen Gebirgstäler des Barsan-Gebietes und die harten Lebensbedingungen dort, zusammen mit der strengen, von den Scheichs verordneten Disziplin, hatten ein Kurdentum entstehen lassen, das sich von den verbindlicheren, in ihrer ganzen Lebenshaltung leichteren Kurden des Südens, aus Ruwanduz, Erbil oder Suleimania, unterschied. Der amerikanische Kurdenkenner William Eagleton urteilte: »Den Barsanis, einem einfachen und ungestümen Hirtenvolk, blieben viele Laster der Zivilisation ganz unbekannt. Die Maßstäbe individueller

Moral waren hoch und basierten auf einem unverbrüchlichen Ehrenkodex, der alle Beziehungen innerhalb des Stammes regelte, aber im Umgang mit Außenstehenden nicht immer Anwendung fand. Rachewünsche wurden oft schnell eingelöst, häufig mit Hilfe des Gewehres, das jeder männliche Stammesangehörige ständig bei sich trug, sobald er nur in der Lage war, ein so schweres Gewicht, wie ein Gewehr es darstellte, zu tragen. Eine Waffe war das wichtigste aller materiellen Besitztümer.«

Nachdem er aus Suleimania fliehen und sich in das heimatliche Barsan durchschlagen konnte, machte sich Mulla Mustafa 1943 daran, den Unterdrückern seines Volkes so viel heimzuzahlen wie nur möglich. Kaum war er nach wochenlangem Fußmarsch zu Hause angelangt, wurde er von den Barsanis und von den Scheichs und Kriegern der benachbarten Stämme wie ein Held gefeiert. Aber Mulla Mustafa ließ es nicht beim Feiern bewenden, sondern setzte mit kraftvoller Energie seinen langgehegten politischen Willen unverweilt in die Tat um. Mit seinen kampflustigen Stammesbrüdern überfiel er, sozusagen als praktische Gefechtsausbildung, nah- und ferngelegene Polizeistationen der Regierung und Außenposten oder Transportkolonnen der Bagdader Armee. Das hinderte ihn aber nicht, gleichzeitig immer wieder Gesprächsangebote an die irakische Regierung und, über die Vertretung Londons in Bagdad, sogar an die Briten zu richten.

Ende 1943 waren sein Ansehen, sein politischer Einfluß und vor allem seine militärische Macht schon so weit gewachsen, daß Bagdad nicht mehr hoffen konnte, das Problem des kurdischen Nordens, das überdies nur ein – allerdings wesentlicher – Teil einer breiteren kurdischen Unabhängigkeitsbewegung war, mit Hilfe einer der üblichen Strafexpeditionen zu lösen. Das irakische Kabinett unter Führung Nuri es-Saids wollte diesmal den Verhandlungsweg beschreiten. Ein als Zeichen des Entgegenkommens frisch ernannter Minister ohne Geschäftsbereich, ein Kurde, wurde beauftragt, mit den widerspenstigen Barsanis zu verhandeln.

Bald kam es zu den ersten Zugeständnissen an Mulla Mustafa. So wurde den Kurden des Barsan-Gebietes ein gewisses Maß an kommunaler und regionaler Selbstverwaltung ebenso zugestanden wie das Recht, ihre Waffen zu behalten. Aber schon gingen den stramm arabisch ausgerichteten Kabinettskollegen Nuri es-Saids die Zugeständnisse zu weit, und sie begannen um die Unversehrtheit des irakischen Staates zu fürchten. Die Gespräche kamen bald ins Stocken, und die bürgerkriegsähnlichen Zustände an den Grenzen des Barsan-Territoriums flammten wieder auf.

Dennoch rissen die Kontakte zwischen den Parteien nicht ab. Sowohl Barsani als auch die Regierung in Bagdad bedienten sich einiger Offiziere kurdischer Herkunft aus der Armee des Irak, um die Chancen einer friedlichen Übereinkunft nicht ganz unmöglich zu machen. Major Izzat Abdul Aziz aus Amadijah, ein ehemaliger Ordonnanzoffizier des irakischen Kronprinzen, und Oberstleutnant Amin Ruwanduzi genossen gleichermaßen das Vertrauen Barsanis, des arabischen Bagdad und der britischen Oberherren des jungen Staates. Ihrem Einfluß war es auch zu verdanken, daß im Frühjahr 1944 Mulla Mustafas älterer Bruder, der nominell noch immer Stammesoberhaupt war, aus der britischen Internierung entlassen wurde.

Die Barsanis konnten mit der Rolle der irakischen Offiziere sehr zufrieden sein. In Bagdad hingegen war die Enttäuschung groß, als sich nach Jahresfrist herausstellte, daß jene Offiziere, die man zu Unterhändlern mit den Kurden ernannt hatte, schon längst dem kurdischen Geheimbund Hewa (»Hoffnung«) angehörten, der sich vorwiegend aus den Angehörigen der städtischen und intellektuellen Elite und eben aus Offizieren rekrutierte. Überdies hatten die politischen Erfolge, die durch viele Überfälle geradezu üppig gewordene Bewaffnung und die steigende Anerkennung bei den Stämmen des kurdischen Nordens Barsani immer selbstbewußter gemacht und ihn mit seinen weitgehenden Forderungen über das Ziel hinausschießen lassen, das die irakische Monarchie gerade noch geduldet hätte. Immer größere Gebiete gerieten gegen die Bagdader Zentralregierung in Aufstand. Deshalb wurde 1945 wieder einmal ein irakisches Expeditionskorps aus der Ebene von Euphrat und Tigris in das kurdische Bergland in Marsch gesetzt, diesmal gleich von Anfang an von massiven Luftstreitkräften unterstützt.

Die Führung der Expedition war einem jungen irakischen Offizier anvertraut, einem gewissen Abd el-Kerim Kassem. In ihm fand der »Löwe von Barsan« vorerst seinen Meister. Vor dem überlegenen irakischen Druck mußte er sein Bergrevier einstweilen räumen.

Mit 3000 Kriegern und 9000 anderen Stammesangehörigen im Troß wich Mulla Mustafa nach Persien aus, wo er sogleich Anschluß an die dort gerade im Entstehen begriffene Kurdische Republik von Mahabad fand. Nach deren Zusammenbruch flüchtete Barsani 1947 ins sowjetische Exil.

Er hätte sich damals sicher nicht träumen lassen, daß ausgerechnet sein Bezwinger, der inzwischen durch einen Staatsstreich an die Macht gekommene Oberst Abd el-Kerim Kassem, ihn elf Jahre später – nach vielen Hoffnungen und Enttäuschungen – geradezu im Triumphzug nach Bagdad zurückholen würde. Aber, so sagt es ein kurdisches Sprichwort: »Sieben Jahre lang, in sieben Paar eisernen Schuhen, sieben Sachen wechseln und sieben Taten vollbringen, und dann erst bist du am Ziel.«

Am offenen Grab des Vaters hatte Idris Barsani an jenem Abend des 5. März 1979 all diese Lebensstationen Mulla Mustafas den trauernden Vertretern seines Volkes noch einmal rekapituliert. Wie es dann nach der triumphalen Heimkehr aus der Sowjetunion in den nach dem Staatsstreich Abd el-Kerim Kassems 1958 zur Republik gewordenen Irak weiterging, wußten die meisten seiner Zuhörer aus eigener Erfahrung. Zwei Jahre lang hatte man damals in einem als Nationalen Pakt bezeichneten Bündnis zwischen den beiden Völkern des Irak versucht, ein friedliches Zusammenleben von Arabern und Kurden auf der Basis kurdischer Autonomie zu ermöglichen, jedoch vergeblich.

Am Streit um den gerechten Anteil beim Verkauf des auf kurdischem Gebiet bei Kirkuk im Norden, bei Kanaquim im Süden geförderten Erdöls zerbrach der innere Frieden. Zehn Jahre lang, von 1960 bis 1970, bekämpften sich beide Seiten in einem blutigen Bürgerkrieg, der schließlich aus Erschöpfung aller Lager mit einem unsicheren Waffenstillstand und dem Versprechen endete, in einem Vierjahresplan stufenweise die kurdische Beteiligung an den Erdölerlösen zu verwirklichen.

Aber 1974, als die Kurden das schwarze Gold aus ihrem Boden immer noch nicht in entsprechende Wirtschafts- und Finanzhilfe für ihren unterentwickelten Landesteil umgewandelt sahen, griffen sie nach einer Aufforderung durch den damaligen US-Außenminister Dr. Henry Kissinger sowie Persiens damaligen Herrscher Reza Pahlevi erneut zu den Waffen.

Ein halbes Jahr vor Ausbruch des neuen Krieges, der der schwerste in der kurdischen Geschichte geworden ist und von dem ich in diesem Buch noch ausführlich berichten werde, hatte ich meine erste Begegnung mit Mulla Mustafa Barsani, der noch viele folgen sollten.

Die Anreise in das »wilde Kurdistan« war damals, in dieser Art von Frieden, kein Problem. Persiens Armee und seine gefürchtete Geheimpolizei, die SAVAK, ließen auf Wunsch der von ihnen unterstützten Kurden so gut wie jeden mit entsprechenden Empfehlungen durch die kurdische Führung ausgestatteten westlichen Journalisten über die sonst schwer passierbare persisch-irakische Grenze in die kurdischen Berge, wenn er es nur wollte.

Schon in Teheran, in dem nach Khomeinis Revolution verkommenen, damals aber auf der Höhe verwöhnter europäischer Maßstäbe geführten Luxushotel »Teheran Hilton«, hatte ein kurdischer Abgesandter sich diskret in meinem Hotelzimmer eingefunden, die winzigen, mit Tesafilm verklebten Empfehlungsschreiben und Laissez-passer von Führern des kurdischen Auslandsapparates gelesen und mir dann die Route der geplanten Weiterreise mitgeteilt. Auf dem Flughafen der aserbeidschanischen Stadt Rezaiyeh (heute Urmia), die in der Nähe des Kurdengebietes liegt, sollte ich am folgenden Tag erwartet und auf die andere Seite der Grenze gebracht werden.

Reibungslos lief alles weitere ab. Schon an der Gepäck- und Ausweiskontrolle in der Flughafenhalle Rezaiyehs sah ich auf den ersten Blick »den Dicken und den Langen«, das übliche Arbeitsteam der persischen SAVAK, auf mich warten. Der »Lange«, geradezu dandyhaft mit einem Anzug Italian style und Seidenhemd ausstaffiert und des Englischen mächtig, bugsierte mich und den Fotografen, der mich begleitete, ohne Kontrollen durch die Sperren. Der andere, fast als wäre er als Bösewicht einem Agentenfilm entlaufen, bullig und eher für das Grobe geeignet, nahm alle unsere Gepäckstücke unter den Arm und verstaute sie in einem vor dem Flughafengebäude wartenden Landrover, der weder iranische noch irakische Kennzeichen trug.

Der erste Pesh Merga, den ich in meinem Leben zu Gesicht bekam, er hieß Omar Pishevari, stand neben dem Wagen. Er hätte, wäre nicht die Uniform gewesen, in eine bayerische oder steiermärkische Gebirgsdivision oder in ein Regiment schottischer »Highlander« gepaßt. Stahlblaue Augen fixierten uns neuangekommene Besucher kurz. Almani? Wir bejahten. Der Soldat nickte beifällig. Almani bascha! Die Deutschen waren in Ordnung. Ansonsten blieb unsere Verständigung auf Gesten und freigebig ausgetauschte Zigaretten beschränkt.

Drei Stunden kutschierte uns der Pesh Merga mit seinem Landrover erst über gepflegte Asphaltbänder, dann sehr bald über Schotter- und Staubstraßen, an Mahabad vorbei, durch Oshnovjieh, durch Piranshar, immer höher hinauf und schließlich über Paßstraßen, die unser Fahrer in halsbrecherischem Tempo überwand. Zwischendurch blinzelte er zu mir hinüber. Die Almani neben ihm hatten doch angesichts der unbefestigten und ungesicherten Straße, der steil abfallenden Schluchten keine Angst?

Mehrfach sperrten Schlagbäume den Weg. Persische und kurdische Kontrollstationen hielten zuverlässig jeden nicht Befugten von der Weiterfahrt ab. Aber der vorgezeigte Passierschein ließ alle Schlagbäume schnell in die Höhe gehen.

Nach der iranischen Grenze ein kurzer Halt. Düster drohte am Steilhang das letzte persische Fort herunter. Jahrtausende mußten an dem Gemäuer gebaut haben. Links und rechts der Straße kahle, abfallende Hänge, baumlos. Etwa 500 Meter entfernt kratzte ein Bauer mit seinem Ochsengespann und dem hölzernen Hakenpflug die Krume eines an den Hang geklebten Feldes auf. Absolute Stille. Kein menschlicher oder tierischer Laut, keine Vogelstimme, nicht einmal Blätterrauschen war zu hören. Ein Null-Phon-Erlebnis, nur ab und zu von dem in der Stille wie Explosionen wirkenden Knacken des sich abkühlenden Automotors gestört.

Nach kurzem Aufenthalt ging es weiter. Hinter einer Paßkehre jagte Omar den Landrover plötzlich einen Seitenweg hinauf und kam vor ein paar mit dünnen Pappelstämmen, Schilfmatten und darübergestrichenem Lehm gedeckten flachen Häusern zum Stehen. Kurzes Hupen. Und auf einmal wurde die öde daliegende Ansiedlung lebendig. Immer mehr, vielleicht 30, 40 Pesh Merga quollen aus ihren Quartieren heraus und traten in Dreierreihe an. Unser Fahrer war ausgestiegen und schnauzte die Soldaten an. Einige von ihnen traten vor, bauten vorschriftsmäßig in Windeseile ein schweres Maschinengewehr auf Dreibein auf und demontierten es wieder, brachten ein Panzerabwehrrohr in Stellung und zerlegten es hinterher in seine einzelnen Teile, nahmen das Gewehr über und dann wieder ab.

Ich konnte mir allerdings keinen Reim auf den Sinn der militärischen Vorführung machen. Erst als Omar mit Stolz im Blick »Bascha?« fragte, kam mir die Erleuchtung. Die Besucher kamen aus Deutschland, die Deutschen waren doch die besten Soldaten, und so mußten wir nun beurteilen, ob die Kurdenkrieger alles bascha, alles gut und richtig gemacht hatten. Wir bejahten es gerne. Und ich genierte mich ein bißchen, denn die Kurden hatten eine andere Armee in Erinnerung als die, über die Deutschland nun verfügte.

Die besondere Wertschätzung der Deutschen (und eine Zeitlang auch der Amerikaner) war allenthalben auch von General Barsani bekannt. Vertraute berichteten, nicht nur historische Gleichsetzungen der sich als indogermanisch, als »arisch« fühlenden Kurden mit den »arischen« Deutschen seien bei der älteren Generation durchaus noch gang und gäbe, sondern der General gehe bei seinem Faible für Made in Germany sogar so weit, sich nur mit Klingen deutschen Fabrikats zu rasieren.

Im Schutz der Dunkelheit ging die Fahrt weiter in das irakische Kurdistan hinein. In Hadsch Omran, einem in Friedenszeiten beliebten Urlaubsort für die oberen Hundert Bagdads, wo sie ungestört Luchse, Wölfe und den begehrten Schneeleoparden jagen konnten, das aber nun seit mehr als zehn Jahren eines der häufig wechselnden Hauptquartiere der kurdischen Führung war, kam es gleich am Tag unserer Ankunft zu der ersten Begegnung mit Mulla Mustafa.

Er sah genauso aus, wie ihn sich ein Leser von Karl Mays Roman »Durchs wilde Kurdistan« vorstellen mochte. Die traditionelle Kurdentracht mit der weit geschnittenen ockerfarbenen Bluse und den Pumphosen, die breite, buntgemusterte Gürtelschärpe, in der neben dem Dolch eine lange Zigarettenspitze steckte, und der Turban in der rot-weißen Farbe des Stammes der Barsani – dies alles vermittelte das Flair von Kühnheit und Verschlagenheit.

Obwohl nur von mittelgroßer Statur, war der General doch eine jeden gleich auf Anhieb beeindruckende Figur. Seine glänzenden dunklen Augen, die forschend und gebieterisch jedes Gegenüber aufnahmen, gaben den strengen, ja harten Linien des Gesichts einen verwegenen Akzent. Ausdauer und Wagemut waren dem Gesicht und der ganzen Haltung wie ein Stempel aufgedrückt. Zusammengenommen war es ein Bild von kriegerischer Männlichkeit, von Abenteuer, von hartem Schicksal und selbst von Romantik. Und dennoch war nichts in diesem Leben seltener anzutreffen gewesen als gerade sie.

Mulla Mustafa hatte in seiner Kindheit und Jugend nur die allereinfachsten Rudimente einer Grundschulerziehung, vermittelt von selbst nur wenig mehr gebildeten Dorfmullahs, genossen. Nichtsdestoweniger erfaßte er auch bei schwierigen Zusammenhängen sofort den Kern der Sache und beherrschte neben den militärischen auch alle diplomatischen Register im Kampf für seine Sache. Die Stationen seines Lebens lehrten ihn Persisch, Arabisch und Russisch. Trotz seines ausgeprägten und aufgrund seiner Leistungen sicher berechtigten Selbstbewußtseins kannte Mulla Mustafa auch seine Grenzen. Wer ihm bislang Unbekanntes zu berichten oder zu erläutern hatte, dem hörte er ohne Unterbrechungen aufmerksam zu. Besucher, insbesondere aus europäischen Ländern oder aus den USA, wurden neugierig auch über ganz fernliegende Themen ausgefragt.

Auch ich kam bei meinem ersten Besuch in Barsanis Hauptquartier im Jahr 1973 wegen der Wißbegier des Generals beinahe ins Schwitzen. Von kurdischen Freunden hatte ich viel über seine Begeisterung für die Astronomie gehört, und ich hatte deswegen ein gerade auf den Markt gekommenes hochwertiges tragbares Himmelsteleskop der Firma Zeiss als Gastgeschenk mitgebracht und es dem General übergeben.

Das war nur ein halbes Jahr vor dem Ausbruch des Kurdenkrieges von 1974, und dieser Krieg zeichnete sich bereits unübersehbar ab. Die Kanoniere der altmodischen Flak, einer russischen Duschka, die das Hauptquartier gegen Luftangriffe und Luftlandungen zu schützen hatten, saßen ständig auf den Lafetten, und die martialischen Leibwächter des Generals blickten mißtrauisch in sämtliche Richtungen, vor allem nach oben. Ich hätte natürlich gern die Rede gleich auf militärische und politische Themen gebracht. Aber Barsani testete erst seelenruhig und in aller Ausführlichkeit das Teleskop, und ich konnte mich vor lauter Fragen über Brennweiten,

Vergrößerung und Lichtwerte, über die Herausforderung der deutschen optischen Industrie durch die japanische und wie unsere Wirtschaft darauf reagiere, ob Schutzzölle die Hersteller in der Bundesrepublik vor den Billigimporten schützten und dergleichen Fragen kaum noch retten. Der Dolmetscher, der in der amerikanischen Emigration in Harvard Staats- und Völkerrecht studiert hatte und jetzt wegen des bevorstehenden Kriegsausbruchs in seine kurdische Heimat zurückgekehrt war, hatte seine liebe Not, unser unerwartet technisches und wirtschaftliches Gespräch zwischen dem Kurdischen und dem Englischen zu synchronisieren.

Stark beeindruckt hat mich auch die Wertschätzung, die Barsani jenen Kurden entgegenbrachte, die aufgrund ihrer gehobenen Ausbildung zu Führungsaufgaben für die kurdische Sache und für das kurdische Volk berufen waren. Schon Dana Adams Smith von der *New York Times* hatte Anfang der sechziger Jahre diese Eigenschaft an Barsani beobachtet und sie in dem melancholischen Reisebericht »Journey Among Brave Men«, »Eine Reise zu tapferen Leuten«, beschrieben.

Studenten, die sich bei den kurdischen Organisationen meldeten, um in die Kampfverbände der Pesh Merga einzutreten, wurden nicht selten zurückgewiesen mit der Bemerkung, der General sehe es lieber, wenn sie sich in ihre Bücher vertieften, um so viel wie möglich das zu lernen, was sie nach der kurdischen Unabhängigkeit zum Nutzen aller einsetzen könnten.

Ich habe so manchen kurdischen Studenten getroffen, dem diese Einstellung Mulla Mustafas einerseits zwar ein wenig geschmeichelt, aber andererseits auch nicht besonders gefallen hat. Bei einer folgenden Reise – der Krieg mit Bagdad war schon in vollem Gange – wurde mir vom kurdischen Hauptquartier der vielleicht 25jährige Tarik als Führer und Dolmetscher zugeteilt. Tarik war ein paar Monate vorher aus Amsterdam zurückgekehrt, wo er sich als Student der Elektrotechnik auf sein Ingenieurexamen vorbereitet hatte. Es gefiel ihm, nicht nur ins Englische, sondern auch ins Niederländische zu dolmetschen, bei dem ich glücklicherweise gut mithalten konnte.

Er hatte sich wegen unserer Fahrten auch durch abgelegene Gebiete das Privileg erworben, eines der begehrten Schnellfeuergewehre vom Typ Kalaschnikow zu führen. Der Landrover führte uns von Hadsch Omran auf der von dem neuseeländischen Ingenieur Hamilton in den dreißiger Jahren erbauten und nach ihm benannten Hamilton Road ein Stück weiter nach Osten, in Richtung persische Grenze. Gleich neben der Straße fiel in einer sanften Welle das Gelände gegen den Talgrund ab, in dem der Ruwanduz-Fluß entlangplätscherte. Wir hielten an und blickten auf etwa 30 riesige, blütenweiße und sauber ausgerichtete Schlafzelte sowie auf eine Reihe von Versammlungszelten hinab. Im hellen Sonnenschein saßen zwischen diesen Unterkünften Gruppen junger Leute, die ihren Lehrern zuhörten.

Ich war über die ungewohnt friedliche Szene überrascht, denn weiter im Westen hielt die irakische Luftwaffe auf alles, was sich im Tal bewegte, und hier statt dessen dieses nachgerade feiertägliche Bild. Die Erklärung folgte aber gleich auf dem Fuße. Die Posten, die auf uns zuliefen, erzählten, daß die persische Armee nur ein paar Kilometer weiter, unmittelbar an der Grenze zum Irak, ihre Hunter-Hawk-Luftabwehrraketen stationiert hatte. Diese Habichte des Luftkrieges hatten schon mehrfach irakische Suchoj- oder Tupolev-Maschinen, die der Grenze zu nahe gekommen waren, abgeschossen, und seither mieden die Piloten diesen Teil des kurdischen Gebietes mit großer Sorgfalt.

Tarik stieg aus dem Wagen und beschrieb mit seiner Kalaschnikow einen weiten Kreis, mit dem er das ganze Zeltlager umfaßte. »Hier können Sie nun die armen Studenten sehen«, sagte er, »denen der General die Aufnahme zu den Pesh Merga verwehrt hat. Diese hier müssen Formeln büffeln oder arabische oder persische Grammatik.«

Im Frühjahr, so erfuhren wir dann bei einigen Gläsern des unvermeidlichen Tschai von dem Rektor der »Felduniversität«, waren er und der größte Teil des Lehrkörpers und der Studentenschaft der kurdischen Universität von Suleimania, die gerade mal vor einem Jahr gegründet worden war, vor den Maßregelungen der irakischen Machthaber in die Berge geflohen. »Nein, nicht geflohen«, präzisierte der Rektor, »wir haben vielmehr die Universität evakuiert, und nach dem siegreichen Ende des Krieges werden wir die einzige Hochschule, die wir irakischen Kurden überhaupt haben, wieder zurück nach Suleimania verlegen, und unseren jungen Leuten wird kein Studienjahr fehlen.«

Er wußte damals noch nicht, wie sehr er sich über den Ausgang des Krieges und über das Schicksal seiner Studenten täuschen sollte, die ein Jahr später beim Zusammenbruch der autonomen Kurdenregion doch mit in den Strudel des Unterganges gerissen wurden.

An alle diese Erlebnisse mußte ich denken, als man Mulla Mustafa Barsani an jenem Frühlingstag des Jahres 1979 beerdigte. Die Trauergemeinde nahm nicht nur Abschied von dem nach Sultan Saladin gewiß bedeutendsten kurdischen Feldherrn und Staatsmann, sondern, wie sich bald zeigen sollte, auch von der in der neueren Geschichte erstmals von ihm verkörperten und für kurze Zeit durchgesetzten Idee der kurdischen Einheit. Nur mühselig hielt am offenen Grab die von Barsani hergestellte Harmonie zwischen »Linken« und »Rechten«, zwischen Sozialisten und Feudalisten, zwischen kompromißlosen Verfechtern des großkurdischen Einheitsstaates und »Realpolitikern«, die sich mit der Autonomie innerhalb ihrer jeweiligen Länder Irak, Türkei und Iran zufriedengeben wollten.

Zwar beschwor Barsani-Sohn Idris die Trauernden: »Beseitigt eure Differenzen und vereinigt alle Kräfte, um unser Ziel zu erreichen.« Aber abgesehen von dem allgemeinen Ziel »Azadi bo Kurdistan«, »Freiheit für Kurdistan«, ging die von Barsani mühsam hergestellte Einheit Stück für Stück wieder verloren – ein altes Erzübel der Kurden. »Die Kurdenstämme«, so berichtete schon eine frühe Chronik, »halten untereinander nicht zusammen; keiner will dem anderen gehorchen und untertan sein.«

Die Spaltung traf als erste die irakischen Kurden. Zwar lebte auch nach dem Abtreten General Barsanis von der Bühne der nahöstlichen Geschichte seine Partei, die Demokratische Partei Kurdistans (Kurdistan Democratic Party, KDP), weiter fort, und seine Söhne Massud und Idris spielten darin auch danach eine wichtige Rolle. Idris starb 1986, Massud ist heute einer der beiden Führer im Norden des Irak. Daneben aber gewann die linksorientierte Sammelbewegung des auch bei früheren Spaltungsversuchen hervorgetretenen Dschalal Talabani, die Patriotische Union Kurdistans (PUK), an Boden, die lange Zeit – anders als die DPK – eine gesamtirakische gemeinsame Revolution von Arabern und Kurden anstrebte. Doch auch Talabani entzweite sich mit Bagdad. 1988 mußte er ins syrische Exil nach Damaskus.

Selbst die Barsani-Partei spaltete sich in den Jahren 1979 und 1980 noch in zwei Flügel. Hatte Idris Barsani, wohl aus Rücksicht auf die Hunderttausende noch immer im Iran lebenden Flüchtlinge aus dem irakischen Kurdistan, darauf bestanden, auch in Zukunft eine gewisse Anlehnung an Teheran zu suchen, so sah der DPK-Generalsekretär Sami Rahman darin die gefährliche Entwicklung eines »irakischen Sonderwegs«.

Rahman, einem der gebildetsten und geschliffensten Köpfe der kurdischen Führung, gelernter Diplomingenieur und Anfang der siebziger Jahre einer der kurdischen Minister im Bagdader Kabinett, war die Zusammenarbeit aller Kurden über die Grenzen hinweg wichtiger. Für ihn war es selbstverständlich, daß die Pesh Merga aus dem Irak auch den Kämpfern des iranischen Kurdistan beistanden, die sich dort mit Militäreinheiten und den Revolutionsgardisten Khomeinis herumschlugen.

4

»Die besten Leute, die ich im Orient getroffen habe«

Was uns berühmte Reisende über Herkunft und Geschichte der Kurden erzählen

Seit Tagen befand ich mich in einem Zustand der Spannung wie seit langem nicht. Es gibt kein Land der Erde, das so zahlreiche Rätsel birgt wie der Boden, den die Hufe meines Pferdes berührten. Es ist eine Landschaft, in der Völkerhaß, wilder Fanatismus und die Geißel der Blutrache Legionen von Opfern gefordert haben.« So war es vor mehr als 100 Jahren in einer Fortsetzungsgeschichte in dem katholischen Familienblatt »Der deutsche Hausschatz« zu lesen. Der Held der Erzählung, ein deutscher Reisender, dem der Autor den Namen Kara ben Nemsi verliehen hatte, beschrieb darin seine Abenteuer während einer Reise von Mosul bis in die uralte Kurdenstadt Amadijah. Der romanhaft-fiktive Bericht, der später auch als Buchausgabe erschien und seither über Generationen hinweg ein in Millionen zu zählendes Lesepublikum gefunden hat, trug den reißerischen Titel »Durchs wilde Kurdistan«, und sein Autor war der sächsische Hilfslehrer und vielleicht erfolgreichste Volksschriftsteller aller Zeiten Karl May.

»Wir kehrten von dem Besuch des Anführers der Badinankurden zurück«, so ließ Karl May seinen Roman beginnen. »Als wir auf der letzten Höhe ankamen und das Tal der Teufelsanbeter überblicken konnten, bemerkten wir in der Nähe des Hauses, das Ali Bei gehörte, einen ungeheuren Haufen Reisholz, der von einigen Jesidi noch vergrößert wurde.«

Mit diesen Sätzen führte der Autor sein Publikum mitten hinein in die Welt beutegieriger Paschas, zwielichtiger Araber und wilder Kurden, der geheimnisumwitterten Jesidi, der »Teufelsanbeter«, gastfreundlicher Kurdenscheichs und schöner unverschleierter Frauen. Die Schilderungen waren so ungekünstelt, die Darstellung aller Personen so wirklichkeitsnah, die Beschreibung von Städten, Dörfern und Einrichtungen so zutreffend und die Skizzen der Landschaft so plastisch, daß sie sich von nahezu allen anderen Reiseromanen des Autors, denen, wie der Literaturkritiker Hans Wollschläger bemerkte, »Plakettenhaftes«, »Stereotypes« und »Flaches« anhaftete, sehr vorteilhaft unterschieden.

Mancher Reisende späterer Jahrzehnte und selbst nüchterne Wissenschaftler konnten nicht umhin, die Realitätsbezogenheit der Erzählung zu rühmen. »Gemeinhin weiß man von diesen Kurden in Europa nicht viel mehr«, so urteilte beispielsweise der deutsche Anthropologieprofessor Egon von Eickstedt, »als daß sie Räuber sein und den türkischen und persischen Regierungen gelegentlich ernste politische Schwierigkeiten bereitet haben sollen. Mehr noch, und nicht einmal das Schlechteste, trug zum allgemeinen Bildungsstand und zu Ruhm und Ruf der Kurden – geben wir das offen zu – Karl May bei, obwohl er selbst nie durchs wilde Kurdistan reiste und es doch besser beschrieb als manche, die dort waren.«

Das Tal von Amadijah zum Beispiel schilderte Karl May 1885 so: »Dieses Tal ist rings von Sandsteinfelsen umschlossen, und diese Felsen werden von vielen Schluchten durchschnitten, in denen rauschende Waldbäche strömen. Sie führen alle ihr Wasser dem Zab entgegen. Die Schluchten und Hänge sind mit kräftigen Eichenwaldungen bestanden; sie liefern bedeutende Galläpfelernten, mit denen die Bewohner einen einträglichen Handel treiben. In der Talebene liegen zahlreiche chaldäische Dörfer, die aber entweder öde und verlassen sind oder nur wenige Bewohner zählen, da sich die Chaldäer vor den Bedrückungen der Moslems und den Einfällen räuberischer Kurdenstämme in die Berge zurückziehen.« Abgesehen von den Bemerkungen über die christlichen Gemeinden der Chaldäer, die sich der Unterdrückung durch das Baath-Regime Bagdads wegen längst mit den Kurden ausgesöhnt haben, fand ich selbst bei einer Reise mehr als ein Jahrhundert später alles exakt so, wie es Karl May beschrieben hatte.

Daß die Kurden in den heißen Hochsommern gerne ihre tiefer gelegenen festen Wohnstätten verlassen und in leichtgebaute Siedlungen umziehen, ist ebenfalls schon bei Karl May zu lesen: »Die Basare waren wie ausgestorben. Kaum daß wir eine Kaffeeschenke fanden, wo uns dünner Trank gereicht wurde. Trotz der hohen und freien Berge ringsum ist diese Stadt nämlich überaus ungesund, so daß bei Anbruch der wärmeren Jahreszeit schleichende Fieber auftreten. Dann verlassen die Bewohner den Ort und begeben sich in die benachbarten Wälder, um dort in Sommerwohnungen zu leben, die Jailaks genannt werden.«

Vergleicht man mit diesen Bemerkungen das, was der deutsche Geograph Wolf-Dieter Hütteroth in einer 1959 verfaßten Studie über die Yayla-Bauern Kurdistans zutage förderte, wird das überraschend hohe Darstellungsniveau des Romans »Durchs wilde Kurdistan« besonders deutlich. Denn auch der Wissenschaftler kam in seinen ausführlichen Untersuchungen über das Nomadentum und jene Form der Viehhaltung, die vielleicht mit der Sennwirtschaft und dem Almauftrieb des mitteleuropäischen Alpenlandes zu vergleichen ist, zu kaum einem anderen Ergebnis als der Vielschreiber aus Radebeul in Sachsen. Neben dem reinen Nomadentum, so Hütteroth, stehe das Yayla-Bauerntum, »unter dem eine Mischwirtschaft verstanden werden soll, bei der seßhafte Bauern im Frühjahr, Sommer und Herbst ihre Dörfer verlassen, um als geschlossene Gruppe nomadisierend auf bestimmten Bergweiden unter Zelten zu leben, ihre Herden zu weiden und Viehprodukte zu gewinnen«. Vier Fünftel der kurdischen Bauernbevölkerung des von dem Geographen untersuchten Gebietes im Mittleren Taurus verlassen demnach im Sommer ihre Hauptwohnsitze und ziehen in leichter gebaute Sommerwohnungen oder Zeltlager um.

Und schließlich eine letzte Kostprobe aus dem Buch Karl Mays: »Aus den Tälern Kurdistans ist der Qualm brennender Dörfer und der Geruch von Strömen vergossenen Blutes zum Himmel gestiegen. Wir befinden uns in einem Land, in dem Leben, Freiheit und Eigentum mehr gefährdet sind als anderswo«, läßt der Autor seinen Kara ben Nemsi auf die Bemerkung eines englischen Reisenden, Kurdistan sei ein prachtvolles Land, erwidern – eine Antwort, die sicher schon Ende des vorigen Jahrhunderts richtig war, aber durch die Kurdenkriege des 20. Jahrhunderts, durch die »Strafexpeditionen« türkischer, persischer oder irakischer Machthaber bis in unsere Tage hinein an grausiger Aktualität noch gewonnen hat.

Der Ruhm Karl Mays ist selbst bis ins ferne Kurdistan gedrungen. »Es ist für uns überraschend«, so erzählte mir der kurdische Journalist Tarik Akrawi, »daß nicht die Engländer mit ihrer großen Orienterfahrung, sondern die Deutschen die genaueste Vorstellung von uns Kurden haben. Ist es richtig, daß ein deutscher Bestsellerautor schon vor 100 Jahren einen Roman über uns geschrieben hat?«

Noch heute ist das Wissen über Kurdistan und die Kurden, über ihre Herkunft und Geschichte recht lückenhaft. »Schon die bemerkenswerten Tatsachen«, notierte der Anthropologe Eickstedt, »daß der gefeierte edle Sultan Saladin der Kreuzfahrer, richtig Salah ad-Din Yusuf ibn Aiyub von Damaskus (dort 1293 gestorben), der Begründer der Aiyubiden-Dynastie von Ägypten und – sehr modern anmutend – Syrien, ein Kurde war, daß von 837 bis 1849 ein kurdisches Fürstentum um Bitlis südlich des Van-Sees bestand, daß der berühmte ›arabische‹ Geograph El-Edrisi (1100 bis 1166) am Hofe König Rogers von Sizilien, mehrere mittelalterliche Dynastien Südanatoliens und viele Wesire der Sultane, auch selbst noch jungtürkische Minister Kurden waren, pflegt nur einem engeren Kreis von Fachgelehrten bekannt zu sein. Und doch handelt es sich hier um ein sehr weit verbreitetes, altvorderasiatisches und später sprachlich arisiertes Volkstum, das schon in der Antike unter verschiedenen Namen eine recht bemerkenswerte Rolle spielte und mit dem Zendiden Kerim Khan Zend von Ardelan sogar einen Kaiser von Persien stellte (1760 bis 1769). Es wurde von der Geschichte vergessen.« Zur gleichen Auffassung kam auch der in Paris lebende russische Kurdologe Basil Nikitin: »Die Kurden sind von der Geschichte vergessen worden. Sie sind ein Volk, das die eigene Vergangenheit überrollt hat.«

Das Allgemeinwissen über die Kurden bestand jahrhundertelang aus nicht viel mehr als den spärlichen Bemerkungen, die der französische Enzyklopädist Denis Diderot 1751 notierte. »Die Kurden«, so schrieb er, »besitzen ein dem alten Assyrien und Chaldäa benachbartes Land. Sie sind unabhängig, niemals seßhaft, sondern wechseln oft den Aufenthaltsort.« Und auch das deutsche Conversations-Lexikon des Verlages Brockhaus wußte noch 1838 über die Kurden nichts anderes zu melden, als das folgende: »Kurdistan ist ein Hochland Asiens, welches zum Teil persische, zum Teil türkische Provinz ist, sich vom See Van in südöstlicher Richtung bis zur persischen Provinz Khusistan erstreckt. Gebirge, deren Gipfel zum Teil mit ewigem Schnee bedeckt sind, durchziehen das Land, welches in den zahlreichen Tälern überaus anmutig und fruchtbar ist. Die Bewohner des Landes, die Kurden, führen seit den ältesten Zeiten ein Nomadenleben. Sie bekennen sich zur mohammedanischen Religion, sind sehr gastfrei, heiteren Gemüts, aber auch kriegerisch und wild.«

Allerdings hatten die Türkenkriege und die weitgehende Abschließung des Osmanenreiches gegen Europa bis zum 19. Jahrhundert dem Forscher- und Entdeckerdrang europäischer Reisender auch enge Grenzen gesetzt. Was beispielsweise der niederländische Arzt Alfert Dapper in seinem 1682 in Nürnberg veröffentlichten Werk »Reich des Großen Mogols, Persien, Georgien und Mengrelien« mit wenigen Zeilen über die »Landschaft Curdistan« zu Papier brachte, war ausschließlich nach antiken Quellen zusammenfabuliert, und die Nachrichten über Kurdistan und die Kurden waren auch entsprechend karg. Die Landschaft sei »in den Bergen Mediens und der Susiana« gelegen, so Dapper, der nie vor Ort gewesen war; und die kurdischen Einwohner seien »sehr streitbar«. Immerhin meinte der Autor schon damals, die Kurden würden »dem Türkenreiche heut oder morgen nicht geringen Schaden zufügen«.

Als erster wissenschaftlich angelegter Erkundungsversuch kann die im darauffolgenden Jahrhundert gestartete Nahostexpedition des 1733 bei Hannover geborenen, in Göttingen ausgebildeten Mathematikers und Geographen Karsten Niebuhr gelten. Nach dem Studium war Niebuhr als Ingenieurleutnant in dänische Dienste getreten. In den Jahren 1761 bis 1767 unternahm er im Auftrag der dänischen Regierung eine Reise durch Arabien, Persien und die Nachbarländer, auf der ihn sechs weitere Forscher begleiteten. Alle seine Gefährten gingen aber in den Wüsten Arabiens und im wilden Bergland Persiens zugrunde, und Niebuhr kehrte als einziger Expeditionsteilnehmer nach Europa zurück. Seine 1774 bis 1778 in Kopenhagen erschienene Reisebeschreibung nach Arabien und andern umliegenden Ländern gilt noch heute als Klassiker der Orientliteratur und enthält zahlreiche scharfsinnige Beobachtungen über das schon damals dem Verfall preisgegebene osmanische Großreich und auch über dessen kurdische Untertanen.

Noch heute könnte gelten, was der deutsche Forscher über die brüchige Herrschaftsstruktur des von den Osmanen regierten Zweistromlandes, des heutigen Irak, zu berichten wußte. »Innerhalb der Mauern von Mossul und Bagdad«, so schrieb er, »sind die Janitscharen, außerhalb aber die Araber und die Kurden die Meister.« Als besonders schwer regierbar erschien ihm Kurdistan: »Die Stämme dieser bergigen Landschaft nehmen von den türkischen Statthaltern keine Gouverneure an, sondern anerkennen nur ihre eigenen Oberhäupter.« Und über die Sitte der Blutrache schrieb er: »Überall regiert hier das Gesetz der Blutrache. Kurz vor meiner Ankunft in Mossul hat ein kurdischer Mullah den Pascha von Kali Dsjolan des Nachts in seinem Bett ermordet, weil dieser seinen Bruder hatte hinrichten lassen.«

Wirklich zuverlässige und ausführliche Informationen über das auch schon damals von Abenteuern und Mythen umwehte Land Kurdistan brachten dann jedoch die Schilderungen in eigens den Kurden gewidmeten Büchern englischer und deutscher Reisender in der ersten Hälfte des 19. Jahrhunderts. Den Anfang machten dabei die Geheimagenten der britischen Ostindischen Compagnie, die nicht nur den Auftrag hatten, den Landweg nach Indien, dem Eckpfeiler des Empire, permanent auszukundschaften, sondern die oftmals auch den Völkern, denen sie auf diesem Landweg von Ägypten und der Türkei bis nach Afghanistan begegneten, ein starkes und durch entsprechende Studien fundiertes Interesse entgegenbrachten.

Am intensivsten hatte sich unter diesen Agenten wohl der in Frankreich geborene und in England erzogene James Claudius Rich der Erkundung des unbekannten Kurdistan gewidmet. Als Mann, der etwa 20 Sprachen verstand und die meisten davon auch sprach, darunter auch Arabisch, Türkisch und Persisch, war Rich – als Moslem verkleidet – durch Syrien, Palästina und das heutige Saudi-Arabien gestreift, hatte sich als angeblicher Pilger nach Mekka und in die berühmte, von Sultan Saladin erbaute Moschee von Damaskus eingeschlichen und auch sonst viele Zeichen seines Wagemuts und seines Einfühlungsvermögens in die orientalische Mentalität geliefert.

Im Jahr 1820 brach er in seiner Eigenschaft als Agentenführer des britischen Konsulats in Bagdad zu einer langen Reise auf, die ihn in alle Teile des heute irakischen, türkischen und iranischen Kurdistan führte und der später noch mehrere Besuche folgten. In einem großartigen, erst nach seinem Tod im Jahr 1836 von seiner Witwe herausgegebenen Buch (»Narrative of a Residence in Koordistan«) legte Rich die Ergebnisse des langjährigen Aufenthaltes bei den –

wie er schrieb – »besten Leuten, die ich im Orient getroffen habe«, der europäischen Öffentlichkeit vor, für die »Koordistan« bis dahin praktisch Terra incognita gewesen war. In Suleimania hatte Rich mit den Kurdenfürsten Mahmud Pascha und Osman Bey Freundschaft geschlossen und mit ihnen lange Gespräche über Geschichte, Wirtschaftsleben und politische Vorstellungen geführt. »Der Mangel an Sicherheit ist in der Tat der Ruin des Landes«, notierte er im Hinblick auf die ständigen Konflikte der Kurden mit ihrer türkischen Obrigkeit, aber auch auf die endlosen Streitigkeiten der Kurden untereinander. Als Beispiel für die schon damals unmißverständliche Einstellung seiner Gastgeber zu ihren türkischen Unterdrückern zitierte Rich den Fürsten Osman Bey. Die Türken waren demnach »gemacht aus Tücke und Unverschämtheit; sie führen sich niemals gut auf, außer man hält sie in Schrecken und Terror und behandelt sie mit Rauhheit«. »Ich fühlte, daß daran etwas Wahres ist«, fügte Rich seine eigene Meinung hinzu. Und wie viele Reisende nach ihm schloß er seinen Bericht mit den Bekundungen der größten Hochachtung für seine kurdischen Gastgeber: »Ich habe dort Freundschaften geschlossen und ein Höchstmaß an Aufrichtigkeit und Gastfreundschaft erlebt, welches ich fürchte nie wieder vorzufinden auf dem langen Weg meiner ermüdenden Pilgerfahrt. Die Erinnerung daran wird mir bleiben, solange ich lebe.«

Nur ein paar Jahre nach Rich brachte ein anderer Brite, ebenfalls in Frankreich geboren, aber in Italien und England aufgewachsen, seine vor Ort gewonnenen Eindrücke aus dem »wilden Kurdistan« zu Papier: Teils als Agent der Ostindischen Compagnie, teils als Privatmann reiste Austen Henry Layard in den Jahren 1839 bis 1845 durch alle Länder des Nahen Ostens. Fast nebenbei gelang ihm eine der größten archäologischen Entdeckungen des Jahrhunderts, als er in dem »ungeheuren Erdgebirge« in der Nähe Mosuls die Überreste der alten assyrischen Metropole Ninive vermutete und sie mit finanzieller Unterstützung des britischen Konsuls und später mit Hilfe des Britischen Museums ab 1840 auch tatsächlich auszugraben begann. Wegen der unerträglichen Sommerhitze und als Ablenkung von den Strapazen der Grabungen machte sich der über Nacht als Archäologe weltberühmt gewordene Layard zu einer Exkursion in das Bergland des Zab und den dort wohnenden Kurdenstämmen auf.

Seinen Ausgrabungs-, Reise- und Abenteuerbericht »Niniveh and its Remains« veröffentlichte er 1849; fünf Jahre darauf erschien in Leipzig die deutsche Übersetzung »Auf der Suche nach Ninive«. Seither kommt das Buch, bis heute ununterbrochen, immer wieder in neuen Ausgaben auf den Markt. Neben den Schilderungen der Entdeckung und Ausgrabung der Assyrerstadt sind mehrere Kapitel eigens den Kurden und Kurdistan gewidmet. Die Darstellung von Lebensraum und Lebensweise des auch von Layard hochgeachteten Volkes weist darauf hin – liest man sie heute –, wie wenig sich im Grunde seit damals geändert hat. »Die Täler waren reich bewaldet«, so Layard über das Bild, das sich ihm in den kurdischen Tidschari-Bergen bot. »Vielgestaltige Felsen türmten sich über unseren Häuptern oder hingen über dem bewaldeten Bett des Gomel, das uns in den engen Talschluchten oft den Weg ganz abschnitt.«

Auch der Wechsel von Winter- und Sommerbehausungen, den die Kurden noch heute praktizieren, fiel dem britischen Reisenden auf: »An den Abhängen lagen einige wenige Dörfer verstreut; die Bewohner hatten sie aber verlassen, um in ihren Sommerwohnungen – rohen, aus Baumzweigen erbauten Hütten – zu wohnen.« Und als er im heißen August 1845 nach einem anstrengenden Ritt das zwischen Weingärten liegende Kurdendörfchen Kaloni erreichte, notierte er: »Die wohlgebauten Steinhäuser waren leer. Ungeheure Steinbockshörner zierten die Oberschwellen der Torwege und die Ecken der Gebäude. Die Bewohner hatten in einiger Entfernung unter den Bäumen am Flußufer ihre provisorischen Wohnhütten errichtet.«

Die Schilderungen Layards waren so genau und so lebendig, daß sie nicht nur in ganz Europa begeisterte Leser fanden, sondern später auch Karl May inspirierten, dessen »Durchs wilde Kurdistan« den Eindruck vermittelt, als sei sein Autor selbst in den Tidschari-Bergen gewesen. Tatsächlich hat, wie der deutsche Schriftsteller Hans Hauser nachwies, Karl May sein ganzes so frappierendes Wissen über Land und Leute Kurdistans ausschließlich von Layard entlehnt, nur daß eben statt des Engländers die Kunstfigur Kara ben Nemsi, ein Deutscher, die gefährlichen Abenteuer bei kurdischen Beys und jesidischen Teufelsanbetern, in geheimnisvollen Städten und gefährlichen Schluchten zu bestehen hat.

Eine einzige Kostprobe der Übereinstimmung zwischen Austen Henry Layard und Karl May sei zitiert. Wenn Layard einen Stammesführer der Jesidi so beschreibt: »Der Häuptling war einer der schönsten jungen Männer, die ich je gesehen habe. Seine Gesichtszüge waren regelmäßig, seine Augen glänzend, und unter dem bunten Tuch flossen lange, rabenschwarze Locken hervor«, heißt es bei Karl May über den gleichen Häuptling: »Eine Tür geht auf, und es erscheint ein Mann von sehr schöner Gestalt. Er hat regelmäßige Gesichtszüge, Augen, deren Feuer überraschend war, und unter seinem Turban quollen eine Fülle der prächtigsten Locken hervor.« Nicht zu Unrecht hat man Layard und May als jene beiden Autoren bezeichnet, die bislang am meisten dazu beigetragen haben, das Volk der Kurden aus dem Mythisch-Schemenhaften in das Bewußtsein der Europäer zu rücken. Karl May als der nachvollziehende Popularisator, Austen Henry Layard als der exakte Wissenschaftler.

Layard hatte auch als erster die Unterschiede in der Lebensart aufgezeigt, die die indogermanischen Kurden von ihren arabischen Nachbarn oft deutlicher abheben als Aussehen und Gestalt: Obwohl wie die Araber zumeist moslemischen Glaubens, würden die Kurden beispielsweise der Frau eine gleichsam europäische, jedenfalls freiere Stellung einräumen, als dies bei den Arabern oder den osmanischen Türken denkbar sei – eine Beobachtung, die noch heute zutrifft. Auch im begonnenen 21. Jahrhundert kann man sich selbst als europäischer Reisender mit kurdischen Frauen, sogar ohne Beisein ihrer Männer, ganz ungezwungen unterhalten.

»Ein Stammesoberhaupt war abwesend«, berichtete Layard, »seine Frau nahm mich aber gastfreundlich auf: Teppiche, die Arbeit ihrer eigenen Frauen, wurden unter einem Maulbeerbaum bereitet, und große Schalen mit Milch und Rahm, hölzerne Teller, auf denen sich gekochter Reis und Stücke von Honigwaben befanden, sowie Körbe mit frischgepflückten Früchten wurden uns sehr schnell vorgesetzt.« Oder: »Die Frauen, die nicht verschleiert waren, brachten Stroh für unsere Pferde und liefen mit ihren Krügen hin und her. Ihr Haar fiel in langen Flechten den Rücken hinunter, und die Stirn war mit Reihen von Münzen und Korallen verziert; viele waren des Rufes der Schönheit, dessen sich die Frauen der Missuri-Kurden erfreuen, nicht unwürdig.«

Fast zur gleichen Zeit wie Layard machte auch ein weiterer Europäer aus einer ganz anderen Perspektive mit den Kurden Bekanntschaft, nämlich der in Mecklenburg geborene Graf Helmuth Karl Bernhard von Moltke, der spätere preußische Generalfeldmarschall und einer der berühmtesten Strategen der deutschen Geschichte. Im Herbst 1835 hatte Moltke, damals noch Hauptmann im preußischen Generalstab, als 35jähriger einen dreimonatigen Urlaub genommen, um sich den langgehegten Wunsch einer Bildungsreise in den Orient zu erfüllen und die Landschaft Homers »mit der Seele zu suchen«. In Konstantinopel wurde er dem türkischen Kriegsminister und zweitmächtigsten Mann im Osmanischen Reich, Chosref Pascha, vorgestellt und auf dessen Wunsch von Preußen für mehrere Jahre als Militärberater zur Hohen Pforte abkommandiert, um die von Sultan Mahmud beabsichtigte Heeresreform zu unterstützen. Kurdistan und die Kurden lernte Moltke kennen, als er sich an dem Feldzug des Sultans gegen den rebellierenden Unterkönig von Ägypten, Mehemed Ali, beteiligte, wobei der türkische Oberbefehlshaber allerdings seinen militärischen Rat verschmähte und deswegen bei Nisib 1839 von dem Aufrührer Ali auch geschlagen wurde.

Seine Erlebnisse und Beobachtungen gaben Moltke Anlaß zu mehreren schriftstellerischen Arbeiten, vor allem zu den berühmt gewordenen Briefen »über die Zustände und Begebenheiten in der Türkei« aus den Jahren 1835–1839, die 1841 in Berlin erschienen. In den Kurdistan gewidmeten Briefen brachte Moltke seine Begeisterung über dieses Bergland zum Ausdruck, dessen Ursprünglichkeit und landschaftliche Schönheit auch alle Reisenden nach ihm faszinierte. »Sobald man den Tigris überschritten«, so notierte er am 18. Mai 1838, »erhebt sich ein köstliches Hügelland und steigt allmählich zum hohen Gebirge an, welches noch heute mit Schnee bedeckt ist. Dort entspringen die Bäche und Flüsse, welche anfangs über starre Felsblöcke und in tiefe Schluchten hinstürzen, dann zwischen bewaldeten Berglehnen fortrauschen und endlich Gärten, Wiesen und Reisfelder tränken. Eichen und Platanen bekleiden die Höhen, die Täler sind von Feigen-, Öl- und Nußbäumen, Granaten, Wein und Oleander erfüllt.« Nahezu lyrisch mutet an, was der nüchterne Militär über die Bergfauna Kurdistans festhielt: »Wo der Mensch gar nichts getan, da ruft die Natur den prachtvollsten, mit Millionen buntfarbiger Blumen durchwebten Graswuchs hervor, der fast jeden Abend durch die Wolken erfrischt wird, welche sich um die nahen Gipfel ansammeln.«

Genau ein Jahrhundert nach Moltke ließ der britische Ingenieur Archibald Milne Hamilton in einer 1937 erschienenen Niederschrift die gleiche Begeisterung über den kurdischen Frühling erkennen. Nach Bauarbeiten in der Gali-Ali-Beg-Schlucht im Irak schwärmte der Ingenieur: »Wenn am Gali Ali Beg der Frühling einzieht, verwandelt sich die dürre Landschaft Kurdistans mit ihren schroffen Bergen und grauen Felsen auf einen Schlag zu außergewöhnlicher Schönheit. Blumen jeder nur erdenklichen Farbe schießen inmitten des Grases aus dem Boden. Jeden Tag herrscht irgendein neuer Farbton vor. Ein unzugängliches Felsgesims hoch oben auf einer Seite der Schlucht leuchtet plötzlich von scharlachroten Tulpen, die Straßenböschung wogt voller blauer Schwertlilien. In dunklen Verstecken lassen sich auch große Lilien finden, ebenso wie kleine Orchideen und ganze Beete von Veilchen. Auf den Hügeln bei Kani Uthman stehen weite Flächen voller Narzissen, die auf die Entfernung so weiß wie ungeschmolzener Schnee wirken.«

Wie begeistert die Kurden selbst von diesem Reichtum ihrer Heimat sind, schilderte Hamilton fast mit Rührung: »Wohin ich auch immer ging, wurden mir Sträuße aus Feldblumen oder auch andere Arten aus den Gärten präsentiert. So eigenartig es klingen mag, lieben es diese Stammesleute doch, Blumen jeder erdenklichen Art zu ziehen, und über nichts können sie sich mit mehr Vergnügen oder Interesse unterhalten.« Hamilton sah darin sogar einen besonderen Ausdruck der Heimatliebe: »Da begreift man, warum sich Menschen seit vielen Jahrhunderten bekriegt und getötet haben im Kampf um die anscheinend so nutzlosen Landstriche.«

Auch anderes aus den Berichten des preußischen Militärberaters Moltke ist in Kurdistan bis heute unverändert geblieben. So beschreibt er beispielsweise die in den ländlichen Gebirgsregionen bevorzugte Art des Häuserbaus, der zu der charakteristischen Siedlungsform der an die Berghänge angelehnten Terrassendörfer führt und dessen Baumaterialien Pappeln, Lehm und Steine sind: »Die Pappel ist hier im Orient ein äußerst nützlicher Baum und für den Häuserbau unentbehrlich. Die Wände der Wohnungen sind zwar meist nur aus rohen Steinen und Luftziegeln, sie werden aber mit einer Balkenlage überdeckt, zu welcher sich die schlanke, gerade Pappel ganz besonders eignet. Die Balken werden dann mit dünnem Reisig bedeckt und darauf ein Fuß dick Lehm und Kies gestampft. Für den milden Himmel Asiens reicht dies Dach aus, welches während der Nachtkühle zum Schlafgemach dient. Diese horizontalen Terrassen, Dam genannt, finden sich jedoch nur auf dem Südabhange des Antitaurus.«

Noch stärker beeindruckt als von ihrem Lebensraum zeigte sich Moltke nach mehr als dreijährigem Aufenthalt allerdings von den Leuten, die diesen bewohnten, den kriegerischen Kurden, die er auch mit ihren türkischen und arabischen Nachbarn verglich. »Der Kurde«, so hielt er im Mai 1838 fest, »ist in fast allen Stücken das Gegenteil von seinem Nachbarn, dem Araber, nur für die Raubsucht teilen beide gleichen Geschmack; doch hat dabei der Araber mehr vom Diebe, der Kurde mehr vom Krieger an sich. Der Kurde ist Ackerbauer aus Bedürfnis und Krieger aus Neigung; daher die Dörfer und Felder in der Ebene und die Burgen und Schlösser im Gebirge; er ficht zu Fuß, Mauern und Berge sind sein Schutz und das Gewehr seine Waffe. Der Kurde ist ein vortrefflicher Schütze, das reich ausgelegte damascirte Gewehr erbt vom Vater auf den Sohn und erkennt es wie seinen ältesten Jugendgefährten.«

Die osmanische Taurus-Armee, der Moltke zugeteilt war und die in Eilmärschen nach Syrien verlegt werden sollte, um dort das Heer des rebellierenden Unterkönigs von Ägypten zu schlagen, war neben türkischen Kernmannschaften vor allem aus zwangsrekrutierten Kurden gebildet. Da die Armee vorwiegend in den Städten Karput und Diyarbakir konzentriert war, hatte diese Kurdengegend am meisten unter den türkischen Aushebungen zu leiden. Nicht nur Verpflegung, Pferde und Holz für eine 45 000-Mann-Armee wurden aus der Region herausgepreßt, sowie die Bewohner aus ihren Häusern vertrieben, um die Truppe einzuquartieren, sondern auch die Soldaten mußte sich der türkische Feldherr Hafiz Pascha erst gewaltsam aus Kurdistan beschaffen.

»Unsere Rekrutierungen gleichen Sklavenjagden«, schrieb Moltke nach Deutschland. »Man muß gesehen haben, wie die Rekruten, d.h. eben besiegte Feinde eines anderen Stammes und einer anderen Sprache, mit Seilen aneinandergefesselt und zornvollem Blick in das Lager gebracht wurden, um zu verstehen, daß die Regierung sich die Gemüter dieses Volkes immer mehr entfremdet.« Die Dorfbewohner seien, um sich den Aushebungen zu entziehen, in die Berge geflohen, aber – so Moltke – »sie wurden mit Hunden gehetzt, die Eingefangenen, oft Kinder und Krüppel, an lange Seile gebunden und mit geknebelten Händen abgeführt. Diese Soldaten, welche nicht einmal die Sprache ihrer Offiziere verstanden, mußten fortwährend als Gefangene behandelt werden; dichte Postenlinien umstellten das Lager eines jeden Regiments, oft aber entwichen die Wachen selbst.«

Moltkes Berichte über die Strafexpeditionen türkischer Paschas gegen jene Kurdenfürsten und -stämme, die der Regierung trotzten, Steuern und Rekruten verweigerten, hätten genauso über die Kurdenverfolgungen in der modernen Türkei und in dem anderen Nachfolgestaat des Osmanenreichs, dem Irak, geschrieben sein können, die sich in ungebrochener Grausamkeit bis in unsere Zeit fortsetzten. Als der Preuße beispielsweise einen Verletzten ärztlich versorgen lassen wollte, ging ihm auf, daß die Kurden in der Türkei nur als Menschen allenfalls zweiter Klasse galten: »Unter dem Tore trat mir ein Kurde entgegen, der seinen verwundeten Bruder trug; der arme Mensch war durchs Bein geschossen, und sein Führer erzählte mit Tränen in den Augen, daß er sich nun schon den siebenten Tag hinquäle. Ich ließ den Feldscherer kommen. ›Er ist ja ein Kurde‹, sagte dieser zu wiederholten Malen mit stets gesteigerter Stimme, wie man jemandem sagt: ›Begreifst Du nicht, daß Du Unsinn forderst?‹« Über die Behandlung kurdischer Zivilisten schrieb Moltke einem Freund nach Deutschland: »Um diesen Krieg brauchst Du uns nicht zu beneiden, er ist voller Scheußlichkeiten. Neben mehreren tausend Stück Vieh kamen heute sechshundert Gefangene an. Die Hälfte besteht aus Weibern mit kleinen Kindern. Viele Frauen sind verwundet, daß es aber auch Kinder mit Bajonettstichen gibt, wirft ein trauriges Licht auf die ganze Handlung. Selbst Säuglinge werden vor den Pascha gebracht und ebenso mit fünfzig bis hundert Piaster bezahlt wie Haufen abgeschnittener Ohren und Köpfe.«

Über »Befriedungen« dieser Art merkte Moltke fast prophetisch an, sie seien »wahrscheinlich auch diesmal, wie so oft früher, nur vorübergehend, wenn eine bessere Verwaltung den Kurden nicht ihre Unabhängigkeit ersetzt«. Allerdings hatte der scharfsinnige Beobachter auch eine der Hauptschwächen der Kurden erkannt, deren Stämme und Fürsten sich im Kampf um Macht oder Land und in Blutfehden ebensosehr gegenseitig bekriegten, wie sie sich gegen ihre osmanischen Unterdrücker zur Wehr setzten. Lakonisch stellte er fest: »Die Kurden würden unbezwinglich sein, wären sie vereint.«

Immer enger verdichtete sich nach den Expeditionen Richs und Layards, nach den Berichten Moltkes und bald auch zahlreicher anderer Forscher das Bild, das sich die Welt von dem sagenhaften Volk der Kurden machen konnte. Das Interesse nahm noch zu, als sowohl in der Hinterlassenschaft Richs als auch in der literarischen Ausbeute einer 1846 und 1847 unternommenen wissenschaftlichen Reise des Wiener Orientalisten H. A. Barb eine Quelle allerersten Ranges nach Europa gelangte, die über die Geschichte der Kurden ausführlich informierte. Diese unter dem Titel »Tarich el-Akrad« (»Die Geschichte von Akrad«) bekannte Kurdenchronik, im Jahr 1596 abgeschlossen, war von Scheref Khan, dem Heeresoberbefehlshaber des kurdischen Fürstentums Bitlis – heute eine Stadt in der Türkei –, verfaßt worden. Scheref war zunächst wegen des Verdachts eines Komplotts gegen seinen Vater, den Fürsten von Bitlis, vom Hof verjagt, nach der Intervention zahlreicher kurdischer Stammesführer aber wieder in sein Erbe eingesetzt worden, so daß er als Herrscher des Fürstentums bis zu seinem Tod im Jahr 1600 regierte.

Das Ziel Scherefs war es, mit dieser Chronik, dem ersten Versuch einer Darstellung der kurdischen Geschichte überhaupt, die Vergangenheit seines Volkes zu erhellen und dadurch in den ständigen Kämpfen zwischen Osmanen und Persern und den dazwischen liegenden Kurden das Bewußtsein einer eigenständigen kurdischen Nation zu formen. Als Quellen benutzte Scheref sowohl persische Chroniken als auch die Berichte »betagter, glaubwürdiger Männer«.

Dieser erste kurdische Historiker konnte allerdings keine zufriedenstellenden Angaben über die Herkunft seines Volkes machen, dessen spätere Geschichte er aber ausführlich beschrieb. Es bestünden über die Frühzeit, berichtet Scheref, so viele einander widersprechende Angaben, daß er nur drei davon anführen wolle. Eine dieser Angaben stützte sich auf die auch aus der persischen Geschichte bekannte Sage von dem Tyrannen Zaehak, die noch heute in Kurdistan erzählt wird und sozusagen die Funktion einer »Nationalsage« hat. Nach jener Erzählung wuchsen dem in grauer Vorzeit herrschenden schrecklichen Tyrannen Zaehak aus jeder Schulter eine Schlange oder ein Drache, die, um sie zu besänftigen, täglich mit den Gehirnen zweier Kinder gefüttert werden mußten. Bald aber kamen einige der unglücklichen Untertanen auf den Einfall, das Ungeheuer zu täuschen und ihm statt der Kinderhirne die Hirne von Lämmern vorzusetzen. Die auf diese Weise geretteten Kinder wurden in die Berge gebracht, »wo sie den Anfang des kurdischen Volkes bildeten«. Aber nicht immer gelang die Täuschung: Ein Schmied namens Kawa hatte bereits acht seiner Kinder verloren. Als man ihm auch noch sein neuntes, sein letztes Kind nehmen wollte, band er seine Lederschürze ab, befestigte sie als provisorisches Banner an einer Stange und rief die Bauern zum Kampf zusammen. In einer Art vorgeschichtlichem kurdischen Bauernkrieg wurde der Palast des Tyrannen erstürmt, die Wachen überwältigt und Zaehak selbst von Kawa mit dem Schmiedehammer erschlagen.

Ohne daß es dafür historische Nachweise gäbe, datiert man in der kurdischen Nationalliteratur dieses Ereignis auf den 21. März im Jahr 1234 vor der Hedschra, der Flucht Mohammeds aus Mekka, was dem Jahr 612 v. Chr. entspricht. Das Datum hat allerdings größte geschichtliche Bedeutung. An jenem Tag nämlich wurde die assyrische Hauptstadt Ninive von den Medern erobert, als deren Nachfahren sich viele Kurden verstehen, und die assyrische Geschichte damit beendet.

Alle Kurden, auch die im europäischen oder amerikanischen Exil, feiern diesen Tag als Neujahr, als Nowruz. Es ist ein Tag, an dem man die besten Kleider anzieht. Die Frauen tragen bunte, weitgeschnittene, brokatartige Gewänder und ihren Goldschmuck. Es wird gut gegessen, gesungen und getanzt. Heute noch vollziehen sich die Tänze, beispielsweise der Sepa, gruppenweise und nach Geschlechtern getrennt. Auf den Berggipfeln und Anhöhen in Kurdistan leuchten am Nowruz-Abend zahlreiche Feuer in die Nacht hinein, genau wie die Frühlings- und Osterfeuer im skandinavischen, deutschen und teils auch im osteuropäischen Raum. Bei den Kurden haben sie auch noch politische Bedeutung und werden deswegen meist von den Polizeibehörden der jeweiligen Länder geahndet: Sie verkünden dort auch, daß die Kurden ein eigenes Volk sein und sich von ihren türkischen und arabischen Nachbarn auch in ihrem Brauchtum unterscheiden wollen.

Wahrscheinlicher als der Zusammenhang mit der Sage von der Befreiungstat des Schmiedes Kawa sind beim Nowruz-Tag allerdings die indogermanischen Einflüsse auf Brauchtum und Kultur der Kurden. So wie der 21. März als Tag- und Nachtgleiche auch bei Germanen, Kelten und Slawen als Frühlingsbeginn gefeiert wurde und noch heute mit dem Frühlingsbrauchtum des Osterfestes zusammenhängt, ist auch das Neujahrsfest Nowruz als Wechsel der Jahreszeiten zu verstehen.

Die beiden anderen von dem Chronisten Scheref genannten Angaben über die Herkunft der Kurden, deren eine sie für die Nachkommen von Dschinnen, von guten Geistern also, und die zweite für ein aus der Begattung von bösen Geistern, von Diwen, und irdischen Wesen hervorgegangenes Mischlingsvolk erklärt, erschienen schon dem Wiener Übersetzer des »Tarich el-Akrad« nur als Kuriositäten. Auch Scheref selbst konnte sich des Ausrufs nicht enthalten, die Wahrheit sei nur dem Allmächtigen bekannt.

Aber auch für den Orientalisten Barb blieb die Herkunft dieses Volkes noch »in tiefem, nicht zu lichtendem Dunkel«. Er schrieb: »Und es muß dies um so mehr Wunder nehmen, als gerade in unserer Zeit so viele und folgenreiche Versuche zur Erforschung Kurdistans gemacht wurden.« Das geschichtliche Interesse an der Herkunft der Kurden, so Barb, müsse sich schon deshalb steigern, weil »wir es mit einem alten merkwürdigen Volke zu tun haben, das auf dem Boden des alten assyrisch-medischen Reiches, trotz der vielen Umwälzungen und politischen Veränderungen im Oriente, eine Art nationaler Selbständigkeit und halber Unabhängigkeit unter eigenen Fürstengeschlechtern behalten hat, und unter diesen letzteren so wie unter seinen Stämmen welche aufweiset, die sich ihres altpersischen Ursprungs und königlicher Abstammung rühmen und nebst ihren Ansprüchen auch Namen und Daten im Munde führen, welche unwillkürlich an die assyrische und medische Vorzeit erinnern.«

Die Frage nach dem tatsächlichen Ursprung der Kurden ist auch im beginnenden 21. Jahrhundert noch nicht lückenlos beantwortet, was vor allem, so der russische Kurdologe Minorsky, auf »den fragmentarischen und sporadischen Charakter unserer Nachrichten und auf die Verschiedenheit der von den Forschern angewandten Methoden« zurückzuführen ist. Immerhin verfügt die Forschung durch die Arbeiten Minorskys und anderer russischer sowie britischer und deutscher Wissenschaftler über eine Fülle zuverlässiger Details, die eine eindrucksvolle Skizze der Frühgeschichte der Kurden vermitteln. Der deutsche Anthropologe Eickstedt fand zu diesem Problem am ehesten Zugang, indem er zunächst vom Siedlungsraum ausging, »der Bühne, die bleibt, auch wenn die Akteure wechseln«.

Demnach lassen sich wenigstens zwei Herkunftslinien erkennen, die mit allen ihren Zweigen im heutigen Kerngebiet der Kurden zusammenlaufen. Schon seit dem ausgehenden 3. Jahrtausend v. Chr. gaben nämlich die Sumerer, Babylonier und etwas später auch die Assyrer übereinstimmende Nachrichten von Völkern im zentralen und nördlichen Zagros-Gebirge, die als Guti, Qurti, Kurtie oder ähnlich bezeichnet werden und deren Land man Gutium oder Kardaka nannte. Eine zweite Linie aus dem Gebiet des nördlichen Zagros und des Taurus führt von diesem Kardaka der Sumerer, den aramäischen Beth-Kardu, den Khaldem des 1. Jahrtausends v. Chr. und den durch Xenophons Bericht »Anabasis« berühmt gewordenen Karduchen und ihrem Land zum heutigen armenischen Kordukh, womit dort die Kurden bezeichnet werden. »Schon im frühen Altertum«, so Eickstedt, »handelte es sich bei den Guti nicht nur um das gelegentliche Zitieren eines Wildstammes, sondern vielmehr um den systematischen Einbau eines sehr ernstgenommenen Volkes in das gesamte Weltbild der Altmesopotamier.«

Die Guti traten sehr oft in Keilschrifttexten auf, ihre weite Verbreitung, die Entlegenheit ihrer Siedlungen, ihre »reichen Städte« und ihre »gefürchteten Könige« wurden häufig betont. Archäologen und Ethnologen sind der Auffassung, daß das Kurdengebiet in jener Zeit verhältnismäßig reicher und dichter besiedelt war als heute. Daraus ergab sich auch die damalige Bedeutung des Landes Gutium. So war schon Sargon I. von Akkad, der Begründer eines semitischen Großreiches in Mesopotamien (um 2350 v. Chr.), besonders stolz darauf, Gutium erobert zu haben. Und einer seiner Nachfolger, Naramsin, ließ auf einer (erst 1884 aufgefundenen) Stele um das Jahr 2250 v. Chr. besonders hervorheben, daß es ihm gelungen war, Revolten der Bergvölker zu unterdrücken, wenn ihn auch alsbald die Guti ihrerseits am Diyala-Paß besiegten. Einige Jahrzehnte später bildeten sie vorübergehend sogar die Vormacht in Nordmesopotamien.

Von den Bergvölkern stammten in den Jahrhunderten später aber auch die Rekruten für die Heere Babylons, und dort kam es dann zu ersten »Strafexpeditionen« gegen die häufig unbotmäßigen Vasallen. Rund ein Jahrtausend nach Sargon I. rühmte sich auch der Assyrerkönig Tiglath-Pilesar I. (um 1110 v. Chr.) seiner militärischen Erfolge über die »weitverbreiteten Guti«. Und im Palast Sargons II. (um 722 bis 705 v. Chr.), der als assyrischer König bedeutungsvoll den Namen des sieggewohnten akkadischen Herrschers Sargon annahm, wurden bei Ausgrabungen in Khorsabad nordöstlich von Ninive auch erste Darstellungen von Tracht und Typus der Guti entdeckt.

Für den Ethnologen Eickstedt »zeigt sich hinreichend, daß die heutigen Kurden – eine kontinuierliche Weiterentwicklung vorausgesetzt, gegen die nichts spricht – als die Nachkommen der einstigen Guti, Gutäer oder Karduchen angesehen werden müssen«. Auch der Kurdologe Minorsky befand, »nichts hindere daran, diese These anzunehmen«.

Eine solche fortlaufende Entwicklung erscheint der Forschung aber nicht nur durch die Kontinuität der Namen und die nahezu uneinnehmbare Abgeschlossenheit der Gebirgsketten des Taurus und Zagros als wahrscheinlich, sondern sie wird auch durch die Geschichte belegt. Die dauernde Beherrschung der Kurdenregion oder gar die Einwanderung war schon den Babyloniern nicht gelungen. Auch die assyrischen Reiche konnten nie das ganze Kurdistan umfassen, griffen aber doch im Gebiet des heutigen Irak tief in den Lebensraum der Kurden ein. Im zweiten vorchristlichen Jahrtausend drang dann mit den indogermanischen Völkern der Mittani und der Kassiten die sprachliche Indogermanisierung im Taurus und Zagros punktweise vor, aber erst den Medern gelang ab dem Jahr 1000 v. Chr. die endgültige sprachliche Prägung der heutigen Kurdenregion. Aus der Tatsache, daß die kurdische Sprache besonders starke Bezüge zum Altmedischen zeigt, schloß Minorsky, daß das kurdische Volk aus der Verschmelzung der medischen Stämme des heutigen westlichen Iran mit den in Kurdistan ursprünglich ansässigen Völkerschaften hervorgegangen sei – eine Auffassung, der auch die kurdischen Historiker der Gegenwart und die Kulturpolitik der Kurdenbewegung zuneigen. Bereits der irakisch-kurdische Geschichtsforscher M. A. Zaki vertrat 1961 in einer in Bagdad erschienenen Studie diese Überzeugung, sie ist aber auch in den Publikationen der Demokratischen Partei Kurdistans der letzten Jahrzehnte zu finden. »Das medische Reich war der größte kurdische Staat in der Geschichte«, heißt es beispielsweise lapidar in dem jährlich erscheinenden Journal der »Kurdish Students Society of Europe«.

Andere Historiker sind der Überzeugung, daß auch die indogermanischen Skythen und die Kimmerer, die im 7. und 6. Jahrhundert v. Chr. am Schwarzen Meer ein mächtiges Reich gegründet hatten, ihren Beitrag zur Gestalt des kurdischen Volkes erbrachten. Der in Wittenberg forschende Iranist B. Brentjes konstatierte: »Die Assyrer, die außerstande waren, dem Druck zuerst der Kimmerer, dann der Skythen Widerstand zu leisten, ließen die Eindringlinge durch ihr Gebiet ziehen. Teile der Skythen verschmolzen schließlich mit den Landesbewohnern.« Auf einem altpersischen Siegelzylinder aus dem 7. oder 6. Jahrhundert v. Chr. meinte Brentjes an der Tracht der dort dargestellten Skythen einwandfrei den Typus der heutigen Badinan-Kurden zu erkennen. »Das Skythentum dieses Reiches«, so folgerte er, »dürfte sich auf die Oberschicht beschränkt haben, während die Masse der Bevölkerung vermutlich kurdischen Stämmen angehörte.«

Auf skythische oder kimmerische Einschläge ist wohl auch zurückzuführen, daß der deutsche Anthropologe Felix von Luschan um 1920 bei seinen rassenbiologischen Momentaufnahmen in Kurdistan einen hohen Anteil an langköpfigen und blonden Menschen vermessen konnte. In der Umgegend von Karakusch, in einem der monumentalen Königsgräber der Kommagene, fand er einen Anteil Blonder und Langschädliger von 62 Prozent, am Nemrud Dagh in einer Höhe von fast 2000 Metern 58 Prozent, im iranischen Sendschirli noch 39 Prozent. Das brachte ihn zu dem bis heute weitverbreiteten und selbst unter den Kurden nicht selten geglaubten Schluß: »Die Kurden waren ursprünglich alle blond, blauäugig und langköpfig und sind erst unter dem Einflusse einer anderen Umwelt und durch Vermischung mit Türken, Armeniern und Persern allmählich mehr und mehr brünett und kurzköpfig geworden.«

Neuere Untersuchungen, wie sie etwa Egon von Eickstedt angestellt hat, kamen allerdings zu anderen Ergebnissen, die sowohl dem historischen Werdegang wie auch dem äußeren Erscheinungsbild dieses Volkes entsprechen. Für Eickstedt sind die Kurden ein von Anfang an »gemischtes Typenkonglomerat«, in dem europäide – selbst nordide – mit iraniden und sogar mongolischen Rassenzügen verschmolzen, also ein »heterogenes Würfelwerk«.

Für den Ethnologen war es auch kein Wunder, »daß die heutigen Kurden schon in ihrem Kerngebiet die verschiedensten rassischen und stammesmäßigen Biotypologien überschoben und einschmolzen und heute einen beträchtlichen, aber noch immer stammesmäßig gebundenen Typenzerfall zeigen«. Lebensraum und Schicksal, die gemeinsame Sprache und die Feindschaft seiner Nachbarn waren und sind für den Zusammenhalt des kurdischen Volkes aber zweifellos von größerer Bedeutung.

Ihre entscheidende Ausprägung dürften die Kurden tatsächlich durch die Meder erhalten haben. Dieses medisch-kurdische Volk war es, das dem griechischen Geschichtsschreiber Xenophon im Jahr 401 v. Chr. begegnete. Xenophon hatte sich nach dem Ende des Peloponnesischen Krieges zu Kyros dem Jüngeren in das kleinasiatische Sardes begeben und ihn auf einem Feldzug gegen dessen Bruder Artaxerxes Mnemon begleitet. Nachdem das Heer des Kyros bei Kunaxa, unweit des heutigen Bagdad, geschlagen worden war, führte Xenophon die verbliebenen 10 000 Mann der griechischen Hilfstruppen selbst in einem langen Marsch zur Küste des Schwarzen Meeres und von da aus nach Griechenland zurück. Von Mesopotamien aus wurden auf diesem Zug auch das Hochland von Armenien und die kurdischen Berge durchquert. Über die Begegnung mit den Karduchen hinterließ Xenophon in seiner »Anabasis« eindrucksvolle Schilderungen.

Gefangene hatten ausgesagt, der Weg nordwärts bringe das marschierende griechische Heer zu den Karduchen: »Diese, sagten sie«, so Xenophon, »wohnten oben in den Bergen, seien kriegerisch und dem Großkönig nicht untertan; ein königliches Heer von 120 000 Mann sei einmal in ihr Gebiet eingedrungen, wegen des gefährlichen Geländes sei aber keiner zurückgekehrt.« Als die griechischen Truppen unerwartet in der Gegend der heutigen Kurdenstadt Zakho auftauchten, wichen die Bewohner zunächst aus. »Da verließen die Karduchen ihre Häuser und flüchteten mit Frauen und Kindern auf die Berge. Lebensmittel gab es reichlich zum Mitnehmen, die Häuser waren auch mit viel kupfernen Gefäßen ausgestattet. Davon nahmen aber die Griechen nichts, auch verfolgten sie die Einwohner nicht, weil sie durch Schonung versuchen wollten, ob die Karduchen sie wie durch Freundesland passieren lassen möchten.«

Die Kurden gaben jedoch, wie seither immer wieder, der heranrückenden fremden Armee »keinen Beweis freundlicher Gesinnung«, wie Xenophon beklagte. »Als die letzten Griechen von der Paßhöhe in die Dörfer herunterkamen, schon in der Dunkelheit – wegen der Enge des Weges hatten Auf- und Abstieg den ganzen Tag gedauert –, rotteten sich einige Karduchen zusammen und griffen die letzten an, töteten einige und brachten mit Steinen und Geschossen Wunden bei, obschon sie nur wenige waren; denn das griechische Heer war ganz unerwartet bei ihnen eingedrungen. Hätte sich damals eine größere Zahl zusammengefunden, wäre ein großer Teil des Heeres der Gefahr der Vernichtung nicht entgangen. In dieser Nacht bezogen sie also in den Dörfern Biwak. Die Karduchen zündeten rings auf den Bergen viele Feuer an und behielten einander im Auge.«

Ihre geographische Lage am Schnittpunkt strategischer Verbindungswege und militärischer Großmachtpläne zog die Kurden auch in den folgenden Jahrhunderten immer wieder in das Kraftfeld fremder Interessen. Das Land der Kurden geriet, nachdem Alexander der Große Kleinasien erobert und den persischen Großkönig Darius vertrieben hatte, unter mehr oder minder lose griechische Herrschaft, bis dann im Jahr 80 v. Chr. König Tigranes von Armenien Korduene besetzte und die Kolonisierung durch die Römer begann. Die Auseinandersetzungen zwischen Ostrom und der neu entstandenen Großmacht des Ostens, dem Partherreich, folgten und zogen sich bis zum Anfang des 7. Jahrhunderts n. Chr. hin.

Das Schicksal der Kurden aber vollzog sich seit diesem Jahrhundert in der Begegnung mit der vordringenden arabischen Macht. Unter dem Banner des Propheten Mohammed leiteten die gerade erst islamisierten Araber die bis heute entscheidendste Wende in der Geschichte des Nahen Ostens ein. Nach dem Tode Mohammeds hatte Kalif Omar II. einen Feldzug gegen die Perser unternommen. Während dieses Feldzuges drangen die arabischen Truppenmassen in das bis dahin christliche Armenien und das teils christliche, teils zoroastrische Kurdistan ein, eroberten die Städte, verbrannten die Kirchen der Christen und zerstörten die Feuertürme, die Kultstätten der zoroastrischen Religion. Mit Gewalt wurden auch die Kurden islamisiert, aber kaum waren die arabischen Besatzungstruppen aus einer Gegend wieder abgezogen, fielen die Kurden massenweise wieder vom islamischen Glauben ab.

Wegen der unnachgiebigen Politik der Araber, die zum Ziel hatte, alle kurdischen Stämme unter der Zentralgewalt des islamisch-arabischen Staates zusammenzufassen, entwickelten sich in den folgenden Jahrhunderten immer wieder aufs neue blutige Aufstände, von den Arabern ebenso blutig unterdrückt. Am Ende blieb den Kurden keine andere Wahl als die, sich mit der arabischen Vorherrschaft einzurichten. Im 10. Jahrhundert hatte man sich immerhin so weit arrangiert, daß in einem System loser Vasallenschaften und Tributverhältnisse etwa die kurdische Shaddadiden-Dynastie im Gebiet des heutigen Nordaserbeidschan und im südwestlichen Kaukasus die Dynastie der Hassanwaiden entstehen konnten. Der Kurdenfürst Hassanwai aus dem Stamm der Barzikanis, den späteren Barsanis, hatte die letztere gegründet. Mehr als ein Jahrhundert, nämlich von 990 bis 1096, konnte sich mit Sitz in Diyarbakir auch eine andere kurdische Dynastie, die der Marwaniden, halten und das ganze Land von Urfa bis nördlich des Van-Sees zu einem nur an der Oberfläche arabisierten Kurdenstaat vereinigen. In den Grenzkriegen der Araber gegen Byzanz stellten die Kurden mehrfach starke Truppenkontingente, Syrien wurde durch kurdische Truppen der Marwaniden dem byzantinischen Kaiser Basilius II. entrissen.

Im Verlauf der türkischen Eroberungen Anfang des 11. Jahrhunderts wurden erstmals ganze Kurdenstämme ausgerottet, während gleichzeitig kurdische Kontingente in Syrien gegen fränkische Kreuzfahrer fochten. Anders als ihre Nachbarn, die christlichen Armenier, kämpften die Kurden auf seiten der Araber gegen die Europäer. Es war ein kurdischer Fürst aus der Dynastie der Aiyubiden, Sultan Saladin, der den arabischen Staat in Palästina vor dem Untergang durch die Invasion der Kreuzfahrer rettete. Im Jahre 1187 besiegte er bei Jerusalem das 60 000-Mann-Heer der Europäer und eroberte die Heilige Stadt für den Islam zurück. »Furcht und Schrecken ergriffen die Herzen der Christen«, heißt es darüber in einer arabischen Chronik, »und sie flehten um Gnade. Salah ad-Din schenkte den Franken Leben und Freiheit.« Bis heute wird Saladin von den Kurden als die herausragende Persönlichkeit ihrer Nationalgeschichte verehrt.

Eine neue Lebensgrundlage für die Fürstentümer, Dynastien und Stämme der Kurden ergab sich erst, als im 13. Jahrhundert die Mongolen unter Hulagu Khan das türkische Seldschukenreich zerschlugen und auf der Flucht vor den Eindringlingen immer mehr Türken aus dem Osten in das heutige Anatolien zogen. Die Mongolen selbst eroberten weite Teile Kurdistans. Ehe Hulagu im Jahr 1257 Bagdad einnahm, entsandte er zunächst Truppen, um sich des kurdischen Erbil zu bemächtigen. Der arabische Gouverneur der Stadt unterwarf sich den Mongolen, aber die kurdische Garnison weigerte sich, seinem Beispiel zu folgen. In wochenlangen Kämpfen wurde die Garnison niedergemetzelt und die Einwohnerschaft Erbils umgebracht. In den Jahren darauf wurden zahlreiche andere kurdische Städte zerstört. Dreimal ging der Mongolensturm über Diyarbakir hinweg, in der Hakkari-Region der heutigen Osttürkei wurden fast alle Kurden getötet. Kleinere Kurdenstämme flohen Hals über Kopf aus ihrer Heimat. Einen Nachhall dieser Ereignisse findet man in dem Erscheinen zweier kurdischer Stämme, der Lawen und der Babin, in Algerien.

Nach den Mongolen breiteten um 1400 ihre geschichtlichen Nebenbuhler, die turkmenischen Dynastien, ihre Herrschaft über Kurdistan aus und riefen beträchtliche Bevölkerungsverschiebungen hervor. Zu dieser Zeit bemächtigten sich beispielsweise die Mukri-Kurden der ganzen Region südlich und südwestlich des persischen Urmia-Sees. Die Turkmenen-Dynastie der Ak-Koyunlu, der »Weißen Hammel«, ging systematisch darauf aus, die großen kurdischen Familien auszurotten und vor allem jene Stämme zu dezimieren, die sich mit den Kara-Koyunlu, den »Schwarzen Hammeln«, eingelassen hatten.

In den folgenden Jahrhunderten standen die Kurden ganz im Spannungsfeld des türkisch-persischen Gegensatzes, der auch heute noch eine der Grundlagen für die staatliche Aufteilung ihres Volkes liefert. Bereits im 13. Jahrhundert hatte sich in der Türkei der kleine Stamm der Oghuz-Türken gegen andere Turkmenenstämme durchgesetzt und unter seinem Führer Osman das Reich der Osmanen begründet. Als nach dem Zusammenbruch der Mongolenherrschaft im benachbarten Persien im 15. Jahrhundert auch die Dynastie der Saffawiden und damit die Grundlage für das moderne Persien geschaffen wurde, waren die Kurden erneut zwischen zwei aufstrebenden Reichen eingekeilt. Das noch heute andauernde Ränkespiel, die Kurden als Bauern auf dem Schachbrett der regionalen Großmachtpolitik hin und her zu schieben, nahm damals seinen Anfang.

Bis weit in das 17. Jahrhundert hinein wurde Kurdistan zum Schauplatz der Kämpfe zwischen Persern und Osmanen. Der größere, sunnitische Teil der Kurden unterstützte dabei die Hohe Pforte und wurde als Gegenleistung mit einem beträchtlichen Maß an Autonomie ausgestattet, der schiitische Teil dagegen stand auf der Seite des persischen Reiches. Mit Hilfe der Kurden konnte Konstantinopel 1514 einen entscheidenden Krieg gegen die Perser gewinnen. Zu dieser Zeit entwickelte sich in Kurdistan eine relativ ungestörte kulturelle Blüte. Fürstentümer wie die von Bitlis und Diyarbakir entstanden. Von Bitlis beispielsweise, wo die Kurdenchronik »Tarich el-Akrad« entstand, wird berichtet: »Es war eine Stadt voller Paläste und Schulen, Moscheen, Brücken und Burgen, ein Zentrum des Handels und der Bildung, hier lebten auch die Schriftsteller und Dichter.«

Indes: Wie später auch für andere Mächte, waren die Kurden damals für das Osmanische Reich nur so lange von Bedeutung, wie sie im Konflikt mit Teheran benötigt wurden. Als 1639 die Hohe Pforte und das Perserreich in einem Vertrag ihre Territorien endgültig gegeneinander abgrenzten, ging die trennende Linie mitten durch Kurdistan, und seit mehr als drei Jahrhunderten teilt diese politische Linie auch das kurdische Volk.

5

»Wir sind keine Türken, wir sind Kurden«

Die 15 Millionen Kurden in der Türkei

Newroz-Feuer gegen Zaehak« lautete am 20. März 2003 die Schlagzeile der von Straßenverkäufern in Diyarbakir verteilten Tageszeitung *Özgür Gündem*. Diyarbakir hat eine Million Einwohner und ist die größte Stadt im zur Türkei gehörenden Teil Kurdistans. An die 90 Prozent der Einwohnerschaft ist kurdisch und daher ist *Özgür Gündem* an sich eine kurdische Zeitung, die aber nur auf türkisch erscheinen kann. Und Zaehak ist der Name des Tyrannen aus der kurdischen Newroz-Sage, den der Schmied Kawa erschlug, bevor er mit einem lodernden Feuer in den Bergen das Volk zum Aufstand rief. Wer der moderne Zaehak ist, wurde nicht ausgesprochen. Aber jeder wußte Bescheid. Denn die Slogans dieser kurdischen Neujahrs- und Frühlingsfeiern lauteten: »Für die Freiheit der Kurden! Gegen die Isolationshaft von Abdullah Öcalan!« Und: »Keine türkischen Truppen in den Irak!«

Die Newroz-Komitees hatten die Feiern in allen großen kurdischen Städten der Türkei, aber auch in Istanbul, vorbereitet. Vertreter und Gruppen diverser Gewerkschaften gehörten ihnen an, der größte Menschenrechtsverein, verschiedene Demokratieplattformen und Ortsgruppen der Demokratischen Volkspartei DEHAP (unter deren Mantel Politiker der von Ankara immer wieder aufs neue verbotenen politischen Parteien der Kurden zeitweise unterkommen). Und ein Teil der angemeldeten Feiern war von den Polizeibehörden tatsächlich genehmigt worden. Verboten blieben die Feiern für alle Städte in den Grenzgebieten zum Iran und zum Irak, zum Beispiel in Bingöl und Bitlis, in Cizre, Erzincan und Hakkari und in Siirt. Ausländische Besucher, darunter auch mehrere Gruppen aus Deutschland, die an den Feiern in Hakkari teilnehmen wollten, wurden von der Polizei an der Weiterfahrt gehindert. Einige Hundert Menschen, die trotz des Verbotes das höchste kurdische Fest feiern wollten, wurden festgenommen.

Türkisches Militär und Polizei waren auch dort, wo keine Verbote bestanden, massiv aufmarschiert, Mannschaftstransporter und Schützenpanzer säumten in Diyarbakir die zehn Kilometer lange Straße zum Messegelände, wo das Fest stattfand. Schwerbewaffnete Sondereinheiten der Polizei, Scharfschützen und Kameras mit Teleobjektiven waren auf den Dächern postiert. Der Münchner Journalist Nick Brauns berichtete ausführlich über die Schikanen, die sich türkische Polizisten einfallen ließen: »Tausende wurden von der Polizei am Betreten des Festplatzes gehindert, weil sie keine Ausweise dabei hatten. Auch Journalisten mit Kameras ließ die Polizei nicht passieren. Vor allem Frauen mußten sich an den Eingängen äußerst ruppig behandeln lassen. Vielen von ihnen wurden ihre Tücher in den traditionellen kurdischen Farben Rot-Gelb-Grün abgenommen.«

Trotz aller Schikanen kamen in Diyarbakir 500 000 Menschen zusammen – die Hälfte der Einwohnerschaft. Ähnlich groß waren die Aufzüge in anderen Städten. Hunderte Kurden wurden festgenommen, weil sie gegen irgendwelche Auflagen verstoßen hatten, weil sie außerhalb der erlaubten Zonen gefeiert hatten, weil sie sich nicht ausweisen konnten oder weil sie verbotene oder mißliebige Slogans verwendet hatten. Tatsächlich wurde von Zehntausenden »Asadi bo Kurdistan!« gerufen und »Bidschi serok Apo!«, also »Freiheit für Kurdistan!« und »Es lebe unser Führer Apo!« So nennen die Kurden der Türkei Abdullah Öcalan, der als einziger Häftling im Hochsicherheitsgefängnis auf der Marmara-Insel Imrali eingeschlossen und völlig isoliert der fürsorglichen Willkür seiner türkischen Wächter ausgeliefert ist.

In einer Art Nachlese zu diesen Newroz-Feiern meldete die französische Nachrichtenagentur AFP zwei Monate später, daß gerade diese Slogans die türkischen Sicherheitsorgane aufgebracht hatten. »Ein Stummfilm ist der Beweis«, war die Überschrift. Aus der Meldung ging hervor, daß die türkische Polizei im Hakkari-Gebiet 13 Täter festnahm oder zur Fahndung ausschrieb. Das Delikt: »Separatistische Propaganda durch öffentliche Rede«. Als Beweis wurde ein Videoband aus einer Überwachungskamera der Polizei vorgelegt, das allerdings keine Töne enthielt, also ein Stummfilm war. Doch im Lippenlesen geschulte Polizeiexperten wollten genau gesehen haben, daß die Delinquenten in ihren Sprechchören allesamt die verbotene Arbeiterpartei Kurdistans (PKK) hochleben lassen und Freiheit für deren gefangenen Führer Öcalan verlangt hatten.

Für die seit Jahrzehnten auf den Kampf gegen die Kurden fixierten Sicherheitsorgane der Türkischen Republik sind die Namen Öcalan und PKK offenbar immer noch der leibhaftige Gottseibeiuns. Dahinter steckt die Furcht des türkischen Staates vor separatistischen Bestrebungen, die im langjährigen Guerillakrieg – von 1984 bis 1999 – der Arbeiterpartei Kurdistans im Südosten des Landes ihren Höhepunkt fanden. Dieser Krieg hat Währung und Wirtschaft der Türkei ruiniert, sie international als einen der schlimmsten Folterstaaten gebrandmarkt und politisch unter Druck gesetzt. Dabei ist die von Abdullah Öcalan gegründete und geführte PKK seit seiner Verhaftung im November 1998, seiner Entführung in die Türkei und seiner Verurteilung militärisch erledigt und auch politisch kein Faktor mehr.

Es ist eine gespannte Ruhe, die seither im Kurdengebiet der Türkei herrscht. Auf Drängen der EU, des Menschenrechtskommissariats der UNO und einiger NATO-Partner sah sich Ankara im Sommer 2002 veranlaßt, wenigstens geringfügige Reformen zu verkünden, die für die Kurden kulturelle Erleichterungen vorsehen. Sie sollen den Kurden in der Türkei (unter staatlicher Aufsicht) private Sprachkurse in der Muttersprache ermöglichen, nachdem noch vor kurzem viele Schüler und Studenten wegen derartiger Forderungen mit harten Strafen verfolgt wurden. Erlaubt werden sollen in Zukunft auch – Termine wurden allerdings nicht genannt – einzelne Rundfunk- und TV-Beiträge in kurdischer Sprache. Auch der jahrzehntelange Ausnahmezustand, mit seinen für die Kurden unerträglichen Bestimmungen und dem Kriegsrecht, wurde gegen Jahresende 2002 offiziell aufgehoben. Politische Organisationen bleiben den Kurden weiterhin verwehrt. Ankara beruft sich auf die türkische Verfassung und das Parteiengesetz, die beide die Gründung von Parteien auf ethnischer oder regionaler Basis verbieten.

Doch auch auf die Gesamttürkei ausgerichtete Parteien wurden bislang, sobald sie sich für kurdische Belange einsetzten, häufig verboten. Ein Beispiel dafür ist die prokurdische Demokratie-Partei des Volkes HADEP, die bei den Parlamentswahlen 1999 in den überwiegend kurdischen Provinzen im Südosten die meisten Stimmen erhalten hatte, aber landesweit an der hohen Zehn-Prozent-Hürde gescheitert war. Aus Ärger darüber, daß Italien im November 1998 den Staatsfeind Nr. 1 der Türkei zwar festgenommen, aber kurz darauf erklärt hatte, er werde auf keinen Fall an die Türkei ausgeliefert, ließ Ankara 3000 Mitglieder der HADEP, einer völlig legalen Partei, ins Gefängnis werfen. Wie Menschenrechtsgruppen berichteten, wurden viele Parteimitglieder gefoltert, zwei von ihnen starben in der Haft. Bei den Wahlen im November 2002 flüchtete die HADEP kurz vor der Wahl lieber gleich unter das Dach der Demokratischen Volkspartei DEHAP – aus Furcht vor einem drohenden Verbot. Als Hinweis auf einen sich abzeichnenden Wandel verstanden Beobachter damals, daß die oberste Wahlbehörde einen Einspruch der Staatsanwaltschaft gegen die Zulassung der DEHAP zur Wahl zurückwies. (Die HADEP wurde im März 2003, als die Kurdenpolitik der Türkei wegen des bevorstehenden Irakkrieges schon wieder schärfer wurde, vom türkischen Verfassungsgericht dann doch verboten.) Die Wurzeln der DEHAP reichen in die Anfänge der 1990er Jahre zurück, als kurdische Politiker die Arbeiterpartei des Volkes HEP gründeten und einige – auf der Liste einer sozialdemokratischen Partei – Einzug ins Parlament hielten.

Die kurdische Abgeordnete Leyla Zana, Trägerin des Sacharow-Preises für Menschenrechte, sitzt noch heute (Juni 2003) im Gefängnis. Ihr Fall demonstriert beispielhaft die Methoden des türkischen Staates und die andauernde Realität der Unterdrückung der Kurden. 1961 in einem Dorf in der Osttürkei geboren, heiratete Leyla den kurdischen Aktivisten Mehdi Zana, der 1977 zum Bürgermeister von Diyarbakir gewählt worden war. Der Putsch türkischer Militärs von 1980 brachte eine neue Welle der Unterdrückung der Kurden hervor, und Mehdi Zana war unter den Tausenden von kurdischen Aktivisten, die im Namen der nationalen Sicherheit verhaftet wurden. Leyla folgte ihrem Mann von Gefängnis zu Gefängnis durch die ganze Türkei, lernte dabei die Notlage der Frauen und Familien kennen, deren Männer und Väter in den Gefängnissen des Militärregimes einsaßen oder die man entführt hatte und die seitdem verschwunden waren, und sie setzte sich für die Frauen ein.

Parallel zur Entwicklung des kurdischen Freiheitskampfs wuchsen auch ihre politische Entschlossenheit und ihr Bekanntheitsgrad. Bei den Parlamentswahlen 1991 kandidierte sie und erhielt mit 84 Prozent der Stimmen in ihrem Wahlkreis in Diyarbakir das beste Einzelergebnis der ganzen Wahl. Als erste kurdische Frau zog sie ins türkische Parlament. 1994 brachte ihr das Eintreten für ein friedliches Miteinander von Türken und Kurden im Rahmen der Türkischen Republik den Vorwurf des Separatismus ein. Ihre Immunität und die einiger weiterer Abgeordneter wurde aufgehoben. 1994 wurde sie vom türkischen Staatssicherheitsgericht zu 15 Jahren Einzelhaft verurteilt, 1998 zu weiteren zwei Jahren, weil sie im Gefängnis einen Newroz-Artikel geschrieben hatte. Seit ihrer Verhaftung bemühen sich Menschenrechtsorganisationen, Diplomaten und Parlamentarierverbände sowie Politiker aus aller Welt um ihre Freilassung, darunter auch eine Reihe Kongreßabgeordneter aus den USA und Abgeordnete des Europäischen Parlaments. 1995 wurde sie zum erstenmal für den Friedensnobelpreis vorgeschlagen und kam bis in die letzte Runde, 1998 zum zweitenmal. Leyla Zana leidet, wie der US-Politiker John Porter, demokratischer Abgeordneter im Kongreß, mitteilte, an fortgeschrittener Osteoporose und einem Leberleiden. Auch der Europäische Gerichtshof für Menschenrechte (EGMR) befaßte sich mit dem Verfahren von Leyla Zana. Im Juli 2001 verurteilte der Gerichtshof die Türkei zu einer Schmerzensgeldzahlung in Höhe von 35 000 Dollar mit der Begründung, Zana habe kein faires Verfahren bekommen. Da die Vertragsstaaten der Europäischen Menschenrechtskonvention, also auch die Türkei, verpflichtet sind, die Urteile des EGMR zu beachten, kann man gespannt sein, wie das Wiederaufnahmeverfahren ausgehen wird. Eine Freilassung Zanas würde in den Kurdenregionen der Türkei sicher als Signal dafür wirken, daß es Ankara mit den angekündigten Reformen vielleicht doch ernst meint.

Seit langem haben politische Beobachter der türkischen Politik darauf hingewiesen, daß es zwischen der gewaltsamen Unterdrückung der kurdischen Kultur und der Leugnung ihrer bloßen Existenz einerseits und dem kurdischen Freiheits- und Unabhängigkeitsstreben andererseits von Atatürk bis heute einen kommunizierenden Zusammenhang gibt, eine fatale Wechselbeziehung, aus deren Zwängen die Politik aller türkischen Regierungen seit 1920 keinen Ausweg fand und ihn vielleicht nicht einmal suchte. Abdullah Öcalan, der bislang gefährlichste kurdische Gegner Ankaras, hat das mehrfach auf eine griffige Formel gebracht. In den Interviews, die ich 1997 in seinem Hauptquartier im syrischen Damaskus und 1998 in Rom, als er bereits in italienischer Auslieferungshaft war, mit ihm führte, sagte er: »Der Politiker Öcalan und die ganze PKK, wir sind ein reines Produkt der Türkei. Ohne die seit 80 Jahren andauernde grausame Unterdrückung der Kurden in der Türkei, ohne die Massenmorde und Deportationen, die es gegeben hat, und ohne all die Demütigungen und Beleidigungen, die wir als Kurden von Kindesbeinen an erdulden müssen, wären wir nicht so geworden wie wir sind. Bestimmt wäre es schwerer gewesen, vielleicht auch unmöglich, diese Tausende und Abertausende Kämpfer zu gewinnen und zu organisieren, die heute bei uns stehen und bereit sind, alles zu geben.«

Unter anderem Vorzeichen gilt dieser Zusammenhang auch heute. Alle Kenner der kurdischen Bewegungen sind sich sicher, daß die von Ankara angekündigten Reformen in Verbindung mit der Aussicht auf noch etwas mehr Freiheiten für die Kurden in der Zukunft die Unbedingtheit ihres Strebens nach Unabhängigkeit schwächen werden. »Die Furcht vor einer neuen Erhebung der türkischen Kurden als Folge der Veränderungen im Irak ist maßlos übertrieben«, meint etwa der amerikanische Professor für Internationale Beziehungen Henri Barkey. »Wenn sich die Türkei auf die EU zubewegt«, schreibt er in seinem Buch »Turkey's Kurdish Question«, »bedeutet das mehr Freiheit für die Kurden, und das ist kein Grund zur Aufregung.«

Doch immer noch sind Enttäuschungen über türkische Arroganz, die anhaltende Erfahrung der Armut, die häufig unveränderte Brutalität der türkischen Sicherheitsorgane und andauernde Menschenrechtsverletzungen für die Kurden der Türkei noch bestehende Realitäten. Politiker in der Region fürchten, daß ein zu langsames Herangehen an die Probleme oder ein Scheitern bei ihrer Lösung zu gefährlichen Konsequenzen führt. »Die Kurden wollen die Freiheit haben, sich unbehindert zu entfalten – kulturell, politisch und vor allem in ihrer eigenen Sprache«, sagt Diyarbakirs jetziger Bürgermeister Feridun Celik, »und sie möchten ein wenig staatliche Unterstützung für die wirtschaftliche Entwicklung der Region. Die

Kurden fordern gar nicht unbedingt die Unabhängigkeit. Aber wenn nichts geschieht, wenn nichts gelingt, das ist meine größte Sorge, dann kann sich wieder ein Potential der Gewalt entwickeln.«

Osman Akyil, Generalsekretär der Industrie- und Handelskammer der Südostregion, teilt die Sorgen: »Wir verlangen nicht unbedingt finanzielle Zuschüsse und nicht einmal Kredite. Uns würde schon helfen, wenn die Regierung auf einiges von dem verzichten würde, was sie uns abverlangt. Und vor allem brauchen wir die Art von Unterstützung, die bei Investoren Vertrauen schafft.« Bislang, so meint er, sei von der Regierung nicht viel mehr gekommen als unerfüllte Versprechungen. »Es gab viele dezidierte Vorschläge, aber nichts wirklich Ernsthaftes ist geschehen. Und nichts Ernsthaftes steht auf dem Programm.« Akyil wird allerdings oft gefragt, warum Ankara ausgerechnet einer Region wirtschaftlich unter die Arme greifen sollte, die – jedenfalls im Bewußtsein der politischen Elite der Türkei – dem Land bislang nichts als Ärger eingebracht habe. Die Antwort darauf hat er parat: »Der israelisch-palästinensische Konflikt«, sagt er, »ist nichts im Vergleich mit den Problemen, die es geben wird, wenn die Türkei, und genauso Syrien, der Irak und Iran, keine Wege zur Lösung der wirtschaftlichen und sozialen Belange ihrer kurdischen Minderheiten finden. Was es in der Vergangenheit in der Türkei und im Irak an Schrecklichem schon gegeben hat, das kann sich jederzeit in der ganzen Region ereignen. Schauen wir auf die Geschichte: Dieses (kurdische) Problem ist nie gelöst worden und deswegen ist es nie verschwunden.«

Allen Kurden ist die blutige Geschichte ihres Volkes unter türkischer Herrschaft bewusst. Seit seiner Geburtsstunde betrieb der türkische Staat eine Politik der Assimilierung, Repression und Aussiedlung gegenüber seinen kurdischen Untertanen. Dem Reporter Heiko Flottau von der angesehenen liberalen *Süddeutschen Zeitung*, der vor einigen Jahren eine Reise in den kurdischen Landesteil der Türkei offiziell in Ankara beantragt hatte, wurde noch bedeutet, leider habe seine Zeitung in der Bildunterschrift einer Türkei-Beilage das Wort »Kurde« verwendet. Und da es nun einmal keine Kurden gebe, sei eine Reise nach Ostanatolien auch nicht geboten. »Die Osttürkei«, so folgerte der Journalist, »wird von Ankara eher wie eine Kolonie und nicht wie ein gleichberechtigtes Teilgebiet« behandelt. Schlimme Beispiele für diese Haltung wurden der Weltöffentlichkeit seit den 1920er Jahren bis in unsere Tage immer wieder aufs neue bekannt.

Unterdrückung und Völkermord an der heute mindestens 15 Millionen Menschen starken kurdischen Volksgruppe in der Türkei, die mehr als ein Fünftel der Gesamtbevölkerung ausmacht, haben eine lange Tradition. Anders als im früher sowjetischen, jetzt unabhängigen Armenien, in Syrien, im Irak und im Iran, wo die übrigen 15 Millionen Kurden leben, war dieses Volk in der Türkei offiziell nicht einmal existent – jedenfalls bis vor kurzem. »Bergtürken« hießen die Kurden seit der rücksichtslosen Türkisierungspolitik Kemal Atatürks (und die nationalistischen Gruppierungen in der Türkei und die Armee nennen sie immer noch so). Für den Vater der modernen Türkei gab es, sobald er seinen Nationalstaat verwirklicht hatte, »nur noch Türken«.

Von den im südöstlichen Teil des Landes in einem geschlossenen Siedlungsgebiet lebenden Kurden wurde diese Haltung des Mustafa Kemal Atatürk als undankbar empfunden. Denn zunächst hatten sie nach dem Zusammenbruch des Osmanischen Reiches nach 1918 mitgeholfen, britische und französische Besatzungstruppen, aber auch bolschewistische Sowjets und sowjetische Insurgenten aus der Türkei zu vertreiben. Im Vorgriff auf die im Friedensvertrag, den die Westalliierten den Türken zugedacht hatten, vorgesehene Entmachtung und Zerschlagung des Reiches, hatten sich aus den einst türkisch beherrschten, nun aber von den Siegern besetzten Ländern Irak und Syrien französische und britische Truppen in der Hauptstadt und an den strategisch wichtigen Küstenplätzen und Verkehrsknotenpunkten festgesetzt. Im Mai 1919 war auch ein griechisches Expeditionskorps in Smyrna gelandet und hatte die ägäische Küstenzone besetzt.

Nun schien für die Kurden der Zeitpunkt gekommen, nach einem unabhängigen Staat zu greifen. Das sollte bei den einen durch Verhandlungen mit den alliierten Siegern, bei anderen aber durch eine so weit wie möglich gehende Zusammenarbeit mit der politischen Bewegung Mustafa Kemals, durch Loyalität im türkischen Staatsverband, geschehen. Typisch für diese Doppelgleisigkeit der Ziele und des Denkens ist der Bericht, den der lange im Pariser Exil lebende Kurdenprinz Bedir Khan über die Zeit nach dem Ersten Weltkrieg in einem Interview abgab. »1919 sind mein Bruder und ich im

Auftrag einer englischen Kommission nach Kurdistan gefahren, um die Lage zu prüfen. Die Alliierten sagten uns, sie würden ein Kurdistan anerkennen. Aber die Kurden selbst meinten, jetzt in den Rücken der Türkei einen Dolch zu stoßen, das sei unehrlich. Mustafa Kemal hatte ja auch versichert, daß die Kurden der Türkei die gleichen Rechte bekommen würden wie die ihnen von den Alliierten eingeräumten. Viele Bauern sagten auch, die Türken seien unsere (Glaubens-)Brüder.«

Mustafa Kemal Atatürk hatte vor Beginn des Krieges gegen die alliierten Besatzungstruppen den wichtigsten kurdischen Feudalherren, den Emiren, persönliche Briefe geschrieben und sie aufgefordert, sich den Reihen der Nationalbewegung anzuschließen. Eine Vielzahl von kurdischen Stämmen befolgte diesen Aufruf und kämpfte gegen die Briten und Franzosen. Ein großer Teil der türkischen Einheiten beispielsweise, die die Engländer aus Urfa vertrieben, bestand aus kurdischen Bauern. Einem kurdischen Emir schrieb Atatürk mit ausgesuchter Höflichkeit: »Die Hilfe, die Eure Exzellenz für die osmanische Armee und für Sultanat und Kalifat während des Weltkrieges geleistet haben, ist uns völlig bekannt. Aus diesem Grunde habe ich vor Eurer Exzellenz großen Respekt. Und es ist Ihnen bekannt, wie sehr heute das heilige Kalifat, das osmanische Sultanat und unsere heilige Heimat durch unsere Feinde ... gekränkt werden.«

Aber mit schönen Worten allein war der erwachte kurdische Nationalismus nicht mehr abzuspeisen. Was die türkische Nationalbewegung an Unabhängigkeit und patriotischen Ehrgefühlen für sich selbst reklamierte, das wollten nun auch die Kurden für sich in Anspruch nehmen. Ebenso wie ihre Volksgenossen im britischen Besatzungsgebiet Irak hofften jetzt die Kurden im nördlichen und im westlichen Kurdistan um den Van-See, in Diyarbakir, Malatiya und Kalan auf die Befreiung von der jahrhundertelangen osmanisch-türkischen Herrschaft. Ob mit Billigung der »jungtürkischen« Nationalisten um Kemal Atatürk – oder ohne sie.

So setzten die verschiedenen Nationalbewegungen, die die Kurden gegründet hatten, auch auf die alliierten Sieger und ihre von US-Präsident Woodrow Wilson verkündete 14-Punkte-Erklärung, die versprochen hatte, die neue Friedensordnung nach dem Weltkrieg am unantastbaren Prinzip des Selbstbestimmungsrechts der

Völker zu orientieren. General Sherif Pascha, ein Kurde, der während des Weltkrieges in türkischen Diensten gestanden hatte, wurde als Vertreter der kurdischen Freiheitsbewegung zu den Pariser Friedensgesprächen entsandt. Im März 1919, und noch einmal im April 1920, konnte General Sherif dem Hohen Rat der Alliierten Memoranden mit den kurdischen Forderungen überreichen.

Die Alliierten berieten über all diese Vorschläge in Paris, in San Remo und in Sèvres. Ihr Ziel war dabei allerdings nicht die Verwirklichung des Selbstbestimmungsrechts der Völker, sondern vor allem die Zerlegung des osmanischen Großreiches in handliche Teile, die auch für die unterschiedlichen Interessen der Sieger in Nordafrika, in Kleinasien und im Nahen Osten in Anspruch genommen werden sollten. Den Türken wurde der Verzicht auf alle nichttürkischen Provinzen ihres Reiches abverlangt. Albanien und Teile des neu zu schaffenden Staates Jugoslawien sowie Nordgriechenland, vor allem Makedonien, gingen der Hohen Pforte verloren. Das nordafrikanische Tripolis wurde an die Italiener abgetreten. Das arabische Küstenland vom Hedschas bis zum Jemen wurde ebenso wie Mesopotamien von den Briten beansprucht, die auch die bisherige osmanische Oberhoheit über Ägypten auf sich selbst übertrugen. Syrien (einschließlich seiner Kurden) wurde französischer Oberhoheit unterstellt, und selbst ein Teil Anatoliens, so etwa für eine eventuelle armenische oder kurdische Republik, sollte der türkischen Botmäßigkeit abgenommen werden. Entsprechend groß war die Zuversicht der türkischen Kurden, als der alliierte Hohe Rat am 11. Mai 1920 der osmanischen Delegation in Paris den Entwurf des Vertrages von Sèvres überreichte und als nach dreimonatigen Bedenken und allerlei vergeblichen Versuchen, das alliierte Diktat noch ein wenig abzuschwächen, die Delegation am 10. August den Vertrag auch unterschrieb.

Dessen Artikel 62 sah die Vorbereitung des kurdischen Gebietes Anatoliens östlich vom Euphrat, südlich einer möglicherweise zu schaffenden armenischen Republik und nördlich der neuen Grenze mit Syrien und dem Irak zur kulturellen und politischen Selbstverwaltung vor. Zweifelsfragen der Grenzziehung und des Minderheitenschutzes für die assyrisch-chaldäischen Christen sollten von einer gemischten Kommission aus britischen, französischen, italienischen, persischen und kurdischen Repräsentanten geprüft und entschieden werden. Der Artikel 63 des Vertrages verpflichtete die türkische Regierung zur Anerkennung und Durchführung der Schiedssprüche der Kommission.

Artikel 64 kam den kurdischen Wünschen noch weiter entgegen. Denn er eröffnete diesem autonomen Kurdistan die Möglichkeit, nach Jahresfrist und im Einvernehmen mit dem Völkerbund sich mit dem irakischen Kurdistan zu vereinen und ein selbständiges Staatswesen zu bilden. »Die alliierten Mächte«, so hieß es dort, »werden keine Einwände gegen den freiwilligen Anschluß jener Kurden erheben, die den Teil Kurdistans bewohnen, der bislang zum Wilayet [osmanischer Regierungsbezirk] Mosul gehört.«

Aber die Kurden freuten sich zu früh, und die Alliierten hatten die Rechnung ohne den türkischen Wirt gemacht: Sultan Mohammed VI., der sein verstümmeltes Reich von Istanbul aus regierte, fehlte es bereits im Augenblick der Unterzeichnung des Vertrages von Sèvres an der Macht, dessen Bestimmungen auch nach innen durchzusetzen. Denn inzwischen hatte die türkische Nationalbewegung unter Mustafa Kemal – nicht zuletzt wegen der gutgläubigen Unterstützung durch so manchen Kurdenstamm, vor allem aber durch kräftige Militärhilfe seitens der jungen bolschewistischen Sowjetunion – die innenpolitischen Machtkämpfe zu ihren Gunsten entschieden. Gegen die Herrschaft des Sultans im fernen Stambul hatte Kemal Atatürk die nationale Erhebung zum Sieg geführt. Am 23. April 1921 trat als Gegenregierung die türkische Nationalversammlung in Ankara zusammen. Mit diktatorischen Vollmachten ausgestattet, vernichtete Mustafa Kemal Zug um Zug die Macht des Sultanats und setzte Mohammed VI. im November 1922 ab.

Außenpolitisch warf er die ganze neugewonnene Kraft in die Revision des Friedensdiktats von Sèvres. Seine Bestrebungen wurden gekrönt im Vertrag von Lausanne, der am 24. Juli 1923 nach zähen und von den Türken auch doppelzüngig geführten Verhandlungen abgeschlossen wurde. In diesem Vertrag, der die Übereinkunft von Sèvres modifizierte, erhielten die anderen nationalen Minderheiten der Türkei (Griechen, Armenier und Juden) gewisse – wenn auch sehr bescheidene – Schutzrechte. Von einem kurdischen Staat oder von einer Autonomie für das türkische Kurdistan war nicht mehr die Rede. Schon das Wort »Kurden« kam im Vertrag nicht mehr vor.

Hinfort konnten sich diese nur noch auf die allgemein gehaltenen Artikel 38 und 39 des Vertrages stützen, die allen Einwohnern der Türkei den Gebrauch ihrer Sprache garantieren sollten. »Die türkische Regierung«, heißt es dort weiter, »verpflichtet sich, allen Einwohnern der Türkei vollen und ganzen Schutz ihres Lebens und ihrer Freiheit zu gewähren ohne Unterschied der Geburt, Nationalität, Sprache, Rasse oder Religion.«

Nun erst merkten die Kurden, daß sie von dem Vater der modernen Türkei an der Nase herumgeführt worden waren. Selbstkritisch urteilte der Politiker und Historiker A. R. Ghassemlu (der 1989 in Wien von iranischen Agenten ermordet wurde): »Der grundlegende (und in ihrer modernen Geschichte mehrfach wiederholte) Fehler der Kurden war, daß sie die ohnehin meist nur mündlich gegebenen, vagen und allgemeinen Versprechungen der Kemalisten für bare Münze nahmen, statt auf konkreten (und schriftlichen!) Verpflichtungen zu bestehen. Aber die kurdischen Führer haben offenbar in gutem Glauben gehandelt. Schließlich wollten sie in einer Zeit nationaler Not für die Gesamttürkei nicht allzu fordernd und intransigent auftrumpfen. Und außerdem verließen sie sich entsprechend ihrem traditionellen Ehrenkodex darauf, daß ein einmal gegebenes Wort auch zu halten sei.«

Schnell lernten nun die Kurden, kaum daß der Vertrag von Lausanne geschlossen und das Regime von Mustafa Kemal konsolidiert war, das ihnen von der türkisch-chauvinistischen »Realpolitik« zugedachte Schicksal kennen. Schon im Laufe des Jahres 1923 ließ der Staatsgründer den Gebrauch des Kurdischen als Amtssprache auch in den ausschließlich von Kurden bewohnten Gebieten verbieten, die Namen der Dörfer und Kreise wurden (genauso wie es in Europa die italienischen Faschisten mit den Orts- und Flurnamen des deutschen Südtirol machten) vollständig türkisiert. Man machte sich nicht einmal die Mühe, den des Lesens meistens unkundigen bäuerlichen Einwohnern den neuen türkischen Namen ihres Dorfes mitzuteilen.

Das Ziel dieser Politik war die vollständige Assimilierung der Kurden, denn in der Türkei durfte es nun, so wollte es Ankara, nichts als Türken geben. Selbst das Wort »Kurde« war – wie bereits erwähnt – bald tabu. Da die Kurden nun Türken, wenn auch nur »Bergtürken«, waren, mußte auch ihre Sprache türkisch sein. »Mit dieser Wortschöpfung von den Bergtürken«, so meint der irakisch-kurdische Historiker Sherif Vanly, »überzeugten sich die Politiker in Ankara immer wieder aufs neue davon, daß sie mit ihrer Assimilierungspolitik nicht gegen geltendes Völkerrecht und gegen den Minderheitenschutz laut Artikel 38 des Vertrages von Lausanne verstießen. Denn Bergtürken waren doch Türken, und in der Türkei konnten Türken doch keine Minderheit sein.«

Die Situation verschärfte sich noch, als das Parlament im nun endgültig zur Hauptstadt erhobenen Ankara 1924 nach dem Sultanat auch noch das Kalifat abschaffte. Innerhalb von 24 Stunden mußten damals Kalif Abd el-Majid, das geistliche Oberhaupt des türkischen Islam, und alle Mitglieder der Familie des Sultans das Land verlassen. Damit war auch das letzte Band zerrissen, das die islamischen Kurden mit Mustafa Kemal, der sich ihnen als Retter des Kalifats gegen die Bedrohungen von außen angepriesen hatte, verband. Der Verzicht auf das einigende islamische Band schuf ein ideologisches Vakuum, das die Kemalisten durch einen noch rigoroseren Chauvinismus auszufüllen gedachten.

Zur politischen Unzufriedenheit der Kurden der Türkei kam nun die religiöse Enttäuschung dazu. Als sich auch noch die wirtschaftliche Lage in den Provinzen des türkischen Ostens verschlechterte, als die Preise explodierten und selbst Grundnahrungsmittel zeitweise vollständig vom Markt verschwanden, suchten die Türkei-Kurden in einem ersten großen Aufstand, der im Februar 1925 losbrach, eine Lösung. Führer des Aufstands war Scheich Said, dessen Familie erblich die Führung des Derwisch-Ordens der Naqshbandi zustand. In seinem Tekke, seinem Stammsitz, dem Derwisch-Kloster in Palu, hatten sich seit Monaten Kurdenführer aus dem ganzen Land, vor allem aus dem Dersim, aus Bitlis und aus Diyarbakir, aber auch einige mit der Unterdrückung des islamischen Glaubens unzufriedene fromme Türken eingefunden und sich zu der Erhebung verschworen.

Die türkischen Behörden wurden von dem Aufstand überrascht, und so breitete er sich bald über das ganze Gebiet zwischen dem Oberlauf des Tigris und des Euphrat und westlich des Van-Sees aus. In einem Areal von 300 Kilometern ost-westlicher und nahezu 200 Kilometern nord-südlicher Ausdehnung waren die Kurden in Aufruhr. Die türkischen Armee-Einheiten zogen sich rasch nach Westen und nach Süden in Richtung syrische Grenze zurück, die Posten der verhaßten Gendarmerie, der Jandarmas, verschwanden. Mit 7000 Mann hatte Scheich Said den Aufstand begonnen. Aber bald schlossen sich immer mehr Stämme, die aus den Bergen in die Städte und Täler herunterkamen, der Bewegung an und brachten die Zahl der Rebellen auf über 30 000 Mann.

Ankara war aufgeschreckt. Schon hatten die Rebellen ganze Einheiten des 7. Türkischen Armeekorps und der 1. Kavalleriedivision zersprengt und zahlreiche Gefangene gemacht. Ende März endlich war ein Expeditionskorps von zunächst 35 000 Mann zusammengestellt, das mit Hilfe der damaligen französischen Mandatsmacht in Syrien mittels der Aleppo-Eisenbahn noch laufend verstärkt wurde. Andere Verbände sperrten das Gebiet östlich des Van-Sees und riegelten die Aufständischen damit von der irakischen und der persischen Grenze ab.

Anfang Mai brach dann die türkische Generaloffensive los. In wenigen Wochen war der kurdische Aufstandsversuch zerschlagen. Scheich Said und viele andere Kurdenführer gerieten in Gefangenschaft. Das Gemetzel, das die Truppen Ankaras unter den besiegten Kurden anrichteten, unterscheidet sich nicht wesentlich von den grauenhaften Vorgängen beim Völkermord der Osmanen an den Armeniern vor und während des Ersten Weltkrieges. Es bleibt unbegreiflich, warum amerikanische Historiker von diesen Ereignissen noch immer als von »Befriedung« oder »Wiederherstellung der Ordnung« sprechen, so etwa Richard D. Robinson in seiner Darstellung der Geschichte der ersten türkischen Republik. Die »Befriedung«, meint dieser Historiker, sei zwar »streng« gewesen, »aber kein Blutbad«. Vielleicht war man nur darauf bedacht, den vor allem zu Zeiten des Kalten Krieges wichtigen militärischen und politischen Bündnispartner der USA »freiheitlicher« darzustellen, als er tatsächlich war und ist.

In Wirklichkeit wütete noch Monate nach der Niederschlagung der Rebellen der türkische Terror unter den Kurden. Mehr als 200 Dörfer wurden »zur Strafe« dem Erdboden gleichgemacht, fast 9000 Häuser eingeäschert. Mindestens 15 000 Zivilisten wurden umgebracht; ein türkischer Historiker nennt sogar die Zahl 100 000. Ein deutscher Journalist fand noch 40 Jahre später einen Überlebenden der Massaker, der sich erinnerte: »Die türkische Armee sammelte

Männer, um sie zu verbrennen. Auf dem Holz liegen die Männer, aber sie brennen nicht so leicht. Daraufhin hat der Kommandant der Türken befohlen, daß man auch die Frauen auf den Scheiterhaufen legen soll. ›Die geben genug Fett ab‹, sagte er.« Der türkische Sozialwissenschaftler B. Üstüngel, der damals Augenzeuge der Kriegführung seiner Landsleute war, schrieb in einem Aufsatz voller Schaudern: »Was Gewalt gegen Menschen angeht, haben die Kemalisten sogar die blutigsten Sultane übertroffen, sie haben Tausende kurdischer Dörfer eingeäschert. Ich habe gesehen, wie Gendarmen die Kurden aus den Gefängnissen führten, sie erschossen und anschließend die bunten Seidengürtel der kurdischen Jungens verkauften.«

Die niedergebrannten Dörfer wurden zu militärischen Sperrbezirken erklärt. Soweit man die Einwohner nicht umbrachte, wurden sie zwecks Türkisierung nach Westen umgesiedelt. Die Kemalisten hatten sich so unverhüllt zu ihren Untaten bekannt, daß im Mai 1925 eine türkische Tageszeitung ungeniert und ungestraft verkünden konnte: »Überall dort gibt es kein kurdisches Problem, wo ein türkisches Bajonett auftaucht.«

Auch unter der kurdischen Führung wütete die türkische Rache und schlug dadurch der Unabhängigkeitsbewegung schwere Wunden. Zunächst wurden 91 Scheichs und andere Führer in Erzurum öffentlich gehenkt, dann noch einmal 140 kurdische Freiheitskämpfer, unter ihnen Scheich Said, hingerichtet. Der Vorsitzende des Militärgerichts hatte den Angeklagten noch ihren ganzen Sündenkatalog vorgehalten: »Einige von ihnen haben sich widerrechtlich Amtsbefugnisse angeeignet und dadurch die Autorität der Regierung mißbraucht.« Andere, so sagte der Richter, hätten das Kalifat verteidigen wollen und wieder andere hätten ihre religiösen Überzeugungen nur als Vorwand zum Aufruhr benutzt. »Nur in einem waren sie sich einig«, rief der Richter den Angeklagten zu, »in der Absicht, ein unabhängiges Kurdistan zu schaffen.«

Von außen konnten die Kurden keine Hilfe erwarten. In Persien hatte Reza Khan Pahlevi gerade die Macht erobert und schlug sich mit seinen eigenen Kurdenstämmen herum. Im Irak hatte die britische Mandatsmacht mit dem Unabhängigkeitsstreben von Scheich Mahmud und mit einer vom Völkerbund geforderten Volksabstimmung im kurdischen Teil des Landes genug zu tun. Und die noch immer um Anerkennung ringende junge Sowjetmacht wollte den Abschluß ihres Neutralitäts- und Nichtangriffspaktes mit Ankara nicht durch Parteinahme für eine verfolgte Minderheit gefährden. So begann im Schatten der Großmachtinteressen, von der Welt nahezu unbemerkt und auch von niemandem kritisiert, der Völkermord an den Kurden, der in unterschiedlicher Intensität bis in unsere Zeit andauert. Weltweit gesehen hatten die Kurden – im Gegensatz zu anderen verfolgten Völkern – keine Lobby. »Natürlich ginge es uns heute blendend«, sagte mir der irakische Kurdenpolitiker Dr. Mahmud Osman, »wenn wir Juden wären. Die ganze Welt würde sich um uns kümmern, uns mit Geld und Waffen unterstützen. Aber Juden sind wir nun mal nicht.«

Das schloß zu keiner Zeit aus, daß andere Mächte an dem Geschehen im kurdischen Gebiet nicht dennoch Interesse zeigten. Immer aber ging es nur darum, die Ereignisse in der Region für die eigenen Absichten auszubeuten. Für die Staaten der Region und für die Großmächte waren die Kurden immer nur Bauern im Schachspiel um eigene Interessen. Das von der Türkei und den Staaten des Nahen Ostens häufig zu hörende Argument, die Kurden stünden dem Aufbau ihrer modernen Nationen als Störenfriede im Wege, ist wenig überzeugend. Denn die meisten dieser Staaten waren selbst nur Kreationen der Kolonialmächte. Ihrer Legitimität lag mehr die Macht als die Zustimmung ihrer Völker zugrunde.

So nahm es auch nicht wunder, daß die ehemaligen Kolonialmächte einträchtig an der Unterdrückung der kurdischen Störenfriede teilnahmen: Mehrfach rief der Irak die britische Royal Air Force gegen die Kurden zu Hilfe, und die Türkei suchte und erhielt die Unterstützung Frankreichs, um die Kurdenstreitkräfte des Aufstands von 1925 unter Benutzung der französisch-syrischen Aleppo-Bahn an den Flanken zu umgehen und im Rücken anzugreifen.

Der einzige Kritiker von Bedeutung, wenn auch zu jener Zeit selbst noch ohne Macht, war der spätere Ministerpräsident Indiens, Jawaharlal Nehru. Er hatte schon damals die kurdische Revolte von 1925 nicht als reaktionär-religiös oder nur regional motivierte Erhebung, sondern als den Beginn einer genuinen Nationalbewegung, als Manifestation gegen zentralstaatliche Unterdrückung und für die Freiheit der Völker erkannt. Nehru geißelte die Scheinheiligkeit der türkischen Haltung gegenüber den Kurden, die doch keine anderen Rechte für ihr eigenes Volk in Anspruch nehmen wollten als jene, die sich die nationaltürkische Bewegung soeben erst für sich selbst erstritten hatte. Nationalgefühl und Zukunftspläne eines Volkes schien das türkische Regime – ebenso wie später auch die kurdenfeindlichen Regierungen des Irak und des Iran – ausschließlich als eigenes Vorrecht zu betrachten. Nehru drückte das in seinen 1935 erschienenen »Glimpses on World History« folgendermaßen aus: »So vernichteten die Türken, die ihre Freiheit gerade erst erkämpft hatten, die Kurden, die die ihre noch suchten. Ist es nicht seltsam, wie ein defensiver Nationalismus sich in einen aggressiven entwickeln kann? Ist es nicht seltsam, wie aus einem Kampf für die Freiheit plötzlich der Kampf zur Unterdrückung anderer wird? 1929 fand dann ein weiterer Aufstand der Kurden statt. Und wieder wurde er niedergeschlagen, vorläufig zumindest. Aber wie sollte man glauben, ein Volk für immer unterdrücken zu können, das auf seiner Freiheit besteht und auch bereit ist, den Preis dafür zu zahlen?«

Alle späteren kurdischen Erhebungen und Freiheitskämpfe in der Türkei (einschließlich des Aufstands von 1984 bis 1999) sind an derselben Brutalität zum Erliegen gekommen wie der des Unglücksjahres 1925. Damals hatten sich die Kurden erst im Jahr 1927 wieder so weit erholt, daß sie auf einem geheimen Kongreß ihre bisherigen Organisationen in einem gemeinsamen Dachverband, der Khoybun, was soviel wie »Unabhängigkeit« bedeutet, zusammenfassen konnten. Die kurdische Bewegung verlor nun ihren islamischen Charakter vollends und verschrieb sich ganz dem politischen Ziel eines unabhängigen Staates oder doch wenigstens der Autonomie. Von nun an ging es nicht mehr um den einen oder anderen Stamm, der seine Freiheit erkämpfen wollte, sondern seit dieser Zeit proklamierte jeder weitere Aufstand die Unabhängigkeit Kurdistans, oder wenigstens eines seiner Teile. Meist waren sich die Rebellen aber bewußt, daß sie nicht alle vier Länder auf einmal herausfordern konnten, die kurdische Minderheiten besaßen: die Türkei, Iran, Irak und Syrien. Auch die Hoffnung auf Hilfe durch die Kurden in den benachbarten Staaten spielte eine gewisse Rolle, und schließlich wollte man im Falle einer Niederlage auch die Möglichkeit haben, im Nachbarland Zuflucht zu finden.

Bei dem neuen Waffengang sollte also die Khoybun die politische und militärische Führung der Kurden koordinieren. Es war geplant, die Erhebung diesmal ganz im Osten der Türkei, wo die sowjetische Grenze Rückendeckung bot, zu beginnen. Als erster sollte der Dschalali-Stamm, der seine bis zu 15 000 Zelte an den Hängen des Berges Ararat aufgeschlagen hatte, die Waffen erheben. Weiter im Westen begannen die Haidaran-Kurden den Aufruhr, und im Juni 1930 war das ganze Gebiet zwischen Ararat, persischer Grenze und dem Ostufer des Van-Sees ein brodelnder Hexenkessel.

Diesmal wurden die Kurden von einem erfahrenen Offizier angeführt, und sie waren aus unbekannt gebliebenen Quellen besser bewaffnet als 1925. Der militärische Führer war Ihsan Nuri, in Bitlis geboren und als türkischer Berufsoffizier an der Militärakademie in Istanbul ausgebildet. Im Unabhängigkeitskrieg hatte er als Hauptmann noch unter Mustafa Kemal gedient und gegen die Griechen gekämpft. Nuris Absicht war, den Aufstand von Osten her wie einen Flächenbrand immer weiter in das kurdische Kerngebiet zwischen dem Dersim und Diyarbakir sich ausweiten zu lassen, das schon fünf Jahre vorher im Aufstand gegen die Türken gestanden hatte. Aber nach ersten Anfangserfolgen fand Nuri in dem mit der Führung der türkischen Operationen betrauten General Salih Pascha und in der überlegenen Bewaffnung der Türken, vor allem ihrer Luftwaffe, seinen Meister. Mit zunächst 12 000 Mann Elitetruppen, später mit insgesamt 40 000 Mann, trieb der Türkengeneral beiderseits des Van-Sees zwei Angriffskeile nach Osten und schnitt die Aufständischen mit dieser Operation gleichzeitig sowohl vom kurdischen Kernland als auch von der persischen Grenze ab. In der Entscheidungsschlacht verloren die Kurden an einem einzigen Tag 1000 Gefallene.

Kurdenführer Ihsan Nuri zog nun seine Hauptstreitmacht auf das Massiv des Großen und Kleinen Ararat zurück. Dort, in dem unwegsamen Gelände und verschanzt hinter den Felsmassiven aus Lavagestein, erhoffte man sich ein sicheres Reduit, aus dem heraus man noch lange Widerstand würde leisten können. »Erinnert euch«, so beschwor Nuri seine Kämpfer, »daß uns dort in den Jahren 1915 bis 1918 eine ganze russische Armee nichts anhaben konnte, die damals fast 150 Kilometer tief in die Türkei vorgedrungen war. Die Russen haben uns mehr als zwei Jahre belagert, und am Ende des Weltkrieges waren wir immer noch unbesiegt.«

Das politische Ziel des Rückzugs war es, das Gebiet im Länderdreieck zwischen Rußland, Persien und der Türkei zu einer Art »Araratfestung« auszubauen und zu halten, dort ein unabhängiges Kurdistan mit einer provisorischen Regierung zu gründen und mit Hilfe irgendwelcher, aber noch nicht so recht bekannter sympathisierender Mächte, die kurdische Sache auf die Tagesordnung des Völkerbundes zu bringen. Aber wieder waren die kurdischen Hoffnungen vergeblich. Schah Reza I. im Nachbarland Persien hielt keineswegs still, sondern ließ seine zur Versorgung wichtige Grenze schließen und auf Wunsch der Türken sogar eine Militärexpedition unter Führung des einst in russischen Diensten gestandenen Oberst Nakhchevan über die Grenze gegen die Kurden vorrücken. Am Fuß des Musa Dagh, den Franz Werfels Roman über den türkischen Völkermord an den Armeniern weltberühmt gemacht hat, griff Nakhchevan die kurdische Streitmacht an und jagte sie die Hänge des Kleinen Ararat hinauf. Zwar fiel der Oberst, aber die Aufständischen waren nun von der persischen ebenso wie von der russischen Grenze isoliert.

Die angreifenden Türken hatten, wie von den Kurden erwartet, in dem zerklüfteten Gelände tatsächlich schwere Verluste. Aber bald stellte sich heraus, daß sich zumindest in militärischer Hinsicht die Zeiten seit dem Ersten Weltkrieg beträchtlich geändert hatten. Denn wo die türkischen Kompanien nun im Feuer der kurdischen Scharfschützen liegenblieben, griff die Luftwaffe ein. Und deren Methoden zur Niederschlagung des Aufstands waren ebenso grausam wie die in früheren Zeiten, nur eben moderner. Der persische Militärhistoriker Hassan Arfa beschrieb das Geschehen in nüchternen Worten: »Wenn die Flugzeuge auch den verschanzten und gut getarnten kurdischen Schützen wenig anhaben konnten, so griffen sie doch mit Bordwaffen im Tiefflug die Frauen und Kinder in den Lagern an, fügten ihnen schwere Verluste zu und vernichteten die Herden.«

Verzweifelt sandten die Eingeschlossenen Hilferufe vom heiligen Berg Ararat herunter, die im Untergrund in der ganzen Türkei verteilt wurden und sogar Kurden im Irak und in Syrien erreichten, die ihrerseits die Aufrufe bis Beirut und Paris verbreiteten. Ein Exemplar wurde dem Völkerbund in Genf zugestellt. »Kurdische Brüder«, hieß es in den »Samisdats« der damaligen Zeit, »erweist euch eures Willens würdig, eine große Nation zu werden! Wie könnt ihr es zulassen, daß das edle Kurdenvolk wie Sklaven unter den Türken leben muß, während überall die Völker ihre Unabhängigkeit gewonnen haben? Ein freies Land zwischen dem Iran und dem Irak hatte man uns versprochen. Schließt euch jetzt dem Kampf an, den wir begonnen haben, um unsere Brüder vom türkischen Joch zu erlösen, und befreit diese Gebiete, die uns so viele Jahrhunderte gehörten!«

Tatsächlich gingen daraufhin einige kurdische Kampfgruppen aus Syrien über die türkische Grenze, um auch im Süden die Fackel des Aufruhrs zu entzünden. Ende Juli 1930 schickte Kurdenscheich Ahmad, der ältere Bruder Mulla Mustafa Barsanis, 500 Reiter aus dem Nordirak in das türkische Gebiet, um die Türken bei Omar anzugreifen. Aber es blieb bei diesen Gesten. Die schwachen Hilfstruppen der Kurden aus den Nachbarländern wurden von türkischen Sperrverbänden vernichtet. Die Überlebenden zogen sich schnell in den Schutz Syriens und des Irak zurück. Auch der Appell islamischer Geistlicher an die westlichen Botschafter in Bagdad und an den Völkerbund, den die im irakischen Kirkuk erscheinende arabische Tageszeitung *Rabitah el-Arabiyah* veröffentlichte, blieb ohne Echo. Der Appell wollte das Augenmerk der Weltöffentlichkeit auf »die türkische Politik der Ausrottung der Kurden« richten.

Mittlerweile hatten die eingeschlossenen Kurden am Ararat sich tapfer verteidigt, in der Hoffnung, bis zum Winter durchzuhalten, der die Bewegungen der türkischen Verbände erschweren würde. Abgeschnitten von allem Nachschub, gingen den Verteidigern aber Munition und Waffen aus. Im Herbst mußten sich die Überlebenden ergeben.

Die Rache der Türken war fürchterlich. »Hulagu und Tamerlan, hätten sie damals gelebt, hätten ihre türkischen Schüler bewundert, vielleicht sogar beneidet«, kommentiert aus der Rückschau der international anerkannte Entwicklungshilfe-Experte Javid. 700 Dörfer wurden dem Erdboden gleichgemacht, ihre Bewohner, sofern sie nicht in den versteckten Berghöhlen des Ararat Unterschlupf gefunden hatten, niedergemetzelt. Zwölf Jahre vor Lidice fand dieses Verbrechen gleich siebenhundertmal statt, aber niemand fiel der türkischen Rage in den Arm, und auch heute erinnert niemand daran – nicht in Schulbüchern und nicht in Museen. Die Führer des

Aufstands, 53 an der Zahl, wurden nach einem Militärgerichtsv fahren in Diyarbakir öffentlich gehenkt oder enthauptet. Um der kurdischen Bewegung ganz den Kopf abzuschlagen, holten im Van-Gebiet die »Jandarmas« 100 kurdische Intellektuelle, Lehrer, Schriftsteller und Studenten, die der Unabhängigkeitspartei Khoybun angehörten oder ihr nahestanden, aus den Häusern. Man brachte sie in Booten auf den Van-See und ertränkte sie, an Händen und Füßen gefesselt, im seifigen Wasser dieses größten Gewässers in Kurdistan. Zur weiteren »Befriedung« ordnete die Zentralregierung in Ankara die Deportation aller kurdischen Sippen an, die in den Aufstand verwickelt gewesen waren. 50 000 Menschen wurden so, Hunderte Kilometer von ihrer Heimat entfernt, als hoffnungslos isolierte Bevölkerungssplitter in rein türkisch bewohnte Gebiete des Westens und der mittelmeerischen Küstenregion umgesiedelt.

Im November 1930 fanden überall in den kurdischen Moscheen, selbst im syrischen Damaskus, Trauerfeiern für die Hingerichteten und Ermordeten statt. Aber in Ankara blieb man ungerührt. In der richtigen Erkenntnis, daß sich auf der ganzen Welt und auch im Völkerbund kein Finger rühren würde, um einem Volk zu helfen, das in der Interessenpolitik der Mächte keine Rolle spielte, gab man die politische Einstellung gegenüber dem Kurdenproblem ungeschminkt bekannt. Atatürks Ministerpräsident Inönü erklärte in Sivas: »Allein die türkische Nation hat in diesem Land das Recht, ethnische und rassische Forderungen zu stellen.« Und Justizminister Mehmut Esat sagte nach der Niederschlagung des Aufstandes dazu: »Dieses Land ist ein Land der Türken. Wer nicht rein türkischer Herkunft ist, hat hier nur ein einziges Recht, das Recht, Sklave zu sein.«

Zentrum einer versklavenden Assimilierungspolitik der Kemalisten war in der Folge vor allem die in Tünceli umbenannte Dersim-Provinz, aus der man in den dreißiger Jahren ebenfalls Bauern zu Zehntausenden deportierte. Nun wurde das »Ausdünnen« des Kurdengebietes nicht mehr bloß dem Militär und den Jandarmas überlassen. Nun griff vielmehr auch Ankaras Gesetzgebung in das grausige Geschehen ein. Schon im Mai 1932 war ein Gesetz erlassen worden, das die verwaltungsrechtliche Grundlage für die Deportation schuf und im Hinblick auf bereits entvölkerte Kurdengebiete festlegte: »All jenen, die eine andere Muttersprache als das Türkische sprechen, wird verboten, Dörfer und Gebietsverwaltungen wieder aufzubauen. Handwerksverbände und andere Standesorganisationen dürfen nicht wieder errichtet werden«. Der Innenminister wurde befugt, »nichttürkische« Organisationen durch einfache Verwaltungsakte aufzulösen.

1934 präzisierte das Gesetz Nr. 2510 die Ziele Ankaras. Gemäß diesem Gesetz wurde die ganze Türkei in drei Zonen aufgeteilt. Zur ersten Zone gehörten jene Regionen, »in denen die türkische Kultur in der Bevölkerung sehr stark verankert ist«. In diesen Gebieten brauchte nach Auffassung der Türkisierungsexperten naturgemäß nichts weiter zu geschehen. Das genaue Gegenteil bestimmte das Gesetz für die kurdischen Regionen. Im Gesetzestext wurden sie als Regionen bezeichnet, »die aus gesundheitlichen, ökonomischen, kulturellen, militärischen und sicherheitsmäßigen Gründen entvölkert werden müssen und in denen sich niemand mehr ansiedeln darf«. Im einzelnen wurden Tünceli (Dersim), Van, Kars, der südliche Teil von Diyarbakir, Bitlis, Bingöl und Mus angeführt.

Die Bevölkerung, die man aus den Kurdengebieten loswerden wollte, gedachte man in der dritten Zone in Streusiedlungen wieder anzusiedeln. Als neue Wohngebiete für die Kurden, die man ihrer angestammten Heimat, ihrer Sprache, ihrer Kultur, ihrer nationalen Identität berauben wollte, wurden speziell »die Gebiete im Westen, besonders am Mittelmeer, der Ägäis, dem Marmarameer und Thrakien« genannt. Nomadenstämme konnten, so bestimmte es das Deportationsgesetz ergänzend, »wenn es die Sicherheit des Landes erfordert«, auch kurzerhand aus der Türkei ausgewiesen werden. Während man anfing, dieses Gesetz in die Praxis umzusetzen, nahmen gleichzeitig die Ausschreitungen der »Jandarmas« gegen die kurdischen Bauern zu. Unter dem Vorwand, nach versteckten Waffen zu suchen, wurden die Bauern erniedrigt und entwürdigt. Ihre Ernten wurden zerstört.

Aber damit nicht genug. Das türkische System wiegelte sich selbst noch weiter gegen die Kurden auf, deren Existenz offiziell nach wie vor geleugnet wurde. Während man der Auslandspresse in Ankara leutselig mitteilte, die Achtung vor den Rechten der Minderheiten sei in der Türkei »niemals in Zweifel gezogen oder gar verletzt worden«, verlangte der Staatspräsident von der Nationalversammlung im Hinblick auf das sich immer weiter zuspitzende

Kurdenproblem: »Es ist notwendig, die Regierung mit umfassender und uneingeschränkter Autorität auszustatten ..., damit dieses abstoßende Krebsgeschwür beseitigt und ausgelöscht werden kann.«

Die Bauern aus dem Dersim, die sich 1936/37 am erbittertsten gegen die Türkisierung und die damit ständig verbundenen Überfälle auf ihre Dörfer wehrten, waren als nächste an der Reihe. Der Kampf begann, nachdem im Juni 1937 einige Polizisten, die in der bekannten Weise nach Waffen suchten, von den aufgebrachten Bauern erschossen worden waren. Binnen weniger Tage hatten sich Tausende von Bauern zu Partisaneneinheiten zusammengeschlossen. Die türkische Armee rief in Erwartung der kommenden Auseinandersetzung alle Männer im Alter von 26 bis 28 Jahren zu den Waffen. Ein kurdisches Verhandlungsangebot wurde von türkischer Seite zurückgewiesen und mit der Aufforderung zur bedingungslosen Kapitulation der inzwischen auf 80 000 Mann angewachsenen kurdischen Bauernarmee beantwortet.

Mit einem Brief, den einige Bewohner des Dersim dem Völkerbund überreichten, um der Welt Art und Ursachen des »abstoßenden Krebsgeschwürs« bekanntzumachen, hofften die Kurden in letzter Stunde doch noch auf Hilfe von außen. Unter anderem wurde in dem Brief berichtet: »Die türkische Regierung schließt unsere kurdischen Schulen, verbietet den Gebrauch der kurdischen Sprache, läßt die Worte ›Kurden‹ und ›Kurdistan‹ selbst aus wissenschaftlichen Werken entfernen, wendet barbarische Methoden an, um Kurden einschließlich Frauen und Mädchen zur Arbeit an militärischen Bauprojekten in Anatolien zu zwingen, deportiert die Kurden in Gruppen von jeweils zehn Personen in türkische Gebiete, wo sie niemals mehr als fünf Prozent der Bevölkerung ausmachen dürfen.«

Aber im Jahr 1937 hatte der Völkerbund andere Sorgen: Der chinesisch-japanische Krieg hatte begonnen, in Spanien spitzte sich der Bürgerkrieg zu, und der Völkerbund selbst hatte noch vor Jahresfrist anläßlich der beschlossenen Sanktionen gegen Italien wegen dessen Einmarsches in Abessinien seine eigene Ohnmacht erkennen müssen. Was im stillen Winkel der Weltpolitik in Anatolien geschah, fand wenig Interesse.

So eskalierten die militärischen Auseinandersetzungen in der Dersim-Provinz. Wahllos massakrierten vorrückende türkische

Truppen selbst jene Teile der Bevölkerung, die sich ihnen waffenlos ergeben hatten. Was im einzelnen geschah, wissen wir von den Berichten des in Paris lehrenden russischen Kurdologen Basil Nikitin und aus einer im syrischen Aleppo erschienenen Dokumentation Nuri Dersimis, die eine Gesamtdarstellung des Dersim-Aufstandes beinhaltet.

Daraus geht hervor, daß sich die Grausamkeiten noch steigerten, je weniger die Türken in der Lage waren, den Widerstand der in dem bis zu 3000 Meter hohen Bergland kämpfenden Kurden zu brechen. So hatten türkische Verbände beispielsweise die Hänge des Tujik-Berges besetzt. Vor den Bomben und Bordwaffen der Flugzeuge hatten sich Tausende von Frauen und Kindern in den weitläufigen Höhlen der Hänge versteckt, die seit jeher immer wieder Flüchtenden Unterschlupf boten. Als die Soldaten die Geflohenen aufgespürt hatten, bewachte man die Höhleneingänge, bis Baumaterial herangebracht worden war. Dann wurden die Eingänge zugemauert. Andere Höhlen wurden mit Gas ausgeräuchert, und die Menschen, die hinausliefen, machte man mit Bajonetten nieder.

Frauen und Mädchen ganzer Stämme stürzten sich, um nicht in türkische Hände zu fallen und vergewaltigt zu werden, von den Felsen oder warfen sich in die Schluchten der Flüsse. Ende 1937 verkündete Ismet Inönü, inzwischen als Nachfolger Atatürks zum Staatspräsidenten avanciert, das »Problem Dersim« sei gelöst: »Wir sind von diesem Problem befreit. Wir haben alle militärischen Aktivitäten der Bergtürken im Dersim zerschlagen.« Aber die verzweifelten Kurden setzten ihren Widerstand fort. Noch 1938 war die türkische Armee gezwungen, nahezu 100 000 Mann aufzubieten. Regierungschef Celal Bayar mußte nun einräumen, daß es noch nicht gelungen war, die Region zu »befrieden«: »Unsere Armee wird deswegen eine militärische Übung im Dersim durchführen. Wir werden die Einwohner dieses Gebietes vertreiben und das Problem an der Wurzel lösen.«

Jetzt erst gelang es, den kurdischen Widerstand zu brechen. Man nimmt an, daß während des fast zweijährigen Kampfes rund 50 000 Menschen gefallen oder umgebracht worden sind. Die doppelte Zahl von Kurden wurde deportiert. Um der kurdischen Freiheitsbewegung die Spitze abzubrechen, ließ Ankara erneut die Galgen aufrichten. Die zwölf Führer des Widerstandes wurden gehenkt, unter ihnen die türkischen Parlamentsabgeordneten Said Abd el-Kader und Hassan Khairi, die sich auf die Seite der Aufständischen gestellt hatten.

Während des Zweiten Weltkrieges herrschte in der mit anderen Problemen beschäftigten Türkei Schweigen zur Kurdenfrage, obwohl der Druck gegen die verhaßte Minderheit weiter aufrechterhalten wurde. Und nach wie vor wurde ihre Existenz als selbständiges Volk geleugnet.

Bereits nach der Niederschlagung des kurdischen Dersim-Aufstandes von 1937/38 waren die meisten Provinzen des türkischen Ostens zum Militärgebiet erklärt und mit einem engmaschigen Netz von Garnisonen und Gendarmeriestationen überzogen worden. Erst 1946 wurde der militärische Ausnahmezustand – vorübergehend – aufgehoben, in der zweiten Hälfte des Jahrhunderts war er die Regel.

Kemal Atatürk war schon 1938 gestorben, und nach 1945 regte sich nicht nur in Kurdistan, sondern in der ganzen Türkei die politische Opposition gegen die kemalistische Republikanische Volkspartei, die das Land zwei Jahrzehnte praktisch in Alleinherrschaft regiert hatte. Der Gegensatz zwischen Türken und Kurden flachte deswegen vorübergehend ab. »Die politische Atmosphäre«, so ein UNO-Botschafter, »begann sich hier und dort ein wenig zu entspannen.«

1946 war als Oppositionspartei die Demokratische Partei gegründet worden, die bald zu einem Ventil für die weitverbreitete Unzufriedenheit im ganzen Land wurde. Im gleichen Jahr weckte die Gewährung erster US-amerikanischer Wirtschaftskredite weitere Hoffnungen. Die Regierung in Ankara fand jetzt sogar anerkennende Worte für »unsere Bürger im Osten«, die neuerdings Loyalität zum türkischen Staat zeigten und auch ihrer Wehrpflicht in vorbildlicher Weise nachkämen. Selbst auf religiösem Gebiet wurde der bis dahin ausgeübte laizistische Druck gelockert, was auch den kurdischen Bestrebungen zugute kam. Islamischer Unterricht durfte nun in türkischen Schulen wieder erteilt werden.

Als aus den Parlamentswahlen von 1950 auch noch die neue Demokratische Partei unter Adnan Menderes mit überwältigender Mehrheit als Sieger hervorging und zur Macht gelangte, wurde der gegen die Lebenswelt des türkischen Ostens gerichtete Modernisierungsdruck noch weiter abgeschwächt. Religiösen Würdenträgern und Nomaden, die bisher von der modernistischen Politik Ankaras in besonderem Maße zur Anpassung gezwungen worden waren, konzedierte man spürbare Erleichterungen. Selbst die bislang verfolgten Derwische erschienen wieder in den Dörfern, und ein Teil der ländlichen Herrschaftsfunktionen fiel an sie zurück.

Während Ankara aber in religiöser Hinsicht Erleichterungen einräumte, hielt man die nationale Frage in Türkisch-Kurdistan weiter unter Druck. Die Existenz der Kurden als eigenes Volk wurde nach wie vor verneint. Gleich nach Kriegsende hatte man das Tragen der kurdischen Nationaltracht, des Salsapik, ebenso unter Strafe gestellt wie den Versuch, sich in kurdischer Sprache an eine türkische Behörde zu wenden. Seit 1946 wurde es in Ankara wieder üblich, sogar das physische Vorhandensein der kurdischen Minderheit abzuleugnen. Im April 1946 war diese Taktik von der türkischen Zeitung *San Pasta* erstmals beschrieben worden. Das Blatt stellte fest: »In der Türkei hat es niemals eine kurdische Minderheit gegeben, weder seßhaft noch als Nomaden, ob mit einem eigenen nationalen Bewußtsein oder ohne.«

Diese Haltung fand in dem neuen Staatspräsidenten Celal Bayar während seines Amerikabesuches von 1953 (die Türkei war ein Jahr zuvor der NATO beigetreten) einen eifrigen Verfechter. Er behauptete dort nach entsprechenden Fragen von Journalisten, daß es in der Türkei überhaupt keine nationalen Minderheiten gebe. Erst gegen Ende der fünfziger Jahre kamen die Dinge wieder in Bewegung. Im Nachbarland Irak hatte nach dem Sturz der Haschemiten-Monarchie 1958 der neue Machthaber, Oberst Kassem, den legendären Kurdenführer Mustafa Barsani aus dem russischen Exil heimkehren lassen und den Kurden in einem nationalen Pakt weitgehende Autonomie in Irakisch-Kurdistan sowie die Teilhabe an der Macht in Bagdad angeboten.

Die ungeheure Begeisterung, die sich der irakischen Kurden bemächtigte, setzte im Jahr darauf, über die Grenze nach Norden schwappend, auch die nationalen Leidenschaften der türkischen Kurden erneut in Brand. Die Auseinandersetzung begann als Kampf um die Erlangung der vorenthaltenen kulturellen Rechte. Im Sommer 1959 ließ das Menderes-Regime 49 kurdische Intellektuelle wegen kultureller Betätigung festnehmen. Zwar hatten die zuständigen Behörden die Verhafteten auch beschuldigt, sich gegen die Sicherheit des türkischen Staates verschworen zu haben, indem sie zu den »barsanistischen Separatisten« geheime Beziehungen unterhielten, aber die in den Wohnungen der Festgenommenen beschlagnahmten Dokumente erwiesen sich fast ausschließlich als Veröffentlichungen zur kurdischen Sprache, Literatur und Geschichte.

Daß Präsident Bayar und Regierungschef Menderes das sich zuspitzende Kurdenproblem in scharfer Weise aufgriffen, war sicher auch ein Versuch, von der allgemeinen Verschlechterung der Lage in der Gesamttürkei abzulenken. Zwar hatten die USA dem wichtigen Verbündeten inzwischen einige Milliarden Dollar Wirtschaftshilfe gewährt, aber die Finanzspritzen aus Washington waren ebenso wie die finanziellen Leistungen anderer Verbündeter, beispielsweise der Bundesrepublik Deutschland, vorwiegend für den Ausbau des Militärapparates und nicht zur Anhebung des Lebensstandards der türkischen Massen, und schon gar nicht zum Nutzen Ostanatoliens, eingesetzt worden. Im Jahr 1959 betrug die Preissteigerungsrate mehr als 70 Prozent.

Gegen Massendemonstrationen und um sich greifende Unruhen setzte Menderes das Kriegsrecht ein. Sein Regime fiel am 27. Mai 1960 selbst einem Militärputsch kemalistischer Armeeoffiziere zum Opfer. Nach einer kurzen Phase des gegenseitigen Abtastens wurde der Kurs gegenüber den »Bergtürken« des Ostens nun noch weiter verschärft. Der neue Machthaber, Junta-Chef General Kemal Gürsel, entschloß sich noch im Jahr seines Putsches, 50 der einflußreichsten kurdischen Stammesführer und Dorfherren in das rein türkische Gebiet des Südens und Westens zu deportieren. Den meisten von ihnen wurden Verbannungsorte in der Provinz Izmir und das nahe dem Marmarameer gelegene Bursa zugewiesen. Um die Stammesführer vor den armen, oft völlig mittellosen kurdischen Bauern ihrer Dörfer zu diskreditieren, ließ ihnen die Regierung demonstrativ ein wöchentliches Handgeld von 350 türkischen Lira auszahlen, das Siebzigfache des Betrages, den die Landarbeiter des Ostens als Wochenlohn erhielten.

Aber die Verbannung der Sippenoberhäupter hatte in den kurdischen Dörfern die Unzufriedenheit, speziell unter den Familien und dem Gefolge jener Aghas, noch weiter angeheizt. Immer mehr Männer verließen vor den Nachstellungen der »Jandarmas« ihre Dörfer und gingen in die Berge, wo sie ihren Lebensunterhalt durch Überfälle und Straßenraub, vorzugsweise an den reichen Touristen aus dem Westen, fristeten. Der Regierung blieb nichts anderes übrig, als Touristen von Reisen in das »wilde Gebiet der wilden Bergtürken« abzuhalten – eine willkommene Entwicklung für Ankara, das nun Polizeiaufgebot im kurdischen Osten vorweisen »mußte«.

Im Frühjahr 1961 wurden acht der an das Marmarameer verbannten Aghas verhaftet und von einem Militärgericht in der Hauptstadt als »Reaktionäre« angeklagt, die »kommunistische Propaganda« betrieben und »ein unabhängiges Kurdistan« anstrebten. Daß sich die Lage weiter zuspitzte, zeigte auch die Behandlung, die Gürsel den noch von der Polizei des Menderes-Regimes verhafteten 49 kurdischen Intellektuellen angedeihen ließ. Im Januar hatte man die Häftlinge nach eineinhalbjähriger Untersuchungshaft endlich in Ankara angeklagt, sie aber einstweilen gegen Kaution freigelassen. Im Mai wurden sie jedoch erneut festgenommen, und in dem Militärgerichtsprozeß, der im gleichen Monat begann, wurden 26 von ihnen zum Tode verurteilt.

Obwohl seit den großen Kurdenaufständen der dreißiger Jahre nun drei Jahrzehnte ins Land gegangen und in Ankara immer neue zivile oder militärische Machthaber ans Ruder gelangt waren, blieb doch die Einstellung zu den Kurden – trotz aller Nuancen im einzelnen – grundsätzlich unverändert. Einem Korrespondenten der Londoner *Times*, der unmittelbar nach Gürsels Staatsstreich den General fragte, ob dieser jetzt die Rechte der Kurden anerkenne, wurde geantwortet: »Haben Sie keine Geschichte studiert? Es gibt nichts Derartiges wie Kurden oder Kurdentum in der Türkei!« Im Oktober 1960 verkündete der General die gleiche Ansicht bei einer Kundgebung in Diyarbakir: »Ein kurdisches Volk gibt es überhaupt nicht.« Und im April 1961 ließ die Militärregierung ein Buch des türkischen Autors Sherif Firat aus den dreißiger Jahren neu herausbringen, der sich damals im Auftrag Atatürks um den »wissenschaftlichen« Nachweis bemüht hatte, daß »jene Bevölkerungsgruppen, die sich Kurden nennen«, allesamt türkischer Abkunft seien.

Immer schneller trieben die Dinge nun auf eine neue Entladung der aufgeheizten türkisch-kurdischen Spannungen zu. Im Mai 1961, am Tag der Wiederaufnahme des Prozesses gegen die 49 Intellektuellen, gingen Zehntausende kurdischer Demonstranten, die es laut offizieller Lesart doch gar nicht geben durfte, auf die Straßen. In Diyarbakir, Bitlis und Van sowie in einer Reihe anderer Städte entrollten die Kämpfer für Kulturautonomie und politische Freiheit ihre Transparente. Wie die im Exil herausgegebene Zeitschrift *Kurdish Facts* und selbst oppositionelle türkische Blätter berichteten, lauteten die Parolen: »Wir sind keine Türken, wir sind Kurden«, »Die Regierung muß unsere nationalen Rechte anerkennen« und – mit Anspielung auf den seit Jahrzehnten ungebrochenen Charakter der Unterdrückung durch die Türken – »Nieder mit Gürsel, Menderes, Inönü – alles die gleichen Tyrannen!« »Jandarmas« und zu Hilfe gerufene Heereseinheiten lösten die Demonstrationen gewaltsam auf. In Mardin wurden 121 Demonstranten erschossen und 354 verwundet. In Diyarbakir lagen 194 Tote und an die 400 Verletzte im grauen Staub der Straße, nachdem die »Jandarmas« den »Bergtürken« wieder einmal eine Lektion erteilt hatten. Laut *Cumhuriyet* bedachte General Gürsel den Aufruhr mit den Worten: »Spucke dem ins Gesicht, der behauptet, daß du Kurde bist.«

Immer radikaler wurde die Schraube der gewaltsamen Türkisierung angezogen. Zwei Zeitungen, die 1963 für kurze Zeit zweisprachig – türkisch und kurdisch – erscheinen konnten, traf Ende des Jahres wieder das Verbot der Regierung. Zur gleichen Zeit wurde eine Gruppe von 13 Studenten wegen des Deliktes »Verschwörung mit Ausländern« arrestiert. Zwei von ihnen waren irakische Kurden, und in der Tat scheint ein Teil der unterdrückten Minderheit der Türkei sein Heil in einer Anlehnung an den die sechziger Jahre hindurch kämpfenden Mustafa Barsani gesucht zu haben.

Im Dezember forderte der Militärstaatsanwalt in Ankara die Todesstrafe für weitere 23 Angeklagte, denen der Versuch zur Errichtung eines Kurdenstaates vorgeworfen wurde. Auch hier griff der Staatsanwalt erneut die Formel auf, der Gedanke an einen eigenen Kurdenstaat auf dem Territorium der Türkei sei das Werk »des internationalen Kommunismus«, und »jene Leute, die Kurden genannt werden«, seien »schon rassisch gesehen« nichts anderes als Türken.

Besonders beredter Ausdruck dieser Art von Bevölkerungspolitik ist ein Vorgang aus dem Jahr 1982. Im August dieses Jahres meldeten die internationalen Nachrichtenagenturen, daß jener Staat, der Hunderttausende seiner Einwohner – vorwiegend aus dem kurdischen Osten – dazu brachte, sich in allen Industriestaaten der Welt als Gastarbeiter zu verdingen, und der mit rücksichtslosen Deportierungen seine grenznahen Regionen »kurdenfrei« gemacht hatte, daß just jener Staat eine »Heim-ins-Reich«-Politik unter großtürkischen Vorzeichen betrieb, die auf einen Schlag die wahren Absichten der Volkstumspolitik Ankaras enthüllte. »Die Türkei wird«, so hieß es in der Meldung, »im Ostteil des Landes 4350 Flüchtlinge aus Afghanistan aufnehmen, die zur Zeit in Pakistan leben. Es handelt sich um eine Gruppe türkisch sprechender Afghanen kirgisischer, kasachischer und usbekischer Herkunft.« Ein Sprecher des UNO-Flüchtlingskommissariats in Genf teilte dazu ergänzend mit, die Flüchtlinge würden mit türkischen Militärtransportern in ihre neue Heimat geflogen. Auch die Nachführung ihres Herdenviehs sei vorgesehen. Glaubwürdigem Vernehmen nach hat man diese Neutürken dann bereits im Herbst 1982 in zahlreichen von Kurdenfamilien geräumten Bergdörfern der Hakkari-Region seßhaft gemacht.

Doch zurück zu den sechziger Jahren: Die Kurdenfrage wurde für die türkischen Machthaber und ihre Propagandaorgane zu einem immer beliebteren Thema, das sie als Sündenbock für alle wirtschaftlichen, politischen und sozialen Mißstände vorschieben konnten. Das blieb auch so, als 1965 die Gerechtigkeitspartei des Suleiman Demirel die absolute Mehrheit und dieser selbst das Amt des Ministerpräsidenten erlangte. Der an der Freien Universität Berlin lehrende Kurdologe Jemal Nebez berichtete in einer in der Bundesrepublik erschienenen Geschichte Kurdistans und seiner Revolution, wie die Kurden gleichsam zu »Untermenschen« gestempelt wurden – was in schlimmster Weise an nationalsozialistische Volkstumsfanatiker während des Zweiten Weltkrieges über die verachteten Slawen gemahnte. Als 1966 beispielsweise das kurdische Gebiet um Varto von einem Erdbeben betroffen wurde, besuchte der damalige Innenminister Haldun Mentesoglu die zerstörte Stadt. Die zerlumpten Landarbeiter belehrte er: »Was soll das Jammern. Hier sind nur 3000 Menschen umgekommen. Schaut nach Vietnam, da kommen 30 000 Menschen um.« Als die Bauern gegen diese Art von Trost aufbegehrten, befand der Minister: »Aus dem Mund menschenähnlicher Lebewesen höre ich tierische Laute. Wenn ihr mit diesem Staat unzufrieden seid, so sucht euch doch einen anderen.«

Der Höhepunkt des verwalteten Unrechts erschien als Verordnung Nr. 6/7635 im Amtsblatt der türkischen Republik vom 14. Februar 1967. Ende Januar hatte Demirels Kabinett dieses als »Verordnung zur Kulturpflege« bezeichnete Dokument verabschiedet, mit dem die kurdische Sprache nun vollends verboten wurde. Seitdem waren in der Türkei alle in dieser Sprache geschriebenen wissenschaftlichen Arbeiten, Bücher, Zeitungen und Dokumente sowie Schallplatten und Tonbandkassetten mit kurdisch gesungenen Liedern verboten. Eine erste, halbherzig gewährte teilweise Lockerung dieses Verbots wurde unter dem Druck, die Kriterien für eine Aufnahme in die EU wenigstens pro forma zu erfüllen, erst im August 2002 erlassen. In der Praxis jedoch sind Diskriminierung und Behinderung der kurdischen Sprache weiterhin gang und gäbe.

Als beispielsweise 1000 Studenten der Yuzuncu-Yil-Universität der Kurdenstadt Van in der Türkei im November 2002 mit ihrer Kampagne »Muttersprache« die Probe aufs Exempel machten, war das Ergebnis wenig ermutigend. Die Studenten hatten beschlossen, einen ganzen Tag lang, 24 Stunden, überall nur Kurdisch zu sprechen, an der Uni, in der Stadt, eben überall, und auf türkische Fragen nicht zu antworten. Als die 24 Stunden um waren, zogen sie ein ernüchterndes Resümee: »Die Benachteiligung des Kurdischen dauert noch an und ist gravierend.« Der Student Onder Bayindir, ein Erstsemester, wurde sogar in Polizeihaft genommen, weil er an diesem Tag für freiwillige Kurdischkurse an der Universität demonstriert hatte. Und die Universität schloß ihn für die Dauer von vier Semestern vom Studium aus.

Ähnlich erging es, ebenfalls Ende 2002, dem kurdischen Schüler Bayram A. im osttürkischen Bismil. Seine Lehrer hatten ihn ausgewählt, zu Unterrichtsbeginn das in der ganzen Türkei vorgeschriebene vaterländische Morgenritual anzuführen und der Klasse vorzusprechen: »Wie glücklich ist der, der sich Türke nennt!« Der 15jährige Bayram wies das Ansinnen von sich, mit der Bemerkung, es gehe ihm heute nicht gut, er habe schreckliche Magenschmerzen. Doch die Ausrede half ihm nicht. Bayram mußte vorsprechen. Aber was die Lehrer hörten, war der Satz: »Wie glücklich ist der, der sich Kurde nennt.« Die Lehrer schickten ihn für diesen Tag nach Hause und, schlimmer noch, sie verständigten die Polizei. Wie ein Korrespondent der *New York Times* kopfschüttelnd berichtete, stand Bayram ein paar Monate später vor einer Kammer des Staatssicherheitsgerichts in Diyarbakir, die darüber zu befinden hatte, ob er sich der »Aufstachelung zum Hass aufgrund religiöser, ethnischer oder regionaler Unterschiede« schuldig machte. »Wenn ein Junge einem anderen den Radiergummi wegnimmt«, so zitierte die *New York Times* einen Sprecher des Menschenrechtsbüros in Diyarbakir, »dann wird ihn kein Lehrer der Polizei und den Gerichten überantworten. Aber wenn es zur Kurdenfrage kommt, dann wird ein Junge gleich separatistischer Propaganda bezichtigt. So schizophren ist man in diesem Land.«

Parallel zum Totalverbot der kurdischen Sprache seit 1967 versuchten die jeweiligen Regime in Ankara weiterhin, große Gebiete im Osten »kurdenfrei« zu bekommen. Die Regierung fand dabei bei den chauvinistisch-türkischen Organisationen und Zeitungen ungehemmte Unterstützung. Von der türkischen Justiz ebenso wie von der Weltöffentlichkeit völlig unwidersprochen heizte man das antikurdische Klima phasenweise im Stil unverhüllter Mordhetze auf. Es wurde sogar bedauert, daß man das kurdische Volk während der Massenmorde an den Armeniern im Ersten Weltkrieg nicht gleich mit »erledigt« hatte. So drohte die türkische Zeitung *Ötüken* im Juni 1967, die Bevölkerung des Ostens müsse endlich aufhören, eine unabhängige Sprache, eigene Schulen, Rundfunkprogramme und Presseorgane zu fordern und ihren Kindern kurdische Märchen vorzulesen. Während des Ersten Weltkrieges, zur Zeit der Armenierverfolgungen, seien die Kurden dem türkischen Zorn nur dadurch entgangen, daß sie in ihren schwer zugänglichen Bergen lebten. »Andernfalls wären sie die Minderheit in jenen Provinzen geworden, in denen sie heute die Mehrheit stellen.« Der Traum der Kurden, einen eigenen Staat auf türkischem Boden zu gründen, werde auch zukünftig nichts als ein Traum bleiben. »Also sollen sie sich doch fortmachen, ehe sie die türkische Nation ins Unglück stürzen und selbst ausgerottet werden. Dic türkische Rasse ist sehr geduldig, aber wenn sie in Zorn gerät, wird sie zu einem tobenden Löwen, den niemand mehr aufhalten kann. Sie sollen sich bei den Armeniern über uns erkundigen und daraus ihre Schlüsse ziehen.«

In welch absurde Argumentationen sich das Regime in Ankara bisweilen selbst verrennt, zeigte sich erneut ein paar Jahre später, 1971, als die Regierung Demirel von etwas beseitigt wurde, was man in der Türkei verschämt als die »März-Ereignisse« zu bezeichnen pflegt, was aber in Wirklichkeit nichts anderes als abermals ein Militärputsch war. Die Generäle begründeten damals ihr Eingreifen in Ankara auch mit der Entwicklung, die die sogenannte Kürtcülük, also »die kurdische Bewegung«, in den Ostprovinzen genommen hatte. So brachten die türkischen Militärs das Kunststück fertig, auf der einen Seite die bloße Existenz des kurdischen Volkes zu leugnen; andererseits zögerten sie nicht, Kürtcülük als Argument ins Feld zu führen, wo es ihren eigenen Absichten nützlich schien.

Der tatsächlichen Bedeutung der kurdischen Bewegung im Osten entsprechend, wurde über drei Provinzen erneut das Kriegsrecht verhängt, und die Wehrbezirke in Türkisch-Kurdistan erhielten noch weitere Verstärkungen. Als Begründung dienten »Terrorakte« kurdischer Autonomisten. 5000 Kurden wurden allein in der Provinz Diyarbakir verhaftet. Die Putschisten des Jahres 1971 trieben außerdem ein Projekt voran, das die Absplitterung der türkischen Kurden von ihren Volksgenossen im Irak, wo Barsani nach zehnjährigem Bürgerkrieg gerade die Anerkennung der kurdischen Autonomie durchgesetzt hatte, sowie von den syrischen und persischen Kurden bezweckte. Das Mittel zur Schaffung eines »kurdenfreien« Grenzstreifens war die Anlage riesiger Staatsgüter, auf denen vor allem landwirtschaftliche Arbeiter aus der Westtürkei, teils aber auch geflohene Zypern-Türken eingesetzt wurden.

Die Verleugnung der kurdischen Existenz stellt für jede türkische Regierung ein Dilemma dar. Ein weiteres Beispiel: Der Schriftsteller und Soziologe M. E. Borzarslan wurde wegen der Herausgabe einer kurdischen Lese- und Rechtschreibfibel verhaftet. Im ersten Prozeß fragte ihn der Staatsanwalt, auf die Fibel zeigend: »Was ist das?« Darauf Borzarslan: »Sie brauchen sich keine Sorgen zu machen, Herr Staatsanwalt. Wenn es so ist, daß weder die Kurden noch die kurdische Sprache existieren, dann kann es diese Fibel, die sie gerade in der Hand halten, auch nicht geben. Lassen Sie mich bitte nach Hause zu meiner Familie gehen, denn es wäre absurd, mich wegen solcher Dinge, die es gar nicht gibt, zu verurteilen.«

Erst im Herbst 1973 kehrte das Land zu parlamentarischen Verhältnissen zurück. In einem als politischen Erdrutsch bezeichneten Wahlsieg gewann die sozialdemokratische Republikanische Volkspartei so viele Stimmen, daß sie eine neue Koalition anführen konnte, die sich allerdings sehr bald als wenig dauerhaft erweisen sollte und an ihren inneren Widersprüchen zerbrach. Immerhin: Für die Kurden hatte sich ein Hoffnungsschimmer am Horizont gezeigt, denn der Sozialdemokrat Bülent Ecevit hatte als erster Regierungschef in der Geschichte der türkischen Republik, wenn auch im Ausland (anläßlich eines Gesprächs mit dem *Spiegel*), von Kurden statt von Bergtürken gesprochen und das Vorhandensein des kurdischen Volkes anerkannt. Rücksichten auf seine kurdenfeindlichen Koalitionspartner ließen Ecevit jedoch, kaum daß er zurück in Ankara war, von dieser Position der Versöhnung schnell wieder abrücken.

Auch durch die beiden Kabinette, die Ecevits Koalition von 1973 folgten, bis 1980 mit dem Putsch Kenan Evrens erneut das Militär sich des Landes bemächtigte, änderte sich an der seit den Zeiten Atatürks im Grunde stets gleichen Situation der Kurden nicht sehr viel. Die türkischen Regierungen und vor allem die Armee befanden sich nach wie vor in einem latenten Kriegszustand mit diesem Volk. Das begann bereits mit der Personalpolitik der Armee. Die Wehrpflichtigen verbrachten ihre Dienstzeit von 20 Monaten in der Regel nicht im heimatlichen Gebiet. Die kurdischen Rekruten aus dem Osten wurden in Garnisonen an der Mittelmeer- oder Schwarzmeerküste geschickt und dort einem brutalen Türkisierungsdruck ausgesetzt. Türkische Wehrpflichtige aus dem Westen jedoch leisteten ihre Dienstzeit in den vorwiegend kurdischen Orten ab. Die Soldaten sprachen natürlich kein Kurdisch – und die daraus sich ergebenden Verständigungsschwierigkeiten und Mißverständnisse waren nur ein weiterer Grund für Zusammenstöße, Schläge und Beleidigungen, wann immer die türkischen Einheiten während einer ihrer zahlreichen Razzien nach Waffen, kurdischen Schriften oder Widerständlern die Bauerndörfer heimsuchten.

Auch die propagandistische und einschüchternde Absicht bei der Massierung türkischer Streitkräfte im kurdischen Gebiet war deutlich zu erkennen. So hatten die meisten Kommandanten der Garnisonen und Posten in den unter Kriegsrecht stehenden Regionen ihren Einheiten befohlen, in den Berghängen der Umgebung Steine zu sammeln, sie weiß zu bemalen und zu überdimensionalen »Plakaten« mit markigen Sprüchen zusammenzufügen. Als Reisender kann man überall die Slogans »Once vatan«, was soviel wie »Einziges Vaterland« heißt, oder »Ne mutlu türküm diyene«, »Glücklich der, der sich Türke nennt«, lesen.

Noch vor der kleinsten Polizeistation steht, geschmückt wie ein Feldaltärchen zur Fronleichnamsprozession in Altötting, eine Gipsstatue oder wenigstens eine Büste des ärgsten Kurdenverfolgers der Republik, von Mustafa Kemal Atatürk. Auch in allen Amtsstuben hängt sein Konterfei. In Mardin beispielsweise, wo neben den Kurden auch noch Araber und Reste der Armenier leben und wo die Kinder auf der Straße Kurdisch, Arabisch und Armenisch lernen und erst in der Schule als einzige Schriftsprache Türkisch, ließ der Kriegsrechtsbefehlshaber ausdrücklich verbieten, in der Öffentlichkeit Kurdisch oder Arabisch zu sprechen. Auch in anderen Städten ist in der Post, in Schulen und Verwaltungsgebäuden überall zu lesen: »Es ist verboten, eine andere Sprache als Türkisch zu sprechen!«

Wie bereits in früheren Jahren ließ es die Armee jedoch nicht mit den propagandistischen oder administrativen Nachweisen ihrer Anwesenheit bewenden, sondern griff massiv in die Niederschlagung der Unruhen, die die östliche Türkei erfaßt hatten, ein. Die Soldaten requirierten, zusammen mit den »Jandarmas« und einer Spezialeinheit der Polizei, den Kommandos, die Waffen der Bevölkerung – soweit sie ihrer habhaft werden konnten –, sie fahndeten nach Mitgliedern kurdischer Organisationen und kehrten das Unterste zuoberst.

Ganz wie in den dreißiger Jahren litten die Bauern jener Regionen nun zunehmend unter Überfällen türkischer Landgendarmerie. So nahmen diese beispielsweise – wie damals auch die westliche Presse, etwa der *Spiegel*, berichtete – im September 1975 den offenbar privaten Streit eines Staatsanwaltes mit einem Führer des kurdischen Jirki-Stammes zum Anlaß, mehrere Dörfer und das Städtchen Beytisebap in den Hakkari-Bergen zu besetzen. 2000 Mann rückten an. 500 Kurden, die sich bereits in den Bergen versteckt hatten, wurden für vogelfrei erklärt. Daraufhin flohen weitere Tausende. Obwohl die »Jandarmas« das Gebiet auch gegen störende Zeugen, vor allem Journalisten, abgeriegelt hatten, gelang es doch dem Reporter Korkmas von der Istanbuler Zeitung *Hürriyet*, mit den Geflüchteten zu sprechen und sie zu fotografieren. Am 18. Oktober verließ der Journalist Beytisebap. Kurz darauf wurde er von der türkischen Geheimpolizei MIT angehalten. Ein Polizeioffizier forderte ihn auf, seine Tonbandaufnahmen und Filme herauszugeben. Korkmas weigerte sich und wurde später von Bauern in seinem Auto aufgefunden – tot.

Amnesty International stellte in einer Dokumentation zusammen, was mit den unterdrückten Kurden der Region geschah. 1975 beispielsweise besetzten Gendarmen das Dorf Hivris. Die Einwohner wurden auf dem Dorfplatz zusammengetrieben und nach gesuchten »Schmugglern« befragt. Als die Antworten ausblieben, mußten sie zur Strafe kiloweise Salz essen, dem Dorfältesten wurden mit dem Feuerzeug die Barthaare abgebrannt. Stockschläge auf die Fußsohlen und andere Körperteile, obszöne Ausschreitungen und Elektroschocks waren laut Amnesty International geläufige Foltermethoden, aber auch das »moderne Sonnenbad«, das ein »Jandarma«-Leutnant erfunden hat: Delinquenten wurden nackt auf in der Sommerhitze glühendheiß gewordene Blechdächer gelegt und mußten pausenlos in die Sonne schauen. Machten sie die Augen zu, schlugen die Gendarmen auf die unglücklichen Opfer ein. Auch nach dem Militärputsch von 1980 blieb es bei den gleichen Methoden. Aus Midiyat berichtete ein Reisender, die Einwohner hätten sich auf Befehl der nach Widerständlern suchenden Polizisten nackt ausziehen und über ein frisch geschnittenes Stoppelfeld robben müssen, bis die gesamte Unterseite ihrer Körper blutig gestochen war.

Von der Suche nach Verbotenem sind – zumindest bis vor kurzem – vor allem auch Schallplatten und Tonbandkassetten mit kurdischer Folklore betroffen. Und das mit gutem Grund: Die Rolle der Dengbej, der Barden, hatte bereits den früheren Machthabern zu schaffen gemacht. Denn seitdem kurdischsprachige Zeitungen und Schriften nicht mehr erscheinen durften – die ohnehin von den meisten der großenteils des Lesens und Schreibens unkundigen Bauern gar nicht gelesen werden konnten –, traten die politischen Sänger immer stärker in die Lücke ein, welche die türkische Kulturpolitik geschaffen hatte. Durch Flüsterpropaganda waren oft Tausende von Kurden in den Städten zusammengeströmt, um die Sänger zu hören. Die »Jandarmas«, die bei einem solchen Liederabend zunächst lange nichts Arges vermuteten, griffen häufig erst am Ende der Veranstaltung ein.

Der berühmteste unter den Barden ist seit nunmehr 30 Jahren Sivan, der sich selbst als »Widerstandssänger« empfindet. Bald versuchte die Polizei, Sivans Auftritte zu verhindern, und bald waren ihr auch alle Listen bekannt, mit denen die Kurden seine zahlreichen Konzerte in unverfänglichem und immer neuem Gewande ankündigten. Aber Sivans Lieder drangen durch jede Zensur: Die Polizei mochte noch so viele Konzerte verbieten, noch so viele Kassetten und Schallplatten beschlagnahmen, es fanden doch stets neue ihren Weg in die kurdischen Städte und Dörfer. Überall hörte und hört man Sivan. Überall klingt sein »Kurdistanim ka?« – »Wo ist mein Kurdistan?« – aus den Lautsprechern und rüttelt die Kurden zum Kampf um ihre nationalen Rechte und ihre Freiheit auf.

»Wo ist mein Kurdistan? Wo ist mein Land? Wo sind meine Weingärten, wo meine Äcker? Wo ist mein Land, mein Kurdistan, meine rote Rose? Ich suche mein Kurdistan, aber ich finde es nicht! Die Feinde haben alles besetzt.« Aber auch: »Kurdistan hat uns geboren, unsere Heimat hat uns zu Menschen gemacht. Die Nacht geht schnell vorüber, der Tag bricht wieder an! Ich werde dich nicht vergessen. Nein! Nein! Mein Land Kurdistan, dich vergesse ich nicht!«

Schon 1976 ging Sivan wegen der permanenten Nachstellungen ins Ausland. Dort sang er vor Gastarbeitern aus dem kurdischen Teil der Türkei, die sich erst in den neuen Arbeitgeberländern ihrer kulturellen Identität bewußt wurden und dort häufig zum erstenmal in ihrem Leben kurdische Bücher und die Geschichte ihres eigenen Volkes kennenlernten. Zum erstenmal hörte ich ihm zu, als er bei einer deutsch-kurdischen Veranstaltung im rheinischen Sankt Augustin vor Hunderten seiner Landsleute und in Anwesenheit des eigens aus Paris gekommenen beinahe 80jährigen Kurdenprinzen Bedir Khan, genannt der »Adler von Kurdistan«, sein »Kurdistanim ka?« sang. Und als er zum kurdischen Newroz-Fest 2002 in der vollbesetzten Dortmunder Westfalenhalle sang, diesmal vor mehr als 5000 jungen Kurden aus dem Irak, Anhängern von Barsanis Demokratischer Partei Kurdistans, die in Deutschland Asyl gefunden hatten, da bebte der Saal in seinen Grundfesten, und man konnte die naturhafte, explosive Kraft spüren, die in der Jugend dieses Volkes steckt.

Bei den Gesprächen an jenem Abend wurde mir klar, daß sich im europäischen Exil eine politische Einigkeit der verschiedensten

Gruppierungen zu bilden begann, die den Machthabern in allen Ländern mit kurdischen Minderheiten noch zu schaffen machen wird. Konservative, stammesorientierte kurdische Nationalisten und revolutionäre Sozialisten wie Sivan, einstige Feudalherren und linke Landreformer, irakisch-kurdische Intellektuelle und türkisch-kurdische Hilfsarbeiter hatten sich noch nie so relativ ungestört – ohne erst militärisch scharf bewachte Grenzen überwinden zu müssen – kennenlernen und mit langfristiger Perspektive auf die spätere und von allen für notwendig gehaltene Befreiung ihrer Heimat vorbereiten können. Tausende türkischer Kurden sahen die erste kurdische Fibel, mit der sie lesen und schreiben lernten, nicht während ihrer Kindheit in Bitlis, Diyarbakir oder Van, sondern bei den kurdischen Arbeitervereinigungen in Dortmund, Wuppertal oder Berlin. Auch die Zusammenarbeit zwischen Arbeitern, Intellektuellen und Studenten, wiewohl in Türkisch-Kurdistan schon begonnen, wurde im Exil enger.

Allerdings vermittelten mir die Lieder Sivans auch eine zweite Einsicht: Der kurdische Befreiungskampf ist seit ein paar Jahrzehnten sehr weit von den meist romantischen, vom Abenteuer umwehten Berichten europäischer Reisender, vorwiegend des 19. Jahrhunderts, entfernt. Er hat statt dessen, besonders in der Türkei, zusehends mehr den Charakter eines anti-imperialistischen, teils sozialistisch geprägten Kampfes nach dem Muster der Befreiungsbewegungen in der Dritten Welt angenommen. Zu Sivans Repertoire gehört beispielsweise ein Lied, das »Patrioten und Revolutionäre«, so auch der Titel, gleichermaßen beschwört. »Steht auf, schlagt zu, besiegt die, die euch unterdrücken!« Aus der Welt kommend, die Karl May beschrieben hat, landeten die Kurden der Türkei, teils auch die des Iran, bei Karl Marx. Viele sind bis heute dabei geblieben, die meisten haben aber einen national-sozial-demokratischen Weg gefunden, auf dem sie vorwärts schreiten wollen. Diese Tendenz ist vor allem unter der kurdischen Jugend stark ausgeprägt. Sie liest heute mit der gleichen Unbefangenheit die alten Erzählungen von Sultan Mahmud und dem schwarzen Reiter neben den sozialistischen, teils noch im leninistischen Parteichinesisch abgefaßten Traktaten Abdullah Öcalans, der seit seiner Entführung und Verurteilung nicht mehr zu ihnen sprechen kann. Und nicht wenige, die von »Azadi bo Kurdistan«, von »Freiheit für

Kurdistan«, träumen, sind bereit für den bewaffneten Befreiungskampf.

Die stärkere Hinwendung zur politischen Linken hat mehrere Gründe. Bei den türkischen Kurden hat es beispielsweise einen tiefen Eindruck hinterlassen, daß die Existenz ihres Volkes zum erstenmal in der Geschichte der Türkischen Republik gerade von einer sozialistischen Partei anerkannt wurde, nämlich von der Türkischen Arbeiterpartei. Während ihres 4. Parteikongresses Ende Oktober 1970 war es diese Partei, die vor der Öffentlichkeit lapidar feststellte: »Im Osten der Türkei lebt das kurdische Volk.« Der Kongreß räumte ein, daß die verschiedenen Regierungen der Republik von Anfang an den Kurden »mit einer Politik der Unterdrückung, des Terrors und der Assimilierung« begegnet seien. Oft genug habe die Unterdrückung »die Form blutiger militärischer Operationen und Verfolgungen« angenommen. Die Partei erkannte auch an, daß »die Gründe für die Rückständigkeit der Region in der kurdenfeindlichen Sozial- und Wirtschaftspolitik eben jener Regierungen« lägen. Die Tatsache allerdings, daß die Arbeiterpartei die Existenz der Kurden in der Türkei anerkannt hatte, war für die Regierung einer der wichtigsten Gründe, diese Organisation zu verbieten. Als der 3. Militärgerichtssenat von Ankara ihren angeklagten Führern vorwarf, sie hätten einer »separatistischen Politik« Vorschub geleistet, bestätigte er damit nur den Beginn der Zusammenarbeit zwischen kurdischen Nationalisten und türkischen Sozialisten.

Beklemmend war für jene kurdischen Führer, die in der Umarmung durch den stets auch dem Sog verschiedenster kommunistischer Vereinigungen ausgesetzten Sozialismus eine Gefahr für die kurdische Sache erblickten, daß gerade türkische Regierungen – die sich (mindestens bis zum Jahr 2003) selbst immer wieder zum unverzichtbaren Partner der USA und des doch angeblich die Freiheit verteidigenden NATO-Bündnisses machen konnten – immer auch am rigorosesten die Freiheit im eigenen Land unterdrückten und den Kurden mit einer Brutalität entgegentraten, wie man sie aus der jüngsten Geschichte sonst nur von den schlimmsten Phasen des Stalinismus oder von den nationalsozialistischen Verbrechen der Kriegszeit kannte.

Entscheidender allerdings als die Unglaubwürdigkeit des mit

den wechselnden Militärdiktaturen Ankaras verbündeten freien Westens waren und sind die Lebensverhältnisse der Kurden selbst, die die krasse soziale und wirtschaftliche Benachteiligung deutlich belegen. Noch 1990, für das Zahlen vorliegen, herrschte in über 800 Dörfern Ostanatoliens ein einziger Agha. In Urfa, nahe der syrischen Grenze, nannte ein solcher Großgrundbesitzer zehn Dörfer sein eigen. Über ein Drittel aller bäuerlichen Kurdenfamilien besitzt auch heute noch überhaupt kein Land. Kräftezehrende Feldarbeit, Unterernährung und mangelhafte medizinische Versorgung lassen die Kurden Ostanatoliens selten älter als 45 Jahre werden. In manchen Provinzen, etwa in Hakkari, müssen Kranke mehrere Tage gehen oder reiten, um einen Arzt zu finden. Im Winter, wenn viele Ärzte aus dem kalten Hochland in den milderen Westen umziehen, sind schwere Erkrankungen oft der sichere Tod.

Noch 1976 berichtete das Bulletin einer türkischen Ärztekammer, in der Südosttürkei (dem hauptsächlichen Lebensraum der Kurden der Türkei) betrage in ländlichen Gebieten die Sterblichkeitsrate der Kinder unter vier Jahren 54,9 Prozent. 60 000 Schüler der Kurdenregion erhielten in jenem Jahr keinen Unterricht, weil fast überall die Lehrer fehlten. Bezeichnend ist sicher auch, daß der indische Entwicklungshilfe-Experte Majeed R. Jafaar in einer in Helsinki erschienenen Studie gerade die Kurdenregion der Osttürkei ausgewählt hat, um den Begriff »Unter-Unterentwicklung« (Under-Underdevelopment) zu verdeutlichen.

Vor diesem Hintergrund von Unterentwicklung, sozialer Not und Unterdrückung, von Mißtrauen gegen die Verheißungen der westlichen Welt, die man als Bündnispartner Ankaras immer mehr für das kurdische Los mitverantwortlich macht, schlossen sich seit den siebziger Jahren immer mehr junge Kurden, darunter zahlreiche Schüler und Studenten, zusammen, um über einen neuen »Re bo Azadi«, einen neuen »Weg zur Freiheit«, zu diskutieren. Das ist nicht mehr die Sprache ihrer Väter, die sich möglicherweise mit kultureller Autonomie und einer auch noch so geringen Verbesserung ihrer sozialen Verhältnisse zufriedengegeben hätten. Die junge kurdische, sozialistisch und befreiungsnationalistisch gewordene Bewegung, in ihren Zielen häufig unterstützt von nichtkurdischen Linksorganisationen der türkischen Opposition, lief so mit ihrer ganzen Entwicklung auf einen Guerillakampf zu, der von anderen

Staaten der Region nicht nur ideologische Impulse, sondern auch praktische Hilfe erwarten konnte.

Die 1978 gegründete Arbeiterpartei Kurdistans (Partiya Karkeren Kurdistan, PKK) war ursprünglich nur eine von vielen kleinen Gruppierungen, die im Kampf gegen den türkischen Unterdrückungsapparat auf gezielten Terror setzten. Ihr Gründer und Führer, der 1949 in der Provinz Sanliurfa als eines von sieben Kindern einer Bauernfamilie geborene Politologiestudent Abdullah Öcalan, erlangte jedoch mehr als andere Unterstützung aus der Sowjetunion. Deren Ziel war vermutlich die Destabilisierung des NATO-Staates Türkei im Kalten Krieg. Auch Geheimdienste mehrerer anderer Staaten ließen der PKK bis zu ihrem Ende 1999 Hilfe zukommen, nämlich Griechenland, Bulgarien, Syrien und (nach dem Ende der Sowjetunion) auch Armenien. Alle diese Staaten hatten offene Rechnungen mit den Türken oder waren aktuell an einem Druckmittel gegen Ankara interessiert. Ihre ersten Waffen soll die PKK über Bulgarien und palästinensische Gruppen bezogen haben. Ihre erste große Angriffswelle startete sie 1979/80, doch scheiterte sie durch den Militärputsch von 1980.

Die nachhaltigste Unterstützung bekam die PKK von Syrien. Öcalan, der aus der Türkei fliehen mußte, hatte bis zum Oktober 1998 sein Hauptquartier und verschiedene Einrichtungen, etwa ein Waisenhaus für Kriegskinder aus dem kurdisch-türkischen Kampfgebiet, eine Kadetten- und eine Parteischule, in und bei Damaskus, der Hauptstadt Syriens. Militärische Ausbildungslager der PKK befanden sich unter syrischem Schutz in der Bekaa-Ebene im Libanon. In Damaskus habe ich den PKK-Chef in den Jahren 1997/98 mehrfach besucht, ausführliche Gespräche mit ihm geführt, ihn für die Tageszeitung *Die Welt* interviewt und für ein Filmprojekt sein syrisches Leben gefilmt. Auf den ersten Blick hatte er etwas von einem Stalin an sich. Im Umgang mit seinen Untergebenen oft kurzangebunden und herrisch, war er zu Besuchern die Liebenswürdigkeit selbst. Er zeigte stolz die Meterware politischer Bücher, die er geschrieben hatte, in einer Art Parteichinesisch, soweit ich das beurteilen konnte. Martialische Gesten lagen ihm nicht. Für eine Filmaufnahme drückten wir ihm ein Sturmgewehr in die Hand, und es hatte schon beinahe parodistische Qualität, wie unbeholfen er damit umging.

In den Einrichtungen der PKK in Damaskus gab es viele deprimierende Bilder. Die vielen Halbwüchsigen, die ihre Schuß- oder Splitterwunden auskurierten, die blutjungen Mädchen (ich schätzte sie auf kaum mehr als 14, 15 Jahre), die mit leeren Augen in der Sonne saßen. Die vielen Kinder, die ohne Eltern heranwuchsen, denen Vater oder/und Mutter im anatolischen Partisanenkrieg umgekommen oder den Türken in die Hände gefallen waren. Die vielen Halbwüchsigen, die sich auf Krücken stützten und zum Ausruhen an die Mauern lehnten, denen Personenminen ein oder gar beide Beine abgerissen hatten. Das waren die Bilder, die mich stärker beeindruckten und die mir bezeichnender erschienen als die anderen: die jungen Frauen, die über das ganze Gelände verteilt, die Kalaschnikow schußbereit in der Hand, um den verehrten Apo, wie Öcalan von seinen Anhängern genannt wurde, vor Anschlägen zu bewachen. Und die Männer aus der Türkei, auch aus Syrien und dem Irak, die sich zur Ausbildung freiwillig gemeldet hatten, und die in ihrer Freizeit auf einem betonierten Bolzplatz Fußball spielten. Manchmal kam Apo aus seinem Haus herüber und spielte mit, und wie sie es dann schafften, lächelnd, daß er ein Tor nach dem andern schoß. Schnell wurde er geholt, wenn Meldungen von der anatolischen Front eingetroffen und entschlüsselt waren, wenn ein Kurier eine streng geheime Meldung überbrachte.

Gestützt auf die syrische Hilfe, gestärkt durch Waffenlieferungen aus anderen Ländern, konnte die PKK 1983 die Offensive wieder aufnehmen. Das Klima der Unterdrückung, das in der Osttürkei herrschte, und die Erkenntnis, daß die PKK die einzige Organisation war, die den türkischen Sicherheitsorganen in gleicher Münze herausgeben konnte, hat der kurdischen Rebellenarmee immer mehr Zulauf und Unterstützung gebracht. Die Gefechte zwischen den PKK-Gruppen und den türkischen Sicherheitskräften eskalierten zu einem grausamen Bürgerkrieg, in dem bis 1998 etwa 35 000 Menschen starben. Mit Waffengewalt wollen die Männer, Mädchen und Frauen der PKK ein autonomes und sozialistisches Kurdistan erzwingen. Sie erschossen Lehrer, weil sie in türkischer Sprache unterrichteten, und Dorfschützer, die sich von den Türken als Kollaborateure in Sold nehmen ließen, sie überfielen Stationen der verhaßten »Jandarmas«, griffen Armeeposten an, jagten Polizeiposten in die Luft. Türkisches Militär und Gendarmerie jagte die kurdischen Guerillas, verfolgte sie mit Kobra-Kampfhubschraubern, sicherte die Grenze zu Syrien mit Wachtürmen, Drahtsperren und Nachtsichtgeräten, verfolgte fliehende Einheiten der PKK auch über die Grenzen in den kurdischen Nordirak. Gefangene werden nicht viele gemacht. Türkische Soldaten schreiben – je nach Gemüt – verstört oder zynisch nach Hause, die kurdischen Kämpfer kamen fast ausschließlich »tot in Gefangenschaft«. Kurdische Mädchengruppen ergeben sich den Türken so gut wie nie, sprengen sich in auswegloser Lage lieber mitsamt ihrer Stellung selbst in die Luft.

Die Osttürkei wurde wieder einmal ein einziges Heerlager. 1990 soll Öcalan 10 000 Mann in den kurdischen Bergen und in Ausbildungslagern Syriens und Libanons unter Waffen gehabt haben, gut ausgebildete, hoch motivierte Kämpfer. Sie waren einer der Faktoren dafür, daß sich das Klima des militärischen Ausnahmezustands im NATO-Eckpfeiler Türkei nicht abschwächte. »Die Macht des Militärs«, so Christian Sterley in einem Fernsehbericht des WDR in dieser Zeit, »ist unübersehbar. Man spürt das kaum im Westen des Landes, im kurdischen Osten ist das ganz anders. Armee und Polizei auf Schritt und Tritt. Die Polizisten und Soldaten, die hier Dienst tun, sind aus dem Westen der Türkei. Sie kommen aus einem anderen Kulturraum. Sie sprechen nicht kurdisch, sondern türkisch. Es gibt keine Gemeinsamkeiten mit den Menschen, die hier leben, und man sucht sie auch nicht.«

200 000 Soldaten hatte die Türkische Republik gegen die PKK im Einsatz. Und doch konnte bis tief in die neunziger Jahre nichts anderes als ein militärisches Patt errungen werden. Weder der PKK noch den türkischen Sicherheitskräften gelang ein entscheidender militärischer Sieg. Die PKK konnte dem massiven militärischen Druck nur mit Mühe standhalten und erklärte Anfang 1993 ihren ersten einseitigen Waffenstillstand. Und beinahe – beinahe! – hätte sich ein türkisch-kurdisches Wunder ereignet. Der liberale Präsident der Türkischen Republik Turgut Özal, ein Politiker der ANAP (Mutterlandpartei) und Sohn einer kurdischen Mutter, hatte den irakischen Kurdenführer Talabani (PUK) als Vermittler für Gespräche mit Öcalan gewinnen können. Eine Verhandlungslösung des türkisch-kurdischen Konflikts rückte erstmals in denkbare Nähe. Öcalan schien am Ziel. Er sah sich schon als eine Art Arafat der Kurden: gestern Terrorist, heute Freiheitskämpfer, und morgen

Präsident einer freien kurdischen Region! Doch der unerwartete Tod Özals am 17. April 1993 beendete diesen einzigen politischen Lösungsansatz des PKK-Konflikts.

Nun waren es wieder ausschließlich die Betonköpfe des türkischen Militärs, die den weiteren Gang der Dinge bestimmten. Der türkische Generalstab, der mit dem Instrument des Nationalen Sicherheitsrats die Parteien und Regierungen der Türkei weitgehend kontrolliert, setzte auf eine ausschließlich militärische Lösung des Konflikts und ließ ihn in bislang selbst in der Türkei nie gekannte Dimensionen eskalieren. Tausende kurdischer Dörfer im kurdischen Südosten der Türkei wurden entvölkert, eingeäschert, niedergewalzt, die kurdische Bevölkerung deportiert oder in Elendsviertel der Großstädte gejagt (Diyarbakir verdreifachte in dieser Zeit seine Einwohnerzal von 350 000 auf eine Million!), ganze Wälder wurden abgeholzt, Lebensmittel wurden rationiert und nur gegen Bezugsscheine abgegeben, um der Bevölkerung die Unterstützung der PKK unmöglich zu machen. »Es waren aber die türkischen Soldaten«, so urteilte der Türkeikenner Hans Krach, »die die kurdische Bevölkerung der PKK regelrecht zutrieben. Statt mit einer guten Sozial- und Wirtschaftspolitik die Region zu stabilisieren und zu befrieden, wurde sie unter Ausnahmerecht gestellt und lediglich militärisch überwacht. So konnte das Militär wohl meist nur als Unterdrücker und Gegner erfahren werden, nicht jedoch als Beschützer.«

Aus türkischer Sicht war kein endgültiger Sieg über die PKK möglich, solange sie von Syrien unterstützt wurde. »Wenn Syrien fällt, dann fällt die PKK«, lautete die Devise des türkischen Generalstabs. Durch das Militärbündnis mit Syriens Erzfeind Israel konnte die Türkei ab 1996 ihre Position gegen Syrien strategisch ausbauen. Israelische Kampfflugzeuge konnten im türkischen Luftraum üben, Einheiten beider Länder planten gemeinsame Manöver, die jeweiligen Rüstungsindustrien bauten ihre Zusammenarbeit aus. Damit entstand für Syrien eine Zwei-Fronten-Situation. Seine militärische Stärke reichte im Ernstfall allenfalls nur zur Führung eines einzigen Krieges an einer einzigen Front aus. In Damaskus begann das letztlich vergebliche Nachdenken über den richtigen Ausweg aus dieser mißlichen Lage.

1998 fiel den Türken ein Geschenk in den Schoß, als der kurdische Feldkommandant Semdin Sakik, Kommandeur der PKK-Verbände im Nordirak und ein Stellvertreter Öcalans, mit 700 Kämpfern zur KDP von Massud Barsani überlief. Sofort entsandten die Türken eine Spezialeinheit in KDP-Uniformen in den Nordirak, die an einer Straße bei Dohuk eine KDP-Kontrollstelle simulierte, wo ihr die Gefangennahme von Semdin Sakik und seines Bruders Gasan gelang. Die Gefangenen wurden in die Türkei geflogen und tagelang verhört. Semdin offenbarte den türkischen Spezialkräften zweifellos sein gesamtes Wissen über die PKK. Für die Türken war es nun ein leichtes, PKK-Netze aufzurollen, Kommandos zu vernichten, Depots auszuräumen.

Von diesem Schlag erholte sich die PKK nicht mehr, bis sich im Oktober 1998 ihr Schicksal ohnehin erfüllte. Der neue türkische Generalstabschef Hüseyin Kivrikoglu ließ als erste Amtshandlung massive militärische Drohungen gegen Syrien wegen dessen Unterstützung der PKK ausstoßen und Anfang Oktober den militärischen Aufmarsch beginnen. Panzerkolonnen marschierten in Richtung Syrien, Strahlflugzeuge donnerten im Tiefflug die Grenze entlang. Ägyptens Präsident Mubarak vermittelte Geheimverhandlungen zwischen Ankara und Damaskus, das sich am 20. Oktober zur Ausweisung von Öcalan und der Schließung der PKK-Einrichtungen in Syrien verpflichtete.

Öcalan floh über Zypern nach Russland, von dort nach Italien, wo er erkannt und verhaftet, aber nicht an die Türkei oder an Deutschland ausgeliefert wurde, das ihn wegen eines angeblichen Mordauftrages suchte. Erst der anschließende Aufenthalt in Nairobi wurde ihm zum Verhängnis. Im Zusammenwirken mit US-amerikanischen und israelischen Stellen wurde er entdeckt, überwältigt und in die Türkei entführt – ein noch lebendes Monument der ungelösten Kurdenfrage. Für Ankara ergäbe sich wieder einmal die Chance, das Kurdenproblem politisch zu lösen. Die türkische Regierung sollte wenigstens die Minderheitenrechte der kurdischen Bevölkerung anerkennen und die ehemaligen Bürgerkriegsregionen wirtschaftlich und sozial fördern. Was daraus entstehen könnte, wäre gewiß nicht die Erfüllung des alten kurdischen Traums, aber es wäre auch nicht mehr dieser Alptraum, der seit 80 Jahren auf diesem mißhandelten Teil Kurdistans liegt.

6
Man geht über die Grenze, bleibt aber in Kurdistan

Die Kurden in Persien

Es ist eine Gruppe wilder Gestalten, die auf dem Anhänger eines Traktors sitzt und durch die staubige Landschaft des iranischen Kurdistan reist. Von der Provinzstadt Mahabad zieht sich das gelbbraune Band durch die Dörfer Nagadeh und Piranshar und dann über die Grenze. Auf seinem geliebten Motorrad mit Beiwagen zieht Barat vorbei. Er ist auf dem Weg zu seinem Vater Mirza, den er zusammen mit seinem Bruder Audeh über die Grenze und in den kurdischen Nordirak begleiten soll. Mirza will seine Exfrau, die verehrte Sängerin Hanareh, wiederfinden. Sie und Seyed, der Mann, mit dem sie vor 20 Jahren weggelaufen war, waren Mitglieder von Mirzas berühmter Musikband. Obwohl die ganze Familie Hanareh wegen der Schande, die sie ihr bereitet hat, verflucht, liebt Mirza sie immer noch. Die drei sind nicht gerne unterwegs, denn der irakisch-iranische Krieg ist eben zu Ende gegangen, gegen Ende der 1980er Jahre, und die ganze Region ist in Aufruhr. Doch Mirza weiß etwas, was die anderen nicht wissen: Hanareh ist in großen Schwierigkeiten und benötigt dringend seine Hilfe. Und deswegen drängt Mirza vorwärts.

Das Dröhnen der Bomber, die den Himmel durchschneiden und ihre tödliche Last über kurdischen Städten und Dörfern abladen, begleitet sie die ganze Zeit. Das letzte Ziel von Saddams Kriegsmaschine ist nun die Auslöschung der irakischen Kurden geworden. Flüchtlingsmassen strömen auf der Suche nach Schutz in den Iran. In einem riesigen Flüchtlingslager versucht Mirza, etwas über Hanareh in Erfahrung zu bringen. Nachdem sie von angeblichen Polizisten um ihre Kleidung, Instrumente und das Motorrad erleichtert wurden, geht die Reise eben per Anhalter oder zu Fuß weiter. Die staubigen Dörfer des Iran werden von einer verschneiten Hochgebirgslandschaft abgelöst. Der Schnee in der Ferne ist gesprenkelt mit dunklen Flecken: Schmuggler mit ihren überladenen Eseln …

So beginnt »Verloren im Irak«, der jüngste und bislang bedeutendste Film des international renommierten kurdischen Regisseurs Bahman Ghobadi, der 2003 zum Höhepunkt des 2. Kurdischen Filmfestivals in Berlin wurde. Die Protagonisten dieses Films reisen über die irakisch-iranische Grenze, bleiben aber in Kurdistan. Das ist seine Botschaft. Ghobadi wurde 1970 in dem Dorf Baneh bei Mahabad im iranischen Kurdistan geboren, in dem auch sein erster Spielfilm »Zeit der trunkenen Pferde« spielt. In seiner Jugend brach der Golfkrieg zwischen Iran und Irak aus, die ganze Region Mahabad wurde mehrfach von den Irakern bombardiert und Ghobadi verlor viele seiner Verwandten. Nur wenige Filmemacher kennen sich mit Kurdistan, dem Land und den Menschen, so gut aus wie er. Bahman Ghobadi hat sich in seinem Schaffen der Belange dieses zur Minderheit gemachten Volkes angenommen. Die Kurden haben in ihm, der es für an der Zeit hält, lieber die Kamera als das Gewehr zu benutzen, ein stimmgewaltiges Sprachrohr gefunden.

»Es stimmt natürlich«, sagt er, »die Kurden haben unendlich viel Leid, Kriege und Schmerzen erlebt.« Trotzdem beschreibt er die Kurden an den Grenzen von Iran und Irak nicht nur als Opfer. Es sind auch Menschen, die Musik und das Leben lieben, deren Tragödie sogar einen spezifischen Humor hervorgebracht hat, der ihnen hilft, ihre Verfolgung zu ertragen. Seine Wurzeln liegen im Iran, in Mahabad, seine Perpektive ist Kurdistan.

Ebenso wie der Name »Mustafa Barsani« ist auch das Wort »Mahabad« ein Mythos in allen kurdischen Herzen und Köpfen. Das Provinzstädtchen Mahabad ist für die Kurden heiliger Boden. Denn hier gelang ihnen zum ersten und bisher einzigen Mal in der Geschichte die Erfüllung ihres sehnlichsten Wunsches: die Gründung eines eigenen Kurdenstaates. Am 23. Januar 1946 wurde dort auf dem historischen Vier-Lampen-Platz die Kurdische Republik von Mahabad ausgerufen, die freilich nicht einmal ein ganzes Jahr Bestand haben sollte. Ihre Geschichte und die ihrer Gründung vorhergehenden Ereignisse zeigen wie kein zweites Beispiel die Tragik des kurdischen Selbstbehauptungsstrebens, das heißt die Instrumentalisierung des kurdischen Nationalismus durch die auf den Nahen Osten gerichtete Politik der Weltmächte und die Bedingtheit kurdischen Handelns mit allen seinen regionalen, nationalen und internationalen Zwängen.

Das Unabhängigkeitsstreben der Kurden des Iran hat eine lange Vorgeschichte. Wie die türkischen Kurden für Ankara, sind auch die Kurden Persiens für Teheran noch nie eine eigene Nation gewesen, bestenfalls ein iranischer Stammesverband mit eigenem Dialekt. Diese offizielle Version, nach der die Kurden des Landes lediglich eine ethnisch nicht differenzierte persische Volksgruppe nomadisierender Hirten, Schaf- und Pferdezüchter sind, ist in vielen westlichen Darstellungen ungeprüft übernommen worden, wobei nicht einmal das moderne Standardwerk »The Cambridge History of Iran« eine Ausnahme macht.

Die Lage der iranischen Kurden ist allerdings auch schon deshalb schwierig, weil sie aufgrund des ihnen zugefügten Schicksals heute – anders als in früheren Zeiten – nicht mehr alle in einem geschlossenen Siedlungsraum leben. Sie verteilen sich außer auf die einander benachbarten Provinzen Kurdistan und Aserbeidschan auch noch auf das Elbrus-Gebirge und eine starke Enklave im Bergland von Chorasan. Diese Kurden an der ehemals iranisch-sowjetischen Grenze im ostpersischen Chorasan sind schon Anfang des 11. Jahrhunderts dorthin verschleppt worden. Sie traten im 18. Jahrhundert als Führer des kurdischen Freiheitskampfes hervor, spielen für den modernen kurdischen Nationalismus aber fast gar keine Rolle mehr.

Das Streben nach Unabhängigkeit blieb nahezu ausschließlich den westiranischen Kurden vorbehalten, die das Bergland westlich des Urmia-Sees, die sich südlich anschließende Landschaft Mukrian, den größten Teil der iranischen Provinz Kurdistan und einen Teil der Provinz Kermanschah bewohnen. Bei diesen Kurden machten sich nach dem Ersten Weltkrieg Einflüsse der neu erwachten kurdischen Nationalbewegung aus dem benachbarten Irak und der Türkei bemerkbar. Jene Gedanken fanden im persischen Kurdistan einen aufnahmebereiten Boden, auf dem überdies noch die Ausläufer von Freiheitsbewegungen vom Ende des 19. Jahrhunderts spürbar waren.

Als dann 1921 Oberst Reza Khan Pahlevi erfolgreich gegen die Quadscharen-Dynastie putschte und sich 1925 selbst zum Schah-inschah ausrief, war dieser Weg zur Macht von sich steigernden Unterdrückungsmaßnahmen gegen die Kurden begleitet. Ihre Sprache und ihre Tracht wurden verboten, und Teheran griff erneut zu seinen altbewährten Umsiedlungs- und Verbannungspraktiken.

Nationales Erwachen und intensivierte Unterdrückung, aber auch die Instabilität der im Ersten Weltkrieg von Russen, Türken und Persern ständig durcheinandergeworfenen Herrschaftsverhältnisse und das dadurch freigesetzte Brigantentum kurdischer Stammesfürsten, lösten bereits 1921 einen neuen Aufstand aus. Stammeshäuptling Ismail Simko – der kurdische Robin Hood – führte im Herbst dieses Jahres mehr als 3000 Männer des Shikak-Stammes gegen das von persischer Gendarmerie gehaltene Mahabad. »Simko«, so beschrieb ihn der damalige amerikanische Konsul in Täbris, nachdem er mit ihm durch die Bezahlung von 5000 Dollar in Silbermünzen sicheres Geleit für einen amerikanischen Missionar vereinbart hatte, »war ein netter und wagemutiger junger Mann, der in einer Atmosphäre der Gewalt aufgewachsen war und ganz in der Erinnerung an den Mord an seinem zehn Jahre älteren Bruder lebte. Die Perser hatten diesen bei einem offiziellen Dinner, bei dem sie ihn vorgeblich zum Gouverneur des westlich des Urmia-Sees gelegenen Berglandes machen wollten, umgebracht.«

Simko stürmte Mahabad. Kaum einer der 600 persischen Gendarmen überlebte das Massaker. Reza Khan Pahlevi schwor Rache. Eine seiner Divisionen und eilends mobilisierte aserbeidschanische Hilfstruppen trieben die Kurden in die Berge. Ein Guerillakrieg schloß sich an, den erst ein Hinterhalt der Perser bei Oshnovjieh 1930 beendete. Simko war auf dem Weg dorthin, um sich der iranischen Zentralgewalt zu unterwerfen und Reza Khans Pardon zu erbitten. Nach Simkos Tod in diesem Hinterhalt brach die Revolution der westiranischen Kurden noch im gleichen Jahr zusammen. Ein Aufstand der Kurden von Chorasan, der durch die soziale Not der dortigen Bauern verursacht war, erlitt dasselbe Schicksal.

Aber bald wendete sich das Blatt wieder: Der Einmarsch sowjetischer und britischer Okkupationsarmeen in den Iran im August 1941 schuf günstige Voraussetzungen für einen neuen Anlauf zur Verwirklichung der nationalen Anliegen der Kurden. Die Alliierten der Anti-Deutschland-Koalition des Zweiten Weltkrieges hatten sich damals entschlossen, die Versorgung der hartbedrängten sowjetischen Armeen mit amerikanischen Hilfsgütern vom Persischen Golf aus auf dem Landwege bis zum Kaspischen Meer zu organisieren, und sie hatten deswegen Persien kurzerhand überfallen und besetzt. Schah Reza I. wurde zur Abdankung gezwungen. Die Nachfolge ging nun an seinen minderjährigen Sohn Mohammed Reza über. Eine in ihrer Entscheidungsfreiheit stark eingeschränkte persische Regierung versuchte mehr schlecht als recht, den administrativen Rest der Souveränität des Landes aufrechtzuerhalten.

Der russische Einmarsch und die damit verknüpfte Destabilisierung der Zentralgewalt Teherans gab vor allem den Kurden des persischen Nordwestens, in den Provinzen Aserbeidschan und Urmia, besonderen Auftrieb. Während die Hauptprovinz Kurdistan, weiter im Süden gelegen, von sowjetischer Besatzung ausgespart blieb, war es den Russen in den nordwestlichen Kurdenregionen des Iran unbenommen, Selbständigkeitsbestrebungen zu fördern und in ihrem Sinne zu lenken.

Die russischen Besatzungstruppen waren zunächst bis zur Kurdenstadt Sanandasch nach Süden vorgedrungen, hatten sich dann aber auf die Linie Oshnovjieh–Miandoab, nördlich von Mahabad, zurückgezogen. Das britische Einflußgebiet schloß sich im Süden an. Von Kermanschah ausgehend, wo die Briten die wichtigste Verbindungsstraße in den Irak kontrollierten, stießen die beiden Zonen etwa an der Linie Saqqez–Sardascht aufeinander.

Ohnehin hatte die Sowjetunion bereits ein Jahr zuvor ihren damaligen Noch-Verbündeten Deutschland ganz unverblümt über ihre Absicht »in die allgemeine Richtung des Persischen Golfes« vorzustoßen, in Kenntnis gesetzt. Jetzt, im Krieg mit den Deutschen, kamen noch akutere Notwendigkeiten hinzu, sich in diesem Raum festzusetzen. Zum einen mußte der Rücken des Kaukasus und Aserbeidschans, wohin sich die Sowjetarmeen vor den Truppen der Wehrmacht zurückzogen, freigehalten werden, zum anderen war die Sicherung der Nachschublinien für die von Amerika gelieferten Lastwagen und Panzer lebenswichtig.

Der Sowjetunion war deshalb in den Jahren 1941 und 1942 an Ruhe in Nordwestpersien gelegen. Sie wollte die wichtigen Persönlichkeiten der kurdischen Stammesführer und anderer einflußreicher Gruppen so wenig wie möglich verstimmen, zumal den traditionell deutschfreundlichen Kurden auch jeder Anlaß genommen werden sollte, etwa abgesetzte Agenten der Achsenmächte freundlich aufzunehmen und sie zu unterstützen. Aus den verschiedensten Gründen also bemühten sich die Sowjets in besonderem Maße um die Kurden.

Deren Lage selbst hatte sich im Vergleich zur Vorkriegszeit erheblich verbessert: Aus dem Rückzug der iranischen Armee vor den vorrückenden Briten und Sowjets, der teils in regelrechte Auflösung überging, waren die kurdischen Stammeskrieger nun opulent mit Gewehren und Munition sowie mit weiterer militärischer Ausrüstung aller Art versorgt. Die nach den verschiedenen Unruhen der Vorkriegszeit von Schah Reza I. ins Exil gezwungenen Stammeshäuptlinge und politischen Führer der Kurden konnten im Herbst 1941 in ihre Heimat zurückkehren. Dort fanden sie schnell wieder rückhaltlose Anerkennung, wobei die Märtyrerkrone der Verbannungsjahre womöglich noch stärkere Bindungen zwischen den Stämmen und ihren heimgekehrten Führern schuf. Eine erste Kostprobe des solcherart wiedererwachten kurdischen Selbstbewußtseins erhielten freilich zunächst die Briten und die in ihrem Besatzungsgebiet verbliebenen Reste persischer Obrigkeit verabreicht.

Der britisch-sowjetische Einmarsch hatte größte Verwirrung hervorgerufen. Da war beispielsweise von Persiens Verteidigungsminister, General Ahmad Nakhchevan, ein Grundsatzbefehl so mißverständlich formuliert worden, daß die Einheiten nicht nur in den großen Standorten, sondern auch in den Grenzgarnisonen versehentlich alle Wehrpflichtigen entließen. Die Kontrolle der ohnehin schwer zu überwachenden persisch-irakischen Grenze brach dadurch fast vollständig zusammen. Verschiedene Grenzstationen befanden sich nun in kurdischer Hand, und den kriegerischen Kurden des Irak war der ungehinderte Wechsel ins Nachbargebiet nicht mehr länger verwehrt.

Auch die anfangs zu weit nach Süden vorgepreschten Sowjets trugen bedachtsam zur weiteren Verwirrung bei. Die Garnison von Baneh etwa, ohnehin schon ihrer Wehrpflichtigen ledig, wurde von den Russen kurzerhand gefangengesetzt. Die einfachen Soldaten wurden als »befreit« nach Hause entlassen, die Offiziere und einige Unteroffiziere jedoch von den bald in ihre eigene Besatzungszone nach Norden abziehenden Sowjetsoldaten als Kriegsgefangene mitgeführt. Auch die kurdische Großstadt Sanandasch war von den

Russen zunächst besetzt worden, ehe man sie einem motorisierten Bataillon der britischen »Indian Rifles« überließ.

Die allgemeine Verwirrung nutzte mittlerweile der von der irakischen Seite mit 400 Reitern herübergewechselte Stammeshäuptling Hama Rashid. Nach zweitägigen Scharmützeln gegen die Handvoll übriggebliebener Perser besetzte er zunächst Baneh und rückte auf Sanandasch vor. Der Respekt vor den »Indian Rifles« hielt ihn aber vom Betreten der Stadt ab, und der eilends von Teheran entsandte General Mahmud Amin wurde mit britischer Duldung zum Militärbefehlshaber von Sanandasch ernannt. Amin besaß aber kaum militärische Mittel, ihm blieb nur die Hoffnung auf Entsatz durch das entlang der Westgrenze stationierte persische »Armeekorps West«. Als von dieser Einheit endlich drei Kampfkompanien, denen man sechs Panzer beigab, nach Saqqez und Baneh vorrückten, hatte Hama Rashid schon längst weitere Stammeskrieger um sich geschart. Den angreifenden Persern fügte er mit seiner inzwischen auf 2000 Mann angewachsenen Truppe empfindliche Verluste zu. Fünf der sechs Panzer, hinter denen die Kurden in schwierigem Gelände die einzige Holzbrücke verbrannt hatten, wurden von wagemutigen Einzelkämpfern vernichtet. Aber die Uneinigkeit der Kurden, schon von Moltke beklagt, verhinderte auch hier größere Erfolge: Persischen Mittelsmännern war es gelungen, den kurdischen Tilekuhi-Stamm gegen Hama Rashid in Sold zu nehmen. Rashids marschierende Verbände wurden von den Tilekuhis angegriffen, ausgeplündert und zerstreut.

Andere aufrührerische Kurdenstämme hatten inzwischen Sanandasch eingeschlossen, und auch Hama Rashid war mit den Resten seiner Verbände zu ihnen durchgestoßen. Als endlich auch der Persergeneral Amin, der sich wegen der undurchsichtigen Lage zunächst aufs Verhandeln verlegen wollte, in Sanandasch ankam, verordneten ihm die aufständischen Kurden Hausarrest, ließen ihn aber auf Bitten des britischen Kommandeurs der »Indian Rifles« wieder frei – nicht ohne ihn mit großer Geste wissen zu lassen, daß er sich widerrechtlich auf dem Territorium eines »Unabhängigen Kurdistan« befinde.

Nachdem die Kurdenführer diesen Hoheitsakt vollzogen hatten, verlangten sie nun auch von der britischen Besatzungsmacht die Anerkennung der kurdischen Unabhängigkeit. Der etwas ratlose und all dieser Verwirrung nicht gleich gewachsene britische Kommandeur spielte auf Zeitgewinn. Zehn Tage brauchte er, um endlich Rashid zu erklären, er sehe sich außerstande, die Frage der kurdischen Souveränität »hier und jetzt« zu entscheiden. Seine vorgesetzte Dienststelle im irakischen Bagdad müsse sich erst mit dieser Angelegenheit befassen. Nach Sanandasch jedenfalls ließ auch er die Rebellen nicht hinein.

Nach weiteren Tagen ereignislosen Wartens zogen sich die versammelten kurdischen Verbände wieder in das Bergland zurück. Geringschätzig kommentierte der spätere persische Generalstabschef und Militärhistoriker Hassan Arfa: »Stammeskrieger haben eben weder die Geduld noch die logistischen Voraussetzungen für eine länger andauernde Truppenkonzentration.« Im November faßte General Amin den Mut, den Stammestruppen in ihre Rückzugsgebiete nachzusetzen. In und um Saqqez allerdings ereilte ihn sein Schicksal, das vorher und nachher regulären Truppen im kurdischen Bergland häufig widerfahren ist: Seine Truppe wurde teils aufgerieben, teils gefangengenommen. General Amin selbst fiel. Und die regierungstreuen Tilekuhi-Söldner verloren ebenfalls 300 Mann. Eigenhändig erschoß der aufständische Kurdenhäuptling Hama Rashid den mit den Persern kollaborierenden Kurdenführer Ali Khan Habibi.

Während der wechselseitigen Kämpfe – die Forderung nach kurdischer Unabhängigkeit war mittlerweile schon wieder leiser geworden – fiel der erste Schnee des Winters und überdeckte die verworrenen Fronten: die Fronten zwischen Russen, Persern und Briten sowie zwischen Kurden und Kurden.

Im nächsten Frühjahr, im Mai 1942, hatte sich Teheran für eine größer angelegte Strafexpedition gerüstet, mit der man endlich die Probe aufs Exempel des verbliebenen Restes persischer Souveränität zu machen hoffte: Mit 2000 Mann und einem Dutzend leichten Panzern, wieder unterstützt von dem auf Rache dürstenden Stamm der Tilekuhi, rückte Oberst Arfa gegen Hama Rashids Krieger vor und brachte sie in Bedrängnis. Geringschätzig registrierte der persische Offizier, wie die verfeindeten Kurden aufs neue übereinander herfielen: Rashids Verbände seien Zug um Zug »vernichtend geschlagen worden«, und die Männer des Tilekuhi-Stammes hätten die Behausungen ihrer Feinde geplündert und vom Samowar bis zur Hochzeitstracht der Frauen alles Greifbare mitgehen lassen. Er habe versucht dazwischenzutreten; aber, so der Chronist: »Ich begriff, daß dies das normale Vorgehen bei Stammeskämpfen war.«

Aber kaum schien den Persern diese Episode ausgestanden, schlug der Wind wieder um. Auf britischen und russischen Druck mußte Teheran seine Truppen zwischen Saqqez und Baneh stoppen und die Verständigung mit Hama Rashid suchen. Offenkundig wollten die Alliierten an der Demarkationslinie ihrer Besatzungszonen keine persische Militärmacht. Der britische Kommandeur Major Fletcher fuhr eigens aus Kermanschah nach Norden, um die Verhandlungen zu überwachen. Das Ergebnis war ebenso absurd wie für die Kurdenpolitik im Zweiten Weltkrieg charakteristisch: Hama Rashid, gestern noch als Todfeind verfolgt, wurde von Teheran als Gouverneur von Baneh eingesetzt. Seine Krieger durften ihre Waffen behalten, und den iranischen Polizei- und Armeekräften wurde strengste Zurückhaltung im kurdischen Gebiet auferlegt. Erst Ende 1942 gelang es den Persern, in der Provinz Kurdistan halbwegs ruhige Verhältnisse wiederherzustellen, die dann mit Hilfe der Briten, die gerade im benachbarten Irak die Gefährlichkeit und Unkontrollierbarkeit kurdischen Freiheitsstrebens am eigenen Leib zu spüren begannen, auch bis 1945 und darüber hinaus im großen und ganzen so blieben.

Völlig anders sah es allerdings in der neben türkisch sprechenden Aserbeidschanern auch von einer starken kurdischen Bevölkerung bewohnten, sich im Norden anschließenden Provinz Aserbeidschan aus. Dort herrschten seit 1941 die Russen. Sie hatten von Anfang an eine aktivere Einstellung zum Kurdenproblem. Zwar wollten sich auch die Sowjets die persische Option für alle Fälle offenhalten, aber auch das kurdische Eisen gedachte man zu schmieden, solange es heiß war.

Es war nicht verwunderlich, daß die Kurden den Russen, deren Einmarsch den neuen Aufbruch ja erst möglich gemacht hatte, mit einer gewissen Dankbarkeit und Hoffnung gegenüberstanden. Selbst alte kurdische Bedenken gegen die Islam-Feindlichkeit der sowjetischen Politik und auch die Erinnerung an die Brutalität und an die Exzesse, die sich russische Truppen während des Ersten Weltkrieges besonders in der Kermanschah-Gegend hatten zuschulden kommen lassen, traten gegen die Hoffnungen auf Erlösung durch die Sowjets zurück. So begann eine eigenartige russisch-kurdische Allianz, die Jahrzehnte dauern sollte.

Es war eine buntscheckige Gesellschaft, die sich an einem kalten Novembertag 1941 in einem reservierten Salonwagen des fahrplanmäßigen, dreimal wöchentlich zwischen der persischen Industrie- und Teppichstadt Täbris und dem sowjetischen Erdölzentrum Baku verkehrenden Zuges niederließ. Dem vielleicht 50jährigen, aber noch jugendlich wirkenden, untersetzten Wortführer der Gruppe konnte man in seinem schlechtsitzenden Zivilanzug nicht ansehen, daß es sich um einen wichtigen Sowjetgeneral handelte.

Aber Salim Atakchiov, so hieß der General, war auch nicht in militärischer, sondern in politischer Mission unterwegs. Wochenlang hatte der schlaue, wortgewandte und verbindliche Offizier aus Baku – selbst aserbeidschanischer Herkunft – bei den verschiedenen politischen Gruppierungen und vor allem bei den einander nur selten gewogenen Stammeshäuptlingen der Kurden aus der sowjetischen Besatzungszone des nordwestlichen Persien vorgefühlt und die Chancen einer russisch-kurdischen Zusammenarbeit erkundet. Oberst Aslanov, ein sowjetischer Offizier kurdischer Abstammung, hatte ihm dabei ebenso assistiert wie der Genosse Mustafayov, der von einer umsichtigen Regie rechtzeitig in die Handelsabteilung des russischen Konsulats in Rezaiyeh, dem heutigen Urmia, eingebaut worden war.

Die drei Offiziere konnten jetzt zufrieden um sich blicken. Was sie in diesem Sonderwagen der sowjetischen Staatsbahn versammelt hatten, das waren an die 30 der wichtigsten politischen und Stammesführer der Kurden. Man hatte sie zu einer »Studienreise« in die Sowjetunion eingeladen, und die Kurdenführer waren der Einladung gerne gefolgt. Denn auf der Suche nach einem Verbündeten für ihren Freiheitskampf waren sie auch bereit, von der Sowjetunion Hilfe anzunehmen.

Die Gesellschaft war malerisch gekleidet. Bunt mit der typischen Kurdentracht gemischt, trugen einige der Häuptlinge einzelne längst aus der Mode gekommene europäische Kleidungsstücke. Aber ebenso zusammengewürfelt war auch die Häuptlingsgruppe selbst: Aus der Bukan-Gegend kam der legendenumwitterte Stammesführer Hadschi Baba Shaikh. Männer wie Rashid Beg, Zero Beg und Taha repräsentierten gleich drei verschiedene Fraktionen des mächtigen Herki-Stammes. Selbst Feinde hatte die diplomatische Kunst des Genossen Salim Atakchiov zusammengebracht: Mit Hadschi Quarani Agha und dem »Hochmögenden Herrn« Hamza Nalos waren die beiden Führer der völlig zerstrittenen Stammeshälften der Mamash, die westlich von Mahabad siedelten, an ein und demselben Tisch des Salonwagens vereint und nahmen von den Dienern winzige Gläschen sehr heißen und sehr starken Tees und die russischen Papirossi in Empfang.

Wichtiger noch als alle Stammeshäuptlinge war für die sowjetischen Pläne aber der politische Führer der Kurden von Mahabad, der Jurist, Notar und Geistliche Ghasi Muhammad. Angetan mit dem weißen Kopftuch der Mullahs und mit einem in Teheran geschneiderten Maßanzug im europäischen Stil, repräsentierte er das reiche und gebildete Bürgertum der kurdischen Stadt. Muhammad war der Sohn des in Kurdistan legendären Ghasi Ali, und auch zahlreiche andere Verwandte waren Ghasis, gehörten also zu jenem für die islamische Welt charakteristischen Berufsstand, der geistlichen Auftrag und weltliches Richteramt in sich vereint.

Als Kind hatte Muhammad eine der von Mullahs geleiteten Kutub Kanehs besucht, etwa einer religiösen Grundschule vergleichbar. Seine eigentliche Bildung aber hatten ihm der berühmte Vater und die vielsprachige Bibliothek eines großen Bürgerhauses vermittelt. In seiner ersten beruflichen Station leitete er das Amt für religiöse Stiftungen und Einrichtungen der Stadt Mahabad.

Nachdem er zum Ghasi ernannt worden war, nahm sein Einfluß rapide zu. In allen juristischen Fragen hatte er bald das letzte Wort, und politischen, religiösen oder gesellschaftlichen Veranstaltungen gab erst seine Anwesenheit das richtige Prestige. Mit seinem energischen, ja diktatorischen Auftreten, seiner mitreißenden Rednerbegabung und seiner eindringlichen, immer nach drei oder vier Worten von einer Pause wirkungsvoll betonten Sprechweise war er der Mann, dem man am ehesten zutrauen konnte, dem allgemeinen Aufbruch des erwachenden kurdischen Nationalismus ebenso klug wie kraftvoll Ausdruck zu verleihen.

Jetzt, in dem Sonderwagen der sowjetischen Staatsbahn, wirkte er reichlich deplaziert. Von dem einerseits zwar herrischen, andererseits jedoch bäuerlichen und unsicheren Auftreten der Stammeshäuptlinge hob ihn seine umfassende Bildung hervor, von der Weltanschauung seiner kommunistischen Gastgeber trennten ihn Religion und sozialer Stand.

Aber die russische Regie verstand es, diese Gegensätze zu überspielen und den Kurdenführern Vertrauen in eine noch nicht näher definierte Hilfe einzuflößen. Kaum war die Gesellschaft in Baku angekommen, spulten die Sowjets ein beeindruckendes Programm ab. Einige Tage lang wurden Fabriken und landwirtschaftliche Güter besichtigt. Mit Empfängen und mit Besuchen in Theatern und Kinos hielt man die Gäste aus der Provinz des Nachbarlandes bei Laune. Ghasi Muhammad, so wird von Teilnehmern der Reise berichtet, wurde mit besonderer Ehrerbietung behandelt. Sie erstreckte sich selbst auf seinen achtjährigen Sohn Ali, der den Vater begleitete. Der Junge erhielt von den sowjetischen Gastgebern sogar eine Pistole überreicht. »Das war vielleicht symbolisch im Hinblick auf die kommenden Ereignisse«, kommentierte aus der Rückschau der amerikanische Diplomat William Eagleton zu Recht.

Ali, 60 Jahre später emeritierter Diplomat und einer der »alten Herren« der Kurdenbewegung, erinnerte sich im Gespräch mit mir noch ein halbes Jahrhundert nach der Reise voller Begeisterung an den Aufenthalt: »Von Baku war ich ganz fasziniert. Ich sah die ersten Kaufhäuser und den ersten Aufzug und fuhr einen ganzen Tag damit rauf und runter. Die Russen führten uns – ich war das einzige Kind in der Gruppe – auch in den Zirkus. Sie behandelten uns alle besonders liebenswürdig, und auch ich bekam mehrere Geschenke, darunter einen Koran, einen Anzug und eine kleinkalibrige Pistole. Auch der Ministerpräsident der Aserbeidschanischen Sozialistischen Sowjetrepublik, Dschafar Baghirov, war zu uns sehr leutselig. Mein Vater nannte mich immer ›Kurerash‹, was soviel wie ›schwarzer Junge‹ heißt. Baghirov schlug lachend vor, mich in ›roter Junge‹ umzubenennen, Schwarz sei doch die Farbe des Faschismus. Aber mein Vater witzelte zurück: Dafür ist er jedoch so tapfer wie die ganze Rote Armee.«

Die Stammeshäuptlinge erhielten jeder einen handgearbeiteten Ledersattel zum Geschenk – und sechs Meter wertvollen Chintz, einen Kleiderstoff für die zu Hause gebliebene Frau. Auf eigene Kosten erwarben viele Kurden auch noch ein Jagdgewehr aus der Werkstatt russischer Büchsenmacher. Höhepunkt der Reise war ein nächtlicher Empfang bei Baghirov. Zur Begrüßung und in den

Tischreden sprach dieser in verbindlichen Worten von der Freundschaft der Sowjetunion mit den unterdrückten Nationalitäten und insbesondere mit den Kurden. Er beschwor die gute Nachbarschaft zwischen dem aserbeidschanischen und dem kurdischen Volk. Aber er spielte auch auf die vielen Überfälle und Plünderungszüge kurdischer Stämme im Gebiet ihrer Nachbarn an und forderte die Kurden auf, hinfort »wie Brüder« neben den Aserbeidschanern zu leben.

Was über die allgemeine Einbindung der Kurdenführer in die sowjetischen Interessen und über gegenseitige Sympathiekundgebungen hinaus an konkreten politischen Zugeständnissen vereinbart wurde, blieb unter den Teilnehmern dieses Ausflugs hinterher allerdings umstritten. Hatte Ghasi Muhammad die direkte russische Anerkennung der kurdischen Unabhängigkeit herausgehört, blieben die Stammeshäuptlinge in ihrer Bilanz bescheidener. Ihnen genügte es, daß die sowjetischen Gesprächspartner nicht der kurdischen Forderung widersprachen, den Stämmen die vor und während der russisch-britischen Besetzung Persiens zum Teil requirierten Waffen samt Munition zu belassen, sie also in ihrem Status als bewaffnete Macht anzuerkennen. Die Sowjetunion, so lautete jedoch das allgemeine Fazit, stand auf der Seite der Kurden.

Die Russen freilich urteilten sehr viel vorsichtiger: Noch war in Moskau nicht über das zukünftige Schicksal entschieden, das die sowjetische Nahostpolitik dem persischen Kaiserreich zugedacht hatte. Noch war beispielsweise unklar, wie man mit der aserbeidschanischen Minderheit der beiden Länder nach dem Krieg zu verfahren gedachte. Sollte man, wie Ministerpräsident Baghirov dies vorschlug, das persische Aserbeidschan mit dem sowjetischen vereinigen? Sollte man den persischen Nationalstaat als Ganzes erhalten und ihn ungeteilt dem Sog der russischen Politik unterwerfen? Und welche Rolle war dabei den Kurden zugedacht?

Der persische Historiker Arfa schreibt dazu: »Offenkundig hatte die sowjetische Haltung zur Kurdenfrage zu diesem Zeitpunkt noch nicht ihre endgültige Gestalt angenommen, da wohl gegensätzliche Auffassungen miteinander konkurrierten. Entsprechend der allgemeinen Linie ihrer Politik hätte die Sowjetregierung sicher gerne bei der Schaffung eines kurdischen Staates mitgewirkt, der die Kurden des Iran, des Irak und der Türkei umfassen sollte, eines Staates, der dann Rußland verpflichtet oder sogar freundschaftlich verbunden wäre. Auf diese Weise wären auch die antikommunistischen und antisowjetischen Systeme der Türkei und des Irak, die man unter westlichem Einfluß wähnte, beträchtlich geschwächt worden, und der weiteren sowjetischen Infiltration im Nahen Osten wäre eine Tür offengestanden. Auf der anderen Seite hätte ein solcher Staat, der große und nicht von sowjetischen Truppen besetzte Gebiete umfaßt hätte, sehr leicht einen Geist der Unabhängigkeit entwickeln können, der der Moskauer Politik zuwiderlaufen konnte. Letztendlich hätte ein solcher Staat auch unter westlichen Einfluß geraten können, zumal die reale politische Macht in allen kurdischen Gebieten damals in den Händen von Großgrundbesitzern, Stammesfürsten und religiösen Führern ruhte, von konservativ, wenn nicht sogar reaktionär gesonnenen Leuten also, die wahrscheinlich den sowjetischen Intentionen mißtrauisch und der kommunistischen Weltanschauung feindselig gegenüberstanden.«

Entsprechend dieser klassischen Beurteilung, welche die lange Zeit gültigen und jederzeit aktivierbaren Prämissen der russischen Kurdenpolitik beschreibt, blieb die Sowjetunion nach den Verhandlungen in Baku abwartend. Gleichzeitig wurde die kurdische Führung weiter bedachtsam in das aus Wünschen, halben Versprechungen und persönlichen Gefälligkeiten gewebte russische Netz verstrickt. Die kurdische Bewegung aber, in dem Glauben bestärkt, die große Sowjetunion werde zur gegebenen Zeit schon helfen, drängte ungestüm vorwärts.

7
Der »Pakt der drei Grenzen«

Die kurze Episode eines eigenen Kurdenstaates

Nichts hatte das persische Kurdenstädtchen Mahabad eigentlich dafür prädestiniert, einmal in die Geschichte einzugehen. Bis zum Zweiten Weltkrieg, als die Stadt im Niemandsland zwischen britischer und russischer Besatzungszone ein Mittelpunkt des kurdischen Unabhängigkeitsstrebens wurde, war Mahabad nur ein paar Reisenden, einigen Händlern und Missionaren, kaum aber den Historikern und schon gar nicht den Politikern bekannt.

Der Ort erhebt sich mit seinen staubigen Häusern von den südlichen Ufern des von den Einheimischen Saudsch Bulaq genannten Flusses, was türkischen Ursprungs ist und soviel wie »Kalter Frühling« bedeutet. Auch die Stadt selber wurde von den Kurden und Aserbeidschanern der Gegend Saudsch Bulaq genannt, ehe die auf arisch-persische Sprachreinheit bedachte Politik des Schah-inschah Reza Khan Pahlevi den persischen Namen Mahabad durchsetzte.

Es gab Reisende, die sich stärker von der Sehenswürdigkeit einer 15 Kilometer weiter flußabwärts in den Felsen gehauenen Grabkammer aus medischer Zeit angezogen fühlten als von dem so wenig spektakulären Saudsch Bulaq. 1834 wußte der Engländer Baillie Fraser nicht mehr festzuhalten als die Bemerkung, es handle sich um »a nice town on a fine stream«. Und noch kurz vor 1900 fand Isabella Bird Bishop einen Ort mit höchstens 5000 Einwohnern vor – allerdings zusätzlich mit 1000 Soldaten, die nötig waren, um die schon damals verfeindeten Kurden und Aserbeidschaner auseinanderzuhalten. Der prägende Eindruck, den die Reisende mitnahm, war eher grausig: Sie war von der falschen Seite her in den Ort geritten und fand sich plötzlich in endlos scheinenden, ineinander übergehenden Friedhöfen, deren nur oberflächlich verscharrte Tote die Luft verpesteten.

Ein halbes Jahrhundert später, zur Zeit der Besetzung Persiens durch die Sowjets und Briten im Zweiten Weltkrieg, hatte sich Mahabad allerdings zum Mittelpunkt der dem kurdischen Bergland vorgelagerten Ebene entwickelt. 16 000 Einwohner zählte die Stadt inzwischen, und sie war das religiöse Zentrum vieler kurdischer Stämme.

Die Stadt besaß nun tatsächlich eine Atmosphäre, wie sie sich die Leser Karl Mays vorstellen mochten. Zwischen dem Vier-Lampen-Platz im Süden über den Basar im Zentrum bis zu den beiden Ausfallstraßen nach Rezaiyeh – heute Urmia – und Miandoab im Norden wimmelte es malerisch durcheinander. Die aus den Bergen herabgekommenen Dörfler trieben ihre Herden dunkelbrauner oder gescheckter Schafe und Ziegen durch den Ort, um sie am Rande des Basars zum Kauf anzubieten. Andere zogen mit schwer beladenen Eseln, bepackt mit Lebensmitteln, wieder zurück in die Dörfer. Die Straßen und Gassen der Stadt waren von Scharen zerlumpter Kinder bevölkert.

»Überall«, daran erinnerte sich der US-Diplomat und Schriftsteller William Eagleton, der Mahabad ein Buch gewidmet hat, ganz besonders, »konnte man dazwischen die verblüffend feinen Gesichter der kurdischen Frauen sehen, die überhaupt nicht oder nur wenig verschleiert waren. Die Frauen gingen ihrer Arbeit nach oder machten Besorgungen. An den Spaziergängen oder den Straßenecken-Debattierklubs, die strikt den Männern vorbehalten waren, nahmen sie keinen Anteil.«

Die Männer der Stadt hatten als Zugeständnis an die von Reza Khan erzwungene Modernisierung des Iran ihre kurdische Tracht schon mit Konfektionsanzügen europäischer Machart vertauscht, aber noch immer trugen die meisten den kunstvoll um die runde Filzkappe geschlungenen Turban. Hoch zu Roß und mit stolzem, unbeteiligtem Blick die städtische Lebensart in die Schranken weisend, zogen kurdische Stammeskrieger durch das Gewimmel, den Turban verwegen schief gebunden und die in die weiten Pluderhosen gesteckten Beine elegant aus dem Sattel gestreckt. Nach dem Gang zum Friseur, der bei schönem Wetter seiner Arbeit am liebsten im Freien nachging, und nach den Einkäufen im Basar kehrten die Stammeskrieger gern noch in einem der »Tschai Kanehs«, einem Teehaus, ein oder leisteten sich ein über dem offenen Feuer gegrilltes »Schisch Kebab«, das man damals wie heute ebenso wie die Beilagen Reis, frische Kräuter und eine rohe Zwiebel portionsweise in von großen Fladen abgerissenen Brotscheiben zurechtmacht und dann wie ein Sandwich verspeist.

Auch der Basarhandel war fast ausschließlich kurdisch, von einer Handvoll Armenier und vielleicht ein paar Dutzend Juden abgesehen. Sie kontrollierten vor allem den bei den Moslems verpönten Wein- und Spirituosenhandel oder arbeiteten als Goldschmiede. Nur ein einziger Russe, ein Pferdehändler, der gleichzeitig als Einkäufer für die sowjetische Besatzungsarmee tätig war, lebte zur Zeit des Ausflugs der Kurdenführer nach Baku und der dadurch geweckten Hoffnungen in der Stadt. Die nächste sowjetische Garnison befand sich eine Autostunde weiter nördlich. Von der persischen Obrigkeit war kaum noch etwas vorhanden. »Schritt für Schritt«, klagt die einheimische Geschichtsschreibung der Nachkriegszeit, »ging die Macht in die Hände einer Gruppe kurdischer Bürger über.«

Kaum ein Jahr war seit dem russisch-kurdischen Gespräch in der sowjetaserbeidschanischen Hauptstadt Baku verstrichen, als der Nationalgedanke der Kurden des Iran zum erstenmal politische Gestalt annahm. Zunächst schien freilich alles noch ein wenig romantisch und bedeutungslos: Es waren etwa 15 Männer, die sich am 16. September 1942 bei Tee und kleinen Kuchen unter den schattigen Bäumen eines Gartens am Ufer des Saudsch Bulaq beim nördlichen Ausgang Mahabads versammelten. Der jüngste war 19 und hatte gerade die Lehrerausbildung in Rezaiyeh hinter sich, der älteste war um die 50 und verdiente seinen Lebensunterhalt als Leiter der städtischen Tabakbehörde. Nichts Spektakuläres war an diesen 15 Leuten, aber sie wollten dennoch nichts Geringeres, als die nun schon ein Jahr lang geführte Diskussion über die kurdische Souveränität mit der Gründung einer politischen Partei beschleunigen. Diese Partei sollte als Instrument des erwachten Volkswillens die Unabhängigkeit der kurdischen Nation erkämpfen.

Als Berater hatte man Mir Hadsch, einen kurdischen Hauptmann der Armee des Irak, zu Gast, der auch die Grüße einer während der britischen Mandatszeit im Nordirak entstandenen geheimen Gesellschaft überbrachte. Sie nannte sich auf kurdisch Hewa, was soviel wie »Hoffnung« bedeutet. Allerdings gehörten der Hewa praktisch keine Stammeskurden, sondern ausschließlich großstädtische Intellektuelle, Schriftsteller, Journalisten und Offiziere an.

Mir Hadsch verfügte aus jahrzehntelangen Erfahrungen mit der britisch-irakischen Unterdrückung der Kurden im Nachbarland über genügend Praxis, die er gerne in Ratschläge für die Brüder in Persien ummünzte. Er schlug vor, zwar nicht die zu gründende Partei selbst, aber doch ihre Organisationsprinzipien geheimzuhalten. Die Bewegung sollte sich in Zellen gliedern, und nur die einzelnen Zellenmitglieder sollten einander kennen, nicht aber die Mitglieder der einen Zelle die Führer oder Mitglieder einer anderen. Wahrscheinlich war niemandem an diesem Nachmittag bewußt, daß man sich anschickte, die Organisationsprinzipien der Kommunisten zu übernehmen. So schreckte auch niemand zurück, als Mir Hadsch den Vorschlag unterbreitete, die hier Versammelten als »Komitee«, auf kurdisch »Komala«, zu bezeichnen. Man einigte sich auf den vollen Namen »Komitee für die Auferstehung Kurdistans« (»Komala i Zhian i Kurdistan«) und ging auseinander.

Wie so oft in der Geschichte nahm nach diesem nichtssagenden Anfang die Bewegung dennoch ihren Lauf. Nach sechs Monaten hatte man rund 100 kurdische Bürger der Stadt Mahabad als Mitglieder geworben und jeden einzelnen vor jeweils drei Zeugen auf den Koran vereidigt. Im April 1943 wurde bereits ein Zentralkomitee aus fünf Mitgliedern geheim gewählt.

Bald griff die Bewegung auf die umliegenden Stammesgebiete über. Begreiflicherweise mußte man sich allerdings auf die Gegenden nördlich von Saqqez beschränken, auf jenes Gebiet also, in dem weder britische Besatzer noch persische Sicherheitskräfte die »Komala« an der Ausbreitung hindern konnten. Die Stammeshäuptlinge schlossen sich der neuen Partei an, so beispielsweise die Führer des mächtigen Herki-Stammes, und selbst der berühmte Amir Khan Sharifi vom Stamm der Shikaks wurde aktives Mitglied. Auch Kurdenführer des Irak und sogar aus der Türkei fühlten sich von der »Komala« angezogen. Es kam zu wechselseitigen Besuchen und zu Diskussionen über gegenseitige Hilfe und die zukünftigen Pläne. Der Gedanke an einen kurdischen Einheitsstaat, der alle Kurden Irans, des Irak und der Türkei aufnehmen sollte, trat erstmals aus der Fülle regionaler Aktivitäten hervor. Die Idee von einem Groß-Kurdistan wurde geboren.

Im August 1944 kam es zu jenem Ereignis, das man symbolisch mit dem berühmten Rütlischwur vergleichen könnte. Für die ersten Schweizer Eidgenossen war es eine von Felswänden und Gebüsch umgebene Uferwiese am Urner See, an der sie der Sage nach am Mittwoch vor Martini des Jahres 1291 den Rütlischwur leisteten. Sie gelobten einander, die Vögte zu verjagen und ihre drei Kantone Schwyz, Uri und Unterwalden von der Herrschaft des Hauses Habsburg zu befreien.

Die Eidgenossen des kurdischen Rütlischwures mußten eine etwas beschwerlichere Anreise als ihre Schweizer Vorgänger bewältigen. Sie hatten sich – genau an der Stelle, an der die irakische, die iranische und die türkische Grenze zu einem Dreiländereck aufeinandertreffen – den Dalanpar ausgesucht, der fast 3600 Meter aufragt. Die Männer erklommen in stundenlangem Aufstieg den Gipfel und unterzeichneten dort den heute noch unter den Kurden legendären »Peman i Seh Senur«, den »Pakt der drei Grenzen«.

Der Pakt sah gegenseitige Unterstützung vor sowie die gemeinsame Nutzung aller materiellen und menschlichen Ressourcen in einem zu schaffenden Groß-Kurdistan. Für die persischen Kurden war von der »Komala« aus Mahabad das ZK-Mitglied Quasim Quaderi vertreten. Aus dem Irak waren Scheich Obaidullah und aus der Türkei Ghasi Mulla Wahab zu dem denkwürdigen Ereignis angereist.

Vom Gipfel des Dalanpar schaute man in drei verschiedene Staaten hinab. Aber die Augen der Kurden, die an diesem Augusttag des Jahres 1944 ihren Blick von dort schweifen ließen, sahen nur noch ein einziges Land: den kurdischen Staat der Zukunft. Auch eine Karte des Landes der Verheißung hatten die Vertreter der »Komala« bereits vorbereitet. Sie stützten sich dabei auf die Vorarbeiten des Dachverbands »Khoybun«, die eine Handvoll kurdischer Adliger und Intellektueller unter Führung des Prinzen Bedir Khan in der Emigration in Beirut, Damaskus, Kairo und Paris geleistet hatten.

Beim Zuschnitt der Grenzen des geplanten Staates war man reichlich unbefangen und sehr großzügig vorgegangen. Sie stimmten, was das Kernland mit seiner Ausdehnung vom biblischen Berg Ararat im Norden bis zur Ebene von Euphrat und Tigris im Süden anging, noch einigermaßen mit den Wohngebieten der Kurden überein. Und auch die völlige Einverleibung der Stadt Kirkuk mit ihren reichen Ölfeldern war noch diskutabel. Stellten doch die Kurden in diesem Raum wenn schon vielleicht nicht die absolute Mehrheit der Bevölkerung, so doch – neben turkomanischen und arabischen Bewohnern – wenigstens die größte ethnische Gruppe, in der Stadt Kirkuk sogar mehr als die Hälfte.

Offenkundig hatte aber die Faszination, die von Zugängen zum Mittelmeer und zum Persischen Golf ausging, den Wirklichkeitssinn der Architekten des großkurdischen Staates stark strapaziert. So war es beispielsweise fraglich, ob das Vorhandensein einiger Kurdendörfer im Norden der syrischen Stadt Aleppo tatsächlich einen Korridor vom kurdischen Kernland bis zum Mittelmeer rechtfertigte. Noch problematischer war der vorgesehene Zugang zum Persischen Golf. Er setzte voraus, daß man die sich südlich an die zweifelsfrei kurdische Kermanschah-Gegend anschließenden Stämme der Luren und der Bachtiaren als dem kurdischen Volk zugehörig betrachtete, zweier Stammesgruppen also, die sich nach ihrem eigenen Selbstverständnis zu den Kurden etwa so verhielten wie die Flamen zu den Deutschen oder die Ukrainer zu den Russen.

Auch eine Flagge hatte man für das zukünftige Groß-Kurdistan schon entworfen. In Umkehrung der Farben des Iran zeigte die kurdische Trikolore von oben nach unten die Farben Rot, Weiß und Grün. In der Mitte prangte das kurdische Wappen: eine aufgehende Sonne, flankiert von Weizenähren, dahinter ein schneebedeckter Berg und eine Schreibfeder.

Selbst ein Nationalepos war schnell geschaffen: Eine Gruppe junger »Komala«-Mitglieder hatte in der Stimmung des nationalen Aufbruchs eine Sprechoper verfaßt und in Mahabad für die Bühne eingerichtet. Mit ihrer Hilfe sollte das Volk in die richtige Hochstimmung versetzt werden. »Daik i Nishtiman«, was soviel wie »Mutterland, Heimatland« bedeutet, war – ähnlich wie die Pekingopern in der Zeit der sogenannten Viererbande – ganz auf Agitation abgestimmt. Der Inhalt war ebenso eingängig wie einfach: Die Heimat in Gestalt einer Mutter befand sich in Gefahr, sie wurde von den Feinden in Ketten gelegt und zum Schluß von den auferstandenen Söhnen des Landes errettet.

Die kurdischen Massen, die zum erstenmal in Form eines Dramas mit ihrem nationalen Schicksal konfrontiert wurden, waren von der Oper stärker beeindruckt als von vielen politischen Reden und Versammlungen vorher. Ein Teilnehmer berichtete: »Die Vorstellungen nahmen den Charakter von religiösen Massentaufen an.« Nachdem man »Mutterland, Heimatland« mehrere Monate vor vollem Haus in Mahabad gespielt hatte, zog die Truppe über Land und entfachte überall den gleichen nationalen Taumel, den das Agitationsstück ja bezweckte.

Auch in der von Sowjettruppen besetzten Zone wurde es gespielt. Ein in die politischen Hintergründe der russisch-kurdischen Aspirationen offenbar nicht eingeweihter Politkommissar einer sowjetischen Garnison nahm daran Anstoß, daß es sich bei den Schurken, die die Mutter in Ketten legten, um Perser handelte. Er befahl – allerdings vergeblich – die Perser zu streichen und statt dessen »die Nazis« als Schurken in das Libretto einzubauen. Besser eingeweihte Sowjets brachten es später fertig, unter die kurdischen Retter auch einen Russen einzuschmuggeln.

Zwar hatte die »Komala« an fast alles gedacht, was sie als die Attribute der Unabhängigkeit betrachtete; aber immer noch hatte sich aus ihren Reihen nicht die richtige Führerpersönlichkeit herauskristallisiert, die an die Spitze des neu zu schaffenden Staates, dessen erste Phase man mit russischer Hilfe zunächst in Persien zu verwirklichen gedachte, treten konnte. Erstaunlicherweise hatten auch die Sowjets – obwohl man sie mit Fug und Recht als Ziehväter der »Komala«-Bewegung betrachten konnte – auf die übliche Unterwanderung nationaler Befreiungsorganisationen und auf die sonst praktizierte »Palastrevolution von links« verzichtet.

Auf der Suche nach einem geeigneten Führer war von Anhängern der »Komala« immer wieder der prominenteste Bürger der Stadt Mahabad vorgeschlagen worden. Das Zentralkomitee allerdings hatte abgewinkt. Denn dessen Mitglieder wußten, daß die Autorität Ghasi Muhammads und nicht zuletzt seine Wertschätzung durch die Russen das Zentralkomitee selbst in die zweite Reihe verweisen würde. Andererseits konnten die »Komala«-Aktivisten nicht davon abgehalten werden, auch den Kurden Ghasi Muhammad für eine ihrer Zellen zu werben.

So wurde der Richter an einem Oktobertag des Jahres 1944 in einem Privathaus, in dem sich zwei Dutzend Komitee-Mitglieder versammelt hatten, als Gast empfangen. Aus Sicherheitsgründen sprachen nur zwei von ihnen in einem abgetrennten Raum Ghasi

Muhammad auf seine Ziele und die eventuelle Mitgliedschaft im »Komitee für die Auferstehung Kurdistans« an. Sollte er ablehnen, brauchte er nur das Haus zu verlassen. Würde er annehmen, wollte man ihn vor den anderen vereidigen.

Aber alle Vorsichtsmaßnahmen erwiesen sich als unnötig: Ghasi Muhammad zögerte keinen Augenblick. Ein Historiker kommentiert: »Von Stund an war er, obwohl nie in das Zentralkomitee gewählt, Stimme und Führer der Partei.«

In der Zwischenzeit waren auch die Russen nicht untätig geblieben. In der damaligen Phase ihres politischen Dauerschachs um den Nahen Osten hatten sie zwei Eröffnungen vorbereitet, ohne zunächst zu entscheiden, welche sie zur Erreichung ihres Zieles spielen wollten. Sie hatten einerseits die aserbeidschanische und die kurdische Volksgruppe ihrer Besatzungszone umworben, zur Unabhängigkeit ermutigt und die Vorbereitungen zur Abspaltung von Persien aktiv unterstützt. Zum anderen hatten sie gleichzeitig mit der Formierung der kommunistischen Tudeh-Partei – der Massenpartei für ganz Iran – auch auf die Erhaltung des iranischen Staatsgebietes gesetzt und erprobt, wie weit sich mit Hilfe der Tudeh nicht gleich das ganze Land in ein kommunistisches Fahrwasser lenken ließe.

Die Parlamentswahlen des Jahres 1942 hatten die russischen Drahtzieher dieser Partei jedoch stark ernüchtert. Nur insgesamt acht Abgeordnete konnte die Tudeh damals in das Parlament, die »Majlis«, nach Teheran entsenden. Drei davon waren auf direkten Druck der sowjetischen Besatzungsmacht, vier weitere auf dringendes Anraten der Briten – angeblich zur Besänftigung der Russen – aufgenommen worden, und nur einer war direkt vom Volk gewählt. Aus diesem Fehlschlag zogen die Sowjets schnelle Konsequenzen und richteten sich ab 1943 darauf ein, das Spiel mit dem aserbeidschanischen und dem kurdischen Bauern zu eröffnen.

Eventuell noch vorhandene Bedenken wegen der Reaktion der Weltmeinung auf die geplanten Veränderungen im nordwestpersischen Raum wurden dann offenbar durch das siegreiche Ende des Krieges gegen Deutschland im Jahr 1945 endgültig beseitigt. Hatte die Sowjetunion nicht schon die drei baltischen Staaten, das rumänische Bessarabien und einen Teil Finnlands während des Krieges annektiert, ohne daß nun nach 1945 die Weltöffentlichkeit auf eine

Herausgabe der okkupierten Gebiete drängte? Hatte der Westen nicht sogar die Amputation weiter Gebiete Ostpolens akzeptiert, eines Landes, für dessen Unversehrtheit die Westmächte angeblich in den Krieg gezogen waren? Auch die von Rußland durch die Verträge von Brest-Litowsk 1918 und von Kars 1921 an die Türkei abgetretenen Gebiete wurden jetzt wieder zurückgefordert.

Warum sollte man nun nicht das Spiel um den Nahen Osten mit einem ersten Zug in der »allgemeinen Richtung auf den Persischen Golf« eröffnen?

Den nächstliegenden Anfang machten die Sowjets mit Aserbeidschan. In diese Provinz hatten die russischen Besatzungstruppen bereits 1941 einen kommunistischen Veteranen mitgebracht, der nicht nur zuverlässig und altgedient, sondern auch Aserbeidschaner und aus dem persischen Täbris gebürtig war. Dschafar Pishevari hatte den Bolschewisten schon Anfang 1921 gedient, als sie die kurzlebige separatistische Regierung in der damaligen persischen Provinz Gilan einsetzten – ein Experiment, das bereits nach wenigen Wochen, Ende Februar 1921, wieder zusammenbrach. Bezeichnenderweise legte der Vertrag, den Moskau seinerzeit bei der Räumung des Gebietes mit Teheran abschloß, auch fest, daß die Sowjets in gewissen Fällen ihre Südgrenze nach Persien hinein überschreiten durften.

Pishevari hatte die zwei Jahrzehnte zwischen dem Scheitern des ersten Abtrennungsexperimentes 1921 bis zum Beginn des zweiten in der sowjetischen Emigration in hohen Parteistellungen verbracht. Als er nun nach Täbris zurückkehrte, brachte er ein paar hundert Aserbeidschaner aus der Gegend um Baku mit. Vor allem aber konnte Pishevari mit der ungelösten nationalen Frage Aserbeidschans argumentieren. Schon im Jahr 1828 hatte ein russisch-persischer Vertrag die Türkisch sprechenden Aserbeidschaner auf die beiden Länder aufgeteilt. Der Fluß Aras bildete hinfort nicht nur die Grenze zwischen den beiden Staaten, sondern trennte auch das aserbeidschanische Volk. Eine Million gehörte nun zum russischen Reich, eineinhalb Millionen wurden Persien einverleibt. Und wie die Kurden und andere Minderheiten wurden auch die Aserbeidschaner von der Dynastie der Pahlevis unterdrückt und damit erst der Ansatzpunkt für die Erlösungssehnsucht aserbeidschanischer Nationalisten geschaffen.

»Reza I.«, so gab selbst der offiziöse persische Geschichtsschreiber Amirsadeghi in einem 1977 erschienenen Buch selbstkritisch zu, »hatte die Bürger der Provinz Aserbeidschan als iranische Untertanen betrachtet, die es so schnell und vollständig zu integrieren galt wie möglich. Eine Maßnahme, die er dazu ergriff, war es, den Gebrauch des Azeri genannten aserbeidschanischen Türkisch zu verbieten. Als die Russen 1941 nach ihrem Einmarsch aus Propagandagründen das Azeri durch die Herausgabe entsprechender Zeitungen wiederbelebten, blickten die Aserbeidschaner Persiens nachdenklich über die Grenze: Ihre Brüder jenseits des Aras waren im Gebrauch ihrer Sprache nicht behindert, Literatur und Theater waren in Azeri möglich und stellten dort ein starkes Element kultureller Identität dar. Auf diese Identität konnten sich Pishevari und seine Partei nun im Herbst 1945 berufen.«

Pishevari wurde auch einer jener Tudeh-Abgeordneten, die Moskau in die Teheraner »Majlis« entsenden wollte. Das Parlament bestätigte aber seine Wahl nicht und ließ ihn zu der bereits 1944 begonnenen Legislaturperiode nicht mehr zu. So war Pishevari – und mit ihm seine russischen Auftraggeber – wieder auf Aktivitäten in Täbris reduziert, und er zögerte nicht, auch aus der »kleinen Eröffnung« das Beste zu machen. Flugs schwenkte die kommunistische Politik vom Kurs der Massenpartei auf den Kurs der »nationalen Front«. Als erstes wurde in Aserbeidschan die Tudeh-Partei in Demokratische Partei Aserbeidschans umbenannt. Zur Gründungsversammlung der neuen Partei, die in den ersten Septembertagen 1945 stattfand, hatte der mit der Führung der kurdischen Operation betraute General Salim Atakchiov auch Ghasi Muhammad und eine Delegation der »Komala« nach Täbris gebeten – und zwar so dringend, daß die Kurden, obwohl noch nie in ihrer Geschichte mit den Aserbeidschanern besonders befreundet, tatsächlich in Täbris als eine Art »Jubelkurden« auftraten.

So wenig die »Komala-Führer« aber auch mit den Aserbeidschanern, den Azeris, im Sinn haben mochten, so beeindruckt waren sie doch von der sowjetischen Regie. Russische Infanterie hatte, unterstützt von einigen Panzerkompanien, allen eilends von der Teheraner Zentralregierung gegen die Separatisten in Marsch gesetzten Militäreinheiten den Zugang zur Provinz Aserbeidschan verwehrt. Und mit Hilfe der Sowjets wurden auch die wenigen Militärstützpunkte und Gendarmerieposten der Perser von den aufständischen Azeris rasch überwältigt.

Die Russen hatten – und davon sollten später auch noch die Kurden profitieren – die Separatisten mit Gewehren deutscher Herkunft bewaffnet. 100 000 davon hatte die sowjetische Besatzungsmacht schon 1942 der persischen Armee aus deren Teheraner Hauptdepot weggenommen – angeblich, um an der deutsch-russischen Front die erbeutete Munition der Deutschen Wehrmacht verschießen zu können. (Nach dem Zusammenbruch der kurzlebigen aserbeidschanischen und kurdischen Republiken konnten die Perser durch den Vergleich der Seriennummern der dann wieder sichergestellten Gewehre nachweisen, daß diese das Land nie verlassen hatten.)

Allein die in Rezaiyeh (heute wieder Urmia) stationierte persische Brigade konnte sich zunächst gegen die Aufrührer halten, mußte sich aber im Dezember 1945 ebenfalls einem sowjetischen Ultimatum beugen und die Stadt den Kräften der Demokratischen Partei Aserbeidschans übergeben. Den Kommandeur der Brigade brachte man nach Täbris und verurteilte ihn dort wegen »Widerstandes gegen die Revolution« zum Tode. Später wurde er allerdings gegen einige in Teheran als Geiseln gehaltene Kommunisten ausgetauscht.

Auch in der Kurdenfrage blätterte die russische Regie jetzt ein neues Kapitel auf: Ghasi Muhammad und eine Gruppe weiterer kurdischer Führer – viele von ihnen waren schon bei der ersten Reise nach Baku im Herbst 1941 dabeigewesen – wurden ein zweites Mal in die sowjetaserbeidschanische Hauptstadt eingeladen. Diesmal sollten sich die Reiseteilnehmer zunächst in konspirativer Weise mit einem Arzt des Krankenhauses in Rezaiyeh in Verbindung setzen, von wo sie mit Autos nach Täbris gebracht wurden. Von dort ging es die gleiche Strecke wie schon 1941 mit der Eisenbahn über die persisch-sowjetische Grenze nach Baku.

Wieder harrte der Kurden ein freundlicher und womöglich noch herzlicherer Empfang. Schon am Bahnhof wurden sie von ihren Gastgebern begrüßt. Schulmädchen überreichten die traditionellen Blumensträuße, und dann begab man sich in ein luxuriöses Hotel nördlich der Hauptstadt. Schon am nächsten Morgen traf sich die Delegation, um mit ihrem sowjetischen Betreuer den Katalog der kurdischen Wünsche und Forderungen zusammenzustellen, den man noch am gleichen Nachmittag dem beauftragten Gesprächspartner Baghirov, Ministerpräsident der Sowjetrepublik Aserbeidschan, vorlegen wollte. Quasim Ilkhanizadeh, ein mitgereister Kurdenfürst aus Bukan, wurde seiner schönen Handschrift wegen ausgewählt, das kurdische Grundsatzpapier niederzuschreiben.

Waffen und Geld, das waren die Gaben, die die Kurden von den Sowjets erwarteten. Über die Anerkennung der kurdischen Autonomie als solcher meinte man schon gar nicht mehr lange verhandeln zu müssen. Um so größer war die Überraschung, als die bereits vor dem offiziellen Empfang zu Baghirov gebetene Gruppe von diesem ganz beiläufig hinsichtlich der wichtigsten Frage vertröstet wurde. In einem den Kurden recht geläufigen Turk-Dialekt referierte der Ministerpräsident erst weitläufig über die sowjetische Einstellung zu ungelösten nationalen Fragen. Jedes Volk, so meinte er unter dem Beifall der Kurden, das über eine eigene Sprache und Kultur verfüge, solle sich auch selbst regieren. Von den im iranischen Nationalstaat zusammengefaßten Völkern erwähnte er insbesondere die Farsi sprechenden Perser, die Gilaki sprechenden Völkerschaften der kaspischen Küste, das Türkisch sprechende Volk von Aserbeidschan und schließlich die Kurdisch sprechende Bevölkerung von Kurdistan. Es sei im Sinne der sowjetischen Einstellung gegenüber dem Iran, wenn eines dieser Völker nach dem anderen seine nationale Autonomie erhalte, und die ersten, die dieser Gunst teilhaftig werden sollten, seien die Türken Aserbeidschans.

Die anwesenden Herren der kurdischen Delegation nickten beifällig. Bis dahin waren sie den Ausführungen des schlauen Kommunisten geduldig gefolgt. Unruhig wurden sie erst, als Baghirov fortfuhr und erklärte, glücklicherweise sei die Frage der Selbstbestimmung ihres Volkes ja nicht so eilig. Dessen Freiheit dürfe sich nämlich nicht nur auf die Kurden des Iran beschränken, sondern müsse auch die »Volkskräfte« in der Türkei und im Irak umfassen. Ein unabhängiger kurdischer Staat aber sei »ein erstrebenswertes Ziel für die Zukunft«, wenn die »ganze Nation vereint ist«. Bis zu diesem Zeitpunkt jedoch sollten sich die Kurden im Rahmen eines autonomen Aserbeidschan einrichten. An dieser Stelle blickte Baghirov auf, um die Wirkung seiner Worte auf seine Zuhörer zu prüfen. Die Verunsicherung war den meisten Gesichtern anzusehen. Hatte man die Kurdenführer nun ein zweites Mal nach Baku geholt, nur um ihnen diese Enttäuschung zu bereiten?

Ghasi Muhammad – wiewohl erst seit einem Jahr mit dem politischen Geschäft in Berührung – reagierte allerdings gelassen. Waren ihm die Argumente Baghirovs schon lange vertraut? Hatte er mit anderen sowjetischen Stellen schon konkreter über die kurdische Autonomie gesprochen? Oder hatte er schnell begriffen, daß sich Baghirov soeben nur der ihm von den aserbeidschanischen Brüdern in Täbris aufgetragenen Wünsche pflichtgemäß entledigt hatte, die gerne über ein ungeteiltes Aserbeidschan regieren und es nicht mit den Kurden teilen wollten? Jedenfalls reagierte er auf Baghirovs Ausführungen sehr bestimmt. Man wolle, so sagte er, nicht der persischen Oberhoheit entfliehen, nur um sie gegen die Vorherrschaft des nun unabhängig werdenden Aserbeidschan einzutauschen. Was den Aserbeidschanern recht sei, das sei den Kurden billig: »Wir bestehen auf der Autonomie unseres Volkes, unabhängig vom Geschick des neuen Aserbeidschan.« Fast wie erleichtert griff Baghirov die kurdische Forderung sofort auf. Er sehe das ein, selbstverständlich sei es das gute Recht der Kurden, auf ihrem eigenen Staat zu bestehen. Er hieb mit der Faust auf den Tisch und gelobte: »Solange die Sowjetunion existiert, werden die Kurden sich nicht um ihre Unabhängigkeit zu sorgen haben.« Ghasi Muhammad erhob sich und erklärte begeistert, seine schwache Nation wolle die ausgestreckte Freundeshand ergreifen. »Wir werden sie nicht nur schütteln, wir werden sie küssen.«

Nun war es an der Zeit, über die kurdischen Wünsche konkreter zu sprechen. Vorher allerdings bot der fromme Richter aus Mahabad noch ein Kabinettstück seines neuerworbenen diplomatischen Talents und gleichzeitig eine Kostprobe kurdischer, an zahllosen Märchen trainierter Erzählkunst. Er gab der Gesellschaft die »alte kurdische Geschichte« von dem armen Bauern zum besten, den der Agha, der Dorfherr, mit einem »Saluki«, einem persischen Windhund, beschenkt hatte: »Am nächsten Tag ging der Arme nochmals zu dem Agha und bedankte sich überschwenglich und immer wieder aufs neue für das Geschenk. Der Agha bremste den Überschwenglichen und fragte nach dem Grund für soviel Dankbarkeit für ein so einfaches Geschenk. Der arme Dörfler antwortete: ›Seit du mir den wunderbaren Jagdhund geschenkt hast, weiß ich, daß du auch vorhast, mir ein Pferd zu schenken. Wie sollte ich sonst zur Jagd reiten können? Und wenn du mir das Pferd geschenkt hast, wirst du sicher auch an Essen für mich und an Futter für das Tier denken. Und zum Schluß, das weiß ich genau, wirst du auch ein Haus für mich und einen Stall für das Pferd nicht vergessen. Und das ist der Grund, warum ich schon heute der zufriedenste und glücklichste Mensch auf Erden bin.‹«

Baghirov beeilte sich zu zeigen, daß er den Sinn von Muhammads Geschichte verstanden hatte. Emphatisch versprach er alles, was auf der Wunschliste der Kurden stand: Gewehre, Maschinengewehre, Fahrzeuge und selbst Panzer und Geschütze sollten so bald wie möglich nach Mahabad geliefert werden. Auch finanzielle Unterstützung wurde in Aussicht gestellt. Eine Druckereieinrichtung und ein Radiosender wurden ebenso zugesagt wie Studienplätze für junge Kurden an der Kriegsakademie in Baku.

Zum Schluß riet Baghirov noch dringlich, das politische Instrument der Bewegung, die »Komala«, umzubenennen. Jetzt, wo in der ganzen Welt nach der Niederringung Deutschlands und Japans die Demokratie gesiegt habe, jetzt könne es auch die kurdische Bewegung nur unter dem Banner der Demokratie zu etwas bringen. Die kurdische Delegation erhob keine Einwände. Hatte man nun die mächtige Sowjetunion zum Verbündeten gewonnen, so war es doch gleichgültig, wie die Bewegung sich nannte.

Am Tag darauf reiste man ab. Jedes der Delegationsmitglieder trug in seinem Gepäck ein schwergerahmtes, koloriertes Bild Josef Stalins mit sich. Zum Abschied hatten es die sowjetischen Gastgeber jedem einzelnen überreicht – als Zeichen dafür, daß auch der große Stalin im fernen Moskau, der Sieger des Zweiten Weltkrieges, hinter der gemeinsam verabredeten Sache stand.

Kaum waren die kurdischen Führer aus Baku heimgekehrt, nahmen die Dinge, so wie man sie dort besprochen hatte, ihren Lauf. Ghasi Muhammad berichtete auf einer Versammlung der »Komala« über Baghirovs Versprechen und gleichzeitig von dem sowjetischen Wunsch, den Namen der Bewegung zu »demokratisieren« und hinfort öffentlich unter der Flagge der Demokratie zu arbeiten. Ohne Widerspruch änderte die »Komala« ihren Namen in Demokratische Partei Kurdistans um. Sie änderte allerdings nicht ihre Organisationsform und wurde auch nicht kommunistisch unterwandert. Ghasi Muhammad blieb alleiniger, unumstrittener Herrscher. Auch ein Programm der Demokratischen Partei wurde verabschiedet, das mit seinen sieben Punkten merkwürdig unentschieden zwischen dem großkurdischen Unabhängigkeitsdenken der »Komala« und der Forderung nach weitgehender Autonomie innerhalb des persischen Staatsverbandes schwankte. Offenbar wollte die kurdische Führung in realistischer Einschätzung der noch ungewissen Zukunft Persiens ihre Politik in ein Nahziel- und ein Fernzielprogramm aufteilen.

Das Fernziel blieb unverändert: *Groß-Kurdistan vom Berg Ararat im Norden bis zum Beginn der Tiefebene von Euphrat und Tigris im Süden, von der Kurdengegend in der Nähe des syrischen Aleppo im Westen bis zum Persischen Golf im Osten.* Die Nahziele aber wurden in den sieben Programmpunkten der neu benannten Partei zusammengefaßt. Es hat etwas Rührendes und gleichzeitig etwas Vergebliches an sich, daß sich in den folgenden Jahrzehnten Nahzielprogramme dieser Art teilweise wortgleich bei kurdischen Bewegungen in der Türkei, in Syrien und zuletzt bei den Kurdenparteien des Irak im Jahr 2003 immer aufs neue wiederholen sollten. Damals hieß es: *»1. Die Kurden des Iran verlangen Selbstverwaltung in allen regionalen Angelegenheiten. 2. Kurdisch muß Amtssprache werden, und auch die Erziehung der Jugend hat in Kurdistan auf kurdisch stattzufinden. 3. In Übereinstimmung mit der Verfassung ist sofort ein Provinzrat zu wählen, der die Regierung auszuüben hat. 4. Alle Beamten der Regierung in Kurdistan müssen Kurden sein. 5. Alle öffentlichen Einkünfte, die in Kurdistan entstehen, müssen auch in und für Kurdistan ausgegeben werden. 6. Die Demokratische Partei Kurdistans hat jede Anstrengung zu unternehmen, um umfassende Brüderschaft mit allen nationalen Minderheiten herzustelllen, die auf dem Territorium Kurdistans leben. 7. Die Partei hat für die Hebung des moralischen Niveaus, der Gesundheit und der wirtschaftlichen Verhältnisse des kurdischen Volkes Sorge zu tragen. Dies soll durch die Entwicklung des Erziehungswesens, der Gesundheitsfürsorge, des Handels und der Landwirtschaft ermöglicht werden.«*

Diese in den Augen der persischen Regierung gewiß atemberaubenden Vorstellungen und Forderungen erschienen den Kurden selbst als äußerst gemäßigt. Ausländische Beobachter sprachen sogar davon, die »Komala« habe sich mit jenem Programm »die

Tarnfarbe der Demokratie« aufgelegt. So kommentierte beispielsweise der US-Diplomat William Eagleton: »Während sich die kurdische nationalistische Bewegung den schützenden Anstrich der Demokratie verlieh, gab sie gleichzeitig einer Entwicklung Ausdruck, die schon seit einem Jahr von der bloßen Kameraderie und den Wortgefechten und Kompromissen der Gründungszeit weggeführt hatte, hin zu der wirkungsvolleren, leistungsfähigeren und straff geführten Organisation, die auf sowjetische Erfahrungen und Ratschläge aufgebaut war. Die politische Bewegung neuen Stils besaß einen populären Führer von der Art, wie sie in jenen stalinistischen Tagen unverzichtbar schien. Es war der gleiche Ghasi Muhammad, der – wie das viele »Komala«-Mitglieder der ersten Stunde befürchtet hatten – der nationalistischen Bewegung den Stempel seiner autoritären Persönlichkeit aufdrückte. Die Russen hatten ihn favorisiert und für sein Amt vorbereitet. Und er war auch persönlich davon überzeugt, daß der sowjetische Weg, so verschlungen er auch sein mochte, letztlich zum Sieg des kurdischen Volkes führen mußte.«

Die kommunistische Hilfe, von der Ghasi Muhammad den Parteifreunden in Mahabad so beredt berichtet hatte, kam allerdings nur langsam in Gang. In einer Nacht-und-Nebel-Aktion wurden der Partei als erste Waffenlieferung 1200 Gewehre deutschen Fabrikats aus den Beständen der von den Sowjets entwaffneten persischen Gendarmerie und dazu große Mengen Munition übergeben. Auch die Druckpresse, die Baghirov versprochen hatte, traf Anfang Dezember ein, und bald darauf konnten die ersten kurdischen Publikationen erscheinen, allen voran die Zeitung *Kurdistan*.

Inzwischen hatten sich aber die Dinge in Persisch-Aserbeidschan mit kräftiger russischer Nachhilfe rapide entwickelt. Was dort Anfang September mit der Gründung der Demokratischen Partei Aserbeidschans begonnen und mit der Entmachtung der Reste persischer Autorität in dieser Provinz seine Fortsetzung gefunden hatte, führte am 12. Dezember 1945 folgerichtig zur Ausrufung der Autonomen Republik Aserbeidschan unter dem Altkommunisten Pishevari. Getreu der Ideologie und Praxis der sowjetischen Gründerväter wurde ohne Wahlen eine Nationalversammlung aus Parteimitgliedern gebildet. Den Großgrundbesitz löste man sofort auf, was bewirkte, daß die früheren Großbauern und Grundbesitzer zusammen mit zahlreichen Repräsentanten des persischen Bürgertums nach Teheran flohen. Das gesamte öffentliche Leben wurde sowjetisiert: von einer schnell ins Leben gerufenen Zensur bis zu einer mit Massenverhaftungen und Liquidierungen geradezu mustergültig stalinistischen Geheimpolizei.

Entsprechend dem Drängen der aserbeidschanischen Kommunisten und auf Bitten der Russen hatte auch Ghasi Muhammad Abgeordnete in die Nationalversammlung nach Täbris entsandt, die dort den kurdischen Bevölkerungsanteil der Provinz repräsentieren sollten. Von 101 Sitzen waren allerdings für die Kurden ganze fünf vorgesehen. Den kurdischen Abgeordneten, die ohnehin das Tempo der Bolschewisierungsmaßnahmen mit Mißtrauen beobachteten, wurde schnell klar, daß das neue aserbeidschanische Regime den kurdischen Nationalisten auch nicht den geringsten Anteil an der wirklichen Macht gewähren wollte, und so zog sich die Fraktion schon nach wenigen Tagen aus Täbris wieder nach Mahabad zurück.

Nun stand es fest: Wie man schon in Baku dem Ministerpräsidenten Baghirov verdeutlicht hatte, ergab es in den Augen der Kurden keinen Sinn, ihr Streben nach Autonomie unter dem Dach der neuen aserbeidschanischen Republik zu erproben. Neben der aserbeidschanischen mußte auch eine kurdische Republik geschaffen werden.

Der Stichtag war der 23. Januar 1946. Die Szene war fast die gleiche wie auf dem berühmten Gemälde, auf dem die sowjetische Historienmalerei Lenin im Jahr 1917 die Oktoberrevolution verkünden läßt. Auf dem Vier-Lampen-Platz in Mahabad hatten Arbeiter am Vortag ein mächtiges Holzgerüst aufgebaut, das nun mit Tüchern in den rot-weiß-grünen Farben der kurdischen Flagge umhüllt war. Rund um den Platz waren Masten errichtet, und die Fahnen der Demokratischen Partei Kurdistans, der ehemaligen »Komala«, geschmückt mit dem Wappen der aufgehenden Sonne, knatterten im Wind des klaren Wintertages. Am Vortag hatte es geschneit, und in schmutzigem Weiß lag der Schnee noch auf den Straßen und den flachen Dächern der umliegenden Häuser. Im kurdischen Kalender war der 23. Januar der zweite Tag des Monats Rebandan, und im Kalender der Geschichte wurde es der erste Tag der ersten und bislang einzigen kurdischen Republik.

Am späten Nachmittag hatten sich Tausende versammelt: Bürger und Handwerker aus Mahabad sowie Fürsten und Krieger der umliegenden Stämme. Die meisten trugen die typische Männertracht des Nordens, die Pluderhosen und weitgeschnittenen Jacken aus hausgewebtem erdbraunen Stoff, mit bunten blumengemusterten Leibbinden gegürtet, darüber das Lederkoppel mit eingeklinkten Patronengurten und dem riesigen zweischneidigen Kurdendolch.

Viele hatten die rot-weiß oder schwarz-weiß gescheckten »Kaffyehs«, wie man sie auch im Irak kennt, als Turban auf dem Kopf. Weiter aus dem Norden waren die Vertreter der Shikaks und der Dschalalis angereist, mit ihren weitgeschnittenen Reithosen nach Kosakenmanier und ihren starren Übermänteln und hohen Filzkappen ein düsterer Kontrast zur lebendig bunten Aufmachung der anderen Stämme. Die Stadtleute hatten zur Feier des Tages ihrem Auftreten in europäisch geschnittenen Anzügen wenigstens mit dem Turban einen kurdisch-islamischen Akzent aufgesetzt.

Eine Delegation von Mitgliedern der Demokratischen Partei holte ihren Führer aus seinem ebenfalls mit Wimpeln geschmückten Wohnhaus ab und geleitete ihn auf den Vier-Lampen-Platz. Ghasi Muhammad hatte eigens für diesen Anlaß eine besondere Kleiderzusammenstellung gewählt: In Täbris hatte er sich von einem auf Uniformen spezialisierten Schneider eine sowjetische Generalsuniform fertigen lassen, die er nun zum ersten Mal trug. Die Generalsmütze allerdings war ihm von kurdischen Freunden, denen allzuviel Anklänge an die Sowjetunion nicht geheuer erschienen, noch ausgeredet worden. Zur Uniform einer kommunistischen Armee trug der Ghasi deshalb den weißen Turban seines religiösen Amtes. Den schweren, unförmigen Mantel, den er noch über die Uniform gezogen hatte, legte er ab, als er das hölzerne Podium erstieg.

Die versammelte Menge verstummte, als der Parteiführer das Wort ergriff. Als einzigen Abgesandten der Sowjets konnte er am Rand des Platzes den mit der Betreuung der Kurden beauftragten Führungsoffizier Yermakov ausmachen, der dort – auf einem amerikanischen Jeep sitzend – das Geschehen beobachtete. Ghasi Muhammad sprach kaum 15 Minuten. Kurz und bündig stellte er vor seinen Zuhörern noch einmal fest, daß die Kurden ein eigenes Volk mit eigener Geschichte, Sprache und Kultur seien, das in seinem eigenen Land wohne und nun endlich auch über einen eigenen Staat verfügen wolle. Aus diesem Grund verkünde er hier und heute die Kurdische Republik. Und er danke dem kurdischen Volk, daß es – vertreten durch das Zentralkomitee der Partei – ihn als Präsidenten ausgewählt habe.

So kurz die Ansprache auch war, fand Muhammad doch die Zeit, um der »ruhmreichen Sowjetunion« für die moralische und materielle Unterstützung zu danken, die den Kurden schon zuteil geworden oder zumindest in Aussicht gestellt war. Außerdem beglückwünschte er die »aserbeidschanischen Brüder«, die jüngst ebenfalls die Unabhängigkeit erlangt hatten und den Kurden helfen würden, wie sie sich auch umgekehrt jederzeit auf kurdische Hilfe verlassen könnten. Als Ghasi Muhammad, nun offizieller Präsident der soeben gegründeten Republik, das Podium verließ, mischten sich in den Beifall der Menge fünf Ehrensalven von 300 kurdischen Kriegern.

Schon kurze Zeit später zeigte sich allerdings, daß die Proklamation der Kurdenrepublik und die Beschwörung der »aserbeidschanischen Brüder« ein wenig voreilig gewesen war. Ghasi Muhammad hatte den Zeitpunkt der Gründung nicht mit den sowjetischen Beratern abgestimmt, und von Moskau oder Baku aus war offenbar den aserbeidschanischen Genossen in Täbris noch nicht beigebracht worden, daß die Kurden sich mit russischer Billigung ein beträchtliches Stück aus dem Territorium der Autonomen Republik Aserbeidschan als eigenen Staat herauszuschneiden gedachten.

Kaum zwei Wochen nach der festlichen Veranstaltung auf dem Vier-Lampen-Platz kam es zu den ersten Reibereien. Zwei prominente Mitglieder der Demokratischen Partei Kurdistans, die gerade in Täbris, der aserbeidschanischen Hauptstadt, Besorgungen machten, wurden von Dr. Samadov, einem als Arzt in das dortige sowjetische Krankenhaus eingebauten Führungsoffizier, in wenig freundlicher Weise befragt, warum die Kurden ihre Unabhängigkeit erklärt und eine Regierung gebildet hätten, ohne vorher die endgültige sowjetische Erlaubnis einzuholen. Tags darauf wurde sogar Ghasi Muhammad nach Täbris zitiert und mit den gleichen Fragen konfrontiert. Der Präsident erklärte, Yermakov sei ständig über alle kurdischen Vorbereitungen im Bilde gewesen, und er habe ja auch von seinem Jeep aus der Proklamation der Unabhängigkeit als Zeuge beigewohnt. Yermakov konnte jedoch darauf hinweisen, daß er keine Genehmigung zur Ausrufung der Republik erteilt habe.

Aber der mit der obersten Leitung der Operation in Kurdistan betraute General Salim Atakchiov hatte entweder entsprechende Weisungen aus Moskau oder genügend Vollmachten, sich von Ghasi Muhammad überzeugen zu lassen. Der General brachte den wütenden Aserbeidschan-Premier Pishevari zum Schweigen, und er sanktionierte den kurdischen Schritt. Der in den fünfziger Jahren für die UNO mit Kurdenfragen befaßte Diplomat Derek Kinnane wußte in einem Buch zu berichten, Salim Atakchiov habe durch ein Telefonat seine Antwort an Ghasi Muhammad vorher mit Moskau abgestimmt.

Dem frischgebackenen kurdischen Präsidenten wurde jedenfalls schmerzlich bewußt gemacht, daß die Regierung von Mahabad die Feindseligkeiten Teherans sowie Aserbeidschans und vielleicht auch anderer Staaten nur mit der Unterstützung einer Großmacht durchstehen konnte. Nach Lage der Dinge konnte allein die Sowjetunion diese Großmacht sein. Nur aus Furcht, die Russen zu verstimmen und sie als Schutzmacht zu verlieren, hatte der Ghasi zunächst überhaupt den Gedanken der Unterordnung Kurdistans im Territorium der neuen aserbeidschanischen Republik erwogen. Und nur die Beharrlichkeit seiner politischen Umgebung sowie die Gewißheit, in Mahabad mit einer streng kurdisch-nationalistischen Elle gemessen zu werden, war dafür verantwortlich, daß Muhammad hart blieb, und so hatte er nun auch die endgültige sowjetische Zustimmung zur Republik von Mahabad erreicht.

Das Verhältnis zwischen der kurdischen Führung und den russischen Ziehvätern der Republik blieb jedoch immer sehr förmlich. Der Ghasi konnte sich mit dem so ganz anderen Auftreten und Lebensstil der Sowjets nicht anfreunden. Sein Sohn, der ihn wie erwähnt auch einmal nach Baku begleitet hatte (und der jetzt als deutscher Staatsbürger in Bonn lebt), berichtete mir, daß die Russen häufige Besucher in dem großen Haus Ghasi Muhammads am Saudsch-Bulaq-Fluß waren: »Sie kamen zu allen möglichen Tageszeiten und manchmal auch mitten in der Nacht. Sie lärmten durch die Gegend, stiegen auf das Dach, trampelten herum und verlangten lautstark nach Essen und Trinken. Obwohl mein Vater natürlich keinen Alkohol trank, hatte er für die Russen immer Wodka im Haus.«

Noch im Februar 1946 kamen die ersten zugesagten russischen Hilfssendungen in Gang. In zwei Transporten wurden den Kurden, nachdem sie schon requirierte Gewehre der persischen Gendarmerie erhalten hatten, 5000 Waffen aus Beständen der Sowjetarmee übergeben – Gewehre, Maschinengewehre sowie Armeepistolen tschechischen und amerikanischen Ursprungs. Auch ein Rundfunksender wurde installiert, der bald seine Sendungen in kurdischer Sprache aufnahm, täglich von 16 bis 22 Uhr. Es war der erste kurdische Rundfunk überhaupt. In vielerlei Hinsicht diente er dem späteren Geheimsender »Radio Freies Kurdistan« der sechziger und siebziger Jahre zum Vorbild.

Selbst an die komplette Ausstattung für ein Musikkorps hatten die Russen gedacht, das nun unermüdlich kurdische Kampflieder und schnell komponierte Märsche spielte sowie vor allem die Nationalhymne, die der Dichter Wenis Rauf Dildar in Mahabad geschrieben hatte. Bei allen öffentlichen Anlässen, in Rundfunksendungen und bei den ersten Veranstaltungen und Aufmärschen der soeben gegründeten regulären kurdischen Armee tönten nun die russischen Instrumente.

Ghasi Muhammad hatte in der Zwischenzeit ein Kabinett gebildet, dem auch sein Bruder Saif, der bis zum Zweiten Weltkrieg ein hoher persischer Gendarmeriekommandeur gewesen war, als Verteidigungsminister angehörte. Der Regierung ging es jedoch nicht nur um die Schaffung eines funktionierenden Militärapparates zur Verteidigung der Staatsgrenzen insbesondere gegen zu erwartende militärische Anstrengungen Teherans, sondern auch darum, ein zuverlässiges Machtinstrument in die Hand zu bekommen, das im Inneren ein Gegengewicht zur Stärke der kriegerischen und unberechenbaren Stämme bot.

Aus diesem Grunde hatte Präsident Ghasi Muhammad das Amt des Verteidigungsministers mit seinem Bruder als einem Mann seines besonderen Vertrauens besetzt, und aus dem gleichen Grund wirkte er auch persönlich bei der Auswahl der zukünftigen Kommandeure und Offiziere mit. Für den Kern der Armee hatte man am grünen Tisch ein eigenartiges Mißverhältnis von 70 Offizieren und nur 40 Unteroffizieren festgelegt, die zusammen die zunächst 1200

»Sarbaz«, einfache Soldaten, führen sollten. Bei den Offizieren konnte Ghasi Saif auf ein Dutzend meist junger Männer zählen, die ihre Ausbildung in der Armee des benachbarten Irak erhalten hatten und die ihrer kurdischen Nationalität und der Begeisterung für den nationalen Aufbruch ihres Volkes wegen dort desertiert waren, um sich den Streitkräften der jungen Republik anzuschließen. Die Masse der Offiziersstellen allerdings besetzten die Ghasis mit ihren Vertrauensleuten aus dem städtischen Bürgertum Mahabads.

Im März traf überdies mit Hauptmann Saladin Kasimov ein sowjetischer Berater in Mahabad ein, der der neuen Armee bei der Ausbildung ihrer Kader helfen sollte. Nach dem berühmten Sultan des Mittelalters benannt, war der Hauptmann selbst sowjetisch-kurdischer Herkunft und wurde – in der Mahabad-Armee mit dem Rang eines Obersten bekleidet – in einem beziehungsreichen Wortspiel bald allgemein nur »Kakagha« genannt, nach den kurdischen Worten »Kak« = älterer Bruder und »Agha« = hochmögender Herr.

Im Laufe des Frühjahrs wurde die kleine Armee aufgestellt und dann täglich gedrillt. Gefechtsausbildung, Schießen mit Gewehr und Maschinengewehr sowie Handgranatenwurf gehörten zu den regelmäßigen Übungen. Ein paar Dutzend Rekruten wurden auch in Schnellehrgängen als Fahrer der von den Russen gelieferten Kraftfahrzeuge ausgebildet. Allerdings fiel immer bescheidener aus, was die Sowjetunion an Militärhilfe für den von ihr mitinitiierten Staat noch bereitstellte. An Fahrzeugen beispielsweise blieb es bei zehn Militärlastwagen russischer Bauart, zehn amerikanischen LKWs und zehn Jeeps; zusammengenommen nicht einmal ein Tropfen, den die Sowjets aus dem gewaltigen Materialstrom ableiteten, der während des Zweiten Weltkrieges aus den USA geflossen war.

Auch die von den Kurdenführern schon bei ihrem zweiten Besuch in Baku ganz obenan auf die Wunschliste gesetzten schweren Waffen wurden nie geliefert. Weder Panzer, die Ministerpräsident Baghirov vor ein paar Monaten mit allen brüderlichen Eiden versprochen hatte, noch Geschütze erreichten je die Armee von Mahabad. Selbst die zugesagten panzerbrechenden Waffen entpuppten sich bei ihrer Lieferung als nichts anderes als gewöhnliche Brandflaschen, sogenannte Molotow-Cocktails. Bei den kurdischen Militärs gab es lange Gesichter. Aber immer dringendere Anfragen nach mehr und schwereren Waffen wurden von russischer Seite mit immer neuen Vertröstungen abgespeist. Auch die erwartete finanzielle Hilfe kam nicht zustande. Und selbst der kurdische Wunsch nach einer stärkeren Radiostation, deren Sendungen im Gegensatz zu der bereits von den Sowjets gelieferten über das unmittelbare Staatsgebiet von Mahabad hinausdringen und auch die Kurden des Irak und der Türkei hätten erreichen können, wurde nicht erfüllt.

Offenkundig war Moskaus Schwung gebremst, war die Begeisterung für das kurdische Experiment erlahmt. Noch aber machten Ghasi Muhammad und sein Kabinett sich nicht deutlich, daß die Gründe, die die Russen zu dieser unerwarteten Zurückhaltung bewogen, letztlich auch Gründe sein würden, die über die Zukunft der Kurdenrepublik entschieden.

Immer stärker entwickelte sich Mahabad zum Mittelpunkt des kurdischen Erwachens, immer mehr wurde die Stadt zu einem Zentrum, das wie ein Magnet immer weitere Kräfte an sich zog. Aus den Bergen und den umliegenden Regionen kamen die Fürsten und Stammeshäuptlinge in die Stadt, um den Streitkräften des neuen Staates ihre Krieger anzubieten. An die 12 000 Mann waren bald um und vor allem südlich von Mahabad, nahe der Grenze zum feindlich gesonnenen Persien, versammelt.

Der Stamm der Shikaks stellte 1300 Mann Kavallerie, die ein Sohn des legendären und in der Gegend von Mahabad 1930 in einem persischen Hinterhalt umgekommenen Simko befehligte. Die verschiedenen Fraktionen der Herki brachten 1000 Reiter und 700 Mann Infanterie aus den Bergen. Auch der alte Haudegen Hama Rashid, der sich noch ein paar Jahre zuvor in der Gegend von Saqqez und Baneh mit persischen Truppen herumgeschlagen hatte, stieß mit ein paar hundert Reitern zu dieser Armee aus kurdischen Stammeskriegern. Allen Stammeskontingenten wurde von der regulären Armee ein Verbindungsoffizier beigegeben, und auch ihre Versorgung übernahm Mahabad.

Der Kampfwert dieser Truppen war freilich höchst unterschiedlich. Westliche Reisende hatten zwar in romantisierenden Berichten immer wieder von brillanten Reiterkunststücken der kurdischen Stammeskrieger berichtet, die auch noch meisterhaft mit der Lanze umzugehen vermochten. Und tatsächlich hatte die kurdische Kavallerie schon bei vielen Gelegenheiten gegen reguläre Einheiten Erfolge davongetragen. Aber seit gegen Ende des vergangenen Jahrhunderts das Repetiergewehr den Infanterieeinheiten eine schnelle Feuerfolge erlaubte und damit der angreifenden Kavallerie weitgehend ihre Überlegenheit nahm, mußten sich auch die kurdischen Kampfeinheiten umstellen. Nun genügten nicht mehr verwegene Reiterkunst und Wagemut, jetzt mußten straffe Disziplin und überlegene Führung Erfolge bringen. Und das gerade machte die von den Stämmen gestellten Einheiten in ihrem Kampfwert so unterschiedlich.

Immerhin hatten einige Stämme und ihre Führer neue Taktiken entwickelt, die den regulären Truppen der jeweiligen Gegner schwer zu schaffen machten. Der bereits zitierte persische Offizier und Historiker Hassan Arfa, der zwischen 1920 und 1960 immer wieder gegen rebellierende Kurden eingesetzt wurde, berichtet in seinen Memoiren sehr eindrucksvoll über diese Kampfweise:

»Obwohl die große Mehrheit der Stammeskrieger immer noch auf den robusten kleinen Kurdenpferden angriff, kämpften sie doch nicht mehr mit den typischen Reiterwaffen, der Lanze und dem Schwert, sondern sie suchten den Nahkampf und verwendeten dann auch ihre gefährlichen Dolche. Beim Angriff stürmten sie gewöhnlich in offener Schlachtordnung so schnell und so nah wie möglich an den Feind heran, saßen ab und kämpften mit ihren Gewehren und Pistolen weiter. Manchmal stürmten sie auch zu zweit auf einem Pferd heran. Dann saß nur einer ab, arbeitete sich von Deckung zu Deckung vor, feuerte, während der zweite eilends wieder nach hinten galoppierte, um bald wieder mit einem anderen Kämpfer heranzupreschen. Ich habe auch erlebt, daß diese Männer heranbrausten und ohne zu zielen feuerten, einfach um unsere Soldaten in Furcht und Schrecken zu versetzen und sie zu demoralisieren. Ihre übliche Taktik war, ihre Feinde durch die Besetzung aller umliegenden Hügel und Erhebungen einzuschließen und dann immer weiter herabzusteigen und so den Ring enger zu ziehen, bis zur Vernichtung oder Kapitulation ihrer Feinde.«

»Obwohl ich«, so erinnert sich der persische Kurdenjäger, »1921/22 gegen die Shikaks kämpfte, 1927 gegen die Marivani und 1942 gegen Hama Rashid, war ich nur einmal Zeuge eines Angriffs mit ausgesprochenem Nahkampf, und das war am Morgen des 24. Juli 1922 während der verzweifelten kurdischen Attacken auf die

Stellungen des Pahlevi-Infanterieregiments. Mit unaufhörlichen Schlachtrufen griffen sie an – ähnlich wie die Araber, die beispielsweise bei den algerischen Angriffen gegen die Franzosen pausenlos ihr *Yu, Yu, Yu* skandierten. Die kurdischen Frauen fielen in dieses Schlachtgebrüll ein, sobald die Kämpfe in die Nähe von Dörfern oder Lagern führten, und das hatte eine verdammt demoralisierende Wirkung.«

Als erfahrenste, schlagkräftigste und diszipliniertestе Truppe unter den 12 000 Stammeskriegern galt nun allen Beobachtern – und das wurde auch von den nachfolgenden Ereignissen bestätigt – jenes Kontingent, das unter der Führung Mulla Mustafa Barsanis stand. Dieser energische und bislang begabteste militärische und politische Kopf der irakischen Kurden hatte im heimischen Barsan-Gebiet – im Nordirak nahe der türkischen Grenze gelegen – gerade wieder einmal eine Revolte gegen Bagdad und die verbündeten britischen Streitkräfte durchgefochten. Die Unruhen waren im April 1945 ausgebrochen. Im September hatten sich Barsanis hervorragend trainierte Einzelkämpfer vor dem Druck überlegener irakischer Kräfte und nach dem rücksichtslosen Einsatz von Bombenflugzeugen der Royal Air Force zurückziehen müssen. Der Ausweg ins benachbarte Kurdengebiet der Türkei schien Mulla Mustafa wegen der von ihm schon früher mehrfach erlebten Kampfkraft und Kurdenfeindlichkeit der türkischen Armee wenig ratsam.

Und überdies übte die Kunde von den kurdischen Unabhängigkeitsbestrebungen um Mahabad – in einem weder von britischen noch sowjetischen Truppen besetzten und von der persischen Armee weitgehend entblößten Raum – magische Anziehungskraft auf den nach politischer Entfaltung drängenden Barsani aus. So war es bald beschlossen: Mit 3000 Waffenträgern, von denen die 1200 besten dem persönlichen Befehl Mulla Mustafas unterstanden, und mit den dazugehörenden Frauen und Kindern im Troß zogen die Barsanis noch rechtzeitig vor dem hereinbrechenden und alle Bewegungen erschwerenden Winter über die persische Grenze. Insgesamt waren es an die 12 000 Menschen, die dem Kurdenführer in ein Exil folgten, das der politischen Bewährung dienen sollte.

Den Barsanis hatten sich mehrere kurdische Offiziere der Irak-Armee angeschlossen, die aus Begeisterung über die nationale Erhebung von ihren Einheiten desertiert waren. Zu ihnen gehörte auch Hauptmann Abdul Aziz Gilani, der älteste Sohn des bis dahin einflußreichsten irakischen Kurdenfürsten Scheich Abdullah. Vor dem Auftreten Ghasi Muhammads in Mahabad hatte man allgemein die Abdullahs als die zukünftigen Führer der kurdischen Sache betrachtet.

Zu befürchtende Rivalitäten zwischen den beiden um die Führerschaft konkurrierenden Familien wurden von den Russen ohne Zögern auf das gekonnteste ausbalanciert: Kaum war Hauptmann Aziz mit den Barsanis in Mahabad eingetroffen, wurde er auch schon für eine gehobene Ausbildung an einer sowjetischen Militärakademie ausgewählt und damit vom Zentrum des Geschehens entfernt. Die russischen Drahtzieher versprachen sich davon doppelten Nutzen: Einerseits konnte Aziz nun die Kreise Ghasi Muhammads, auch wenn er es gewollt hätte, nicht mehr stören. Andererseits hatte man mit dem prominenten Offiziersschüler auch das geeignete Unterpfand für das Wohlverhalten von Scheich Abdullah im Irak.

Gleichzeitig sorgte die sowjetische Regie dafür, daß auch der zweifellos mit charismatischer Ausstrahlung begabte Barsani nicht zu schnell an Einfluß gewinnen konnte. Während des letzten Besuches der Kurdenführer in Baku hatte sich Baghirov in dunklen Andeutungen darüber ergangen, Mulla Mustafa wechsle möglicherweise in britischem Auftrag über die Grenze nach Persien, um das Experiment von Mahabad im Sinne Londons zu beeinflussen und die Gründung eines eigenen Kurdenstaates zu verhindern. Mit hoher Intelligenz und dem den Großmächten damals wie heute eigenen ruchlosen Umgang mit den Lebensinteressen kleinerer Völker hatte das russische Einflußschach also seine Bauern verschränkt ins Feld gebracht.

Objektiven Beobachtern hätte allerdings schon damals auffallen können, daß einer dieser Bauern mit untrüglichem Instinkt und angeborenem taktischen Wirklichkeitssinn das Spiel durchschaute und für sich zu nutzen verstand. Kaum war nämlich der »britische Agent« Barsani in Mahabad angelangt, galten seine ersten Antrittsbesuche den sowjetischen Beratern und Offizieren. Sie waren es, die die Unabhängigkeit der Republik von Mahabad garantieren würden – oder auch nicht.

Mulla Mustafa setzte also auf die russische Karte. In mehreren Gesprächen suchte er die sowjetischen Offiziere davon zu überzeugen, daß er ihr Mann sei. Kritikern einer zu engen Allianz mit der Sowjetunion pflegte er zu antworten, nur diese könne den Bestand einer kurdischen Republik garantieren. Das Argument, die USA und Großbritannien würden sich niemals mit der Existenz eines Kurdenstaates von Rußlands Gnaden abfinden, konnte ihn nicht überzeugen. Erst einige Monate danach, als es zu spät war, ging ihm auf, nach welchen Gesetzen sich das Schicksal der Republik von Mahabad entschied.

Sein Hauptquartier richtete der im März 1946 zu einem von insgesamt vier Generälen der kurdischen Armee ernannte Mulla Mustafa in einem Gebäudekomplex im Zentrum Mahabads ein, der heute ein einfaches Hotel beherbergt. Dschafar Abdul Javid, dem ich Jahrzehnte nach den Ereignissen dort begegnete und dem das Hotel gehörte, wußte noch von der einstigen Atmosphäre zu berichten: »Die Barsanis hatten ein ganz anderes Auftreten als die Kurden von Mahabad. Sie waren viel selbstbewußter, absolut siegessicher und hatten überhaupt keine Bedenken im Hinblick auf die Zukunft. Sie waren sich der Tatsache völlig bewußt, daß sie mit ihren erfahrenen Kriegern die Elite der Armee der Republik darstellten, aber dennoch empfanden wir ihr Auftreten nicht als arrogant.«

Mulla Mustafa hatte auch darauf geachtet, einen Teil seiner Streitmacht mitten im Zentrum des Geschehens bei sich zu haben. Von Präsident Ghasi Muhammad erwirkte er die Zustimmung, 1000 Leute seiner Gefolgschaft in der Stadt unterzubringen. Die übrigen Stammeskrieger sowie die Frauen und Kinder wurden auf die Dörfer und Ebenen südlich und westlich Mahabads aufgeteilt.

Der Barsani-Clan selbst bezog in dem Ort Nagadeh Quartier, einer trostlosen Ansiedlung, die im Schicksal der Barsanis 30 Jahre später noch einmal eine Rolle spielen sollte: Im Frühjahr 1975 floh der nun über 70jährige Kurdenführer von seinem irakischen Stammsitz und Hauptquartier erneut nach Nagadeh, nachdem der von Henry Kissinger und Richard Nixon inspirierte und dann schmählich im Stich gelassene Kurdenkrieg der Jahre 1974 und 1975 zusammengebrochen war. Barsani gewährte mir damals, aller Illusionen beraubt und im Bewußtsein seines Scheiterns nach mehr als einem halben Jahrhundert fast ununterbrochenen Partisanenkampfes gegen Iraker, Türken und Perser, das letzte Interview, das er vor seiner schweren Krebskrankheit und seinem Tod einem Journalisten gab.

Im März 1946 jedoch war Mulla Mustafa der kämpferischste und ungeduldigste aller in Mahabad versammelten Kurdenführer. Während im Laufe jenes Monats – bedingt durch Organisation und Ausbildung – die Truppe der Republik erst langsam Gestalt annahm, drängten die Barsanis ungestüm auf die Auseinandersetzung mit der persischen Armee, die am Südrand des Kurdenstaates in Saqqez, Sardascht und Baneh Verbände zusammengezogen hatte oder Stützpunkte unterhielt. Ziel der Kurden war es, mit militärischen Kräften nach Süden auszugreifen, um auch die unter iranischer Herrschaft und unter britischer Besatzung verbliebenen Stammesbrüder in den Provinzen Kurdistan und, noch weiter im Süden, in Kermanschah zu befreien und der Republik anzuschließen.

Als Ende April zwei Bataillone der persischen Armee bei Saqqez in das Territorium der Republik eindrangen, um dort bewaffnete Aufklärung zu betreiben, stellten ihnen Barsanis trainierte Bergkrieger eine der in jahrzehntelangen Scharmützeln mit türkischen und irakischen Verbänden erprobten Fallen. »Diese Meister des Gebirgskrieges«, wie sie nach leidvollen Erfahrungen der britische Militärgouverneur des Mandatsgebietes Irak, Generalleutnant Sir Rowan-Robinson, nannte, konnten stunden- oder auch tagelang bewegungslos in ihren Stellungen und Posten im Hinterhalt ausharren, so lange, bis die ganze feindliche Truppe in der Falle saß. Sie griffen nur an, wenn sie aus guter Deckung heraus schießen und so ihre Verluste niedrig halten konnten. »Im Niedrighalten der Verluste liegt das Geheimnis unserer Kriegführung«, faßte mir gegenüber Jahrzehnte später ein kurdischer Bataillonskommandeur an der Ruwanduz-Front die oberste Maxime dieser Taktik zusammen.

Das bekamen nun auch die leichtfertigen Perser zu spüren. Nachdem sie sich bei Quahrawa in trügerischer Ruhe zur Rast niedergelassen hatten, brach der kurdische Angriff über sie herein. Die Perser erlitten schwere Verluste und zogen sich fluchtartig wieder nach Saqqez zurück. »Die Barsanis gaben ihnen den Marschbefehl«, kommentierte aus der Rückschau der UNO-Diplomat und Kurdenfreund Derek Kinnane spöttisch.

Das gleiche Schicksal bereiteten Barsanis »Pesh Merga« auch einer anderen Einheit, die unter Führung des in Sanandasch als Kurde geborenen persischen Hauptmanns Khosravi stand. Als diese Einheit im Mai eine Aufklärungsabteilung Barsanis im Raum von Saqqez stellen wollte, schlugen die Kurden zu. Wieder hatten die Perser hohe Verluste, auch Hauptmann Khosravi fiel. Als Beobachter der Vorgänge um Mahabad urteilte der US-Diplomat Eagleton nüchtern: »Die Kampfmoral der in diesem Raum stationierten iranischen Truppen sank noch um einiges tiefer.«

Insgesamt 5000 Mann hatten die Perser unter dem persönlichen Befehl des Generalstabschefs, Generalmajor Razmara, versammelt. Unterstützung durch Panzer, Artillerie und Luftwaffe stand zur Verfügung.

Demgegenüber hatten die Kurden an die 13 000 Krieger zwischen Saqqez und der irakischen Grenze aufgeboten, darunter Barsanis Elitetruppen. Allerdings verfügten sie nur über wenige Geschütze, über keinerlei Panzer und Luftstreitkräfte. Und was ihre russischen »Freunde« an ursprünglich zugesagten Panzervernichtungsmitteln geliefert hatten, stellte sich zur großen Enttäuschung – wie erwähnt – als primitive Molotow-Cocktails heraus.

So mußte ungewiß bleiben, wie eine Entscheidungsschlacht zwischen den kurdischen und persischen Verbänden letztendlich ausgehen mochte. Zunächst allerdings schienen sich friedliche Lösungen anzubahnen. Oder spielten die Perser, die nun nach dem Ende des Zweiten Weltkrieges, nach langer Besetzung durch Briten und Sowjets, erst wieder daran gingen, ihre eigene Souveränität wiederherzustellen, nur auf Zeitgewinn?

Jedenfalls empfing Generalmajor Razmara eine gemischte kurdisch-aserbeidschanische Kommission, um mit ihr über die Offenhaltung der Verbindungswege zu den persischen Garnisonen in Baneh und Sardascht zu verhandeln. Der kurdische Verhandlungsführer hatte ein paar Tage vorher die Öffnung dieser Straßen arrangiert, aber die Perser legten Wert auf die schriftliche Anerkennung des freien Geleits zu ihren Garnisonen. Die Vereinbarung kam tatsächlich zustande: Den Kurden sollte eine ständige Vertretung in Saqqez zugestanden werden. Sie dagegen verpflichteten sich, ihre

Verbände bis auf drei Kilometer nördlich der Stadt und vier Kilometer von den Verbindungsstraßen zurückzunehmen. Das Dokument bedurfte allerdings noch, darauf bestanden die kurdischen Unterhändler, der Ratifizierung durch die Regierung der Republik von Mahabad. Man sah darin kurdischerseits eine Art Anerkennung der dort geschaffenen Tatsachen. So blieb es einstweilen beim Aufmarsch beider Seiten. Die geplante kurdische Offensive nach Süden wurde von der Führung in Mahabad gegen Barsanis Drängen zurückgestellt.

In der Republikhauptstadt hatte sich inzwischen der neue Staat weiter konsolidiert. Und er entwickelte sich ganz anders als die durch und durch stalinistisch geprägte Nachbarrepublik von Aserbeidschan. Während dort Verstaatlichung, Polizeiherrschaft und Gesinnungsterror um sich griffen, entfaltete sich in Mahabad zum erstenmal in der jüngeren kurdischen Geschichte ein wirtschaftlich und politisch freies Leben dieses Volkes.

Die Regierung finanzierte sich aus Steuern, die Demokratische Partei aus ihren Mitgliederbeiträgen sowie aus Spenden der auf sichtbare Loyalitätsbeweise bedachten reichen Familien und Stammeshäuptlinge. Der Basar blühte unter dem Handel mit teilweise aus dem Irak geschmuggelten und bis nach Täbris, ja selbst nach Teheran verkauften Gütern. Eine im Januar in Aserbeidschan aufgenommene Staatsanleihe war von den Kurden bereits in Form von Zucker aus der Raffinerie in Miandoab zurückgezahlt worden. Die Bürger der Republik konnten – ganz im Gegensatz zu denen in Aserbeidschan – nach Belieben ein- und ausreisen. Das Tragen von Waffen war jedem Bürger erlaubt, und in dem ganzen Jahr ihres Bestehens brachte es die kurdische Militärpolizei lediglich auf fünf Festnahmen.

Es gab keinerlei Pressezensur. Die ersten Schulbücher für den Unterricht in kurdischer Sprache waren geschrieben, gesetzt und zum Druck vorbereitet. »Radio Kurdistan« sendete täglich sechs Stunden, aber auch das Hören fremder Sender war erlaubt. Der Einfluß der Russen sank auf Null. Zwar waren nach sowjetischem Vorbild auch ein Frauen- und ein Jugendverband der Partei gegründet worden, und an teils geschmackloser Glorifizierung der »großen Sowjetunion« und der »ruhmreichen Sowjetarmee« ließen es kurdische Sprecher ebenfalls nicht fehlen, aber Begriffe wie Sozialismus,

Marxismus-Leninismus, Landverteilung oder Enteignung kamen in den offiziellen Erklärungen nicht vor.

In den Beamtenstuben des neuen Staates prangte nur selten ein Stalinbild, dafür um so häufiger das Porträt des Präsidenten Ghasi Muhammad, gerahmt von den Farben der ehemaligen »Komala«. Überall sah man Landkarten von Groß-Kurdistan, auf denen sich die Republik von Mahabad nur wie ein kleiner Farbtupfer, wie ein kurdisches Piemont, ausnahm. Die Bevölkerung lebte völlig im nationalen Traum, den auch die Nationalhymne in seiner ganzen territorialen Weite beschwor. Neben dem Volkstum war es das Öl, das die Grenzen des kurdischen Traums bestimmte. So hieß es in der Hymne:

Naftim awi zhiana
La Sert u Kermanshana
Baba Gurgur dazana
La Muslish da hamana

In freier Übertragung bedeutet dies:

»Unser Öl ist unser Lebenssaft
Von Sert [in der Türkei] bis Kermanschah [Persien]
In Baba Gurgur [bei Kirkuk im Irak] ist es unsre Kraft
Auch in Mosul [Irak] ist es da«

So sehr waren die Kurden in ihren Träumen befangen, daß praktisch keiner von ihnen bemerkte, daß es auch bei dem Tauziehen der Mächte um sie herum um wenig anderes ging als um den »Lebenssaft« Öl.

Dabei lag die Vorgeschichte klar zutage: Schon zu Beginn des 20. Jahrhunderts hatten sich Rußland und England im Norden und Süden des Iran Interessenzonen gesichert und waren damit gemeinsam dem damals rasch wachsenden wirtschaftlichen Einfluß des Deutschen Reiches entgegengetreten. Erst 1921 hatten die Bolschewiken nach einem Vertragsschluß das im Ersten Weltkrieg teilweise von Russen besetzte Persien wieder geräumt und dort auf nahezu alle Rechte verzichtet. Den Briten dagegen war es gelungen, die ihnen gewährte Ölkonzession aus dem Jahr 1909 zu behalten und sie durch die »Anglo-Iranian Oil Company« nutzen zu lassen. Zu Beginn der dreißiger Jahre jedoch hatte Teheran im Zuge der von Schah Reza I. betriebenen Politik die Konzession kurzfristig widerrufen und sie den Engländern erst 1933 zu veränderten Bedingungen wieder eingeräumt. Als nun nach dem Ende des Zweiten Weltkrieges die Verhältnisse im Iran sich wieder zu normalisieren begannen, blickten die Briten und mit ihnen der ganze Westen mißtrauisch auf die Versuche der Sowjetunion, nun ihrerseits in Persien wieder Einfluß zu gewinnen und sich dort, nicht zuletzt erhoffter Ölkonzessionen wegen, erneut festzusetzen.

Diese Hintergründe waren den Führern der Republik von Mahabad offenbar nicht geläufig. Auch daß Moskau schon im Herbst 1944, während es fleißig seine aserbeidschanischen und kurdischen Bauern für das kommende Spiel bereitstellte, von Teheran Bohrrechte für ganz Nordpersien verlangte, hatte die kurdischen Politiker nicht stutzig gemacht. Die Regierung des Iran hatte damals unter Berufung auf einen früheren Kabinettsbeschluß die Diskussion über Erdölbohrrechte bis nach Kriegsende vertagt. Und nur weil der Weg zu den begehrten Ölkonzessionen bis Mitte 1945 blockiert war, wandte sich die Sowjetunion dem Experiment des aserbeidschanischen und kurdischen Separatismus zu und stieß gerade deswegen auf den stärksten Widerstand der wieder souverän gewordenen und auf staatliche Integrität bedachten persischen Regierung. Während in Mahabad die Kurden ihren ersten Staat aufbauten und der ganzen Welt eifrig zeigten, daß sie zur Selbstverwaltung imstande waren, kämpfte Teheran auf diplomatischem Feld erbittert um seine abtrünnigen nordwestlichen Provinzen.

Die Alliierten, die 1941 in Persien eingefallen waren, hatten bei Kriegsende Teheran die Räumung des Landes bis Anfang März 1946 zugesagt. Während aber die Sowjettruppen in Aserbeidschan sogar noch verstärkt wurden und russische Berater sich daran machten, die kurdische Armee in Mahabad zu drillen, hatten lediglich die US-Truppen den Iran schon am 31. Dezember 1945 wieder verlassen, und am 2. März 1946 räumten auch die Briten ihre letzte Garnison.

Aufforderungen und Bitten Teherans an die sowjetische Adresse, nun gleichfalls das Territorium des Iran zu verlassen, blieben ebenso erfolglos wie dringende Ermahnungen Washingtons und Londons an den Verbündeten von gestern. Aber die USA unter ihrem neuen Präsidenten Harry S. Truman waren mit dem von ihnen geschaffenen Instrument der Vereinten Nationen darauf aus, als führende Weltmacht den durch die deutsche Niederlage gewachsenen russischen Einfluß einzudämmen, und stellten sich mit ihrem ganzen Gewicht hinter die persischen Forderungen. Als die iranische UNO-Vertretung gerade zwei Tage nach Gründung des Sicherheitsrates und noch ehe sich dieser eine Geschäftsordnung gegeben hatte, am 19. Januar 1946 als ersten Antrag in der Geschichte jener Institution eine Beschwerde gegen »die Einmischung der Sowjetunion in die inneren Angelegenheiten des Iran« einbrachte, unterstützten die USA und in ihrem Gefolge auch London und Paris diesen Antrag. Im März überreichten die amerikanischen und britischen Geschäftsträger in Moskau ernste Protestnoten, und selbst de Gaulle appellierte persönlich an den Kreml.

Der Sicherheitsrat, den Persien am 18. März und am 2. April erneut anrief, konnte sich zwar nicht zu einer zwingenden Entscheidung gegen die Sowjets aufraffen, aber der Druck, der auf diese Weise durch nahezu die gesamte öffentliche Meinung ausgeübt wurde, ließ Moskau, das seine weltweite Isolierung befürchten mußte, nicht gleichgültig. Als dann auch noch der im Januar an die Spitze der persischen Regierung getretene Ministerpräsident Ahmad Quavam in der Frage der Erdölrechte Moskau Entgegenkommen in Aussicht stellte, schaltete im April die sowjetische Nahostpolitik erneut auf einen anderen Kurs.

Man entschloß sich, jedenfalls bis auf weiteres, die Unterstützung der aserbeidschanischen und kurdischen Selbständigkeit aufzugeben und statt dessen durch ein Arrangement mit Teheran wieder Einfluß auf ein ungeteiltes Persien und vor allem die begehrte Ölkonzession zu erhalten. »In sowjetischer Betrachtungsweise«, so schrieb der amerikanische Nahostexperte J. C. Hurevitz in einer Aktenpublikation, handelte es sich ohnehin nur um zwei verschiedene Wege zum gleichen Ziel »in der allgemeinen Richtung auf den Persischen Golf«.

Ende März hatte Quavam die Verhandlungen mit den Sowjets endgültig um das Thema Öl gruppiert. Außenminister Gromyko kündigte auf dem Höhepunkt der Krise an, die sowjetischen Truppen würden den Iran innerhalb von sechs Wochen verlassen, »es sei denn, es ergäben sich unvorhergesehene Umstände«. Damit war offenkundig das Gelingen oder Scheitern des Ölvertrages gemeint. Aber schon am 4. April traten Quavam und der Sowjetbotschafter I. G. Sadchikov in Teheran vor die Presse und gaben die Einzelheiten der verabredeten Bildung einer »Iranisch-Sowjetischen Ölgesellschaft« bekannt.

Das Abkommen war auf 50 Jahre angelegt, sollte also 1996 auslaufen. In den ersten 25 Jahren sollten die Russen 51 Prozent, danach 50 Prozent der Anteile der Gesellschaft halten. Als eingebrachtes Kapital definierte der Vertrag für die iranische Seite die »ölreichen Gebiete« Aserbeidschans und Persisch-Kurdistans, also ganz Nordwestpersien bis zur türkischen und irakischen Grenze. Der Vertrag bedurfte allerdings – innerhalb einer Frist von sieben Monaten – erst noch der Ratifizierung durch die »Majlis«, das Teheraner Parlament. Nachdem dies geschehen war, hatten die Russen erreicht, was sie wollten, zumal ihnen Quavam auch noch durch die Aufnahme kommunistischer Tudeh-Abgeordneter in die Regierung weiter entgegenkam. Bedenkenlos wurden nun von Moskau die aserbeidschanischen und kurdischen Bauern geopfert. Aserbeidschan, so ließ Botschafter Sadchikov die Presse wissen, sei eine »innere Angelegenheit des Iran«, und zwischen Teheran und Täbris sollten friedliche Vereinbarungen über die Rückkehr Aserbeidschans als einer autonomen iranischen Provinz getroffen werden. Das nichtkommunistische Regime von Mahabad ließen die Russen bei ihrem Kurden-Gambit noch unbedenklicher im Stich. Bei den Ölvereinbarungen wurde es nicht einmal mehr erwähnt.

Der US-Botschafter in Moskau schrieb damals: »Der Einsturz des aserbeidschanischen und mit ihm des kurdischen Kartenhauses war ein großer Sieg für die Politik der Vereinten Nationen und für eine entschlossene Haltung gegenüber der Sowjetunion.« Mit prophetischem Blick – aktuell dann auch für die Moskauer Politik der achtziger Jahre des 20. Jahrhunderts – fuhr der Botschafter fort: »Man darf allerdings nicht glauben, daß sich der Kreml mit dieser demütigenden Niederlage abfinden wird. Er wird vielmehr seine Bemühungen nicht nur auf Ölkonzessionen richten, sondern auch auf politischen (und strategischen) Einfluß im ganzen Iran.«

Geschmeidig paßten sich nun die sowjetischen Marionetten in Täbris dem neuen Kurs Moskaus an. In seiner Eigenschaft als Premier der Republik erklärte Genosse Pishevari ohne mit der Wimper zu zucken, Vereinbarungen mit Teheran seien »leider« notwendig geworden, »weil die Amerikaner und die Briten Aserbeidschan benutzten, um unserem großen Freund, der Sowjetunion, ein Bein zu stellen«. Verhandlungen zwischen den aserbeidschanischen Stalinisten und kommunistenfreundlichen Beauftragten der Regierung in Teheran kamen rasch in Gang. Auch die Tudeh-Partei spielte sich im ganzen Land durch die Organisation von Streiks und Demonstrationen immer mehr in den Vordergrund.

Das brachte allerdings die nationalen Minderheiten der Bachtiaren und der Quashquais im Süden Persiens auf den Plan. Nicht ohne Nachhilfe durch britische Stellen erhoben sich nun diese streng konservativ und moslemisch gesonnenen Stämme und verlangten von Teheran das Ende der »Öffnung nach links«. Auch amerikanische Hilfsprogramme und Anleihen winkten. Im Oktober 1946 hatte Quavam die Zeichen der Zeit erkannt. Er ließ die Tudeh-Mitglieder seines Kabinetts fallen und gruppierte die Regierung erneut um, diesmal nach einem auf strenge Unabhängigkeit von Moskau programmierten Kurs.

Inzwischen hatte sich auch die persische Armee von den Demütigungen der Besatzungszeit erholt und ließ sich von Quavam gerne in die Rolle des Entscheidungsträgers drängen. Ende November befahl der Ministerpräsident im Hinblick auf die bevorstehenden Parlamentswahlen, Aserbeidschan und Kurdistan zu besetzen und jeden militärischen Widerstand zu brechen. Es hatte schon etwas Rührendes an sich, daß Ghasi Muhammad telegrafisch in Teheran gegen die Absicht protestierte, auch die Kurdische Republik von Mahabad zu okkupieren. Im September noch hatte es der Ghasi bei Verhandlungen in Teheran in blindem Vertrauen auf die Treue der russischen Freunde abgelehnt, in den Schoß des persischen Kaiserreiches zurückzukehren.

Als aber nun die Truppen des iranischen Generalmajors Homayuni entschlossen gegen die Grenzen der beiden abtrünnigen Republiken vorrückten, begannen auch die Kurden an ihrem Rückhalt durch die große Sowjetunion zu zweifeln. In den ersten Dezembertagen eilte eine Delegation aus Mahabad in das aserbeidschanische Rezaiyeh (heute Urmia), um dort den sowjetischen Konsul Hashimov, einen der Väter des Kurdenstaates, um klare

Auskünfte über die Haltung Moskaus zu bitten. Hashimov ließ aber die Kurden auch jetzt noch in dem Glauben, alles werde sich zum Guten wenden. Teheran beabsichtige, so erklärte er, nur kleinere Truppenkontingente zu entsenden und auch dies nur, um die geregelte Durchführung der bevorstehenden Wahlen zu gewährleisten. Anschließend würden die persischen Soldaten die beiden Republiken wieder räumen. So beschloß ein eilends einberufener Kriegsrat in Mahabad, eventuell vorrückenden persischen Truppen keinen Widerstand zu leisten. Aber schon ein paar Tage später sollte sich zeigen, daß die Republik von Mahabad nicht viel mehr als nur eine Funktion der aserbeidschanischen Republik war.

Am Abend des 13. Dezember 1946 marschierten die ersten persischen Einheiten in deren Hauptstadt Täbris ein, ohne daß die Sowjets einen Finger rührten, das System ihrer stalinistischen Ziehkinder zu retten. Bereits am Tag zuvor hatten über Pishevaris Geheimpolizei und den ständigen Terror empörte antikommunistische Kräfte die Partei- und Regierungsstellen gestürmt. Es war zu schweren Ausschreitungen gekommen. Zahlreiche Kommunisten wurden von der Menge umgebracht. Den verhaßten Ex-Erziehungsminister Muhammad Beria stöberte man im erstürmten russischen Krankenhaus der Stadt auf. Der Mob ergriff sein Opfer und schleifte es, an einen Jeep gebunden, zu Tode. Pishevari und die wichtigsten Mitglieder seiner Regierung hatten sich rechtzeitig in den Schutz der Sowjettruppen nach Baku abgesetzt.

Wie ein Blitz schlug nach dem plötzlichen Zusammenbruch des Regimes von Täbris bei den Kurden die Erkenntnis ein, daß nun auch ihre Republik verloren war. Der 17. Dezember 1946 wurde zum Stichtag des sich erfüllenden kurdischen Schicksals.

Ghasi Muhammad – nun nicht mehr in sowjetischer Generalsuniform, sondern wieder im Zivilanzug – bestieg mit seiner Begleitung die schwarze Sedan-Limousine, die ihm seine russischen »Freunde« ein Jahr zuvor geschenkt hatten. Die Entscheidung war gefallen. Gegen den Rat vieler und gegen die dringende Aufforderung Barsanis hatte sich der Ghasi entschlossen, nicht in den Irak oder über die sowjetische Grenze zu fliehen, sondern bei seinem Volk zu bleiben, das er zu führen und zu beschützen geschworen hatte. Wie in alten Zeiten wollte er dem Sieger außerhalb der Stadt entgegentreten und sich unterwerfen.

Über den tiefen Schnee des kurdischen Winters – viele Paßstraßen im Bergland waren völlig zugeschneit – kroch die Limousine auf der in nordwestlicher Richtung von Mahabad nach Aserbeidschan führenden Straße vorwärts. Nach 13 Kilometern, bei dem Dorf Gwey Tapeh, traf man auf die Vorhut des Generals Homayuni. Der Ghasi ließ anhalten und erwartete neben seinem Wagen stehend die Ankunft des Siegers. In korrekter Form wurde er von Homayuni aufgefordert, sein Fahrzeug zu wenden und mit den Truppen der iranischen Armee in Mahabad einzuziehen.

Am Nachmittag besetzten die Perser das wie verlassen daliegende Mahabad ohne Widerstand. Auf dem Vier-Lampen-Platz, der nun schon zu einem Symbol geworden war, verkündete der Persergeneral das Ende der Kurdischen Republik und ihre Wiedereingliederung in den Iran. Ghasi Muhammad erhielt Hausarrest. Andere kurdische Führer wurden gefangengesetzt.

Schon Tage zuvor hatte sich die Autorität der Regierung praktisch von selbst aufgelöst oder war an den während des einjährigen Bestehens der Republik nicht beseitigten Gegensätzen zwischen Stammeskriegern und städtischem Bürgertum, zwischen »Löwenmut« und »Opportunismus«, wirkungslos verpufft. Wohl versuchten einzelne Stammesführer zu kämpfen, aber nur die Gaurik und die Zerza – schon von dem deutschen Armenienforscher Professor Lehmann-Haupt als besonders tapfer hervorgehoben – leisteten tatsächlich vereinzelt Widerstand.

Aber ihre Hilfeersuchen an den Stamm der Shikak wurde von dessen in der Armee der Republik zum General gemachten Führer Amir Khan Sharifi mit der klassisch gewordenen Antwort beschieden, man könne nicht helfen, weil »die Pferde auf der Weide seien«. Wieder andere, so Teile des Herki-Stammes, wollten noch zu den späten Siegern gehören. Ihre Pferde waren nicht »auf der Weide«, sondern die Herkis stürmten auf ihnen in die Ebene hinab, auf Rezaiyeh und Täbris zu, um auch noch das Ihre zum Fall der Nachbarrepublik Aserbeidschan beizutragen.

Langsam löste sich alles auf. Kleinere Trupps, die harten Kerne der Pesh Merga, schlugen sich bei schlechtestem Wetter und tiefem Schnee bis in die Bergdörfer nahe der irakischen Grenze durch und fanden dort Unterschlupf. Ghasi Muhammad und seine engsten Mitarbeiter dagegen ereilte ihr Schicksal. Anfang 1947 wurden der

Präsident sowie der Verteidigungs- und der Innenminister Mahabads von einem persischen Militärgericht wegen Aufruhr und Hochverrat zum Tode verurteilt. Alle Möglichkeiten der Berufung und auch der Gnadenweg wurden von dem unversöhnlichen Schah Reza Pahlevi abgelehnt. Zur gleichen Zeit, in der die Sieger des Zweiten Weltkrieges mit der Wahl Nürnbergs als Schauplatz ihrer »Kriegsverbrecherprozesse« der magischen Kraft geschichtlicher Orte Tribut zollten, bestand auch der Schah darauf, daß die kurdischen Delinquenten auf dem gleichen Vier-Lampen-Platz zu Tode zu bringen seien, auf dem sie ihre Loslösung vom persischen Kaiserreich verkündet hatten.

Am späten Abend des 30. März hörten die Verurteilten Hammerschläge, mit denen iranische Soldaten die drei Galgen auf dem Platz zusammenzimmerten. Im Morgengrauen wurden die Repräsentanten des ersten Kurdenstaates gehenkt. Fünf weitere Kurdenführer wurden im darauffolgenden Monat ebenfalls hingerichtet, 31 andere verschwanden in den Zuchthäusern des Schahregimes. Man hörte nichts mehr von ihnen.

Mustafa Barsani, der noch am Tag vor dem Zusammenbruch von seinen außerhalb der Stadt stationierten Truppen nach Mahabad geeilt war, um auch den Präsidenten Ghasi Muhammad zur Flucht vor den anrückenden Persern zu überreden, hatte als erster begriffen, was geschehen war. Die Entscheidung gegen die Kurden, so wurde ihm klar, war auf dem politischen und nicht auf dem militärischen Feld gefallen. Mitstreiter hörten ihn in bitterer Enttäuschung über die russischen Freunde von gestern bemerken: »Nicht von der iranischen Armee wurden die Kurden besiegt. Es war vielmehr die Sowjetunion, die von den USA und von Großbritannien besiegt worden ist.«

Die Folgen der Niederlage waren für Mulla Mustafa und seine Leute freilich andere als für die persischen Kurden Mahabads. Die Barsanis waren irakische Staatsbürger, und insofern konnte gegen sie von Teheran nicht der Vorwurf des Hochverrats erhoben werden. Das Schlimmste, so rechnete sich Mulla Mustafa aus, was ihm und seiner Gefolgschaft geschehen konnte, war die Ausweisung in die irakische Heimat.

In diesem Sinne besuchte er auch nach der Unterwerfung Ghasi Muhammads unter die persischen Truppen deren Oberkommandierenden, General Homayuni, und schlug ihm vor, er und seine 12 000 Kämpfer und Stammesangehörigen würden in das heimatliche Barsan-Gebiet zurückkehren, wenn die britischen Mandatsherren des Irak und vermittels ihres Einflusses auch die Regierung in Bagdad seine Sicherheit garantierten.

Welch starken militärischen Faktor die Barsanis in den Augen Homayunis damals immer noch darstellten, kann man sicher an der Tatsache ermessen, daß der Persergeneral dem aufrührerischen Kurdenführer die Abreise unter sicherem Geleit nach Teheran gestattete, um dort sein Anliegen direkt mit britischen Stellen zu verhandeln. Mulla Mustafa brachte daraufhin mehr als einen Monat in Teheran zu, von den Engländern als deren Gast aufs angenehmste im dortigen Offizierskasino untergebracht. Als die britischen Dienststellen aus Bagdad endlich Bescheid erhielten, man könne den Kurden die gewünschte Garantie nicht geben, schlugen persische Politiker einen Ausweg vor. Die Barsanis, so entschied man in Teheran, sollten sich im Gebiet des Alvand-Massivs, westlich von Hamadan und unweit des zusammenhängenden Siedlungsgebietes der persischen Kurden, niederlassen und dort seßhaft werden.

Mustafa Barsani war geneigt, den Vorschlag anzunehmen, aber sein Bruder Ahmad, das offizielle Stammesoberhaupt, bei dem die letzte Entscheidung lag, lehnte ab. Das brachte erneut General Homayuni auf den Plan, der das Vorhandensein einer so starken bewaffneten Macht, wie Barsanis Krieger sie darstellten, im nordwestlichen und gerade erst mühsam befriedeten Grenzgebiet nicht hinzunehmen gedachte. Homayuni besuchte den widerspenstigen Kurdenscheich Ahmad persönlich in Nagadeh und drang auf eine endgültige Entscheidung. Ahmad teilte ihm mit, die Kurden würden sich – auch ohne britische oder irakische Sicherheitsgarantie – mit Gewalt in ihre irakischen Stammesgebiete zurückkämpfen, sobald erst einmal der Frühling gekommen war.

Mit dieser vagen Aussicht war aber die Geduld des Persers erschöpft. Kurz und bündig ließ Homayuni die Kurden wissen, sie hätten jetzt zwischen drei Möglichkeiten zu wählen, und dies binnen 48 Stunden: Sie könnten trotz der winterlichen Unwegsamkeit des Geländes sofort in ihre irakische Heimat aufbrechen; sie könnten die Waffen niederlegen und sich den weiteren persischen Anordnungen fügen – oder sie könnten kämpfen. Der General verließ

Nagadeh mit der letzten Warnung, er kehre in zwei Tagen mit überlegenen Truppenverbänden zurück, um die Entscheidung der Kurden zu erfahren.

So geschah es. Als er aber mit Infanterie und Panzern 48 Stunden später in dem bisherigen kurdischen Hauptquartier einrückte, waren Barsanis 12 000 Leute verschwunden. Kaum ein anderer Stamm der Region wäre dazu zu bewegen gewesen, sich im harten kurdischen Winter über zugeschneite Paßstraßen ohne Versorgungsmöglichkeiten, bei nächtlichen Temperaturen bis zu 30 Grad unter Null, durch Schneestürme und Lawinen, die donnernd zu Tal fuhren und alles unter sich begruben, mehr als 400 Kilometer in die angestammte Siedlungsregion durchzuquälen. Aber die Barsanis folgten den Weisungen ihrer Führer.

Die Kurdenkrieger schleppten auch noch die wertvollste Beute mit, die aus dem Desaster von Mahabad zu holen war: An die 3000 der besten Gewehre, 120 Maschinengewehre, zwei Feldgeschütze und große Mengen Handgranaten nahmen sie aus der den Persern abzuliefernden Erbmasse der Armee von Mahabad mit in die Berge. Zunächst blieben die wandernden Barsanis von den Truppen des Generals Homayuni unbehelligt. Dieser hätte den Aufenthalt in Winterquartieren der Verfolgung der Kurden, die sich ohnehin aus seinem Befehlsbereich entfernten, vorgezogen. Aber Schah Reza Pahlevi im 1000 Kilometer entfernten Teheran war unerbittlich. Er bestand darauf, der ehemaligen Elitetruppe der separatistischen Republik von Mahabad eine Lektion zu erteilen.

Zuerst wollte man entsprechend der alten Taktik des »divide et impera« die Herkis als kurdische Hilfstruppen gegen die Barsanis führen, aber ohne Erfolg. Mitte März trat die persische Armee selbst zum Angriff gegen die sich mühsam vorwärtsquälenden Trecks der Kurden an. Doch die Gelände- und Witterungsbedingungen ließen nicht mehr als Scharmützel zu. Fast täglich kam es zu Gefechtsberührung. Und jedesmal waren die Verluste der Perser weitaus höher als die der kurdischen Partisanen. Deshalb setzte Teheran auch noch die Luftwaffe ein. Mit Bomben und Bordwaffen wurden die sich zurückziehenden Barsani-Soldaten und vor allem der an den Hängen zusammengeballte Troß aus Frauen und Kindern angegriffen. Erst Anfang April überschritten die Kurden die Grenze zum Irak und waren damit vor den Persern in Sicherheit.

Einflußreiche kurdische Kreise in Bagdad hatten inzwischen die dortigen Machthaber wenigstens zu momentanem Stillhalten bewegen können. Unangefochten von irakischem und britischem Militär brachten Scheich Ahmad und Mulla Mustafa ihren Stamm Mitte April ins sichere Barsan-Gebiet. Erschöpft und einer längeren Ruheperiode dringend bedürftig, unterwarfen sich Ahmad, ein Teil der Kämpfer sowie die Frauen und Kinder den irakischen Militärbehörden. Mulla Mustafa jedoch und mit ihm der harte Kern seiner Pesh Merga zogen es vor, zunächst abseits, im kaum kontrollierbaren Grenzgebiet zur Türkei, den weiteren Gang der Ereignisse abzuwarten.

Diese Vorsicht war nicht unbegründet. Denn rasch sollte sich zeigen, daß die überwiegend aus Arabern gebildete Regierung in Bagdad – noch dazu durch die 1945 erfolgte Gründung der Arabischen Liga großarabisch inspiriert – ebensowenig zur Nachsicht gegenüber der unruhigen kurdischen Minderheit neigte wie das haschemitische Königshaus des Landes. Noch minderjährig war König Feisal II. 1939 seinem tödlich verunglückten Vater Ghasi I. in der Regentschaft gefolgt. Nun, da sich Feisal und die großarabischen Nationalisten ganz Herr der Lage fühlten, wurde die kurdische Minderheit im Parlament völlig kaltgestellt. An den mit Barsani aus Persien zurückgekehrten irakischen Offizieren, die als Kurden in der Armee von Mahabad gedient hatten, statuierte man ein Exempel: Ein Militärgericht verurteilte die Offiziere zum Tode, in Bagdad wurden sie öffentlich gehenkt. Unter den Opfern war auch Hauptmann Izzat Abdul Aziz, den nicht einmal seine frühere Position als Adjutant des Kronprinzen retten konnte.

Mulla Mustafa, schon damals durch weitreichende Verbindungen über die Pläne Bagdads bestens informiert, sah immer klarer, daß auch ihn die Racheengel verletzter arabischer Eitelkeit ereilen würden. Mitte Mai 1947 entschloß er sich abermals zur Flucht. Die Rückkehr in den Iran, wo seine Leute erst jüngst das Blut persischer Offiziere und Soldaten vergossen hatten, war ausgeschlossen. Und auch die Türkei würde einen durch und durch aufrührerischen Kurdenführer bestimmt nicht in einem Gebiet willkommen heißen, das türkisches Militär gerade wieder einmal rücksichtslos »enttribalisierte«.

So blieb als einziges Land, in dem Mulla Mustafa und seine Getreuen auf Asyl hoffen durften, die Sowjetunion, der Verbündete von gestern. Sowjetkonsul Hashimov soll es gewesen sein, der beim Zusammenbruch der Republik von Mahabad dem Kurdengeneral versichert hatte, die Sowjets würden ihm und seinen Kriegern jederzeit Sicherheit und Gastfreundschaft gewähren.

Um den 20. Mai gab Mulla Mustafa seine Absicht der Stammesversammlung bekannt. Wer mit ihm ziehen wolle, so ließ er wissen, und wessen Dienste in der Familie nicht unbedingt benötigt würden, der könne ihn begleiten. Viele der Freiwilligen, die sich daraufhin meldeten, wurden von Barsani als ungeeignet zurückgewiesen. Er wählte nur absolut ergebene, körperlich leistungsfähige und kriegserfahrene Männer aus. An die 500, einige Quellen sprechen von annähernd 800 Männern, waren schließlich beisammen.

Am frühen Morgen des 27. Mai brach die Kolonne nach Norden auf. 350 Kilometer gefährlichen Marsches lagen vor ihr. Alle Männer gingen zu Fuß, auch Barsani selbst, und trugen ihre Waffen und die benötigte Ausrüstung bei sich. Lediglich ein paar Pferde und Maultiere wurden zum Transport der Maschinengewehre, der Lebensmittelvorräte und später auch der Verwundeten mitgeführt. Im Osten sahen die Flüchtenden den schneebedeckten Gipfel des Dalanpar. Es war kaum drei Jahre her, daß sich dort oben Kurdenführer aus der Türkei, dem Irak und aus dem Iran gegenseitige Hilfe geschworen und ihren Traum vom Einheitsstaat der Kurden verkündet hatten. Nun schien dieser Traum weiter entfernt denn je.

Noch am Tag ihres Aufbruchs passierte Barsanis Kolonne die Grenze zur Türkei, schon am nächsten Morgen drang sie, dem Tal des Tergawar folgend, auf persisches Territorium ein und bewegte sich nun durch das Somai-Tal, an den Orten Shapur und Quotur vorbei immer weiter nach Norden, irakische und persische Späher dicht auf den Fersen. Auch den Persergeneral Homayuni erreichte der Bericht von diesem Kurdenzug. Kaum 50 Kilometer von Mulla Mustafa entfernt, wartete Homayuni gerade in der Stadt Khoi auf die Ankunft seines Kaisers.

Schah Reza Pahlevi hatte sich nämlich in diesen Tagen zu seiner ersten Reise in die wiedergewonnenen Gebiete des iranischen Nordwestens entschlossen. Über die neuerliche kurdische Provokation, als die er den bewaffneten Marsch in Richtung sowjetischer Grenze empfand, war der Schah außer sich. Er befahl die sofortige militärische Verfolgung der Kolonne. Im Quotur-Tal sollten zwei Infanteriebataillone den Marsch der Kurden aufhalten, sie zum Kampf stellen und vernichten. Andere Truppen wurden in Eilmärschen weiter nordwärts vorausgeschickt.

Aber der Erfahrung, dem Können und der Härte der kurdischen Partisanen war das iranische Militär nicht gewachsen. Am 3. Juni wurde ein Kurdentrupp bereits weit nördlich von Quotur gesichtet. Damit war es klar: Wieder war Mulla Mustafa durch die engen Maschen des persischen Netzes geschlüpft. Der Schah, der sich noch immer in der Gegend aufhielt, gab erneut persönlichen Befehl, die Barsanis unverzüglich zu stellen und anzugreifen. Den Kommandeuren seiner Truppen drohte er mit dem Kriegsgericht.

Aber die Kurden tauchten in dem zerklüfteten Gebiet nordwestlich von Khoi aufs neue unter. Das Gelände setzte ihnen mehr zu als die nachsetzenden persischen Truppen. Denn die Felsschlünde des Moro-Berges boten zwar Sicherheit vor den Flugzeugen der Verfolger, aber an den Seilbrücken, die die Abgründe über den reißenden Gebirgsflüssen überspannen, gingen zuerst die Pferde und Maultiere und dann auch noch das gesamte schwere Gerät verloren. Auch einige Männer wurden bei den Unfällen mit in die Tiefe gerissen.

Und doch kamen die Perser noch zu dem befohlenen Kampf mit Mulla Mustafas Kolonne. Am 9. Juni, 40 Kilometer nordwestlich von Khoi, wollte ein Bataillon Stellung beziehen und die Kurden in eine Falle locken. Aber als die Soldaten in ein tief eingeschnittenes Seitental vorrückten, saßen sie plötzlich selbst in einer Falle, die die Meister des Gebirgskrieges ihren Verfolgern gestellt hatten. Von den Hängen und von den hochaufragenden Felsen prasselte ein dichter Kugelhagel auf die anrückenden Perser nieder, flogen Handgranaten und geballte Ladungen der Kurden dazwischen. Nach kaum einer Stunde war das Gefecht vorbei. Die Perser, die während des Feuerüberfalls keinen einzigen Kurden zu Gesicht bekommen hatten, ließen mehr als 100 Gefallene zurück, die Verwundeten wurden mitgeschleppt, und obendrein gerieten beim hastigen Rückzug noch 16 Soldaten in kurdische Gefangenschaft und wurden als Geiseln mitgeführt. Nun beschränkten sich die iranischen Truppen vorerst aufs Beobachten.

Am 10. Juni hatten es die Barsanis beinahe geschafft. Im Norden blinkten die Schneefelder und Gletscher des über 5000 Meter hohen biblischen Berges Ararat. Bei den Persern und Kurden heißt der erloschene Vulkan Kuh-e-nuh, und für die Kurden stellt er die nördlichste Siedlungsgrenze ihres Volkes dar. Vor allem aber sahen die erschöpften Männer Mulla Mustafas auf das Flußtal des Aras hinab, den Araxes des Altertums. Sein Lauf bildet an dieser Stelle die Grenze zwischen der Türkei, dem Iran und der Sowjetunion. Jenseits des Flusses, auf der sowjetischen Seite, lag für die Barsanis die Sicherheit. Ihr langer Marsch, in dessen Verlauf sie in rund zwei Wochen annähernd 350 Kilometer durch schwierigstes Gelände bewältigt hatten, war zu Ende.

Barsani schickte zwei Kuriere voraus, die den kommunistischen Gastgebern die Ankunft der Kurden melden sollten. Ein paar Tage später durchwateten die 431 Überlebenden des Marsches, eine zerlumpte und erschöpfte Schar, das eisige Wasser des Aras. Als die ersten Panzerwagen der persischen Verfolger die Böschung hinunterrumpelten, fanden die Besatzungen nur noch ein paar liegengebliebene Gewehre und die Leichen zweier ertrunkener Pesh Merga. Mustafa Barsani und seine Männer waren im Exil, verschwunden von der Bühne der Geschichte, die sie erst elf Jahre und vier Monate später wieder betreten sollten.

8
»Salam Barsani!«

Die Heimkehr des verlorenen Sohnes

Das Telegramm, das alles wenden sollte, kam aus Bagdad. Der neue starke Mann des Irak, General Abd el-Kerim Kassem, der am 14. Juli 1958 mit der Bagdader Garnison gegen die Monarchie geputscht und sich selbst zum Präsidenten ausgerufen hatte, bat darin Kremlchef Nikita Chruschtschow um die Ausreiseerlaubnis für den kurdischen Emigranten Mustafa Barsani.

Dreizehn Jahre war es erst her, da hatte derselbe Offizier als Führer einer irakischen Streitmacht in einer erstaunlichen militärischen Leistung die aufrührerischen Kurden des nordöstlichen Berglandes des Irak bezwungen. Den harten Kern der Rebellen unter Barsanis Führung hatte er nach mehrmonatigen Kämpfen über die Grenze ins Nachbarland Persien gedrängt und so dem irakischen Königreich für mehr als ein Jahrzehnt Ruhe vor den kurdischen Untertanen verschafft. Barsani und die 431 seiner treuesten Mitkämpfer, die nach der kurzen Episode der Republik von Mahabad ins sowjetische Exil geflüchtet waren, warteten dort Jahr für Jahr, allerdings vergebens, auf eine neue Chance.

Von der Sowjetunion wurden die kurdischen Asylanten nicht gerade wie alte Kampfgefährten oder gar wie Freunde behandelt. Daß Barsani dort »komfortabel« und »im Range eines Generals der Sowjetarmee« gelebt habe, ist ebenso eine Erfindung amerikanischer Journalisten wie die Wortschöpfung vom »roten Mullah«, und es ist erstaunlich, daß selbst ein sonst so wohlinformierter Nahostdiplomat wie Derek Kinnane diese Legende in eine Darstellung der kurdischen Geschichte übernommen hat. Die Wirklichkeit sah etwas prosaischer aus. Den Beinamen »Mulla« hatte der junge Barsani in seinem Heimatdorf erhalten, als er anfing, fast ohne Schulbesuch Lesen und Schreiben zu lernen und sich als Autodidakt aus Büchern ein für seine Welt erstaunliches Wissen anzulesen. Das machte ihn in den Augen der Dörfler bald so gebildet wie einen Geistlichen, einen Mullah.

Auch mit dem angeblichen »Komfort« in der Sowjetunion war es nicht weit her. In den ersten Jahren ihres Exils wurden Barsanis Leute sorgfältig von den Kurden der Sowjetunion isoliert; als Aufenthaltsorte wies man ihnen verschiedene Dörfer in der weiteren Umgebung der aserbeidschanischen Hauptstadt Baku zu. Mehrere seiner engsten Vertrauten haben mir bestätigt, daß selbst Barsani, der sich in der Armee der Republik von Mahabad immerhin den Rang eines Generals erworben hatte, seinen Lebensunterhalt kümmerlich genug als Korbflechter und Handschuhmacher verdienen mußte. Einer seiner Leibwächter, der mich im Herbst 1973 bei meiner ersten Reise nach Kurdistan in das irakisch-persische Grenzgebiet begleitete und der 1947 mit Barsani in das russische Exil ausgewichen war, erinnerte sich: »In den ersten Jahren hatten wir nicht den Eindruck, bei Freunden zu sein. Wir wurden wie lästige Gäste behandelt. Obwohl genügend kurdisch sprechende Beamte vorhanden waren, erhielten wir unsere Anweisungen nur auf russisch oder aserbeidschanisch. Beides verstand praktisch keiner von uns besonders gut. Oft hatten wir das Gefühl, als mache man sich über uns Bergbauern lustig.«

Die Sowjets befürchteten ganz offenkundig, daß ihre eigene kurdische Minderheit von den Freiheitsideen der Emigranten angesteckt werden könnte. Während der Zeit der ärgsten Verfolgung der nationalen Minderheiten in der Sowjetunion und während der bekannten Unterdrückung der nichtgeorgischen Völkerschaften des Kaukasus durch Stalin hatte Moskau an dem kurdischen Bauern, den man vermeintlich besserer Züge wegen vom Schachbrett des Mittleren Ostens genommen hatte, offenbar ganz und gar kein Interesse.

Erst zu Beginn der fünfziger Jahre, als sich die Situation im Nahen Osten grundlegend gewandelt hatte, entsann sich die sowjetische Machtpolitik der Kurden. Die Türkei mit ihrem ungelösten kurdischen Problem war Mitglied der NATO geworden, das Königreich Irak mit seiner nur vorübergehend ruhigen kurdischen Minderheit war dem ebenfalls gegen die sowjetischen Intentionen gerichteten CENTO- oder Bagdad-Pakt beigetreten. Als jederzeit disponierbare innenpolitische Druckmittel gegen die beiden nahöstlichen Eckpfeiler des westlichen Bündnissystems wurden die Kurden für Moskau nun wieder interessant.

Ein als »Geheimsender« getarntes Propagandainstrument, »Dang-i-Kurdistan«, »Die Stimme Kurdistans«, den man in den fünfziger Jahren im Kaukasus stationierte, wurde von sowjetischen Dienststellen unter Mitarbeit Mulla Mustafas und anderer Exilanten betrieben und bald – in Ermangelung anderer kurdischer Programme – von Hunderttausenden gehört. Auch Studienplätze an den Universitäten Baku, Taschkent und Moskau wurden den Geflüchteten nun zur Verfügung gestellt. Barsani selbst konnte in den späteren Jahren seines Exils an der Moskauer Universität Geographie, Ökonomie, Geschichte und natürlich Russisch studieren.

So blieb auch die Begegnung mit sowjetischen Kurden nicht aus. Es kam zu zahlreichen Heiraten zwischen Männern Barsanis und sowjetischen Kurdenmädchen und selbst zwischen Kurden und Russinnen. Von so manchem der zahlreichen blonden und blauäugigen Pesh Merga, die ich in Kurdistan kennenlernte, habe ich hinterher erfahren, daß sie solch einer kurdisch-russischen Mischehe entstammten.

Im Laufe der Jahre konnte Barsani den zunächst um ihn gelegten Ring der Isolation noch weiter durchbrechen. Nicht nur die Kontakte zu staatlichen und diplomatischen Stellen in Moskau, insbesondere nach Stalins Tod, wurden häufiger, sondern auch die Verbindung mit den irakischen Kurden kam wieder zustande. Mitte der fünfziger Jahre beobachtete die persische Geheimpolizei SAVAK ein schwer zu kontrollierendes und deswegen besonders beunruhigendes Kommen und Gehen kurdischer Kuriere, die über iranisches Territorium zwischen der Sowjetunion und dem Irak hin und her pendelten. »Die Kuriere«, so besagt eine persische Quelle, »überbrachten den Gefolgsleuten Mulla Mustafas im Irak dessen politische Instruktionen und umgekehrt genaue Informationen über die Ereignisse im Irak in Barsanis sowjetisches Exil.«

Zunächst aber hatte die Abwesenheit Barsanis die kurdische Unabhängigkeitsbewegung des Irak desorganisiert. Die 1938 ursprünglich als Geheimbund gegründete, dann aber an die Öffentlichkeit getretene »Hoffnungs-Partei«, die »Hewa«, lag darnieder. Scheich Mahmud, ein weiterer der kurdischen Führer, war kurz nach dem Zweiten Weltkrieg gestorben. In den zwanziger Jahren hatte er in Suleimania, in eigenwilliger Auslegung der Autonomieversprechungen der Alliierten, ein eigenes »Königreich Kurdistan« und sich selbst zum Monarchen ausgerufen. Wegen der operettenhaften Züge seiner Politik war er von der britischen Mandatsmacht zunächst geduldet worden. Da er sich aber besonders im kurdischen Süden beträchtlicher Gefolgschaft erfreute, hatten ihn schließlich die Briten doch kurzerhand eingesperrt und erst 1944 wieder entlassen.

Um die Lücke in der kurdischen Unabhängigkeitsbewegung zu schließen, die nach der Flucht Barsanis 1945 entstanden war, hatten Vertreter der städtischen Intelligenz, teils der »Hewa« entstammend, im August 1946 die Kurdische Demokratische Partei des Irak, abgekürzt KDP, gegründet in deutlicher Anlehnung an die nämlichen Vorgänge in Persien. Zu ihrem Vorsitzenden wurde in Abwesenheit Barsani gewählt, während die eigentliche Parteiführung in den Händen des Heeresoffiziers Mir Hadsch und des Rechtsanwaltes Hamsa Abdullah lag.

Neben der KDP gewannen im irakischen Kurdistan, besonders im Erdölgebiet von Kirkuk und unter der kurdischen Landarbeiterschaft, auch die Kommunisten stark an Boden. Die Kommunistische Partei des Irak war erst 1934 gegründet worden und betonte entsprechend ihrem eigenen Selbstverständnis die »Interessenidentität der arabischen und der kurdischen Arbeiter- und Bauernklasse«. In ihrem Kampf gegen die Bagdader Monarchie erblickte sie deshalb in der kurdischen Freiheitsbewegung nur einen Störfaktor des Klassenkampfes und den »kleinbürgerlichen Verrat an der internationalistischen Weltrevolution«. So wurde, wie der Schweizer Nahostkenner Heinz Gstrein urteilte, die Zeit seit der Gründung der Kurdischen Demokratischen Partei 1946 bis zur Rückkehr Barsanis zwölf Jahre später »weniger eine Phase des kurdischen Freiheitskampfes als der internen Auseinandersetzung zwischen KDP und KP«.

Mustafa Barsanis Partei hatte sich im Gegensatz zu den Kommunisten nicht in ein enges ideologisches Korsett gezwängt. Von Anfang an war sie eine nationalistische Sammlungspartei, eine »Omnibuspartei«, in die neben- und nacheinander nationalistische, demokratische, sozialistische, republikanische oder religiös-konservative Gruppen einsteigen konnten. Je nach Bedarf war die Partei auch in der Lage, wechselnde Schwerpunkte nach außen vorzuzeigen und sich den verschiedensten Kräften als Koalitionspartner zu präsentieren.

Seit dem Tag ihrer Gründung bis zu den jüngsten Erklärungen im Jahr 2003 bekennt sich die KDP zur kurdisch-arabischen Zusammenarbeit innerhalb eines gemeinsamen irakischen Vaterlandes. Ob dieses Bekenntnis zur irakischen Einheit ernst gemeint oder – was näher läge – nur als Zugeständnis an taktische Notwendigkeiten zu werten ist, ist schwer zu ergründen. Bei all den zahlreichen Diskussionen mit Amtsträgern der Partei und mit Wortführern des Barsani-Clans hatte ich selbst immer den Eindruck, daß hinter dem vergleichsweise bescheidenen Nahziel einer Autonomie innerhalb der irakischen Republik doch die Faszination des Fernziels einer überregionalen Lösung der Kurdenfrage steht, eines kurdischen Staates, der auch die vielen Millionen des gleichen Volkstums in der Türkei, im Iran und in Syrien umfaßt, und daß dieses Fernziel die eigentliche Antriebskraft des kurdischen Freiheitswillens ist.

Von radikalen kurdischen Kreisen wurde die Partei Barsanis wegen der wenigstens verbalen Bekenntnisse zum kurdisch-arabischen Zusammenleben und der Selbstbeschränkung auf Autonomie innerhalb des Irak auch häufig kritisiert. Aber letztlich konnte die KDP doch immer wieder alle wesentlichen politischen Gruppierungen der Kurden unter ihrer Führung versammeln – alle politischen Kräfte mit Ausnahme der Kommunisten. Diese waren im Irak der 1940er und 1950er Jahre neben der KDP die einzige Organisation, die über ein politisches Programm, der Partei ergebene Kader und neben ihren sichtbaren Gliederungen auch über eine schlagkräftige Untergrundorganisation verfügte. Seit den gegen die Bagdader Monarchie gerichteten Unruhen der Jahre 1948 und 1952 und dem von der damaligen Militärregierung erlassenen zeitweisen Parteienverbot kam es vorübergehend trotzdem zur losen Zusammenarbeit zwischen Kommunisten und kurdischen Nationalisten. Vor allem nachdem 1952 erstmals kein Araber, sondern ein Kurde Generalsekretär der irakischen KP geworden war, der sich wegen seiner den kurdischen Belangen entgegenkommenden Haltung den Beinamen »Basim«, »der Lächelnde«, erworben hatte, schien sich das bis dahin frostige Klima zwischen Kurden und Kommunisten zu entspannen.

Basim warf der alten, stalinistischen KP Bagdads »reinen Opportunismus« gegenüber der Sache der Kurden vor und unterstützte deren Selbstbestimmungsrecht sogar für den Fall, daß sich dieses runde Drittel der Bevölkerung vom irakischen Staatsverband abspalten würde. Mit Stalins Tod und dem darauffolgenden schnellen Ende der allen nichtgeorgischen Völkern jenseits des Kaukasus feindlichen Politik des sowjetischen Diktators erhielt dieser kurdenfreundliche Kurs der irakischen KP weiter Auftrieb.

Die Umarmung der beiden bisherigen Kontrahenten ging so weit, daß sich KP und KDP – die damals, bereits in den fünfziger Jahren, ihren Namen in Demokratische Partei Kurdistans (DPK) geändert hatte, damit die nicht kurdischen Minderheiten in Kurdistan (Turkmenen, Araber, Assyrer) sich nicht ausgegrenzt fühlten – mit einer gemeinsamen Liste den Parlamentswahlen des Jahres 1953 stellen wollten. Auf einer Parteikonferenz der KP im Jahr 1956 wurden die Forderungen der kurdischen Nationalisten sogar noch deutlicher im Programm der Bagdader Kommunisten verankert, allerdings ganz und gar nicht zum Nutzen der letzteren: Die Anziehungskraft der kurdischen Bewegung war inzwischen so stark, daß die kurdisch-kommunistische Begegnung mit dem geschlossenen Übertritt des regionalen, für das Kurdengebiet zuständigen Vorstandes der KP zur Partei Barsanis endete.

Andere Kräfte, die zu dem Techtelmechtel mit den Kommunisten nicht bereit waren, sondierten inzwischen das Terrain für andersgeartete Koalitionen. Die ganze arabische Welt war in jenen Jahren in Bewegung geraten, die Verheißung eines panarabischen Einheitsstaates oder Staatenbundes auf republikanisch-nationalistischer Grundlage stand der arabischen Jugend und ihren Führern vor Augen. In Ägypten hatte 1954 Gamal Abd el-Nasser die Macht übernommen und sich zum Motor und Kristallisationspunkt gesamtarabischer Sehnsüchte gemacht.

Anfang 1957 wurde Nasser in Kairo von einer gemischt arabisch-kurdischen Delegation aufgesucht, der für die Kurden auch der Vertreter eines »Dritten Weges«, der heute in Berlin lehrende Kurdologe Jemal Nebez, angehörte. Nasser zeigte sich in der Frage der Behandlung nichtarabischer Minderheiten aufgeschlossen; in der Folge wurden von Radio Kairo auch Programme in kurdischer Sprache, gewissermaßen im Wettstreit mit der sowjetisch kontrollierten »Stimme Kurdistans«, gesendet. Und als sich Anfang 1958 Syrien mit Ägypten zur Vereinigten Arabischen Republik zusammenschloß, waren auch für die kurdische Minderheit in Syrien erstmals deutliche Erleichterungen spürbar.

Die Situation hatte sich so weit entspannt, daß nun ein kurdischer Abgeordneter im Bagdader Parlament einen Vorstoß zur Verankerung der Rechte seines Volkes in der irakischen Verfassung unternehmen konnte. Eine Unterschriftensammlung in der irakischen Bevölkerung sollte der parlamentarischen Aktion Nachdruck verschaffen. Das offizielle Bagdad verhielt sich zunächst abwartend, so wie man sich auch in den mehr als zehn Jahren nach der Befriedung des irakischen Kurdistan nach dem Zweiten Weltkrieg gegenüber dem Schicksal der kurdischen Bevölkerung, den damals drei Millionen Einwohnern im nordöstlichen Bergland, gleichgültig verhalten hatte.

Der Sorge für die ungeliebte Minderheit und der noch mit den Briten ausgehandelten Verpflichtung, den kurdischen Volkscharakter zu schützen, entledigte man sich dadurch, daß man eine Handvoll kurdischer Volksschulen und eine einzige Monatsschrift duldete. Eine dieser Schulen wurde von dem tschechischen Journalisten M. Zykmund nach der Rückkehr von einer Reise 1957 so beschrieben: »Als Tür dient ein als Vorhang angebrachter Sack, hinter dem sich ein Raum von sieben mal fünf Meter öffnet, in dem sich zwischen einem Gewirr von Kisten, Tischen und Holzstühlen, einer Bettstatt und Reihen von Lampen, von denen keine brennt, 16 erwachsene Männer drängen, die hier die Kunst des Lesens und Schreibens erlernen wollen.«

Der Name der Schule, »Arche Noah«, schien dem Journalisten bezeichnend für die gesellschaftliche und kulturelle Situation einer Region, die Bagdad auch nach zehn Jahren Frieden immer noch auf der niedrigsten Stufe kulturellen Bewußtseins zu halten beabsichtigte. Aber nicht nur im kurdischen Teil, auch im übrigen Land gab es genügend Anlaß zu sozialen Spannungen. Trotz ehrgeiziger Großprojekte war der Irak des Jahres 1958 noch immer die am meisten vernachlässigte aller ehemaligen Provinzen des Osmanischen Reiches, das rückständigste Land des Nahen Ostens.

Die unüberbrückbar scheinende soziale Kluft zwischen reichen feudalen Großgrundbesitzern und landlosen, ihrer Stammesbindung verlustig gegangener einstiger Nomaden, eine Landwirtschaft auf dem Niveau zur Zeit Hammurabis und die katastrophale Volksgesundheit, eine Säuglingssterblichkeit von 30 Prozent und epidemische Krankheiten wie Bilharziose, Trachome oder Tuberkulose – alle diese Probleme hatten der junge König Feisal II., ein Urenkel des Großscherifs von Mekka, und der ebenso diplomatisch begabte wie innenpolitisch uninteressierte Regierungschef Nuri es-Said nicht einmal im Ansatz gelöst, als der Putsch vom 14. Juli 1958 die Monarchie mit einem Schlag hinwegfegte.

»Ganz plötzlich, wie ein Blitz aus heiterem Himmel«, so der persische Historiker Arfa, machte Brigadegeneral Kassem an diesem Tag Geschichte. Während der türkische Staatspräsident Bayar auf dem Flughafen von Istanbul noch stundenlang auf die Ankunft der Sondermaschine wartete, mit der die Spitzen der irakischen Politik zur für diesen Tag angesetzten Konferenz der CENTO-Pakt-Staaten kommen wollten, krachten in Bagdad schon die Salven der Exekutionskommandos. König Feisal und sein ganzer haschemitischer Anhang wurden gleich zu Beginn des Staatsstreichs umgebracht. Nuri es-Said, der in Frauenkleidern flüchten wollte, wurde von den Putschisten ergriffen und vom Mob buchstäblich in Stücke gerissen, seine verstümmelte Leiche stundenlang durch den Staub der Straßen des als »lieblich« besungenen Bagdad geschleift.

Tags darauf gaben die neuen Herrscher ihre politischen Ziele bekannt: Die Monarchie war abgeschafft, eine Republik wurde ausgerufen, der Austritt aus dem »imperialistischen CENTO-Pakt« erklärt und damit nach dem – allerdings nur vorübergehenden – Zusammenschluß Syriens und Ägyptens und dem vorhergegangenen israelisch-arabischen Konflikt ein weiterer Einbruch in das nahöstliche Sicherheitssystem des Westens vollzogen.

Innenpolitisch wurde die Verstaatlichung der bisher zumeist von Briten ausgebeuteten Ölfelder angekündigt, inhaftierte Kommunisten und Kurden erhielten ihre Freiheit zurück. Den erstmals als »Brüdern« bezeichneten Kurden versprach man die Regelung ihres Status in der neuen irakischen Republik; weitgehende Autonomie, der Gebrauch ihrer Sprache auch als Amtssprache, eigene Schulen und Kultureinrichtungen wurden zugesagt.

Und vor allem wurde jenes historische Telegramm an den Kreml auf den Weg gebracht, das den Führer aller Kurden, dem alle früheren Sünden gegen den irakischen Staat vergeben sein sollten, nach Bagdad zurückrief. »Wir erinnerten uns«, so Barsani später, »an die Bedeutung des Namens Bagdad, der übersetzt Gottesgeschenk heißt.«

Es war wie die Heimkehr des verlorenen Sohnes. Tausende von Anhängern waren bereits am Flughafen versammelt, als an einem der ersten Oktobertage die Sondermaschine aus Moskau in Bagdad landete. Kurden in ihrer Nationaltracht, vor allem aber städtisch gekleidete Mitglieder der DPK und selbst arabische Abgesandte der neuen republikanischen Regierung hatten sich eingefunden, um den prominenten Heimkehrer gebührend zu empfangen. Mulla Mustafa Barsani, damals 58 Jahre alt, entstieg als erster der Douglas-Maschine und winkte mit erhobenen Händen seinem Publikum zu. Hinter ihm standen seine fünf engsten Gefährten aus der Emigration, die ihn auf der Heimreise begleitet hatten. Die mit ihm verwandten Scheichs Suleyman und Babo – Neffe und Cousin – waren dabei und auch Asad Khosravi, der als früherer irakischer Offizier schon in der Republik von Mahabad unter seinem Kommando gedient hatte. »Salam! Salam! Salam Barsani! Heil sei mit ihm! Heil sei mit Barsani!« Unter den Hochrufen seiner Anhänger und nachdem ihn Rechtsanwalt Hamsa Abdullah und ZK-Mitglied Hilmi Ali Scharif von der Spitze der DPK umarmt hatten, bestieg Mulla Mustafa den bereitgestellten Wagen.

Die Fama berichtet, daß es der Wagen des während der Revolution umgebrachten einstigen Regenten Abdolillah war, den Kassem für den zukünftigen kurdischen Koalitionspartner hatte reservieren lassen. Jedenfalls brachte der Fahrer Barsani in das Haus des ermordeten Nuri es-Said, das ihm für die nächsten Monate als Residenz zur Verfügung gestellt wurde. »Es waren eben die Flitterwochen eines jungen Paares«, kommentierte ein spöttischer einheimischer Chronist den freundlichen Empfang, den der arabische General Kassem dem kurdischen General Barsani bereitete.

Indes, schon vor Mulla Mustafas Rückkehr hatte die eigenartige Verlobung nicht ohne Widersprüche und Mißtöne stattgefunden. Während Kassems Vizepräsident und Innenminister Abd as-Salam Aref zunächst alle kurdischen Veröffentlichungen von der Militärzensur unterdrücken ließ, empfing Kassem bereits am 27. Juli kurdische Abordnungen unter der Führung des DPK-Politikers Ibrahim Ahmad. Generell standen natürlich die Kurden dem neuen System zustimmend und hoffnungsvoll gegenüber, der Sturz König Feisals und der Austritt aus dem westlich orientierten CENTO-Pakt war von ihnen begrüßt worden. Die DPK hatte sich ebenso wie die kurdischen Kommunisten des Landes vorbehaltlos für die Unterstützung der Regierung Kassem ausgesprochen, während der – wie sich bald zeigen sollte – hellsichtige Jemal Nebez als Sprecher der »Dritten Kraft« die Unterstützung für das neue System von schrittweisen Zugeständnissen an die kurdischen Wünsche und Forderungen abhängig machen wollte.

Kassem legte der kurdischen Delegation bereits beim ersten Gespräch den Entwurf einer »Provisorischen Verfassung« vor, in der die Kurden als »Partner der Araber im Irak« bezeichnet wurden. Andererseits war in diesem vorläufigen Grundsatzpapier aber auch schon vom gesamten Irak als »einem Teil der arabischen Nation« die Rede, was sich mit den kurdischen Anliegen nicht gut vereinbaren ließ.

Auf jeden Fall aber blieben die Verhältnisse zunächst offen, und mit der Rückkehr Barsanis wurden die Ausgangspositionen der Kurden weiter verbessert. Seine Partei hatte bald mehr als 20 000 Mitglieder. Eine wahre Renaissance kurdischer Kultur begann. Zahlreiche Bücher und Zeitschriften verschiedenster Art wurden in kurdischer Sprache veröffentlicht. In allen Volksschulen des Nordostens begann man den Unterricht in dieser Sprache zu gestatten. In der Hauptstadt selbst wurde ein »Institut für Kurdologie« errichtet. Radio Bagdad brachte die ersten kurdischen Sendungen. Und in das Staatswappen des Irak wurde neben dem arabischen Schwert ein weiteres Symbol, der Kurdendolch, aufgenommen.

Bis zum Frühjahr 1959 waren auch die letzten Emigranten aus der Sowjetunion repatriiert – sehr zur Beunruhigung der umliegenden CENTO-Staaten. Persien hatte die Rückführung über sein eigenes Territorium nicht erlaubt, auch die Türkei hatte abgelehnt. So blieb, da auch sowjetische Militärmaschinen nicht eingesetzt werden durften, nur der Seeweg übrig. Im Schwarzmeerhafen Odessa wurden Barsanis altgediente Partisanen zusammen mit ihrem Troß aus Frauen und Kindern eingeschifft. Die Fernschreiber der Nachrichtenagentur »United Press International« berichteten damals als erste: »Der 110 000 Tonnen große Frachter ›Cruzia‹ mit 855 bewaffneten Kurden an Bord befindet sich auf der Fahrt nach Basra in den Irak. Dort sollen die Kurden wieder die irakische Staatsangehörigkeit verliehen bekommen.«

Einige der Neuangekommenen reisten nach Bagdad weiter, um in Barsanis Partei mitzuarbeiten, die meisten jedoch kehrten in ihre ursprünglichen Stammesgebiete und Dörfer zurück, nach Barsan, Mergasur oder Amadijah, wo sie später – nach dem Ende der guten Beziehungen mit dem Regime Kassems – das Rückgrat der kurdischen Widerstandsorganisation abgeben sollten. Doch noch war es nicht soweit: Noch im April 1959 erhielt Barsani auch die Lizenz für die Herausgabe einer ersten kurdischsprachigen Tageszeitung mit dem Titel »Chabat«, »Der Kampf«. Und Anfang 1960 wurde der bis dahin stets von irgendwelchen Auflagen behinderten DPK die freie und uneingeschränkte politische Betätigung im ganzen Land gestattet.

Gleichzeitig aber spitzte sich das Problem der vorgesehenen Autonomie Kurdistans immer schärfer zu. Unstimmigkeiten herrschten vor allem über vier Fragen: Wo genau sollte die Grenze zwischen Arabern und Kurden verlaufen? Sollte der kurdische Teil – den tatsächlichen Siedlungsgegebenheiten entsprechend – auch die Erdölgebiete von Kirkuk und Kanaquim umfassen? Welchen Anteil aus den Erdölgewinnen konnte das autonome Kurdistan für den Ausbau seiner zurückgebliebenen wirtschaftlichen und sozialen Infrastruktur erwarten? Und viertens schließlich: Welches Maß an autonomer Wehrverfassung war Bagdad im Rahmen des irakischen Einheitsstaates bereit, den Kurden zuzugestehen? Welche Waffen und wieviel davon durften die seit jeher – und insbesondere nach der Revolution von 1958 – bewaffneten kurdischen Stämme und Verbände behalten?

Die entscheidende Frage war aber auch in jenen Jahren schon das Öl. Um Erdöl drehte sich damals wie heute fast die ganze Nahostpolitik der Welt- und Großmächte. Wegen der Beherrschung der Ölzentren und des freien Zugangs zu ihnen wurden seit den dreißiger Jahren nahezu alle Kriege geführt, die im Gebiet zwischen dem Nil und dem Persischen Golf stattfanden; es wurden Machtkämpfe inszeniert und Regierungen gestürzt. Bagdad wie den Kurden war die Bedeutung der Erdölwaffe klar. Erst 1958 waren US-Marineinfanteristen im Libanon gelandet, Briten und Franzosen hatten den Suezkanal bombardiert, hatte man den jordanischen König Hussein gegen die Palästinenser unterstützt – alles zum Schutz westlicher Erdölinteressen. Auch der CENTO-Pakt, dem der Gedanke eines prowestlichen Gürtels von der Türkei über den Irak, Persien und Afghanistan bis nach Pakistan zugrunde lag, war wegen des Schutzes der Erdölinteressen entstanden.

Aber auch schon früher, während der Zeit der Republik von Mahabad und ihres ebenfalls von Ölinteressen bestimmten unrühmlichen Endes, kam den Kurden die Ahnung, daß die Gestaltung ihres nationalen Schicksals auch mit jenem Stoff zusammenhing, der ihr Land so wertvoll machte. Die Namen der wichtigsten Erdölquellen nahmen sie damals sogar in ihre Nationalhymne auf. An der Flamme aus Aladins Wunderlampe, das war der feste Wille Barsanis und seines Volkes, sollten sich hinfort nicht nur die westlichen Erdölgesellschaften oder die Araber wärmen, sondern auch die Kurden. Schon damals standen die Kurden des Irak in dem schicksalhaften Geflecht internationaler Finanz-, Rohstoff- und Machtinteressen wie in den Jahrzehnten danach und in ihrem neuen Anlauf zu mehr Freiheit und Selbstbestimmung seit dem Sturz des Diktators Saddam Hussein.

Schon seit Jahrtausenden ist die Existenz von Erdölvorkommen im irakischen Dreieck zwischen Mosul, Kirkuk und Kanaquim bekannt. »Da aber stieg der Engel des Herrn hernieder und löschte die Flamme im Feuerofen«, heißt es bereits im Alten Testament (Daniel 3,50). Dieser »Feuerofen«, in dem Babylons König Nebukadnezar vor rund 2500 Jahren zur »Abschreckung« seine jüdischen Widersacher verbrennen lassen wollte, glüht noch heute.

»Baba Gurgur«, »Großvater Flamme«, ist die kurdische Bezeichnung für die ständig brennenden Abgasfackeln in den Steinkesseln nördlich von Kirkuk. Dort holen die Bohrtürme seit 1927 das schwarze Gold aus dem Boden Kurdistans. Nahezu 50 Millionen Tonnen waren es 1960, die der vorwiegend britischen »Iraq Petroleum Company« annähernd 200 Millionen Pfund Sterling Reingewinn einbrachten. Man schätzt, daß allein die Felder von Kirkuk in dem Jahrzehnt ab 1960 mit einem Erlös von 20 Milliarden Mark zu Buche schlugen, genug, um wie in den Golfscheichtümern jeden Einwohner des Irak aus dem Elend seines Lehmhüttendaseins herauszuholen. Heute mehr denn je ist kurdisches Erdöl hochbegehrt.

»Die Sorte ›Kirkuk light‹ ist der Bordeaux unter den Mineralölen«, sagte mir ein Manager des europäischen Ölkonzerns Total-Fina-Elf. »Es ist schwefelarm. Und es ist leicht. Man kann es fast vollständig zu wertvollen Treibstoffen cracken. Die ungeliebten schweren Anteile, aus denen man nur zum Beispiel Schmierfette machen kann, sind beim kurdischen Öl so gut wie nicht vorhanden. Und außerdem, so sagen wir manchmal scherzhaft, braucht man in Kurdistan gerade mal einen Nagel in den Boden zu schlagen, und schon schießt das Öl heraus. Es handelt sich einfach um das wertvollste Öl.« Nur die Kurden selbst haben nichts von ihrem Reichtum. Ob ihnen die Amerikaner, seit 2003 die neuen, selbsternannten Herren des Irak, etwas davon abgeben werden, wird die Probe aufs Exempel der kurdisch-amerikanischen Freundschaft sein.

Ein britischer Ingenieur, der als Angestellter der »Iraq Petroleum Company« in deren Gründerzeit Zeuge des Ölfundes wurde, beschrieb das Ereignis so: »Als wir auf das ›Baba-Gurgur-Feld‹ stießen, schoß das Öl mit so gewaltiger Kraft heraus, daß das ganze Bohrgestänge aus dem Bohrloch herausgeschleudert wurde. Öl und Gas spritzten in einer schwarzen Wolke hoch über den höchsten Bohrturm hinaus und fielen mit ihren tödlichen Dämpfen auf die Arbeiter hernieder. Das Öl sank in die Wadis und Erdspalten der ganzen Gegend ein. Glücklicherweise entzündete sich diese Springflut nicht, aber dennoch erlitten einige Männer einen gräßlichen Erstickungstod, während andere durch heldenhaften Einsatz das Leben ihrer Kameraden zu retten suchten. Dieses Ölfeld stellte sich bald als eines der größten in der ganzen Welt heraus.«

Nicht zuletzt in der Hoffnung auf das Ende der Ausbeutung ihres nationalen Reichtums durch die westlichen Ölgesellschaften hatten die Kurden zunächst Kassems republikanische, letztlich gegen die Westmächte gerichtete Revolution unterstützt. Sie verstanden auch, daß sie mit der Verwirklichung ihrer Forderungen so lange warten mußten, bis die Erdölmillionen nicht mehr vorwiegend in die Kassen der britischen Ölgesellschaft, sondern in die Staatskassen Bagdads flossen. Der von Kassem angekündigte Enteignungsprozeß zog sich mehr als drei Jahre hin und wurde erst im Dezember 1961 mit der 99prozentigen Verstaatlichung der Ölfelder abgeschlossen.

Bis dahin aber hatte sich das kurdisch-arabische Verhältnis schon längst wieder zugespitzt. Zwar lautete Artikel 3 der »Provisorischen

Verfassung«: »Araber und Kurden sind Partner im Irak.« Aber in der Praxis zeigte sich nun, daß die Machthaber in Bagdad nicht zu ernsthaften Zugeständnissen an nationale Minderheiten bereit waren. Es wurde deutlich, daß Kassem ebenso wie seine »feudalen« Vorgänger sich den Irak nur als arabischen Einheitsstaat vorstellen konnte. Die ursprünglichen Zusagen, beispielsweise die Errichtung eigener Volksschulen für die Kurden, wurden nur zögernd, in manchen Gegenden überhaupt nicht erfüllt. Als die Regierung auch noch zusätzliche Steuern und die Beschränkung des Tabakanbaus, des Haupterwerbs der kurdischen Bauern, forderte, versteifte sich deren Haltung. Kassem wich auf ein altes Rezept aus, das die Herrscher des Irak, der Türkei und Persiens schon oft erprobt hatten: Er setzte auf die Uneinigkeit der Kurden. Die schon während der Zeit der Republik von Mahabad gegen Mulla Mustafa und seinen Führungsanspruch opponierenden Stämme der Zibari und Rikani wurden von Bagdad bewaffnet und erneute Stammesauseinandersetzungen angezettelt.

Gleichzeitig zeigte sich aber, auf welch schwachen Fundamenten auch Kassems eigene Herrschaft gründete. Hatte schon im September 1958 Vizepräsident Aref gegen ihn konspiriert und war daraufhin gestürzt worden, versuchten im März 1959 nasseristische Offiziere der Garnison Mosul zu putschen. Ein Übergreifen des Mosuler Putsches auf die Hauptstadt konnte Kassem, der ihm ergebene Truppenteile nicht aus Bagdad abzuziehen wagte, nur durch das Stillhalten Barsanis und durch aktive Unterstützung bewaffneter kommunistischer Kampfgruppen verhindern. Aber kurz darauf rückte der gerettete Diktator auch von den Kommunisten ab. Viele Funktionäre und Mitglieder der KP entzogen sich der Verhaftung ebenso wie Hunderte von Christen, die in dieser Phase der Herrschaft Kassems gleichermaßen bedrängt wurden, durch die Flucht nach Kurdistan.

Das Mißtrauen des Diktators richtete sich aber immer mehr gegen die Kurden, und durch weitere antikurdische Maßnahmen war bald das explosive Klima geschaffen, das zum Befreiungskrieg der Jahre 1961 bis 1970 führen sollte: Kurdische Offiziere wurden aus der Armee entfernt, Beamte entlassen, kurdische Organisationen aufgelöst, Zeitungen und Zeitschriften wieder verboten. *Chabat*, das Zentralorgan der DPK, beschuldigte bereits im März 1960 die Regierung der Nichtbeachtung von Artikel 3 der »Provisorischen Verfassung«, der bekanntlich die »Partnerschaft« von Arabern und Kurden und nicht die Herrschaft der einen über die anderen vorsah. Auch *Chabat* mußte daraufhin ihr Erscheinen einstellen, zahlreiche Politiker wurden verhaftet.

Als im Sommer des gleichen Jahres eine kurdische Delegation zur Klärung der Vorfälle bei Kassem vorzusprechen wünschte, hatte sie einen Monat zu warten und wurde schließlich doch nicht vorgelassen. Nur eine Petition durfte abgegeben werden. Es handelte sich dabei um den offiziellen Beschluß von Barsanis Partei über die Bedingungen größtmöglicher Autonomie innerhalb des irakischen Staatsverbandes. Die fünf wichtigsten Punkte, die von da an in allen kurdischen Forderungen wiederkehrten und die auch den Kern der kurdischen Forderungen nach dem Ende der Saddam-Diktatur ausmachen dürften, waren:

»1. In der Autonomen Region Kurdistan muß Kurdisch anerkannte und bevorzugte Amtssprache neben dem Arabischen werden. 2. In Polizei und Armee in ganz Kurdistan dürfen ausschließlich Kurden dienen. Befehlssprache dieser Einheiten hat Kurdisch zu sein. 3. Für alle Fragen der Erziehung und Volksbildung, der Presse und des Nachrichtenwesens, der Volksgesundheit sowie der Gemeinde- und Regionalverwaltung ist nicht Bagdad, sondern die Regierung der Autonomen Region Kurdistan zuständig. 4. Auswärtige Angelegenheiten, Verteidigung sowie Wirtschafts- und Finanzpolitik verbleiben der irakischen Zentralregierung in Bagdad. Kurden müssen jedoch in allen Instanzen vom Vizepräsidenten bis zu den Staatssekretären vertreten sein. 5. Ein beträchtlicher Anteil des Budgets, nämlich die Hälfte oder doch wenigstens so viel, wie dem kurdischen Bevölkerungsanteil entspricht, muß für die Entwicklung des rückständigen Kurdistan, für Straßenbau, Elektrizitätsversorgung, Schulen und Krankenhäuser ausgegeben werden.«

Aber Kassem antwortete auf diese Forderungen nicht mehr. Barsani erkannte darauf vielleicht als erster unter allen Politikern des Landes, daß es Kassem weder mit der Autonomie für die Kurden noch mit der versprochenen Demokratisierung und nicht einmal mit panarabischen Plänen ernst gewesen war und daß der anfangs so überschwenglich gefeierte General letztlich nichts anderes versuchte, als durch das Gegeneinanderausspielen der verschiedensten politischen, ethnischen und religiösen Kräfte sich selbst an der Spitze der Macht zu halten.

Im Herbst 1960 kam es zum endgültigen Bruch zwischen den beiden bestimmenden Politikern des Irak: Kassem beschuldigte Barsani, ein »Agent des CENTO-Imperialismus« zu sein. Mulla Mustafa hingegen ließ sich demonstrativ von Nikita Chruschtschow und anderen sowjetischen Politikern auf dem verschneiten Roten Platz in Moskau die traditionelle Parade zum Jahrestag der Oktoberrevolution vorführen, kehrte aber ohne konkrete Erfolge und ohne Hilfszusagen nach Bagdad zurück.

Seine Sicherheit und die des Hauptquartiers der DPK in Bagdad hatte er bereits vor Monaten 100 aus dem Barsan-Gebiet herbeigeholten Leibwächtern anvertraut. Nicht zu früh, wie sich im Dezember zeigen sollte. Arabische Arbeiter demonstrierten – ganz im Sinne der Regierung, wie ein persischer Chronist zu den Vorgängen meint – mit antikurdischen Losungen und mit Bekenntnissen zum arabischen Charakter des irakischen Einheitsstaates vor dem Gebäude der kurdischen Führung. Als die aufgeputschten Massen das Gelände stürmen wollten, feuerten Barsanis Pesh Merga in die Menge. Es gab Tote und Verwundete. Die letzte Brücke zur arabisch-kurdischen Gemeinsamkeit unter Kassems Herrschaft war damit abgebrochen.

Die Blütenträume von 1958 waren vergangen. Auf den »kurdischen Frühling« war ein verhangener Herbst gefolgt. Barsani wußte, daß nun die Eiseskälte eines erbarmungslosen Machtkampfes folgen würde. Im Januar 1961 verließ er seine Bagdader Villa, gab den luxuriösen Dienstwagen des Lebemannes Nuri es-Said und das ihm vom irakischen Staat gewährte Gehalt auf und ging in die Berge. Der erste große irakische Kurdenkrieg hatte praktisch begonnen.

»In Bagdad erzählt man, daß im vorigen Jahr über 100 kurdische Dörfer durch die irakische Luftwaffe dem Erdboden gleichgemacht worden sind, obwohl sich darin nur Frauen und Kinder befanden. Die männliche Bevölkerung hatte sich schon in die Berge verkrochen. Niemand in Bagdad glaubt, es könne der irakischen Armee, die über keine arabischen Gebirgstruppen verfügt und deren einzige bergerfahrene Soldaten selbst Kurden sind, jemals gelingen, die wahrscheinlich nur kleine Zahl der kurdischen Kämpfer zu überwältigen. Auch jetzt, da vor allem in der Nähe der Stadt Suleimania neue Kämpfe ausgebrochen sind, gelten die Aussichten für einen wirklichen Erfolg der Armee als gering; das Risiko für Kassem aber ist groß, weil er sich gezwungen sah, seine sonst um Bagdad stationierten Elitetruppen nach dem Norden zu schicken.« Mit diesen Worten faßte der angesehene deutsche Journalist und Chefredakteur seines Blattes, Giselher Wirsing, im Frühjahr 1962 in *Christ und Welt* das Wissen zusammen, das man außerhalb des Irak damals vom »wilden Kurdistan« und dem neu aufgeflammten Befreiungskrieg seiner Bewohner besaß.

Angefangen hatte der neue und bis dahin schwerste Kurdenkrieg fast wie eine innerkurdische Auseinandersetzung. Mit kaum mehr als 500 Mann säuberte Barsani seit dem vorausgegangenen Sommer das nordöstliche Bergland von den aus Bagdad gegen ihn und die Demokratische Partei Kurdistans in Sold genommenen Kurdenstämmen. Die Scheichs und ihre Gefolgsleute, die sich wie in den dreißiger und vierziger Jahren vor den Karren Bagdads spannen ließen, erhielten bald einen Spottnamen, der sich darauf bezog. Man nannte sie »Dschasch-i-61«, was soviel wie »kleine Esel, Jahrgang 1961« bedeutet. Noch heute ist die gleiche Bezeichnung für alle Kollaborateure in ganz Kurdistan in Gebrauch. Die »Esel« wurden schon bis Jahresende über die Grenzen des Iran abgedrängt. Und immer mehr junge Leute aus den nach Bagdad orientierten Stämmen kehrten in das irakische Kurdistan zurück und schlossen sich den Streitkräften Barsanis an.

Entschlossen und umsichtig sicherte dieser Monat um Monat erfolgreicher die Ausgangsbasis für die zweifellos kommende militärische Auseinandersetzung mit dem Kassem-Regime. Bis Oktober hatte er im schwer zugänglichen Bergland zum Iran ein Reduit von 8000 Quadratkilometern geschaffen, das Versorgungslager, Ausbildungsstätten und sein Hauptquartier aufnahm. Im Dezember beseitigten die Barsanis praktisch alle iranisch-irakischen Grenzposten, um die Grenze für den später dringend benötigten Nachschub aus Persien offenzuhalten. In einer Studie des damaligen persischen Generalstabschefs wurde die Zahl der Barsani-Krieger bereits am Jahresende auf 7000 Mann geschätzt. »Mit ihnen besetzte er strategisch wichtige Ortschaften, Hügel, Pässe, Brücken und Grenzposten. Die kleinen Außenposten der Armee und die Polizei wurden entwaffnet. Aber wie schon 1945 erlaubte er auch diesmal den Gefangenen die Heimkehr.«

In dieser Situation wiederholte Bagdad den Fehler, den mehr als 100 Jahre vorher schon die Türkei bei der Niederschlagung eines Kurdenaufstandes gemacht hatte. Helmuth von Moltke, Militärberater an der Hohen Pforte, berichtete in seinen »Briefen aus der Türkei«, wie im Winter 1838/39 ein türkisches Korps mit vielen zwangsausgehobenen kurdischen Wehrpflichtigen in Eilmärschen durch das unruhige Kurdistan Syrien zustrebte. »Die Kurden«, so Moltke, »die größere Hälfte des Korps, waren unsere Feinde. Sie schossen auf ihre eigenen Offiziere und Kameraden, sperrten die Gebirgswege und machten mehrere Angriffe auf Hafiz Pascha [den Oberbefehlshaber] persönlich. Andere Flüchtende warfen ihre Gewehre weg, streiften die lästigen Uniformen ab und wanderten fröhlich singend ihren Dörfern zu.«

Es ist nicht anzunehmen, daß die militärischen Führer in Bagdad jemals in den Kurdistan gewidmeten Briefen des großen Strategen Moltke lasen: Im September 1961 setzten sie von Mosul aus vier Bataillone ihrer Armee in Marsch, um Barsanis Pesh Merga anzugreifen. Aber auch diese zum größten Teil aus kurdischen Wehrpflichtigen bestehenden Einheiten liefen bei der ersten Gefechtsberührung mit all ihren Waffen und in voller Ausrüstung zur Armee der kurdischen Nationalisten über. Tausende sollten ihnen in den nächsten Jahren folgen. Viele Kurden – und bald auch die staunenden Beobachter – begriffen, daß mit diesem neuen Krieg etwas im Entstehen war, das sich von allen vorhergegangenen Unruhen und Aufständen unterschied. Die Kurden waren nicht mehr nur, wie dies Moltke bemerkt hatte, »Krieger aus Neigung«, sondern erstmals griff unter ihnen die Überzeugung von der Unausweichlichkeit und der Schicksalhaftigkeit eines Krieges um sich. Und erstmals verbündeten sich städtisches Bürgertum und Stammeskrieger, sozialistisch inspirierte Landreformer und Nomaden, wenn auch unter zahlreichen Geburtswehen und Rückschlägen, zum gemeinsamen Kampf um die Gestaltung ihres Lebensraumes.

Der militärischen war die politische Kategorie hinzugefügt. »Diesmal«, so kommentierte der persische Offizier und Historiker Arfa, »waren die Bedingungen von Grund auf anders. Die Iraker waren nun auf sich allein gestellt und wurden nicht mehr von den Briten unterstützt; das Nationalbewußtsein der Kurden war viel weiter entwickelt; viele junge Leute der bisher regierungstreuen

Stämme liefen ebenso zu den Rebellen über wie eine beträchtliche Zahl irakischer Soldaten, Unteroffiziere und Offiziere kurdischer Abstammung. Die kurdischsprachigen Sendungen von Radio Kairo, und eine Zeitlang auch Radio Damaskus, unterstützten den Freiheitskampf, hoben die Kampfmoral der Kurden und machten ihnen deutlich, daß dies kein gewöhnlicher Stammeskrieg war, sondern ein Kampf für ihre Zukunft und für die Befreiung vom irakischen Joch.«

Zur Vergeltung für den kurdischen Schritt griff Kassem wie schon viele Machthaber vor ihm zum letzten Mittel, mit dem man im Nahen Osten Minderheitenprobleme zu »lösen« pflegte: Er ließ die Bombenflugzeuge seiner Luftwaffe zunächst im Barsan-Gebiet, dann im ganzen von Mustafa Barsanis Truppen kontrollierten Bergland intervenieren. Dennoch: Irakische Heeresbrigaden mußten sich auf die Kontrolle der großen Plätze beschränken, die sie nur mit gepanzerten Konvois versorgen konnten. Kassems Flugzeuge, darunter auch die ersten zehn Düsenbomber, die je in einer Luftwaffe des Nahen Ostens geflogen wurden, griffen Dörfer, Nomadenlager und selbst kleine Städte an. Mit Bomben und Bordwaffen wurden unterschiedslos Frauen und Kinder, Kombattanten und Nichtkombattanten umgebracht.

Aber die Kurden ließen sich nicht einschüchtern. Sie brachten ihre Lager und Familien in den tiefeingeschnittenen Tälern in Sicherheit. Meisterhaft nutzten sie – jeweils dem Sonnenstand entsprechend – die Schattenseiten der Berge, um alle ihre Bewegungen vor den Flugzeugen des Gegners zu tarnen. Über die Schwierigkeiten der Luftkriegführung in diesem Gelände notierte ein irakischer Luftwaffenoffizier damals: »Wie sich oft gezeigt hat, können Flugzeuge im Gebirgskrieg militärisch wenig ausrichten, denn hohe Gipfel, enge Schluchten und Luftlöcher behindern den Tiefflug.« Trotzdem waren die Verluste auf seiten der Kurden beträchtlich. Vor allem die Vernichtung der ihre Ernährungsbasis darstellenden Schaf- und Ziegenherden, der Ernten auf den Feldern, das Inbrandsetzen der Heu- und Getreideschober brachte den Rebellen fühlbare Nachteile.

Freilich konnte Bagdad auch damit den Widerstandsgeist der Kurden nicht brechen. Im Gegenteil: Die verschiedenen Fraktionen der Aufständischen rückten angesichts der Terrorangriffe auf kurdische Wohngebiete immer enger zusammen. Auch ein linker Parteiflügel der DPK, der nach Barsanis Weggang noch in Bagdad geblieben war, um mit dortigen Linkskräften, darunter den Kommunisten, aber auch mit der Regierung weiter in Verhandlungen zu bleiben, brach diese nun ab und evakuierte praktisch die gesamte Parteiorganisation in die Berge. Dieser Entschluß verhalf den Rebellen zu der Organisation, die ihnen bisher fehlte. Die Funktionäre und Kader der Partei kümmerten sich energisch um die bisher vernachlässigte politische Seite des Aufstandes und agierten und warben bis in die entlegensten Dörfer für die kurdische Sache. Immer deutlicher kristallisierte sich von nun an eine Arbeitsteilung heraus: War die Partei, in der Barsani keineswegs unumschränkter Herrscher war, für die politische Arbeit verantwortlich, konzentrierte sich Mulla Mustafa ganz auf den weiteren Aufbau des Rebellenheers.

Auch hier kam es – wie beim politischen Bewußtsein der Kurden des Irak – zum entscheidenden »qualitativen Sprung«. Neben die zahlreichen Kontingente der Stammeskrieger trat erstmals eine stehende Truppe. Die Stammeskrieger wurden zwar nach wie vor eingesetzt, ganz in der Manier, in der man schon seit Jahrzehnten Türken und Araber bekämpft hatte: Sie wurden von Fall zu Fall, nur für eine bestimmte Aktion zusammengezogen, führten den ihnen befohlenen Angriff durch und kehrten dann friedlich in ihre Dörfer oder Nomadenzelte zurück, wo sie wieder ihrem Alltag nachgingen, die Herden hüteten oder ihre Felder bestellten. Waffen und Munition hielten sie außerhalb ihrer Wohnstätten in unterirdischen Depots oder in Höhlen versteckt und vermieden dadurch, von eventuell vorrückenden irakischen Streitkräften entwaffnet zu werden.

Beim Kampf gegen reguläre Truppen hatte dieses System aber entscheidende Nachteile: Die Stammeskrieger waren häufig undiszipliniert, unberechenbar und – wegen des beträchtlichen Anteils nomadisierender Stämme – nicht immer gerade dann mobilisierbar, wenn sie benötigt wurden. Barsani, der schon aus seinen Erfahrungen mit den Streitkräften der Republik von Mahabad genügend Erkenntnisse über den Wert einer stehenden Truppe gewonnen hatte, und die Partei, die »ihre« Kämpfer gerne zur »politischen Erziehung« ständig zur Verfügung haben wollte, waren sich einig: In diesem neuen, von allen als historisch und entscheidend angesehenen Kurdenkrieg bedurfte man einer richtigen Truppe, einer gleichsam regulären irregulären Armee.

Obwohl auch in dem gegenwärtigen Krieg die Hauptkampflinie fließend sein würde, mußten doch bestimmte befestigte Stellungen, Verkehrswege oder Brücken nicht nur überfallartig besetzt, sondern dauernd gehalten werden können. Auch ein stehendes Heer konnte nach Partisanenmanier kämpfen und starken Schlägen überlegener Feindkräfte ausweichen, zumal das gebirgige Gelände des irakischen Kurdistan zahllose Schlupfwinkel bot, aus denen heraus man jederzeit ebenso gut operieren wie sich in sie zurückziehen konnte.

Bereits 1962 war das Wesen der neuen Armee erkennbar. Sie wurde »Lashgar-i-Shoreshi-ye-Kord« genannt, was soviel wie »Armee für die kurdische Erhebung« bedeutete. Die Soldaten bezeichnete man, so wie vorher schon Barsanis Stammeskrieger, als »Pesh Merga«, die Offiziere nannte man »Sar Merga«, was frei mit »dem Tod ins Auge sehen« und »dem Tod befehlen« zu übersetzen ist. Als Uniform wurde eine einheitliche ockerbraune Version der kurdischen Tracht – weite Hosen, kurze Jacken, Turban – eingeführt, die Truppe gliederte man in »Dasteh« (Züge), »Pel« (Kompanien) und »Sarpel« (Bataillone), wobei die Kompanien aus etwa 100, die Bataillone aus 300 oder 400 Mann bestanden.

Selbst eine Wehrbezirksorganisation der Autonomen Region Kurdistan wurde aufgebaut. Die Wehrbezirke, nach Provinzen, Landschaften und Stammesgebieten gegliedert, konnten jeweils zwischen 2000 und 5000 Mann aufbieten und waren für die Rekrutierung, Unterbringung und Ausbildung sowie für die Koordination mit den Wehrmannschaften der Stämme verantwortlich. Am buntesten war die Bewaffnung. Sie stammte aus aller Herren Länder und konnte jedenfalls keinen Aufschluß darüber geben, ob nun die eine oder andere Macht die Kurden unterstützte: Britische, russische, amerikanische und in Deutschland gefertigte persische Gewehre, alte türkische Mauser-Karabiner, Bren- und Sten-Maschinengewehre und -pistolen, eine gewisse Menge von (laut Presseberichten auf dem Waffenumschlagplatz Saarbrücken von der Geheimorganisation »Schwarze Hand« gekauften) Panzerabwehrrohren, Handgranaten, selbstgebaute Panzerminen und eine Handvoll der irakischen Armee abgenommene Gebirgsgeschütze kamen zum Einsatz. Kleinere Kontingente stammten auch noch aus jenem Waffenarsenal der Armee von Mahabad, das Barsanis Krieger bei ihrem Abzug aus Persien im Jahr 1947 mitgeschleppt hatten.

Der wichtigste Waffenlieferant war und blieb aber auch in den folgenden Jahren die irakische Armee selbst. »Wir gingen hin und holten uns, was wir brauchten«, so Abdullah Pishderi, »und vieles wurde uns auch von den zahlreichen Überläufern, die sich manchmal mit ihren ganzen Einheiten der Sache der Revolution anschlossen, mitgebracht.« Militärexperten, die sich mit jenem Kurdenkrieg beschäftigten, nennen allein für das Jahr 1962 eine Zahl von 3000 Überläufern.

Mit dieser Streitmacht, die zum Jahresende 1962 bereits – je nach dem Mobilisierungsgrad der Stammeskontingente – ständig zwischen 10 000 und 20 000 Mann schwankte, kontrollierten Barsanis Freiheitskämpfer den Großteil des irakischen Kurdistan, wohin sie sogar ausländische Journalisten zur Beobachtung des Geschehens einladen konnten. Auch das Internationale Rote Kreuz wollte sich der Leiden der Zivilisten, der Opfer des irakischen Luftterrors, annehmen, wurde aber von den irakischen Behörden brüsk zurückgewiesen.

Ein persischer Zeuge, der sich zu dieser Zeit im Gebiet des Nordostirak aufhielt, beschrieb die Situation, in der sich Kassems Verbände befanden, sehr drastisch: »Wann immer ein gepanzerter Konvoi sich an den von kurdischen Guerillas besetzten Berghängen vorbeigeschlichen oder sich seinen Weg unter blutigen Verlusten freigekämpft und die nächstgrößere Garnison oder einigermaßen erwähnenswerte Örtlichkeit erreicht hatte, wurde das von der irakischen Presse und vom Rundfunk bereits als bedeutender Sieg gefeiert. Aber die Aufständischen nahmen unmittelbar hinter den Konvois die umliegenden Bergketten in Besitz und schnitten die arabischen Einheiten von allen Verbindungen und Versorgungslinien ab. Die mit Verlusten durchgebrachten irakischen Einheiten waren deswegen, einmal am Ziel angelangt, isoliert und zur Untätigkeit verdammt. Am Schluß blieb regelmäßig nichts anderes übrig, als sich in den befestigten Camps von den Rebellen belagern und sich aus der Luft durch Abwurf von Behältern versorgen zu lassen oder sich unter erneuten Verlusten wieder auf die ursprüngliche Ausgangsbasis zurückzukämpfen. Das waren jedesmal schwierige Operationen des sich Absetzens vom Feind, das die Iraker nur mangelhaft beherrschten, und meist hatte auch noch eine Entsatzeinheit den Ausbrechenden entgegenzustoßen, der die Kurden dann oft genug das gleiche Schicksal bereiteten.« Mit mehr als 3000 Toten und Verwundeten bezahlte das irakische Heer im Jahr 1962 für diese ergebnislosen Operationen einen hohen Preis, weitere 3000 Mann gingen, wie erwähnt, zu den Pesh Merga über.

Eines wurde schon damals klar und sollte sich in allen kommenden Auseinandersetzungen erneut bewahrheiten: Ohne Hilfe von außen konnte keines der beiden Lager siegen, aber noch wollten sich die Großmächte in dem verworrenen Spiel nicht engagieren. Die Sowjetunion, die Barsani einst Asyl gewährt hatte, verhielt sich dem Aufstand gegenüber zunächst indifferent. Daß »nächtlich sowjetische Düsenmaschinen in das Aufstandsgebiet einflogen und die Kurden mit wichtigem Kriegsmaterial versorgten«, dürfte nichts anderes als die Erfindung eines deutschen Journalisten sein, der im Klima des Kalten Krieges schon die Sowjetarmee über die kurdische Landbrücke in Richtung Persischer Golf vorrücken sah.

Auf dem Höhepunkt der Kämpfe schickte Kassem eine Regierungsdelegation nach Moskau, die Barsani als »imperialistischen Agenten« brandmarken und die Sowjetunion um Hilfe bitten sollte. Die Herren des Kreml kalkulierten, so meinte damals der *Spiegel*, »daß ein zu Dank verpflichteter Kassem für die sowjetischen Interessen im Nahen Osten einstweilen wertvoller sei als der Führer der kurdischen Nomaden«. Sie gaben dementsprechend den Kurden keine direkte Unterstützung und lieferten statt dessen mehrere Düsenjagdbomber an Bagdads Armee.

Auch damals schon klopfte Barsani bei der »Gegenmacht«, den USA, an, um, wie er außerdem in einem Telegramm an die Vereinten Nationen appellierte, »dem kurdischen Volk in seinem Kampf gegen die Unterdrückung zu helfen«. »Wir sind das Volk der Zukunft«, beschwor er im August 1962 Dana Adams Smith von der *New York Times*. »Sagen Sie Ihrem Präsidenten, wir werden den Diktator Kassem stürzen. Und mit amerikanischer Hilfe werden wir den stabilsten prowestlichen Staat errichten, den es im Nahen Osten gibt.« Man meint schon, die Töne und Argumente herauszuhören, wie sie in den seit 1998 von den USA moderierten Plänen für einen »Irak ohne Saddam« zu vernehmen waren.

Indes, damals schwieg Washington noch. Auch die anderen an der Region interessierten Staaten blieben bei einem allenfalls verbalen Ränkespiel. Während israelische Sprecher erklärten, sie hätten zwar Verständnis dafür, daß »jede Nation Freiheit braucht«, andererseits sei aber »die Ruhe im Nahen Osten von höchster Wichtigkeit«, mutmaßten sowjetische Kommentatoren bereits, die Kurden würden »mit den Zionisten zusammenarbeiten«. Der englische Rundfunksender BBC machte Moskau für den Aufstand verantwortlich und die Presse der DDR beschuldigte Bonn der Unterstützung der illegalen kurdischen Befreiungskomitees.

Über dem Hin und Her der Meinungen änderte sich die Kriegslage in Kurdistan nicht. Die Aufständischen hatten ihr Terrain fest im Griff. In Bagdad dagegen ging auch wegen des Fehlschlags der Offensive gegen die Kurden die Popularität Kassems stark zurück. Kommunisten und panarabische Nasseristen setzten den Diktator noch weiter unter innenpolitischen Druck. Den Ausweg aus diesem Dilemma suchte Kassem (wie später Saddam) in einem Abenteuer, das sowohl die nationalistischen als auch die antiimperialistischen Kritiker seines Regimes besänftigen sollte – in der militärischen Besetzung Kuweits. Er erneuerte den irakischen Anspruch auf das Ölscheichtum, auf das Bagdad bereits seit König Ghasis Zeiten begehrlich blickte. Für die geplante Okkupation zog er starke Truppenverbände sowohl aus Kurdistan als auch – törichterweise – aus Bagdad ab und versammelte sie in der Nähe des Golfhafens Basra.

Aber das Abenteuerliche seines Vorhabens wendete sich gegen Kassem selbst: Am 8. Februar 1963 putschten einige Offiziere, Anhänger der Baath-Partei, gegen ihren Präsidenten; der Irak hatte sich wieder einmal seines Beinamens als putschreichstes Land des Nahen Ostens würdig gezeigt. Die von dem syrischen Christen Michael Aflaq in Syrien gegründete Baath, die in der Geschichte des kurdischen Volkes noch eine entscheidende Rolle spielen sollte, stellte sich als eine nationalistische und sozialistische Partei der »arabischen Auferstehung« dar und kam nach den Ereignissen im Irak im folgenden Jahr auch in Syrien an die Macht.

Anführer des Staatsstreichs gegen Kassem war der nasserfreundliche Oberst Abd as-Salam Aref, ehemaliger Vizepräsident des Landes, der sich unmittelbar nach dem gelungenen Putsch zum Feldmarschall machte. Kassem war im Verteidigungsministerium von dem Angriff der Rebellen überrascht worden, der mit Flugzeugen und Panzern vorgetragen wurde. 600 Fallschirmjäger hielten mit dem Diktator die Stellung, bis ihre Munition verschossen war. Als die Putschisten den Gestürzten aus den rauchenden Trümmern des Ministeriums herausholten, rief er: »Ich bin der Befreier des irakischen Volkes.« Kurz darauf wurde er nach altem irakischen Brauch vor surrenden Kameras hingerichtet. Das Bagdader Fernsehen übertrug das Ereignis live.

Die Kurden, die in den vergangenen Jahren bereits ein ernstzunehmender militärischer Faktor in der religiös, politisch und ethnisch zersplitterten Republik Irak geworden waren, sahen nun neue Chancen für einen politischen Ausgleich. Hatten doch schon vor Arefs Putsch Geheimverhandlungen zwischen der Führung der DPK und einem General vom militärischen Flügel der Baath-Partei stattgefunden und hatte man sich doch darauf geeinigt, daß die Kurden das kommende Baath-Regime für den Preis einer anerkannten Autonomie des irakischen Kurdistan unterstützen würden. Gleich nach dem Staatsstreich hatte das Zentralkomitee der DPK den neuen Machthabern gratuliert.

Noch während Aref in grausamen Säuberungen, die teilweise den Charakter von Massakern annahmen, die letzten Anhänger Kassems und Tausende von Kommunisten liquidieren oder einsperren ließ, begannen (wieder einmal) die Verhandlungen zwischen Bagdad und den Kurden. Im März bereits ließ der neue Machthaber eine allgemeine Amnestie für die kurdischen Freiheitskämpfer verkünden. Eine Bagdader »Volkskommission« bemühte sich sogar in Barsanis weit von der Hauptstadt entfernten Schlupfwinkel und lernte dort einen konzilianteren Verhandlungspartner kennen als erwartet: In vielen Einzelforderungen wurde Barsani nachgiebiger, allen separatistischen Gedanken schwor er ab.

Gleichzeitig beobachtete er jedoch mißtrauisch die Veränderungen im gesamtarabischen Lager, die syrisch-ägyptisch-irakischen Föderationsverhandlungen, die er durch seinen Mitarbeiter (und manchmal Gegenspieler) Dschalal Talabani andererseits auch zu nutzen verstand. Pesh-Merga-Oberst Talabani reiste mit der irakischen Delegation zu den Föderationsgesprächen nach Kairo. In

Beirut, wo er sich auf dem Weg nach Ägypten für einige Tage aufhielt, äußerte sich Barsanis Mitarbeiter vor der internationalen Presse. Die sich hinziehenden Verhandlungen der Kurden mit Bagdad, so sagte er, seien nicht abgebrochen, sondern nur vertagt. Die Fragen der arabischen Einigung hätten nun verständlicherweise in Bagdad Vorrang, und auch die Kurden würden gerne erst einmal herausfinden, welcher Platz ihnen als nichtarabischer Minderheit in dem gemeinsamen arabischen Haus zugedacht sei.

In Kairo zeigte der dortige Staatschef Gamal Abd el-Nasser wie eh und je Sympathie für die kurdische Sache, vermied aber verbindliche Erklärungen. Auf Talabanis explosiven Vorschlag, im Falle einer arabischen Einigung sollten die Kurden eine autonome Grenzprovinz bilden, in die auch die kurdischen Gebiete anderer Staaten einbezogen werden könnten, äußerte er sich nicht. Immerhin gewährte Nasser damals der französischen Tageszeitung *Le Monde* ein Interview, in dem er den Kurdenkrieg im Irak als »eine von Anfang an unerwünschte und vermeidbare Schwächung der arabischen Einheit gegen Israel« bezeichnete und in dem er außerdem den Kurden den Charakter einer eigenen Nationalität und »große geschichtliche Vergangenheit, auch beim Zusammenleben mit ihren arabischen Nachbarn« zugestand. Die Gedanken, so Nasser, die ihm ein Beauftragter Barsanis vorgetragen habe, halte er teilweise für durchführbar. Er habe Feldmarschall Aref in Bagdad auch geraten, »die gerechten Forderungen der Kurden« zu akzeptieren.

Aber der wohlgemeinte Rat Nassers, der durch die Beendigung der arabisch-kurdischen Feindseligkeiten gerne innenpolitischen Druck von dem Bagdader Baath-Regime genommen hätte, scheint nichts genützt zu haben. Zwar schleppten sich die Verhandlungen noch einige Zeit hin, aber Bagdad hatte sich offenbar erneut zu dem alten Rezept von Zuckerbrot und Peitsche entschlossen.

Einerseits machte man durch das »Provinzgesetz«, das im Sommer 1963 in Kraft trat, der nationalen Minderheit dergestalt Zugeständnisse, daß man in der neugeschaffenen Verwaltungseinheit Suleimania drei Bezirken die Verwendung des Kurdischen als Amtssprache einräumte. Andererseits klammerte man jene Siedlungsgebiete, auf die es den Kurden besonders ankam, aus der Regelung vollständig aus: die ölreichen Gegenden von Kirkuk und

Kanaquim sowie die Gebiete der yassidischen Kurden rechts und links des Tigris. Es war mit Händen zu greifen, daß man die Kurden mit dem Armenhaus des Nordostens abspeisen und die wertvollen Landesteile zu rein arabischen Regionen erklären wollte. Flugs wurden Zehntausende von Kurdenfamilien binnen 24 Stunden aus ihren angestammten Wohnsitzen im Erdölgebiet vertrieben, teils auf Lastwagenkolonnen der Armee verladen und im irakischen Tiefland in Streudörfern wieder angesiedelt, wo man sie dann der Arabisierung unterwarf. Umgekehrt wurden arabische Arbeiter und ihre Familien in die ölreiche Kurdenregion verfrachtet.

Die Absichten des neuen Regimes zeigten sich aber noch deutlicher, als die in Bagdad befindliche Kurdendelegation verhaftet und mißhandelt wurde. In der Nacht vom 9. auf den 10. Juni kam die endgültige Wende: Bagdad beschloß statt weiterer Verhandlungen den Krieg. Der türkische Historiker Cemal Aladag berichtete in einer Darstellung des Befreiungskampfes der irakischen Kurden: »In der Nacht, in der die Baath-Partei den Angriff beschlossen hatte, holte die Baath-Miliz 267 kurdische Intellektuelle, Demokraten und Revolutionäre in Suleimania aus dem Bett, ließ sie außerhalb der Stadt eine große Grube ausheben, und genau nach dem Beispiel von Hitlers Judenmassakern ermordeten sie alle und warfen sie in das Massengrab.«

Am gleichen Tag wurde über Radio Bagdad ein letztes Ultimatum an Barsanis Anhänger gerichtet. Man beschuldigte sie, gleichzeitig Prokommunisten, Zionisten und Separatisten zu sein. Jedem, der an der Seite Mulla Mustafas sich dem bevorstehenden Einrücken der irakischen Armee widersetze, wurde mit dem Tod gedroht, jedes Dorf, aus dem »eine einzige Kugel« auf Armee, Miliz oder »loyale« Stammeskrieger abgefeuert werde oder das kurdischen Rebellen Unterschlupf gewähre, werde dem Erdboden gleichgemacht. Auf Barsanis Kopf setzte man eine Prämie von umgerechnet zunächst 1,5, später 7,5 Millionen Euro aus. Der nächste Krieg gegen die unbotmäßige Minderheit hatte begonnen.

Das Muster der Auseinandersetzungen zwischen den Kurden und der Zentralregierung in Bagdad blieb unter all den häufig wechselnden Machtcliquen das gleiche: ob während des Kassem-Regimes, zum Amtsantritt von Oberst Abd as-Salam Aref und später seines Bruders General Abd ar-Rahman Aref (1966) oder unter

General Hassan al-Bakr (1968) und noch ein paar Jahre später unter Saddam Hussein. In der österreichischen Zeitschrift *Neues Forum* brachte das der Publizist Bernhard Liebermann auf die Formel: »Immer fanden anfangs Autonomieverhandlungen statt, anschließend aber Zwangsumsiedlungen, Angriffe der irakischen Luftwaffe und kriegerische Auseinandersetzungen.«

Auch ein anderes Grundmuster wiederholte sich in diesem Sommer 1963: Wie so oft vorher blieben auch diesmal die militärischen Aktionen der Regierungstruppen gegen Kurdistan erfolglos. Die Pesh Merga verteidigten ihre Stellungen in den Gebirgsregionen und schlugen die Einheiten Bagdads, die in einer Gesamtstärke von annähernd 60 000 Mann zum Einsatz kamen, zurück. Erstmals kam den Kurden dabei auch ihre neue Wehrstruktur zugute. Barsanis Soldaten brauchten sich nicht mehr wie früher auf überraschende Überfälle, auf die Störung des Nachschubs, auf kleine oder größere Nadelstiche zu beschränken, sondern die gut ausgebildete Truppe holte nun zu verlustreichen Gegenschlägen aus.

Im Juli stellten die Pesh Merga im Sultan-Haibar-Gebirge den Gegner erstmals in Divisionsstärke zu Kämpfen, die von der irakischen Seite angesichts einer drohenden vernichtenden Niederlage abgebrochen werden mußten. Und in der schluchtenreichen Region um die Stadt Ruwanduz wurde ein Infanterieregiment fast vollständig aufgerieben, ein zweites unter hohen Verlusten eingekesselt. Ein Fernsehteam des Norddeutschen Rundfunks, das sich auf abenteuerliche Weise über die Türkei in das Kriegsgebiet durchgeschlagen hatte, wurde Zeuge der Ereignisse. »Das Gefecht hatte den ganzen Tag gedauert«, berichtete der TV-Journalist K. Dettmann. »Eine Metallbrücke war am Vortag gesprengt worden, von der man annehmen konnte, die irakische Kolonne wolle sie überqueren. Hinter der Brücke hatten die Kurden in einer Entfernung von 100 Metern Felsblöcke zu einer natürlichen Barriere aufgerollt. Dann waren die Iraker gekommen. Ihr Chef hatte einen Jeep vorausgeschickt, um das Gelände hinter der Brücke aufzuklären. Die Jeepinsassen bemerkten nichts. Ihren Kompaniezug erreichten sie nicht mehr. Brünner Waffen und Maschinengewehre vom Kaliber 12,7 belegten die Kolonne mit Feuer. Die MG-Stellungen lagen höher als die Wagenkolonne. Beste Ziele für Scharfschützen, als die die Kurden so sehr gefürchtet sind. Die Kolonne wurde zusammengeschossen.«

Der Journalist beobachtete, wie die überlebenden Gefangenen in einem nahegelegenen Steinhaus festgesetzt wurden. Die Straße war mit Resten ausgebrannter Lastwagen und schmutzig-gelber Jeeps sowjetischer Herkunft bedeckt. Am nächsten Morgen schickte man die schwerverwundeten irakischen Gefangenen per Lastwagen zu ihrer Einheit zurück. Unverletzte und Offiziere wurden in ein weiter hinten liegendes Gefangenenlager gebracht. Was die anderen betraf, so berichtete Dettmann angesichts des Todes nicht ohne Beklommenheit: »Im Sand ein Paket, eingewickelt in eine Armeedecke, der erste Leichnam ... Je näher wir der Felsspitze kamen, desto mehr Kadaver entdeckte ich. Auf der Felsspitze erblickte ich sieben, zehn, fünfzehn; ich zählte vierzig Leichen. In leidlichem Englisch kommentierte ein blondbärtiger Kurde: ›Ich kann nicht verstehen, warum sie versucht haben, dort hinaufzukommen. Vielleicht meinten sie, dort oben könnten sie die Stellung halten, bis Verstärkung nahte. Die Felsen waren aber ein großer Irrtum. Wie die Tauben konnten wir sie abschießen. Ein paar liegen noch unten in den Sträuchern.‹«

Insgesamt zählte der Journalist allein an dieser Stelle 80 Tote einer Armee, die vorwiegend für den Kampf im Flachland und in der Wüste und nicht für den Gebirgskrieg ausgerüstet und gedrillt worden war. »Achtzig Leichname junger Menschen, achtzig junge Männer meines Alters, die ich gut in Bagdad und Mosul hätte kennenlernen können. Achtzig stille Gestalten, die sich immer mehr der Farbe der Landschaft anglichen, je tiefer die Sonne auf die irakischen Berge herniedersank.«

Nicht alle Toten wurden in diesen Gebirgskämpfen geborgen und bestattet. Als ich selbst, zusammen mit einem Fotografen der Agentur Sven Simon und einigen kurdischen Begleitern ziemlich genau zehn Jahre später, im Herbst 1973, über jene Hänge bei Ruwanduz kletterte, auf denen ein ganzes irakisches Regiment verschwunden war, stießen wir mehrmals auf ausgebleichte Knochen. Ich hob einen von ihnen auf. Es war ein Oberarmbein. Bei näherem Zusehen fanden wir weitere Teile von verschiedenen Skeletten. Sonne, Regen und Wind hatten sie verwittern lassen, und sie hatten eine nahezu grau-braune Färbung angenommen. Schaudernd legten wir das, was hier von Menschen übriggeblieben war, wieder zu Boden. Auch unsere Begleiter blieben schweigsam. Erst am Abend kamen wir, erschöpft in der Steinhütte sitzend, die unser Nachtquartier war, auf die Entdeckung zurück. Kak Abdullah, ein alter Haudegen, der schon viele Aufstände mitgemacht hatte, verkündete ungerührt: »Wir beerdigen sie nicht alle. Wenn Bagdad neue Soldaten in unsere Berge schickt, dann können sie gleich sehen, was sie erwartet.«

Aber auch die Kurden hatten damals beträchtliche Verluste, weniger bei den Kämpfenden als vielmehr unter der Zivilbevölkerung. Während der Offensive der Regierungstruppen wurden an die 900 Kurdendörfer besetzt und dem Erdboden gleichgemacht. Vor den Angriffen der aus Großbritannien und der Sowjetunion gelieferten Bombenflugzeuge der irakischen Luftwaffe flüchteten die Dorfbewohner auf die spärlich bewaldeten Hügel, um sich hinter Felsbrocken zu verbergen. Vor allem am Anfang des Krieges – noch ohne die später erworbene leidvolle Erfahrung mit dem Bombenterror moderner Luftstreitkräfte – schreckten viele, besonders Frauen und Kinder, vor den im Tiefflug heranbrausenden Düsenmaschinen aus ihren Deckungen auf und wurden mit Bordwaffen niedergemacht.

Ein Reporterteam des Hamburger Magazins *Stern*, die französische Fotografin Claude Deffarge und der deutsche Autor Gordian Troeller, brachten Zeugnisse in Wort und Bild über diese Vernichtungsangriffe auf Zivilisten mit nach Hause. Völlig erschöpft, nach einer 14stündigen Gewalttour zu Fuß und per Maulesel erreichte das aus Persien kommende Team die erste Stadt auf irakisch-kurdischem Boden. Gordian Troeller berichtete: »Nach solchen Anstrengungen gibt es eigentlich nur eine Reaktion: sich selbst bedauern und ein Bett suchen. Vor dem Anblick jedoch, der sich uns darbietet, verschwindet jedes selbstgefällige Mitleid. Zwei Drittel des Städtchens liegen in Trümmern. Zerstört von Bomben der irakischen Luftwaffe. Ausgebombte Großstädte wirken oft unwirklich, und es ist nicht immer leicht, eine Beziehung herzustellen zwischen den Menschen, die dort lebten, und jenen surrealistischen Fetzen aus Beton und Eisen. Hier aber glaubt man noch das Leben zu fühlen, das unter diesen kleinen Häusern pulsierte, von denen jetzt nur noch Sand und Steine übriggeblieben sind. Tote Armut rührt menschlicher an als zerstörter Reichtum. Mir jedenfalls will es so scheinen. Eine Delegation kurdischer Partisanen kommt uns durch die Ruinen entgegen. Überall wird wieder gebaut. Wer nicht erfrieren will, braucht ein Dach für den Winter. Jeder arbeitet. Kinder, Greise, Frauen. Sie grüßen, ohne zu lächeln. Der Ernst dieser Menschen überrascht uns ebenso wie ihre stille Geschäftigkeit. Es ist die Lautlosigkeit der Angst. Als wolle niemand verraten, daß sein Drang nach Sicherheit nur neue Ziele baut für neue Bomben. Jeden Tag können sie wieder fallen. Nicht ein einziges Flakgeschütz bewacht die Stadt.«

Ende 1963 war Barsani, von den Ebenen und einigen großen Städten abgesehen, der unumstrittene Herr Kurdistans. Mit Gelassenheit konnte er auch auf die weltpolitischen Veränderungen zurückblicken, die das Jahr 1963 gebracht hatte. Da das Regime Aref auch die Kommunisten blutig verfolgte, aber wohl auch im Rahmen ihrer auf die Störung des arabischen Einigungsprozesses gerichteten Politik, hatte sich die Sowjetunion erstmals offen zu den aufrührerischen Kurden bekannt und den »Völkermord im Irak« verurteilt. Im Juni 1963 erklärte der Moskauer Rundfunk: »Die Kurden sind keine Aggressoren. Ihr Kampf ist ein reiner Verteidigungskrieg.«

Die Russen stoppten die Lieferungen an Kriegsmaterial für Bagdad, die sie nach der Revolution Kassems 1958 begonnen hatten. (Allerdings sprang sofort London ein und stellte nicht nur schwere Waffen und Munition zur Verfügung, sondern bildete auch irakische Offiziere aus.) Vor allem aber schien der Kreml dafür sorgen zu wollen, daß die kurdische Sache erstmals vor dem Forum der Welt, vor der Vollversammlung einer damals noch glaubwürdigeren UNO unter ihrem Generalsekretär U Thant verhandelt werden konnte.

Im Juli stellte einer der engsten Satelliten Moskaus, die Mongolische Volksrepublik, bei U Thant den Antrag, für die nächste Sitzung der Vollversammlung die Kurdenfrage auf die Tagesordnung zu setzen. Die Begründung war in Form eines Protests gegen »die Massaker der irakischen Luftwaffe an der Zivilbevölkerung« und eines Appells zur Feuereinstellung abgefaßt. Einen ähnlichen Antrag brachte die Sowjetunion selbst im Wirtschafts- und Sozialrat der UNO vor. Auch die Medien des Ostblocks, speziell der DDR, äußerten sich in einem kurdenfreundlichen Sinne. Es war vielleicht nur ein Zufall, daß die Internationale Liga zur Wahrung der Menschenrechte im Oktober des gleichen Jahres ebenfalls die irakische Regierung des Völkermordes zieh.

Angesichts dieser diplomatischen Offensive der kommunistischen Staaten für eine so offenkundig gerechte Sache wie die der Kurden machten die Westmächte, die auch damals schon die Verteidigung der Menschenrechte auf ihre Fahnen geschrieben hatten, keine gute Figur. Der UNO-Diplomat Derek Kinnane brachte anläßlich dieser Situation die geschichtliche Tragik, die den ganzen Freiheitskampf der Kurden seit 1945 bis auf den heutigen Tag umweht, auf den Punkt, als er schrieb: »Einerseits verfolgte die öffentliche Meinung in den meisten demokratischen Ländern den kurdischen Freiheitskampf mit größter Sympathie. Die Kurden waren als tapfere und ausdauernde Nation bekannt, die das Unglück hatte – ebenso wie 120 Jahre lang die Polen – auf drei Mächte aufgeteilt zu sein.

Die Kurden trafen in den westlichen Ländern auf ein ebenso romantisches wie teilnehmendes Interesse. Andererseits waren Großbritannien und die USA mit der Türkei und dem Iran verbündet und deswegen sorgfältig darauf bedacht, deren Empfindlichkeit nicht zu reizen. Als die Russen aufhörten, Waffen an den Irak zu liefern, taten es die Briten und auch die USA. Im Ergebnis warfen die Sowjets den westlichen Imperialisten eine Mitschuld an der Vernichtung des um seine Freiheit kämpfenden kurdischen Volkes vor. Und sie hatten verdammt recht damit.«

Immer höher stiegen nun die Hoffnungen der Kurden. Nicht nur ihre Propaganda machte sich zunutze, daß die große Sowjetunion erstmals für die kurdischen Belange eintrat, viele Kurden glaubten auch tatsächlich an den praktischen Wert dieser Hilfe. Um so größer war die Enttäuschung, als Mitte September in New York die UNO-Vollversammlung eröffnet wurde und die Mongolei ohne jede Begründung ihren Antrag wieder zurückzog. Abermals hatte Moskau, das hinter dem mongolischen Schritt stehen mußte, eine Wendung seiner Kurdenpolitik vollzogen und sein Interesse wieder der irakischen Seite zugewandt.

Zwar meinte Barsani, als er die Nachricht von der sowjetischen Kehrtwendung erhielt, er habe ohnehin nie daran geglaubt, daß die Kurden ihre Rechte durch Verhandlungen und Kanzleipolitik erhalten würden. »Nur der Sieg unserer Waffen«, so erklärte er seinen Mitarbeitern, »kann den heiligen Kampf um unsere Freiheit entscheiden.« Den meisten verschwieg er aber, daß der sowjetische

Meinungsumschwung möglicherweise auf die Kurden selbst zurückzuführen war.

Auf der verzweifelten Suche nach Hilfe hatten kurdische Emissäre im Jahr 1963 nämlich gleich mehrere Eisen ins Feuer gelegt und sich neben Moskau auch mit Washington, neben Teheran auch mit Kairo und – unter allergrößter Geheimhaltung – auch mit dem von den Arabern als Erzfeind betrachteten Israel ins Benehmen gesetzt. Die Verhandlungen waren so konspirativ geführt worden, daß die Weltöffentlichkeit erst im Oktober 1980 durch eine törichte Indiskretion des israelischen Ministerpräsidenten Begin von der damals verabredeten und mehr als ein Jahrzehnt dauernden Zusammenarbeit zwischen Kurden und Israelis erfuhr. Einzelheiten gab allerdings auch der redselige Begin nicht preis. Sie werden hier aus mir zugänglich gewesenen Quellen zum erstenmal berichtet.

Zustande gekommen waren die Kontakte in Paris durch den dort im Exil lebenden Kurdenprinzen Bedir Khan. Den Wunsch Barsanis und des Zentralkomitees der DPK, nützliche Kontakte zu französischen Stellen zu knüpfen, hatte der Prinz bereits früher intelligent in die Tat umgesetzt. Politisch war es ihm gelungen, bei Vertretern des gaullistischen Lagers Sympathien für die Kurden zu wecken, die sich in zahlreichen Erleichterungen für kurdische Exilanten und freundlichen Kommentaren in der französischen Presse niederschlugen. Militärisch jedoch konnten und wollten die Franzosen nicht helfen.

Inzwischen war Bedir Khan auf eine naheliegende Idee gekommen: Wenn einerseits der kurdische Kampf sich immer wieder aufs neue gegen wechselnde arabische Regierungen richtete, die Araber andererseits am ehesten in ihrem gemeinsamen Haß auf Israel zusammenfanden, dann mußten doch die Interessen Israels und der Kurden irgendwie zu koordinieren sein. Beiden mußte daran liegen, der Welt zu zeigen, daß der Nahe Osten keineswegs eine ausschließlich arabische Domäne war, sondern vielmehr der Lebensraum auch der Juden und neben ihnen auch nichtsemitischer, indogermanischer Völker, nämlich vor allem der Kurden. Zudem vermochten die irakischen Kurden ständig starke Kräfte der Armee Bagdads zu binden, die an den arabischen Fronten gegen Israel aus diesem Grunde nicht zum Einsatz gelangen konnten.

Bedir Khan wußte nicht, daß in einem israelischen Geheimdienst-Dossier über die Kurden schon längst zu lesen stand: »Indem es ständig mehr als drei irakische Divisionen bindet, schränkt Kurdistan die militärische Fähigkeit Bagdads, sich in die Angelegenheiten anderer Staaten wie Jordanien und Israel zu mischen, in beträchtlichem Maße ein.«

Im Juli 1963 kam es in einer Wohnung im Pariser Nobelviertel Faubourg zum ersten Treffen. Ein V-Mann brachte Bedir Khan dort mit einem Mann zusammen, der als Oberst Baron, Militärattaché der israelischen Botschaft, vorgestellt wurde. Der V-Mann erhielt als Kurier den Auftrag, via Teheran in das Aufstandsgebiet des Irak zu reisen und Barsani – »nur unter vier Augen« – mitzuteilen, Bedir Khan habe die Verbindung zu den Israelis hergestellt. Und deren Beauftragter, Oberst Baron, habe erklärt, Tel Aviv sei bereit, mit den Kurden zusammenzuarbeiten.

Folgende Fragen, so heißt es in einer israelischen Aufzeichnung, müßten geklärt werden: »1. Eine den Kurden von den Israelis geschenkte Radiostation liegt in Israel zur Verschiffung bereit. Wie soll sie transportiert werden? Gibt es Personal, um die Station zu betreiben? 2. Welche militärische Ausrüstung brauchen die Kurden? 3. Sollen Kurden in Israel militärisch geschult werden? 4. Wie kann direkter Funkkontakt zwischen den Kurden und den Israelis hergestellt werden?«

Vor allem wegen der anfänglich schwierigen Kommunikation dauerte es jedoch bis Anfang 1965, ehe ein Hilfsabkommen ausgehandelt war. Es sah die Lieferung von Waffen und Munition sowie von modernen Minen und Zündern ebenso vor wie die Bereitstellung von Ausbildern und medizinischem Personal. Auch eine Kooperation des israelischen Geheimdienstes mit dem kurdischen, dem unter Leitung von Barsanis Sohn Massud stehenden »Parasdin« (es handelt sich um den heutigen Führer der Autonomen Region Kurdistan), wurde vereinbart. Im Verlauf der Zusammenarbeit besuchte Barsani 1967 sogar heimlich Israel und führte dort Gespräche mit Generalstäblern. Über israelische Vermittler kamen später schließlich auch andere westliche und westorientierte Staaten, so die Bundesrepublik, der Iran und vor allem die USA, ins Spiel. In den Jahren 1967 bis 1969 bemühten sich die Kurden mit nachhaltiger Unterstützung der israelischen Botschaft in Bonn um finanzielle Zuwendungen für ihre Sache. Dabei gingen sie auch von der politischen Situation aus, die für die Bundesregierung aufgrund der Anerkennung der DDR durch Bagdad gegeben war. Die Republik Irak war ja bekanntlich der erste Staat außerhalb des sowjetischen Blocksystems, der die DDR gegen heftigen Bonner Widerstand als Staat international sanktionierte.

Israels Botschafter Asher Ben Nathan brachte 1969 den kurdischen Politiker Sami Rahman unter anderem mit dem damaligen Bundesfinanzminister Franz Josef Strauß zusammen. Bald darauf konnte Ben Nathan mitteilen, Strauß habe ihm zugesagt, er werde sich für die über besondere Kanäle zu schleusende Zahlung einer Summe von zwei Millionen Mark einsetzen. Auch eine weitergehende Zusammenarbeit deutscher Dienststellen mit den Kurden könne – ohne die Befürchtung, damit die eigene den arabischen Staaten gewidmete Politik zu stören – geleistet werden, denn, so heißt es in einem vertraulichen Bericht: »Die jahrelange konspirative Zusammenarbeit des israelischen Partners mit kurdischen Führern hat deren Zuverlässigkeit, Standfestigkeit und Verschwiegenheit wiederholt bestätigt.«

So verschwiegen und zuverlässig die Kurden selbst aber bei diesen äußerst geheimen Aktionen hinter den Kulissen der internationalen Diplomatie auch waren, scheinen doch sowjetische Stellen bereits 1963 ein wachsames Auge auf die israelisch-kurdischen Verbindungen geworfen zu haben. Das könnte vielleicht auch mit erklären, warum Moskau im September jenes Jahres seine Sympathien wieder ganz der arabischen, für die eigenen weltpolitischen Aspirationen auch ungleich wichtigeren Sache zuwandte.

Dennoch war aufgrund ihrer militärischen Leistungen die Position der Kurden nach wie vor aussichtsreich und wurde durch Machtkämpfe noch gefestigt, die Bagdad gegen Ende 1963 heimsuchten. Im Verlauf dieser Kämpfe entmachtete Staatspräsident Aref den linken Flügel der regierenden Baath-Partei. Aref und die »Rechts-Baathisten« unter Hassan al-Bakr (der 1968 Präsident wurde und es bis 1979 blieb) nahmen – auch in Anerkennung einer gewissen Kriegsmüdigkeit der Armee – Verhandlungen mit den Kurden auf und garantierten ihnen im Februar 1964 »nationale Rechte im Rahmen des irakischen Volkes«. Eine Art Waffenstillstand, vermittelt von Nasser und dem Präsidenten der algerischen Republik, Ahmed Ben Bella, trat in Kraft.

Kaum aber saß Präsident Aref wieder fest im Sattel, wiederholte sich das nun schon geläufige Gesetz des kurdisch-arabischen Gegensatzes. Aref stiftete einen besonderen Tapferkeitsorden für den Kampf gegen die kurdischen Freischaren. Er sollte jenen verliehen werden, »die zur Niederschlagung des Aufstandes der verräterischen Banden beitrugen, um die Säuberung unseres geliebten Heimatbodens von Separatisten und imperialistischen Agenten zu verwirklichen«. Regierungssprecher verkündeten, ähnlich wie in der Türkei, es gebe eigentlich kein kurdisches Volk. Jene Stämme, die sich so bezeichneten, seien »allesamt arabischer Herkunft«.

Die Gefechte flammten wieder auf, und auch in der kurdischen Führung zeigten sich nun erste Krisenerscheinungen. Pesh-Merga-Oberst Talabani, der Mulla Mustafa Eigenmächtigkeit im Umgang mit Bagdad vorwarf, inszenierte im April 1964 eine Palastrevolution innerhalb der DPK, konnte sich aber gegen die Mehrheit der »Barsanisten« nicht durchsetzen und ging vorübergehend mit einigen hundert Anhängern nach Persien.

Nach diesem Spaltungsversuch festigte Barsani seine Position weiter. Im Oktober ließ er einen 63köpfigen Revolutionsrat für die von ihm ohne Bagdads Zustimmung geschaffene Autonome Region Kurdistan einrichten. Von diesem Rat wurden nicht nur die etwa eine bis eineinhalb Millionen Kurden des befreiten Territoriums vertreten, sondern in beispielgebender Weise auch die darin lebenden Christen, nämlich die orthodoxen (»Assyrer«) und katholischen Ostsyrer (»Chaldäer«), sowie die turkmenisch-aserbeidschanische Minderheit.

Mit Beschlüssen dieses Gremiums trat Barsani gegen Ende 1964 dann mit einem Friedensangebot, das wiederum die Forderung nach voller kurdischer Autonomie enthielt, an den irakischen Präsidenten Aref heran. Die folgenden Kontakte blieben damals zwar ergebnislos, nahmen aber in vielem schon Gedanken vorweg, die 1970, beim Ende dieses Kurdenkrieges, als Grundlage für eine Übereinkunft dienen konnten.

1965 eröffnete Bagdad eine weitere große Offensive gegen die Kurden, und mitten in der Stadt Suleimania begann eine schaurige Begleitmusik zu den immer wieder unterbrochenen und wiederaufgenommenen Verhandlungen, die letztlich – wie erwähnt – ohne Ergebnis blieben. Wie der ägyptische Historiker al-Gamrawi konstatierte, waren die einzigen Resultate dieses Offensivjahres 1965 ein noch stärker aus der Luft zerstörtes und wirtschaftlich ausblutendes Kurdistan sowie 8000 Tote und 5000 Verwundete der irakischen Armee.

Zum Jahreswechsel nahm Abd ar-Rahman Bassas, der dritte Ministerpräsident Bagdads in jenem Jahr, die Offensive noch einmal auf, um einen Keil zur irakisch-iranischen Grenze vorzutreiben und das Kurdengebiet in eine nördliche und eine südliche Hälfte zu spalten. Die irakischen Truppen verfolgten in großem Maßstab die Politik der »verbrannten Erde«, aber gerade dies verstärkte den kurdischen Widerstand. So wurde auch diese bis in den Januar 1966 andauernde Offensive ein Schlag ins Wasser, doch kostete sie Bagdad nach Angaben des gerade erst von den Israelis unter strengster Geheimhaltung installierten Senders »Dang-i-Kurdistan« pro Tag an die drei Millionen Mark.

Im April 1966 kam es erneut zu Verhandlungen. Staatschef Abd as-Salam Aref war bei einem Hubschrauberabsturz tödlich verunglückt, und als Nachfolger hatte die baathistische Militärjunta seinen Bruder Abd ar-Rahman gewählt. Auf diesen setzte Barsani offenbar große Hoffnungen, denn schon am 17. April bot er dem neuen Machthaber einen einmonatigen Waffenstillstand an. Abd ar-Rahman Aref äußerte sich bereits am Tag darauf überraschend positiv zu den Vorschlägen und lud den Kurdenführer zu Gesprächen in die Hauptstadt ein. Barsani lehnte jedoch in Anspielung auf die bisherigen Wortbrüche den Gang nach Bagdad mit der klassisch gewordenen Bemerkung ab: »Ich habe von den Narren gelernt.«

Zu Recht, wie sich zeigen sollte, denn Aref trieb nur das doppelzüngige Spiel seiner Vorgänger weiter. Er machte noch am gleichen Tag den als Kurdenhasser bekannten General al-Uqaili zu seinem Generalstabschef und erteilte ihm den geheimen Auftrag einer »Endlösung der Kurdenfrage«. Schon am 1. Mai 1966 begann in den Bergen und Schluchten Kurdistans das blutige Ringen aufs neue. Großspurig verkündete al-Uqaili, er werde die »Vaterlandsverräter« auf dem »heiligen Boden unserer ruhmreichen irakischen Republik« vertilgen.

Erstmals konnte die Bagdader Armee nun eine eigene für den Gebirgskrieg ausgerüstete und ausgebildete Brigade einsetzen. Sie erhielt den Auftrag, die über die Stadt Ruwanduz zur iranischen Grenze führende Verkehrsachse in Besitz zu nehmen. Damit sollte die einzige Kommunikationsader, über die sich die kurdischen Rebellen aus dem mit dem Irak verfeindeten Iran versorgen konnten, durchschnitten werden. Danach wollte man die im Raum Ruwanduz versammelten Kurdeneinheiten endgültig vernichten.

Was nun geschah, könnte man als das Cannae der Truppen Bagdads bezeichnen; der Vorgang ist heute noch Lehrbeispiel an Militärakademien in Ost und West. Bei den Kurden rankten sich später immer üppiger treibende Blüten der Phantasie um den Erfolg, die von zahlreichen westlichen Schriftstellern und Journalisten aufgenommen wurden. »Pesh Merga zerschlugen einige Divisionen völlig«, so lautet die landläufig gewordene Version über die große Niederlage der irakischen Armee.

Es schmälert den Waffenruhm der Kurden sicher nicht, wenn man die zutreffenden Zahlen nennt, so wie sie ein Abschlußbericht des kurdischen Kommandeurs Abdullah Pishderi und eine deutsche kriegswissenschaftliche Studie aus dem Jahr 1979 anführt. Demnach hatten die Iraker für den Angriff auf die kurdischen Stellungen im Raum Ruwanduz eineinhalb Divisionen und zusätzlich drei oder vier Artilleriebataillone und Jagdbombergeschwader der Luftwaffe eingeplant. Die Befehle für die Operation, die später im Hauptquartier der 4. (Gebirgs-)Brigade am Fuß des 2875 Meter hohen Handrin-Berges gefunden wurden, sahen vor, daß die irakischen Streitkräfte die Bergketten zwischen dem Handrin und dem 2200 Meter hohen Zozek zu beiden Seiten der Straße erobern sollten, gefolgt von einer Panzerbrigade, die auf der Straße selbst vorzurücken hatte.

Der Plan der irakischen Offensive, ihre Anlage, die eingesetzten Kräfte sowie der voraussichtliche Tag X waren dem kurdischen Oberkommando durch Geheimdienstmeldungen bekannt geworden. Massud Barsani, den ich Jahre später dazu befragte, äußerte die Meinung, Agenten des eigenen »Parasdin« hätten in Bagdad mitgelesen. Westliche Militärexperten buchen die gelungene Aufklärung auf das Konto der bereits funktionierenden israelisch-kurdischen Partnerschaft. Wie auch immer. Die Kurden planten die Verteidigung der Verkehrsachse unter einem zentralen Kommando. Abdullah Pishderi, der es führte, ein hagerer, hochaufgeschossener, ruhiger Gebirgsjägertyp mit strahlend blauen Augen (den ich später kennenlernte und der vor einigen Jahren gefallen ist), konnte 3500 Pesh Merga einsetzen.

Als der irakische Angriff nach intensiver Luftvorbereitung mit einer Stärke von annähernd 20 000 Mann begann, antworteten die Kurden heftiger als gewöhnlich. Zwischen dem 4. und 10. Mai 1966, nach hartem, hinhaltendem Widerstand seitens der Kurden, spitzte sich die Lage dramatisch zu: Das Handrin-Massiv war von den Gebirgstruppen der 4. Brigade vollständig besetzt, und auch im Zozek-Massiv drangen die Iraker trotz schwerster Verluste immer weiter vor. Die irakischen Verluste an Toten und Verwundeten betrugen in dieser einen Woche im Raum Ruwanduz 2000 Mann. Die Truppen Bagdads, nach den ungewohnt harten Kämpfen erschöpft, brauchten zwei Tage, um ihre Einheiten aufzufrischen und umzugruppieren.

In der Nacht zum 12. Mai führte Pishderi, der zu dem Schluß gekommen war, daß der Erhalt der Straße selbst höchste Blutopfer rechtfertigte, die Wende herbei. Im Schutz der Dunkelheit sickerten kurdische Kommandos durch die Linien, um wichtige Positionen für den Entscheidungskampf des nächsten Tages zu besetzen und sich dort gut getarnt bereitzuhalten. Pishderis Plan sah vor, den Gegenangriff auf die irakischen Brigaden erst am Nachmittag, nur wenige Stunden vor Einbruch der Dunkelheit, zu beginnen, um ihn im Schutz der Nacht gegen die nachtkampfunerfahrenen Iraker, die dann auch auf ihre Luftwaffe verzichten mußten, fortzusetzen und zu gewinnen.

Um 16 Uhr brach der Angriff mit einer im Kräftevergleich zwar lächerlichen, für kurdische Verhältnisse aber geradezu ungeheuerlichen Artillerieunterstützung los. Die Kurden konnten sich erstmals eines Funknetzes zur Feuerleitung bedienen. Alle sechs (!) Geschütze, über die er verfügte – britische 24-Pfünder aus den Arsenalen der irakischen Armee –, setzte Pishderi gegen ein einziges Ziel in konzentrischen Schlägen ein: gegen das Hauptquartier der 4. Brigade am Fuß des Handrin. Bei Einbruch der Dunkelheit war das Befehlszentrum der gegnerischen Verbände völlig zerschlagen.

Als die irakischen Einheiten die Verbindung zum Hauptquartier verloren hatten und gleichzeitig von den durchgesickerten Pesh Merga unter Feuer genommen wurden, traten sie den Rückzug an. Jetzt erst ließ Pishderi seine Bataillone stürmen. Erbarmungslos wurden die insgesamt fünf eingesetzten Brigaden – die 1., 4., 5., 13. und 14. Brigade – zerschlagen, die Flüchtenden noch im Morgengrauen bis auf 600 Meter Entfernung zu den irakischen Kasernen von Ruwanduz verfolgt.

In einer Mischung aus Kälte und Poesie schrieb Pishderi in seinem Abschlußbericht: »Im Handrin-Massiv, unter den Eichenbäumen, liegen immer noch Hunderte von Leichen, ebenso zwischen den Frühlingsblumen unter den Strahlen der Sonne, die sie nicht mehr wärmt.« Nüchtern fügte er hinzu: »Das erbeutete Kriegsmaterial ist intakt.« 1800 Gefallene wurden identifiziert, nahezu 500 verwundete Gefangene tags darauf dem irakischen Roten Halbmond zur Übernahme angeboten. Mit geringen eigenen Verlusten, mit 52 Toten und 130 Verwundeten, hatten die Kurden den Sieg billig erkauft.

Als »intaktes Kriegsmaterial« fielen ihnen 14 Gebirgsgeschütze, 12 Granatwerfer, 6 Maschinenkanonen, 44 Maschinengewehre, 300 Maschinenpistolen und über 1000 moderne Gewehre sowie 46 Funkgeräte, beträchtliche Mengen Munition und Lebensmittel, aber auch 92 Großzelte und über 5000 Wolldecken in die Hände.

Nach der irakischen Niederlage nahmen die beiden Seiten Verhandlungen auf. Die Kurden waren trotz ihres brillanten Sieges wirtschaftlich, nach einem von Hungersnot gezeichneten Winter, in einer miserablen Lage. Arefs Ministerpräsident Bassas, nach langer Zeit der erste zivile Regierungschef des Irak und ein Mann mit politischem Verstand, erklärte, der einzige Weg, das Land aus dem Elend zu retten, sei der, sich mit den Kurden zu einigen und den Krieg im Norden zu beenden.

Das Ergebnis war ein Zwölf-Punkte-Abkommen, bekannt als »Bassas-Abkommen«, das am 16. Juni 1966 über Rundfunk und Fernsehen Bagdads verkündet wurde. Ende Juni stimmte auch Barsani dem Plan zu, dessen wesentlichste Punkte lauteten: Einführung des Kurdischen als Amts- und Unterrichtssprache im kurdischen Landesteil, Amnestie für die Freiheitskämpfer, Wiederaufbauprogramm für das vom Bürgerkrieg verheerte Kurdistan. Auch die »Heimführung« der 1963 zwangsumgesiedelten Kurden sagte Bassas zu. Geheimparagraphen regelten die Gründung einer eigenen Kurdenprovinz in der Gegend von Mosul und die Freilassung aller politischen Gefangenen, nicht nur der Kurden. Bassas hatte allerdings diese nicht einmal sehr weitreichenden Zusagen aus eigener Machtvollkommenheit und ohne Rücksprache mit den irakischen Militärs gegeben, worauf diese Ende Juni in Mosul ihrem Unmut wieder einmal durch einen Putschversuch Luft machten. Bassas und Aref konnten ihre Positionen nur halten, indem sie von den den Kurden eben erst gemachten Vorschlägen wieder abrückten und neue Verhandlungen begannen.

In den folgenden beiden Jahren aber machte Bagdad, dem noch immer der Schreck über die Niederlage am Handrin in den Gliedern steckte, wieder Zugeständnisse: Eine zweisprachige arabisch-kurdische Tageszeitung mit dem Titel *a-Taachi/Birayati*, »Brüderschaft«, durfte in Bagdad erscheinen. Der Kurdenhasser al-Uqaili wurde aus dem Amt entfernt, ein »Ministerium für die Angelegenheiten des Nordens« gegründet, ein kurdischer Minister in das Kabinett aufgenommen. Vielleicht hätte sich, so meinte Barsani später in einem Interview, aus diesen Anfängen schon eine endgültige Lösung machen lassen, aber am 17. Juli 1968 schlug die »irakische Krankheit« wieder durch: Baathistische Rivalen Arefs unter Führung Hassan al-Bakrs putschten sich an die Macht, Ende Juli schaltete al-Bakr durch einen weiteren Putsch auch seine Mitverschwörer aus.

Während der von al-Bakr geschaffene Revolutionäre Kommandorat Grundsatzerklärungen zur Kurdenfrage vermied, wirkte er zur Überraschung vieler in der Praxis durch zahlreiche kleine, zielstrebige Schritte an der Entspannung des Klimas zwischen Arabern und Kurden mit. So wurde beispielsweise die Gründung einer kurdischen Universität und Akademie der Wissenschaften mit Sitz in Bagdad in Aussicht gestellt und das kurdische Nationalfest »Newroz«, das Neujahrsfest, zum gesamtirakischen Feiertag erklärt. Immer deutlicher zeigte sich aber auch, daß die neuen Machthaber die Hoffnung nährten, durch solche Zugeständnisse die Front der Kurden zu entzweien. Verhandlungen wurden zunächst mit den Resten der von Bagdad unterstützten Talabani-Gruppe, dann mit den Scheichs der nicht zu Barsani gestoßenen, vorwiegend im

Flachland lebenden Kurdenstämme geführt. Auch eine aus kurdischen Söldnern und arabischen Offizieren gebildete Kavallerieeinheit, der man ausgerechnet den Namen des großen Kurden Saladin gab, wurde gebildet, ebenso wie eine Bagdad willfährige Partei, die man »Rizgari«, »Befreiung«, taufte und mit der man den Einfluß Barsanis zu verringern hoffte.

Noch einmal wagte man das militärische Abenteuer. Im März 1969 begannen, unter al-Bakrs persönlicher Führung, 60 000 Mann einen neuen Einfall in die nördlichen Provinzen. In schrecklichster Weise flammte der Krieg gegen Barsanis Kurden noch einmal auf. Aber auch diesmal war die hochgerüstete Armee Bagdads nicht in der Lage, den mittlerweile 30 000 Pesh Merga ihren Willen aufzuzwingen. Andererseits war auch den Kurden klar, daß ohne massive Unterstützung von außen ihre Kräfte niemals ausreichen konnten, von der Defensive zur kriegsentscheidenden und friedensgewinnenden Offensive überzugehen und das Gesetz des Handelns selbst zu bestimmen.

Von diesem letzten Aufflammen des zehn Jahre dauernden Kurdenkrieges im Irak blieb kaum etwas anderes übrig als die Erinnerung an grauenhafte Massaker an der Zivilbevölkerung. Schweizer Kriegsberichterstatter und Korrespondenten der Zeitung *Le Monde* berichteten von den Massenbombardements mit Napalm- und Splitterbomben. Sie beschrieben, wie in der chaldäischen Stadt Alqosh die Mönche mißhandelt wurden, wie im August in der Nähe des dem Erdboden gleichgemachten Dorfes Dakan 67 Frauen und Kinder massakriert wurden und wie Soldaten Bagdads im September die Einwohner des assyrisch-christlichen Dorfes Sorya ermordeten. Im gleichen Monat wurde ein anderes Dorf ausgelöscht, weil in seiner Nähe ein irakischer Leutnant von einer Mine getötet worden war. Die ganze Einwohnerschaft, 121 Menschen, wurde mit Maschinengewehren niedergemacht. Danach fahndete die Truppe nach versteckten Kindern, erschoß fünf im Alter von zwei bis acht Jahren und warf zehn Säuglinge, an ihre Wiegen gebunden, in einen Fluß. Es waren die gleichen Szenen wie in Lidice 1942, im Sudetenland 1945 oder im vietnamesischen My Lai. Im Oktober 1969 wurde dem Generalsekretariat der UNO eine umfangreiche Dokumentation zugeleitet, aus der hervorging, daß insgesamt 3000 Ortschaften bombardiert oder von Truppen niedergebrannt worden waren.

Aber niemand fiel dem irakischen Wüten in den Arm: Die Sowjetunion hatte sich mit Bagdad verbündet, progressive Kreise des Westens fanden genügend Stoff zur Empörung in dem amerikanischen Abenteuer in Vietnam, ihre Regierungen hielten nach dem israelisch-arabischen Sechs-Tage-Krieg von 1967 Ruhe im Nahen Osten, und sei es auch nur Friedhofsruhe, für das Wichtigste – vor allem aber kümmerte man sich um die geregelte Versorgung mit jenem Erdöl, dessen Erlöse auch die Kurden so heiß begehrten. Man begnügte sich damit, dieses Volk als politische Wirklichkeit zu verdrängen und es lieber bei dem romantischen Bild zwischen den Buchdeckeln eines Karl-May-Romanes zu belassen.

Aber auch dieses Wegschauen der Welt, die irakischen Militäraktionen, der Terror und die politische Agitation willfähriger Kollaborateure (unter denen sich auch ein besonders gern vorgezeigter Sohn Barsanis befand) brachten el-Bakr nicht den gewünschten Erfolg. Es gab nur noch einen Ausweg für Bagdads Araber: Man mußte sich zu einer möglichst dauerhaften Lösung mit den ebenso gehaßten wie nun auch respektierten kurdischen »Brüdern« bequemen. Anfang 1970 wurde der Gründer und Generalsekretär der internationalen Baath-Partei, der Syrer Michael Aflaq, zur Führung von Geheimverhandlungen in Beirut ermächtigt. Barsani entsandte dazu seine politischen und militärischen Adjutanten, Dara Taufiq und Pesh-Merga-General Fuad Aref.

Als die Bürger Bagdads ein paar Wochen später, am 12. März 1970, abends den Fernsehapparat einschalteten, trauten sie ihren Augen nicht. Massud und Idris, zwei Söhne Mulla Mustafas, dessen Kopf den Irakern vor kurzem noch 15 Millionen Mark wert gewesen war, wurden vor den Kameras von Staatspräsident al-Bakr umarmt und auf beide Wangen geküßt, die kurdischen Pesh Merga als »wertvolles Instrument unseres Kampfes gegen den gemeinsamen äußeren Feind« verherrlicht. Und dann verlas al-Bakr vor den Kameras und Mikrofonen das »Manifest des 11. März«. Sein wichtigster Punkt war eine Verfassungsänderung, wonach die irakische Nation von nun an aus zwei Völkern bestand, den Arabern und den Kurden. »Wie Brüder« sollten beide ihrem Staat, der Republik Irak, hinfort dienen, »wie Brüdern« sollte die Republik auch beiden gehören.

War das für die Kurden der Friede? War das nach Jahrhunderten der Unterdrückung und Ausrottung, der Leugnung ihrer Existenz, des Gegeneinander-Ausspielens, der Herabsetzung und des versuchten Völkermordes nicht nur ein neues Kapitel, sondern ein neues Buch der kurdischen Geschichte? Viele glaubten dies. Barsanis Kommentar ist überliefert: »Wir werden es sehen.«

9
Einigkeit in Irakisch-Kurdistan

Persische und amerikanische Hilfe für die Kurden

Es war wie ein schöner Urlaubstag im Tessiner Herbst. Die Sonne hatte noch Kraft, und die Bergluft war klar und würzig. Wir saßen auf Klappstühlen auf der Terrasse. Der 16jährige Ali, der die deutschen »Effendis« (mich und meinen Fotografen) bediente, goß schon zum dritten Mal Frühstückstee nach. Mit dem Hammer schlug er portionsgerechte Stücke vom Zuckerhut, mit denen wir den sehr starken »Tschai« süßten. Das frühmorgens gebackene Fladenbrot war unter Tüchern warmgehalten worden, und wir bestrichen es mit dem würzigen Honig der Bergweiden, den wir auch in das zum Frühstück gereichte Schafsjoghurt mischten. Die Terrasse des Gästehauses war über und über mit Blumenkästen bestellt. Erfindungsreiche Handwerker hatten sie aus dem plattgeschlagenen Weißblech leerer Konservendosen hergestellt, von der Frau des Architekten Dara Baydar waren sie mit Geranien, Petunien und Ringelblumen bepflanzt worden, und die acht Jahre alte Goli, die mit ihrem goldblonden Haar ihrem Namen alle Ehre machte, goß sie fleißig jeden Tag.

Der Blick ging über Tannen- und Eichengipfel ins Tal, dorthin, wo sich zu bei den Seiten der Paßstraße der 1500-Seelen-Ort Chouman erstreckte. Über den üblichen lehmgedeckten Flachdachhäusern erhob sich stolz das neue Elektrizitätswerk, das die Dörfer der Gegend abwechselnd für jeweils einige Stunden am Tag mit Strom versorgte. Das E-Werk war schneeweiß gestrichen, und es besaß wie die Häuser in unseren Breitengraden ein Giebeldach. Und das war auch kein Wunder, denn Dara Baydar, der dies alles bauen ließ, hatte erst in Dresden und später in Aachen Architektur studiert. Und das im fernen Deutschland Gelernte goß er zu Hause gleich in Beton. Die Kraft für die provisorisch eingebauten, auf unerforschlichen Wegen organisierten und dann zusammengeflickten Turbinen lieferte das reißende Wasser des Balak-Flusses. So hatte also Dara Baydar den technischen Fortschritt im Sauseschritt selbst in dieses entlegene Dorf des »wilden Kurdistan« gebracht.

Neben Stromkabeln hatte das Gemeindeentwicklungskomitee auch Wasserleitungen aus Kunststoffschläuchen verlegen lassen. Die Hausfrauen brauchten nun nicht mehr den oft mühsamen Weg zu den klaren Quellen und Gebirgsbächen zurückzulegen und das Wasser in Eimern und Kannen in die Siedlungen zu schleppen. Auch Zufahrten zu den Wohngebieten waren gebaut worden, ebenso wie ein Gemeindehaus und vieles andere.

Eben war man mit im Orient ganz ungewohnter, geradezu fieberhafter Hast an einem weiteren großen Neubau tätig. Vom höhergelegenen Gästehaus konnten wir das Rattern der Betonmischmaschinen hören und beobachten, wie Arbeiter den Beton in Schubkarren über selbsterrichtete Rampen ins erste Stockwerk des Neubaus transportierten und dort in die vorbereiteten Schalungen für eine Zwischendecke kippten. Würdevoll stand Architekt Baydar mitten im Getümmel und gab seine Anweisungen, ganz so, als würde er über einen Park von elektrischen Kränen, Betonsilos, Kippfahrzeugen und Aufzügen verfügen.

Ein neuer Basar war hier im Entstehen. Alle Geschäfte des Ortes sollten in das geräumige Gebäude einziehen und dort auch einer Aufsicht durch die Behörden unterworfen werden. Baydar träumte gar von deckenhoch gefliesten Verkaufs- und Lagerräumen der geplanten Fleischerei, in der alles – wie er es einst in Deutschland sah – vor Sauberkeit blitzen sollte. Nachdem ich vom Sudan bis nach Persien, von der Türkei bis nach Afghanistan allerdings schon viele Fleischereien des Nahen Ostens gesehen und gerochen hatte, hielt ich diesen Plan für noch weit unrealistischer als alle politischen Wünsche der Kurden zusammen.

Neben vielem anderen erschien er mir aber charakteristisch für die optimistische Aufbruchstimmung, die sich der irakischen Kurden in diesem Herbst 1973 bemächtigt hatte. Drei Jahre war nun nach dem schrecklichen Bürgerkrieg der Jahre 1961 bis 1970, nach dem »Manifest des 11. März«, schon Friede, eine Art von Frieden wenigstens, wie ihn das nordöstliche Bergland des Irak lange nicht gekannt hatte. Nahezu 1,5 Millionen der Kurden des Irak lebten zu dieser Zeit in dem von Barsanis Partei und noch mehr von seinen

Pesh Merga kontrollierten Gebieten in Erwartung des endgültigen Friedens mit Bagdad. Im Frühjahr 1974, genau vier Jahre nach dem Abkommen vom März 1970, sollten dessen Bestimmungen für eine volle kurdische Autonomie im ganzen Land in die Tat umgesetzt sein. Und die ersten drei dieser vier Jahre hatten die Bewohner der Autonomen Region Kurdistan in ihrem unterentwickelten, unzugänglichen Bergland im Länderdreieck Türkei-Iran-Irak voller Tatkraft genutzt.

Die Demokratische Partei Kurdistans, der politische Arm der Freiheitsbewegung, hatte sich in diesen Jahren fest in der Bevölkerung verankert. Vor allem bei den Kleinbauern besaß sie einen starken Anhang. Die Partei hatte Konsequenzen aus der Haltung der kurdischen Feudalherren während des Bürgerkrieges gezogen, von denen sich damals viele ihrer Privilegien wegen allzuoft vor den Karren Bagdads spannen ließen, und sie hatte auch das irakische Landreformgesetz unterstützt, mit dem Ziel, die »vollständige Beseitigung der Feudalverhältnisse zu gewährleisten«. In einem besonderen Programmartikel war festgelegt worden, man wolle im Interesse der kurdischen Bauern »die Abschaffung aller Privilegien in der Rinder- und Schafzucht, etwa des feudalen Weiderechts, der Abgaben und anderer Feudallasten« durchsetzen.

Vor allem aber hatte man, entsprechend ähnlichen Entwicklungen in den noch von Bagdad kontrollierten kurdischen Gebieten, eine kulturpolitische Offensive bis in entlegene Winkel vorangetrieben. Eine systematische Kampagne wurde gegen das Analphabetentum geführt. Aus eigener Kraft und ohne Unterstützung durch die Zentralregierung hatte man mehr als 200 Grundschulen errichtet, denen weitere 75 »Notschulen« in abgelegenen Bergdörfern hinzuzurechnen waren. Auch eine erste kurdische Oberschule hatte den Unterricht aufgenommen, so daß höhere Schulbildung nicht mehr nur unter irakischer Oberaufsicht, wie beispielsweise in Suleimania, möglich war.

Auch das von der Bagdader Regierung im Gebiet der ungeliebten Barsani-Kurden völlig vernachlässigte Gesundheitswesen wurde in ersten Ansätzen aufgebaut. Rund ein Dutzend Behelfskrankenhäuser waren entstanden, die allerdings nur über eine Handvoll ausgebildeter Ärzte verfügten, welche ihrerseits erst medizinisches Hilfspersonal anlernen mußten. Mit einfachsten Mitteln wurden so bescheidenste Reformen verwirklicht, aber in diesem Armenhaus des Irak wirkten sie wie Verheißungen einer neuen, einer besseren und schöneren Welt.

Neben dem friedlichen Aufbau der Region aber hatten die Kurden, eingedenk der Erfahrungen aus den letzten Jahrzehnten und getreu dem Sprichwort ihres Volkes: »Vertraue der Pranke, Löwe, die Heiligen werden dir nicht helfen«, den Aufbau ihrer Wehrverbände teils heimlich, teils in aller Öffentlichkeit weiter vorangetrieben. Einen Beweis dafür erhielt ich bereits an jenem erwähnten Morgen.

Ein Landrover der Pesh Merga hatte uns, ein paar Leibwächter und einen Dolmetscher am Gästehaus des kurdischen Hauptquartiers in Chouman abgeholt. Schon eine halbstündige Fahrt auf der Straße von Chouman nach Erbil, die ein besonders wichtiges Stück des alten Verbindungsweges zwischen Teheran und Mosul, zwischen dem iranischen Hochland und der arabischen Tiefebene darstellt, brachte den militärischen Aspekt wieder ins Bewußtsein. Diese Straße, die durch tiefe Schluchten, vorbei an gigantischen Paßkehren, über schmale Brücken, über den reißenden Balak-Fluß und immer durch schwieriges Gebirgsgelände führt, war schon während des irakischen Bürgerkrieges der sechziger Jahre die Lebensader der kurdischen Front und dementsprechend heftig umkämpft.

Der neuseeländische Ingenieur Hamilton hatte die nach ihm benannte Straße in die Landschaft des »wilden Kurdistan« eingegraben, und sie selbst hatte ihre Spuren in der Geschichte der Kurden hinterlassen, ja sogar kurdische Geschichte gemacht. Ausgehend vom Arbela Alexanders des Großen, dem heutigen Erbil, führt die Straße am Geburtsort des berühmten Kurdensultans Saladin vorbei bis zur irakisch-iranischen Grenze. Selbst den einfachsten kurdischen Bauern, die oft Analphabeten sind, ist der Name Hamilton wohlbekannt, denn die Straße war und ist Versorgungsweg, Lebensader, Via dolorosa der irakischen Kurden in einem, die Nabelschnur, an der ihr Freiheitswille hängt.

Auch auf unserer Fahrt gedachte der uns beigegebene Dolmetscher des erst im gleichen Jahr verstorbenen und zeitlebens den Kurden und ihrer Sache verbundenen Ingenieurs mit Anerkennung, fast Verklärung. 1898 in Neuseeland als Sohn schottischer Eltern geboren, war der gelernte Tiefbauingenieur von der britischen

Mandatsmacht des Irak 1928 ins Land geholt und beauftragt worden, eine Straße in einem Gebiet zu bauen, in dem bis dahin Maulesel oder Bergpferde den Verkehr besorgten. Mit Hilfe ausschließlich einheimischer Arbeitskräfte baute Hamilton die neue Straße durch schwierigstes Gelände. Er sprengte Felshindernisse und führte die Trasse über steilste Berghänge hinweg. In Kurdistan entwickelte er ein System der Standardisierung von Stahlbrücken, das ihn später, während des Zweiten Weltkrieges und in den Jahrzehnten danach, berühmt machte. Zunächst in leichte Einzelteile zerlegt und auch unter schwierigsten Bedingungen schnell zusammenzusetzen, wurden mehr als 1000 »Hamilton-Brücken« in allen Teilen des Empires von ihm errichtet, angefangen von Fußgängerüberwegen über britische Autobahnen bis hin zur berühmten Mangla-Brücke über den Indus in Pakistan. Erprobt und entwickelt worden war jenes Verfahren, als er um 1930 seine Straße durch Kurdistan auch über die tiefeingeschnittenen Schluchten des reißenden Ruwanduz-Flusses führte.

Über die militärischen Motive, die Straße gerade durch dieses schwierige Terrain zu ziehen, schrieb er später selbst: »Und so wurde ich nach Kurdistan geschickt, wo der Wunsch nach Befriedung der Kurdenstämme und nach Durchsetzung der Macht der Zentralregierung dringend den Bau einer Straße verlangte.«

Die Arbeit dort machte den Ingenieur bald zum begeisterten Kurdenfreund und damit auch zum Kritiker der offiziellen, zunächst britischen, dann irakischen Kurdenpolitik. »Der Ölverkauf an den Westen«, so schrieb er noch 1968 an den *Daily Telegraph,* »der den Arabern von heute unbeschreibliche Reichtümer beschert, macht die Zerstörung und das damit einhergehende Elend in Kurdistan zweifellos zu einem der ebenso verachtenswerten wie unnötigsten Ereignisse in unserem Jahrhundert. Und sei es auch nur, um einmal etwas anderes zu versuchen: Der Irak sollte Mulla Mustafa sein autonomes Kurdistan in die Tat umsetzen lassen, der kurdischen Bevölkerung den ihr gebührenden Anteil an den Erdölerlösen zugestehen und den Krieg ganz einstellen – sei es auch nur, um einmal zu sehen, wie es funktioniert. Warum nur versucht man es nicht?«

Umgekehrt war auch die Verehrung für den Kurdenfreund Hamilton tief: »Sein schottischer Charakter und sein Training in den Bergen Neuseelands versetzten ihn in die Lage, mit den Kurden in deren Bergen zu wetteifern, wann immer sie ihn zur Jagd oder zur Teilnahme an ihren Höhlenerkundungen einluden. Er war stolz darauf«, so schrieb der kurdische Journalist Tarik Akrawi, »mit einem Kurden am Berg mitzuhalten, und mit dem Gewehr konnte er mit derselben Geschicklichkeit und Treffsicherheit umgehen wie die besten kurdischen Schützen.«

Auf Hamiltons Straße also fuhren wir an jenem Oktobermorgen bei schönem Wetter dahin. Wir überholten Lastwagen, deren Ladefläche von saftigen grünen Melonen überquoll. Die Fracht war für den Markt in der Terrassenstadt Galala bestimmt, und auch zahlreiche Bauernfuhrwerke waren dorthin unterwegs, vollbepackt mit Äpfeln und Birnen, mit Granatäpfeln und Trauben. Andere Lastwagen, den Nummernschildern nach aus Persien kommend, hatten in Jutesäcken Tee und Zucker geladen oder große Holzkisten und Verschläge, deren Aufschriften im Vorbeifahren nicht zu entziffern waren.

Zwischen allem trotteten ergeben die Maulesel der Bergbauern. Sie brachten zusammengerollte Knüpfteppiche oder graue und braune Ziegenhaardecken in die Stadt, die man dort gegen Lebensmittel und Geräte tauschte. Die berühmten kurdischen Reiter, von denen die Reisenden früherer Zeiten fasziniert berichtet hatten und die auch durch die Seiten von Karl Mays »Durchs wilde Kurdistan« und sogar noch durch den 1975 erschienenen Bestseller-Roman George Halbans, »Malik der Wolf«, galoppieren, waren nur noch höchst selten anzutreffen.

Zwischendurch ließen wir Ahmad, den Fahrer, anhalten – um an der mit Handpumpen betriebenen Tankstelle über den Benzinpreis von umgerechnet sechs Cent je Liter zu staunen; um den in Reih und Glied aufgestellten Kindern einer Dorfschule beim Abzählen zuzuschauen; um in einem Teehaus, einem »Tschai Kaneh«, Zigaretten zu kaufen. Es waren alle möglichen Marken zu finden, vor allem amerikanische und britische. Nach langer Diskussion trieb man für uns auch noch irakische Zigaretten auf, Marke »Dschumhurya«, die einzigen, in denen der berühmte kurdische Tabak verarbeitet war. Die Zigaretten selbst zu bezahlen, brachten wir allerdings nicht fertig. Nein, so wurde immer wieder beteuert, als »Almani« seien wir willkommene Gäste in Kurdistan, und Gäste brauchten doch wohl auch in Deutschland nichts zu bezahlen, oder?

Alles in allem vermittelten die Eindrücke während dieser Fahrt ein Bild emsigen Handelns und einfachen, aber unbeschwerten Lebens in den Bergen, gar nicht einmal so unähnlich den Eindrücken, wie man sie auch in den wenig entwickelten Gebieten des mittelmeerischen Europa erhalten kann. Und schließlich: Es waren alles Bilder des Friedens, den Kurdistan lange nicht gekannt hatte. Daß fast sämtliche Männer, denen wir begegneten, ein Gewehr umgehängt oder die Pistole umgeschnallt und den breiten Dolch im Gürtel stecken hatten, daß wir auch einem Zwölfjährigen begegneten, der stolz eine Kalaschnikow trug, das war in einem Lande normal, in dem die Waffe zu den unverzichtbaren Attributen der Männlichkeit gehörte und wo man es sich erlauben konnte, eventuell anders lautende Verfügungen irgendwelcher Zentralgewalten zu ignorieren.

Und doch sollten wir bald bemerken, daß dieser Friede nur auf Zeit angelegt, daß er nur eine unsichere Periode, eine Atempause in einer Kette sich in ihrer Gewalt jeweils steigernder Waffengänge war, die die kurdischen Einwohner des Irak mit der Bagdader Zentralregierung entzweiten. Denn das eigentliche Ziel unserer fast bukolischen Fahrt war ein Lager von Barsanis Guerillaarmee.

Der Einschnitt in die sich hoch auftürmenden Felsen beiderseits der Hamilton-Straße war so schmal und kam so plötzlich, daß man ihn erst bemerkte, wenn man schon fast daran vorbeigefahren war. Der Fahrer steuerte den Landrover in einen Hohlweg hinein, an links und rechts postierten und hervorragend getarnten Wachen vorbei. Weiter oben, in Verstecken im kahlen Berg, waren bei näherem Zusehen noch mehr Wachtposten auszumachen. Der Landrover blieb schon nach den ersten 200 Metern stecken. Unser Fahrer mußte den kleinsten Geländegang einlegen, um eine steile Strecke aus Geröll und riesigen Kieseln zu überwinden. Und dann öffnete sich dem Blick völlig unvermittelt ein weiter Kessel, umringt von Zwei- und Dreitausendern.

Das Lager der Pesh Merga, eine Rekrutenschmiede, wie es zu dieser Zeit viele in Kurdistan gab, lag vor uns. Man sah 500 bis 600 Soldaten bei militärischen Übungen. Eine Hundertschaft war bei der Formalausbildung. Die Unteroffiziere brüllten genauso herum wie in jeder anderen Armee der Welt: »Links! Rechts! Das Ganze halt!« Wir verstanden die Worte nicht, aber wir erkannten, was sie bedeuteten. Die einheitliche Ausrüstung dieser Einheit mit olivfarbenen Tuchuniformen der irakischen Armee sprang sofort ins Auge. Andere Hundertschaften waren so gekleidet, wie kurdische Partisanen wohl immer aussahen – mit Jacke und Pluderhosen aus ockerfarbenem Drillich, mit Gürtelschärpe und Turban. Eine andere Einheit erlernte eben »die schwierigste Gangart im Gelände«, das Robben. Kleine Gruppen in Zugstärke erhielten Unterricht am schweren, der Luftabwehr dienenden Maschinengewehr auf Dreibein, am leichten und schweren Mörser, an der Panzerfaust. Etwas abseits bekam eine Gruppe Unterführer Taktikunterricht. Ein Offizier stand vor einer auf eine Staffelei gestellte Tafel und malte darauf mit Schulkreide entsprechende Zeichen und Symbole.

Die Waffen machten fast durchweg den Eindruck, als hätten sie bereits viele Schlachten hinter sich; der Lack war abgesplittert, unter der Brünierung glänzte das blanke Metall; Gewehrriemen wurden behelfsmäßig durch selbst zugeschnittenes Leder oder dicke Schnüre ersetzt. Die Fabrikationszeichen auf den Kalaschnikow-Sturmgewehren oder der Duschka-Flak, auch auf den automatischen Pistolen, die die Soldaten für den Besucher bereitwillig aus den Taschen holten, waren zumeist russisch oder chinesisch.

Der Bataillonskommandeur, 30 Jahre alt, mit scharfer Adlernase und blanken grauen Augen, begrüßte den Fotografen Volker Hinz und mich wie alte Freunde und ging mit uns von Gruppe zu Gruppe. Das Bataillon, so berichtete er, setzte sich großenteils aus ehemaligen Soldaten der irakischen Armee zusammen, die ihres kurdischen Volkstums wegen und in Erwartung großer kommender Ereignisse in Scharen zu den Pesh Merga übergelaufen waren. »Es sind viel mehr, als wir aufnehmen können! Hätten wir genügend Geld und Waffen, wir könnten mit Leichtigkeit eine Armee von 100 000 Mann auf die Beine stellen.«

Die Truppe machte auf uns Besucher einen motivierten Eindruck. Wir schritten die Front entlang und baten einen x-beliebigen Soldaten zu einem kurzen Interview heraus. 24 Jahre war er alt, verheiratet, zwei Kinder. Er strahlte, als er davon erzählen konnte. Seine Familie wohnte in der Nähe von Erbil. Er hatte nur selten Gelegenheit, sie zu besuchen. Warum er denn bei den Pesh Merga diene, so fragte ich ihn. Er legte seine Hände noch besser an die Hosennaht: »Weil ich ein Sohn des kurdischen Volkes bin und weil die irakische Regierung unserem Volk sein Recht nicht geben will. Wir werden alle kämpfen.«

Ein anderer, den wir aus der Reihe vortreten ließen, war ein hochaufgeschossener – Araber! Der Kommandeur freute sich königlich, daß wir ausgerechnet an diesen Rekruten geraten waren. In Bagdad geboren und aufgewachsen, so sagte uns der Soldat, hatte er seine Heimatstadt erst vor wenigen Wochen verlassen und sich zu den Kurden durchgeschlagen: »Ich gehöre einer der christlichen Kirchen an, die es im Irak gibt. Und da es uns erschwert wird, unseren Glauben zu praktizieren, bin ich dorthin gegangen, wo alle Macht des Baath-Regimes nichts mehr ausrichten kann: zu den Kurden. Hier kann ich leben, wie ich will. Die Kurden behandeln mich gut und gestatten mir, meine Religion auszuüben. Wenn es zum Krieg kommt, werde ich kämpfen. Vielleicht nicht für die Kurden, aber mit ihnen gegen al-Bakr und seine Diktatur.«

»Was wird«, so fragte ich noch, ehe ich General Barsani um eine Antwort bat, den Truppenoffizier, »wenn es Krieg gibt?« Er überlegte lange. Er wandte den Kopf und ließ seinen Blick über die angetretene Einheit schweifen. »Sie werden kämpfen, wir alle werden kämpfen.« Ich war verlegen, aber ich fragte ihn: »Wie lange?« Er blickte durch mich hindurch und sagte leise: »Es werden immer neue dasein, die weiterkämpfen können.« Unser Dolmetscher flüsterte auf englisch, was die beiden Worte Pesh Merga bedeuteten: »zum Tode bereit«.

Die Atmosphäre in diesem Ausbildungslager machte uns mit einem Schlag klar, daß man in Kurdistan die Hoffnung auf einen dauerhaften Frieden, die nach dem Waffenstillstand des Jahres 1970 aufgekeimt war, schon wieder begraben hatte. In dem Interview, das ich in jenen Tagen mit Barsani führte, bemerkte der Kurdenführer auf die Frage nach der Verwirklichung des März-Manifestes: »Ich glaube nicht, daß es auf friedlichem Wege zu echter Autonomie kommt, aus dem einfachen Grund, weil die irakische Regierung nicht im Traum daran denkt, uns diese volle Autonomie zu gewähren. Und wenn die Regierung überhaupt mit uns darüber spricht, dann meint sie, uns auf das Gebiet beschränken zu können, das wir schon jetzt ohnehin mit unseren Waffen sichern. Das ist aber nur ein Teil Kurdistans. Uns gehören auch die rein kurdischen Gebiete um Kanaquim und Kirkuk sowie ein großer Teil der Gegend von Mosul. Wir werden diese Gebiete niemals aufgeben. Das sind wir der dort lebenden kurdischen Bevölkerung ebenso schuldig wie unserer Geschichte.«

Rekapituliert man die Ereignisse der Jahre seit 1970, dann wird Barsanis Skepsis allerdings verständlich. Das März-Abkommen war von der völligen Anerkennung der nationalen und kulturellen Eigenständigkeit der Kurden ausgegangen. Ihre lokale Selbstverwaltung, die Zulassung eigener Zeitungen und Verlage, die Einführung des Kurdischen als zweiter offizieller Amtssprache in den Kurdengebieten, die Anerkennung der DPK Barsanis als Verhandlungspartner, ein proportionaler Anteil kurdischer Abgeordneter in einem noch zu bildenden Parlament sowie das Recht, einige Minister und den Vizepräsidenten der irakischen Republik zu stellen, waren ebenso vorgesehen wie eine stärkere wirtschaftliche und infrastrukturelle Entwicklung der bislang drastisch vernachlässigten Kurdenregion. Auf der anderen Seite mußten die Kurden die volle Erhaltung der staatlichen Integrität des Irak garantieren. Alle schweren Waffen, die noch aus der Zeit des Bürgerkrieges in kurdischer Hand verblieben waren, sollten der Zentralregierung ausgeliefert werden. Auch die Erschließung und Ausbeutung der Bodenschätze blieb ihr vorbehalten. Die strittigen Grenzen zwischen Arabern und Kurden sollten in einer Volksabstimmung in den betreffenden Gebieten festgelegt und damit die explosive Situation, die in den letzten Jahrzehnten immer wieder aufs neue zu Erschütterungen des ganzen Irak geführt hatte, endgültig entschärft werden.

Alles zusammengenommen war dies von Anfang an ein schwieriger Ausgleich. Der im Irak geborene Soziologe Aziz Alkazaz schrieb dazu ebenso abgeklärt wie zutreffend: »Die volle Verwirklichung des Manifestes setzte vor allem gegenseitiges Vertrauen und gegenseitige Verständigung voraus, was sich angesichts der langen vorhergehenden kriegerischen Auseinandersetzungen und der unterschiedlichen Ausgangspositionen als zu schwierig erwies.«

Dieses Vertrauen fehlte letztlich auf beiden Seiten. Zwar hielten sich die vom Bürgerkrieg erschöpften Kurden zurück und widmeten sich dem Aufbau ihres zerstörten Landes. Zwar nahmen die Machthaber der Baath-Partei fünf Mitglieder des Zentralkomitees der DPK, also Parteigänger Barsanis, als Minister ins Kabinett auf, und Bagdad installierte auch ein »Friedenskomitee«, das die Einhaltung und Durchführung des Abkommens überwachen sollte. Aber von der eigentlichen Macht hielt man die Kurden von Anfang an sorgfältig fern. Ihre Repräsentanten, darunter der hochintelligente und diplomatisch geschliffene Spezialist für Außenpolitik Sami Rahman (später wurde er Generalsekretär der DPK), wurden als Minister mit den Ressorts für Ackerbau, Wohnungsbau, Öffentliche Körperschaften und als Staatsminister ohne Geschäftsbereich abgespeist. Alle entscheidenden Schlüsselstellungen wie Innen-, Außen- oder Kriegsministerium blieben Baath-Politikern vorbehalten. In das eigentliche Machtzentrum, den Revolutionären Kommandorat der Militärjunta, wurde kein einziger Kurde aufgenommen und schon gar nicht ein Anhänger Barsanis. Ein kurdischer Minister, der im August 1973 in Berlin der »Konferenz kurdischer Studenten in Europa« beiwohnte, brachte seine Ohnmacht und die seiner Amtskollegen auf den Punkt, als er erzählte, er sei zwar Minister, beziehe ein recht passables Gehalt und dürfe einen Dienstwagen benutzen, aber er habe absolut keine Befugnisse. Er sei nicht einmal in der Lage, einen Pförtner einzustellen.

Auch im Militär und bei der Polizei waren Kurden allenfalls als Alibiträger zugelassen. Von 330 Studenten der irakischen Militärakademie waren nicht 110 – wie es ihrem Anteil an der Gesamtbevölkerung entsprochen hätte –, sondern lediglich acht Kurden. Und in den drei Provinzen, in denen absprachegemäß kurdische Gouverneure eingesetzt wurden, blieb die eigentliche Macht doch ausschließlich in den Händen arabischer »Sicherheitsdirektoren«, die nicht den Gouverneuren, sondern direkt Bagdad unterstellt waren.

Auch die im März-Manifest vereinbarte lokale Selbstverwaltung fiel anders aus, als sich die Barsani-Kurden das vorgestellt hatten. Die Mitglieder der entsprechenden Gremien wurden nämlich nicht, wie vereinbart, gewählt, sondern vom Staatspräsidenten in Bagdad ernannt. Gewiß war es kein Zufall, daß dabei fast immer nicht die Repräsentanten der kurdischen Freiheitsbewegung, sondern entwurzelte Stadtkurden, Karrieristen aus der irakischen Beamtenschaft oder gar willfährige Asoziale und Straftäter zum Zuge kamen. Sprecher Barsanis fühlten sich durch diese Farce an die Einberufung der Generalstände durch Ludwig XVI. am Vorabend der Französischen Revolution erinnert. »Und dem Vorabend der Revolution«, so Sami Rahman, »pflegt eben am nächsten Tag die Revolution zu folgen.«

Auch die wirtschaftliche Zukunft der kurdischen Provinzen blieb ungewiß. Nach anfänglich ermutigenden Diskussionen kam es dann doch nicht zur Aufstellung eines verbindlichen Budgets für diesen Teil des Irak. Bagdad verkündete vielmehr, man werde die benötigten Mittel »je nach Bedarf« freimachen, was im Zweifel hieß, daß die Zentralregierung auch die Finanzierung regionaler oder lokaler Entwicklungsvorhaben ganz nach ihrem eigenen Interesse zu handhaben gedachte.

Am ehesten war Bagdad noch geneigt, die kulturpolitischen Wünsche der Kurden zu berücksichtigen. Wenn auch die Lehrbücher noch fehlten, wurde doch an vielen Volksschulen sogar außerhalb von Barsanis Machtbereich in kurdischer Sprache unterrichtet. Nach wie vor betrug aber der Anteil kurdischer Schüler in den Oberschulen und Universitäten des Landes je nach Provinz lediglich zwischen drei und zehn Prozent. Die Freiheit der kulturellen und publizistischen Betätigung blieb jedoch weithin unangetastet und führte zu einem Aufblühen des Eigenbewußtseins der irakischen Kurden. 1972 konnte mit Billigung Bagdads sogar eine erste kurdische Universität in Suleimania, von alters her der kulturelle Mittelpunkt des Landes, gegründet werden, die allerdings über den Gründungseifer noch nicht sehr weit hinausgekommen war.

Bei diesem Wechselspiel positiver und negativer Faktoren gab nach Auffassung der Kurden jedoch ein von ihnen für unverzichtbar gehaltener Komplex den Ausschlag, nämlich die Frage der Volkszählung in den strittigen Gebieten. Sie sollte, den Vereinbarungen des März-Abkommens entsprechend, im ersten Jahr der auf vier Jahre festgelegten Übergangszeit stattfinden, wurde auch danach wiederholt zugesichert, aber in diesen Jahren der Entscheidung über Frieden oder Krieg nie durchgeführt. Zwar war in dreien der zu bildenden Provinzen, nämlich in Dohuk, Erbil und Suleimania, der Charakter der Bevölkerung so eindeutig kurdisch, daß hier auch aus Barsanis Sicht keine Notwendigkeit zur Volkszählung bestand. Anders lagen die Dinge in Kanaquim, in Kirkuk und in Sindjar. Dort hatte Bagdad schon während des zehnjährigen Bürgerkrieges einschneidende Arabisierungsmaßnahmen durchgeführt, und dort vor allem war man dem Reichtum des Landes, dem Öl, am nächsten.

Hatte man noch im März-Manifest davon gesprochen, die während des Krieges umgesiedelten kurdischen Familien dürften wieder in ihre Dörfer zurückkehren, so entzog sich Bagdad bereits in den Jahren 1970 und 1971 durch einen Trick dieser Verpflichtung: 20 der insgesamt 22 »kurdenfrei« gemachten Dörfer bei Kirkuk wurden zu militärischen Sperrbezirken erklärt, die Rückkehr der Bewohner blieb verboten. Auch auf Aus- und Umsiedlungsmethoden, wie sie der polnische Chauvinismus nach 1918 im »Korridor« oder NS-Reichsprotektor Reinhard Heydrich ab 1941 in Böhmen ebenso wie die Zionisten in Palästina praktiziert hatten, griff man zurück: Vom Bagdader Innenministerium wurden zentrale Treuhandstellen geschaffen, die unter neutralem Deckmantel oder durch Strohmänner Liegenschaften aus kurdischem Besitz aufkauften. Von einem einzigen dieser Aufkäufer, dem Araber Ali Aldaham, berichtete man, daß er mit Treuhandmitteln insgesamt elf Dörfer von kurdischen Großgrundbesitzern erwarb, wonach er die Pachtverträge der Bauern kündigte und sie zum Verlassen ihrer Wohnorte zwang. Kurz darauf zogen arabische Familien aus dem Süden nach. Erst 2003, nach dem Sturz Saddam Husseins, konnten die irakischen Kurden damit beginnen, in ihre Dörfer rund um Kirkuk und in die Stadt selbst zurückzukehren.

Eine andere Waffe des Baath-Regimes war die Verwaltung. Sie ging nach 1970 dazu über, in den umstrittenen Gebieten neue Verwaltungsbezirke zu schaffen und die Grenzen nach den Notwendigkeiten der Arabisierungspolitik festzulegen. In der *Neuen Zürcher Zeitung* beschrieb deren Nahostkorrespondent Hottinger als erster diese lautlose und darum besonders gefährliche Spielart der Bagdader Kurdenpolitik: »Durch geeignete Grenzziehungen in umstrittenen Gebieten, so daß diese möglichst viele Araber mitumfassen, kann man Regionen als mehrheitlich arabisch ausgeben, in denen kompakte kurdische Gruppen leben.«

Im Sommer 1971 griff, wie schon früher einmal, auch die Verwaltung der Ölgesellschaften auf Bagdader Druck in das antikurdische Geschehen ein. Vierhundert kurdische Erdölarbeiter mitsamt ihren Familien, zusammen um die 2000 Personen, wurden durch einen Erlaß des Ministeriums für Erdölfragen in den äußersten Süden, mitten in arabisches Gebiet, versetzt. Andere Arbeiter wurden entlassen und verließen aus Mangel an sonstigen Beschäftigungsmöglichkeiten ihre Heimat, während die Ölgesellschaften gleichzeitig Hunderte arabischer Arbeiter einstellten, die mit ihren ganzen Familien aus Bagdad oder dem Süden des Irak zuzogen.

Nach kurdischen Angaben waren auf solche Weise in dem Jahrzehnt von 1961 bis 1971 annähernd 20 000 Kurden ausgesiedelt und mehr als 30 000 Araber aus anderen Teilen des Landes herbeigeholt worden. »Unsere Vorstellungen«, so formulierte dies der Sprecher einer kurdischen Auslandsorganisation gegenüber dem deutschen Schriftsteller Hans Hauser, »hat die Regierung entschieden zurückgewiesen und gleichsam zur Bekundung des guten Willens einige Funktionärskader mit den Vorbereitungen einer Volkszählung beauftragt. Diese Agenten hatten aber lediglich die Aufgabe, eine heimliche Schätzung der Bevölkerungsverhältnisse durchzuführen. Als das für Bagdad vernichtende Ergebnis vorlag, wurden die getroffenen Vorbereitungen abgebrochen und die Kader aufgelöst. Die Volkszählung hat nie stattgefunden.«

Als ich selbst mit Mulla Mustafa Barsani über diese Frage sprach, verlor der sonst bei allen anderen Gelegenheiten so beherrschte, eher diplomatisch und oft ausweichend formulierende Kurdenführer für einen Augenblick die Beherrschung und stieß hastige Sätze hervor, die der Dolmetscher nur mit Mühe in die Reihenfolge brachte: »Die Vernichtung der Indianer durch die Amerikaner, die Ausrottung der Armenier durch die Türken, die Vernichtung der Juden durch die Deutschen – von diesen Völkermorden weiß heute jedes Schulkind auf der ganzen Welt. Nur Bagdad kann sich alles erlauben, und niemand wird es zur Rechenschaft ziehen. Solange das Öl für die Industriegesellschaften sprudelt, nimmt niemand zur Kenntnis, daß das von Bagdad vergossene Blut unseres Volkes dazwischenfließt.«

»Böser Wille und schlimme Folgen«, das war die Kurzformel, mit der Barsani in jenen Jahren seine Meinung über die Politik zusammenfaßte, die das Baath-Regime des Irak seinem Volk angedeihen ließ.

Vielleicht aus Enttäuschung darüber, daß die Verzögerungstaktik, die gebrochenen Versprechen und der neuerliche Druck auf die ungeliebte Minderheit nicht – wie früher schon so oft – zu einer

Spaltung der kurdischen Freiheitsbewegung in eine unversöhnliche und eine kompromißlerische Fraktion führte, begannen irakische Dienststellen bereits ab 1970 ein Klima des ständigen Mißtrauens und der Angst zu schaffen. Immer häufiger wurden Mandatsträger der DPK vorübergehend festgenommen und dann – jedoch nicht in allen Fällen – wieder entlassen. Willkürlich schloß man Kultureinrichtungen und ließ sie irgendwann wieder eröffnen – oder auch nicht. Zugesagte Budgets für kurdische Jugend-, Studenten- oder Frauenorganisationen wurden nicht ausgezahlt – und statt dessen Kollaborateure überreichlich mit Geld ausstaffiert.

Selbst vor Attentaten auf mißliebige Politiker schreckte die irakische Geheimpolizei nicht zurück. Im Sommer 1971 kostete ein Bombenanschlag auf den Wagen einer kurdischen Verhandlungsdelegation in Bagdad den Chauffeur das Leben, die in dem Fahrzeug sitzenden Politiker wurden schwer verletzt. Den von kurdischen Leibwächtern festgehaltenen Attentäter übergab man den Gerichten. Er wurde zu einer Gefängnisstrafe von sechs Monaten verurteilt, fand sich aber bald frei und wohlbestallt als Staatsbeamter in Basra wieder.

Wie sich später noch zeigen sollte, betrachtete die irakische Seite solche Attentate offenbar als nicht ungewöhnliches Mittel im Kampf gegen die kurdische Minderheit und ihre Führer. So mußte 1977 eine Verbindungsstelle des österreichischen Innenministeriums die zuständigen deutschen Dienststellen warnen, fünf Agenten des Bagdader Geheimdienstes seien über Österreich in die Bundesrepublik eingeschleust worden, mit dem Auftrag, dort lebende Kurdenführer auszuschalten. Und in den Folgejahren hatten die Sicherheitsbehörden der Bundesrepublik tatsächlich mehrmals solche im Schutze diplomatischer Immunität durchgeführte Anschläge auf in Deutschland lebende irakische Staatsbürger kurdischen Volkstums aufzuklären. Aber auch in Österreich selbst blieb man von solchen Gewalttaten nicht verschont. Am 9. Januar 1979 meldeten die Fernschreiber der Nachrichtenagentur »Associated Press«, in einer Wiener Privatwohnung seien bei einem vermutlich gegen den Barsani-Sohn Massud gerichteten Anschlag zwei Kurden durch Schüsse schwer verletzt worden. Die beiden dem irakischen Geheimdienst zugerechneten Pistolenschützen seien unerkannt entkommen.

Über einen anderen folgenschweren Anschlag auf Barsani selbst berichtete mir später einer von dessen engsten Mitarbeitern, der bei dem Attentat schwer verletzt worden war und ein steifes Bein zurückbehalten hatte. Eine Gruppe schiitischer Mullahs hatte im Herbst 1971 um ein Gespräch mit Mulla Mustafa gebeten, der seinen Einfluß für eine Intervention bei den »ihm doch befreundeten sunnitischen Politikern in Bagdad« geltend machen sollte. Am 29. September trafen in Barsanis Hauptquartier in Hadsch Omran allerdings nicht nur die vier angekündigten Geistlichen, sondern doppelt so viele Mullahs ein, jedenfalls acht Herren im geistlichen Gewand. Spätere Ermittlungen ergaben, daß die irakische Geheimpolizei darauf bestanden hatte, den vier echten Mullahs vier verkleidete Agenten beizugeben, die instruiert worden waren, zu Beginn des Gespräches mit dem Kurdenführer die unter den Burnussen verborgenen Tonbandgeräte einzuschalten, um so den Gesprächsverlauf aufzuzeichnen und mögliche regime- oder staatsfeindliche Äußerungen Barsanis festzuhalten.

Mit der den Kurden eigenen Achtung vor der Religion und dem geistlichen Stand ließen die Leibwachen die Delegation unkontrolliert passieren. Ahnungslos betrat auch Barsani den Raum, in dem die Besucher bereits warteten. Als der Teejunge den unvermeidlichen »Tschai«, ohne den in Kurdistan kein Gespräch beginnen kann, abgestellt hatte, drückte einer der Agenten auf den Knopf seines Tonbandgerätes, um auftragsgemäß die nun beginnende Verhandlung aufzuzeichnen. Darüber überrascht zu sein, daß ihn seine Auftraggeber nur benutzt hatten, um eine Bombe sicher ins Ziel zu bringen, dazu kam der Agent nicht mehr. Eine gewaltige Explosion zerfetzte ihn und den gerade die Teegläser herumreichenden Diener. Auch die anderen echten und falschen Mullahs wurden von der Gewalt der in den Tonbandgeräten untergebrachten und elektronisch gleichzeitig gezündeten Sprengladungen getötet. Barsani aber wurde in eine Nische geschleudert und blieb bis auf einige Splitter in der rechten Schulter unverletzt.

Als sie den Knall der Explosion hörten, die auch Türen und Fenster nach außen drückte, zündeten die Fahrer der vor dem Gebäude parkenden Toyotas, wie ihnen gesagt worden war, die ihnen mitgegebenen Handgranaten, um sich den Fluchtweg freizubomben. Barsanis Leibwächter schossen mit ihren Kalaschnikows hinter den

Flüchtenden her. Nur einer von ihnen überlebte für ein paar Stunden. Er gab noch die entscheidenden Hinweise auf die Hintergründe und Auftraggeber des Attentats.

Wie blanker Hohn wurde von den Kurden empfunden, daß Bagdads Vizepräsident und eigentlicher starker Mann, Saddam Hussein, am 2. Oktober durch einen persönlichen Boten die »aufrichtigsten Glückwünsche« der Revolutionsregierung überbringen ließ und seiner »Freude über die wunderbare Rettung« Barsanis Ausdruck verlieh.

Die heimtückische Bombe von Hadsch Omran betrachteten viele Kurden – ebenso wie der trotz aller Friedens- und Freundschaftsbeteuerungen Bagdads immer mißtrauisch gebliebene Mulla Mustafa selbst – nur als äußeres Anzeichen dafür, daß sich das mit dem März-Manifest freigesetzte gesamtirakische Friedenspotential bereits wieder erschöpft hatte und daß man auf neuerliche gewalttätige Auseinandersetzungen zusteuerte. Wie schon bei zahlreichen vorhergegangenen Konflikten zeigte sich erneut, daß die arabische Eitelkeit ebenso wie die brüchigen Machtverhältnisse in Bagdad grundsätzliche Zugeständnisse an die größte nichtarabische Minderheit des Landes nicht zuließ. Selbstregierung der Kurden war auch für die Baath, die Partei des arabischen Sozialismus, nur innerhalb der irakischen Einheit denkbar. Die der Regierung nahestehende Bagdader Tageszeitung *Al Dschumhuriyah* brachte dies auch bereits Mitte 1971 in einem Kommentar zum Ausdruck, in dem es hieß: »Die Kurden, die von diesem Nationalitätsbegriff [der irakischen Einheit] nicht erfaßt werden, sind nichts anderes als Fremde.«

Dementsprechend wandte auch die kurdische Führung ihre auf die Zukunft gerichteten Gedanken wieder von Bagdad ab und richtete den Blick erneut hilfesuchend über die Grenzen. Erinnerungen an die Zeit der Republik von Mahabad, die mit russischer Hilfe 1946 auf persischem Territorium entstanden war, flammten wieder auf, und in der Tat hatte die Sowjetunion trotz aller Bagdad zugewandten Interessenpolitik die irakischen Kurden zwar nicht immer unterstützt, aber war doch ständig mit ihnen in Fühlung geblieben und hatte ihnen eine mehr oder weniger wohlwollende Neutralität gewidmet.

Seit Beginn der irakischen Revolution aber hatte sich das Verhältnis Moskaus zu Bagdad entscheidend gewandelt. Nach Kassems

Staatsstreich von 1958 erschien es allen rasch aufeinander folgenden irakischen Regierungen unerläßlich, gute Beziehungen mit dem Kreml zu pflegen, da sie die sowjetische Rückendeckung zur Durchsetzung ihrer Ziele – wie Austritt aus dem Bagdad-Pakt, Nationalisierung der Ölgesellschaften, Blockfreiheit – für unerläßlich hielten. Mit dem Rückzug der Briten aus der Golfregion, der 1967 begonnen hatte und 1971 abgeschlossen war, stieg umgekehrt die Bedeutung des Irak für Moskau erheblich, da die Sowjetunion nur über Bagdad Einfluß auf die Entwicklung am Golf nehmen konnte. Der Irak wurde in seiner politisch-militärischen Bedeutung für Moskau immer mehr das Gegenstück zu dem durch und durch mit den USA verknüpften Iran Reza Pahlevis.

Aus diesem Grund war die Sowjetunion schon seit Mitte der sechziger Jahre bereit, den Machthabern in Bagdad MiG-21-Abfangjäger zu liefern, womit der Irak als erstes Land am Golf über Überschallflugzeuge verfügte. Im Verhältnis zu seiner Bevölkerungszahl und dem Bruttosozialprodukt, so der Nahostexperte Sharam Chubin in einer 1980 erschienenen Studie, »nahm daher die Bewaffnung des Irak ein noch größeres Ausmaß an als die des benachbarten Iran«. Ihren auch nach außen deutlich die Wende signalisierenden Schlußpunkt erhielt die veränderte Situation mit dem im April 1972 abgeschlossenen irakisch-sowjetischen Freundschaftsvertrag, der eine weitgehende Zusammenarbeit der beiden Staaten vorsah.

Diese Entwicklung wurde sowohl in Teheran als auch in Washington mißtrauisch verfolgt, und es dauerte nach dem Abschluß des sowjetisch-irakischen Paktes kaum vier Wochen, bis die Suche der Kurden nach möglichen Verbündeten und das amerikanisch-iranische Interesse nach einer Eindämmung des Moskauer Einflusses einander begegneten.

Der damalige US-Präsident Richard Nixon war es selbst, der bei seinem 24-Stunden-Besuch am 30. Mai 1972 in Teheran mit der Kurdenfrage in Berührung kam. Im vertraulichen Gespräch teilte der Schah seinem hohen Gast und dem mit ihm gereisten Sicherheitsberater Dr. Henry Kissinger seine Befürchtungen über die zunehmende Radikalisierung des irakischen Nachbarn mit. Die Baath-Regierung in Bagdad, die ihre radikalsozialistische und arabisch-nationalistische, ganz auf die Integrität und Arabisierung des

Mehrvölkerstaates Irak gerichtete Politik durch ein immer enger werdendes Bündnis mit der Sowjetunion zu konsolidieren trachtete, war den Großmachtintentionen des Schah-in-schah, des »Königs der Könige« und des »Lichts aller Arier« (so sein vollständiger Titel) im Wege.

Erst 1968 nach einem Staatsstreich an die Macht gekommen, hatten sich die Baathisten 1972 tatsächlich nicht nur zu einer Bedrohung für das Regime Reza Pahlevis entwickelt, etwa durch direkte Unterstützung schahfeindlicher persischer Emigranten, sondern von Bagdad aus konnte auch an der Stabilität monarchisch-reaktionärer Scheichtümer wie Kuweit und Katar gerüttelt werden. Beim Stichwort Erdöl wurde auch der US-Präsident hellhörig, während Henry Kissinger ganz auf die Zurückdrängung des sowjetischen Einflusses sann. Was konnte man tun, so wollten die beiden vom Schah wissen, um die unbequeme Volksrepublik an Euphrat und Tigris unter Druck setzen, sie von innen heraus zu destabilisieren und eines Tages – hoffentlich – in das Interessenfeld der USA, des Iran und des gesamten Westens einzufügen? Die Antwort lag nahe: Dreimal in den vergangenen zwölf Jahren seit 1960, während Amerikas Aufmerksamkeit ganz von Vietnam gefesselt war, hatte eine Partisanenarmee der Kurden unter Barsanis Führung die reguläre Armee des Irak an den Rand einer Niederlage gebracht und jedesmal einen Waffenstillstand erzwungen. In Teheran wußte man auch, wie brüchig der letzte, mit dem März-Abkommen von 1970 markierte Waffenstillstand zwischen Bagdad und den Kurden war und welch geringer Verheißungen es bedurfte, Mulla Mustafa Barsanis Kämpfer erneut aus ihren Bergen gegen die Armeen Bagdads zu führen. Die Gewährung iranischer Hilfe und das Versprechen amerikanischer Unterstützung, so rechneten sich Nixon und Kissinger aus, mußte genügen, um mit der dadurch eröffneten Aussicht auf Sieg die antikommunistischen Barsani-Truppen in einer Art Stellvertreterktieg gegen die Baath-Regierung und ihre sowjetischen Berater in Marsch zu setzen.

Aber Reza Pahlevi zögerte. Eben erst, 1971, hatte Indien dem pakistanischen Verbündeten Teherans eine schlimme Niederlage zugefügt. Der Schah war damals um jeden Brückenschlag zur arabischen und darüber hinaus zur gesamten islamischen Welt bemüht. Er mußte jedenfalls den Anschein vermeiden, sich erneut in die inneren Angelegenheiten eines islamischen Nachbarlandes politisch oder militärisch einzumischen.

Größte Geheimhaltung war also nötig. Wie stünde Persien da, würden die kurdischen Pesh Merga plötzlich mit denselben amerikanischen Waffen gegen Araber kämpfen, mit denen die USA eben erst die Armee Reza Pahlevis ausgerüstet hatten? Wäre es deswegen Washington nicht möglich, so fragte der Schah, die Kurden mit russischen und chinesischen Waffen zu beliefern, die die US-Armee in Vietnam und in Kambodscha erbeutet hatte? Und sollten diese Mengen nicht ausreichen, könnten dann nicht vielleicht die Israelis von den USA bewogen werden, aus ihrer Kriegsbeute aus dem Sechs-Tage-Krieg von 1967 sowjetische »Hardware« und Munition für die Kurden freizugeben? Nach wie vor mußte doch Israel, wie schon während der Kurdenaufstände in den sechziger Jahren, an der Schwächung des Irak, der sich unter allen arabischen Staaten am heftigsten antizionistisch gebärdete, interessiert sein.

Nixon, ohnedies – wie ein amerikanischer Kritiker bemerkte – von »verdeckten Operationen« fasziniert, verabschiedete sich mit dem Versprechen, er werde schnell prüfen, was sich machen lasse. Indes, mehrere Berater für auswärtige Angelegenheiten und für Sicherheitsfragen, mit denen der Präsident nach seiner Rückkehr die geplante Operation besprach, rieten dringend von dem Abenteuer ab. Vor allem Außenminister William Rogers und CIA-Direktor Richard Helms winkten ab. Hatten die Vereinigten Staaten nicht in Südostasien genügend Schwierigkeiten? Gab es neben dem verlustreichen Krieg in Vietnam nicht genügend verdeckte Operationen in Kambodscha und in Laos?

Auch innenpolitische Komplikationen kamen dazu: Am 17. Juni 1972 hatte man das »Unternehmen Watergate« durchgeführt. Aber statt sich wegen all dieser Schwierigkeiten und des Rats der Fachleute von dem geplanten iranisch-irakischen Abenteuer abhalten zu lassen, steuerte Nixon mit ungewohntem Tempo weiter dem einmal anvisierten Ziel entgegen. Da Rogers und Helms beide in dem streng geheimen »Forty Committee« saßen, einer Abteilung des Nationalen Sicherheitsrates, bei der alle verdeckten Operationen ressortierten, umging der Präsident dieses Komitee und übertrug statt dessen seinem höchsten Sicherheitsberater Kissinger die persönliche Verantwortung für die Ausführung des Plans. Bereits im Juli

1972 konnte John Conally – früher Staatssekretär im Schatzamt und dann Sonderbeauftragter, »Trouble-shooter« und Alter ego des Präsidenten – nach Teheran fliegen, um dem Schah und Barsanis Beauftragten zu melden, die gewünschten Waffen für die Kurden seien bereitgestellt und teilweise auch schon eingeschifft.

Für die kurdische Haltung bei allen weiteren Verhandlungen mit Bagdad hatte diese iranisch-amerikanische Abmachung eine unmittelbare, wie sich hinterher zeigen sollte, allerdings fatale Wirkung. Barsanis DPK fühlte sich nun nämlich gegenüber dem von der Sowjetunion hochgerüsteten Bagdad so stark, daß sie bereits am 13. August 1972, drei Wochen nach Conallys Besuch in Teheran, mit der Rückkehr zum Bürgerkrieg drohte, wenn die arabische Seite die Forderungen der Kurden nicht verstärkt und beschleunigt erfülle.

In der Zwischenzeit waren auch die persisch-kurdischen Kontakte intensiviert worden. Schon im Frühjahr hatte Mulla Mustafa Verbindungsoffiziere seiner Pesh Merga in die iranische Stadt Rezaiyeh (heute Urmia) geschickt, und auch in Teheran selbst wurden kurdische Emissäre neuerdings wie Freunde behandelt. Barsani jedoch, durch mehr als drei Jahrzehnte politischen Kampfes und durch die Wetterwendigkeit politischer Interessen im Nahen Osten gewitzigt, blieb dennoch auf der Hut.

Einerseits sah das März-Abkommen, das er 1970 mit der Baath-Regierung Bagdads ausgehandelt hatte, ein solches Maß an Autonomie für die Kurden des Irak vor, wie es früheren Generationen und auch allen Kurden in den Nachbarländern noch niemals zugestanden worden war. Im März 1974, nach einer vierjährigen Übergangsperiode, sollte diese Autonomie in Kraft treten. Aber zwischenzeitlich hatte es ja eine Reihe gebrochener Versprechen von seiten Bagdads gegeben. Und auch die verschiedenen Attentatsversuche, die zwar alle mißlungen waren, die Barsani aber den »heimtückischen Baathisten« zuschrieb, waren nicht vergessen. Das Mißtrauen gegenüber den arabischen Absichten überwog die Hoffnung auf die Einlösung der März-Versprechen bei weitem.

Aber auch den Verlockungen, die vom Pfauenthron aus in die kurdischen Berge gesandt wurden, wollte Mulla Mustafa nicht ungeprüft erliegen. Von Anfang an sah er klar, daß der Schah die kurdische Sache nur halbherzig unterstützen konnte. Ebenso wie Barsani mußte auch Reza Pahlevi die Möglichkeit erkennen, daß eine erfolgreiche Erhebung der drei bis vier Millionen Kurden des Irak auf die damals rund fünf Millionen iranischen und die vermutlich acht bis zehn Millionen türkischen Kurden wie ein Magnet auf Eisenspäne wirken konnte. Ein Sieg der Kurden im Irak wäre eine Lunte am ethnischen Pulverfaß des Nahen Ostens.

Konnte es nicht sein, so fragten sich Barsani und mehr noch seine mißtrauischen Kampfgefährten aus der Zeit, in der die Truppen des persischen Herrschers die Republik von Mahabad zerschlugen, konnte es nicht sein, daß der Schah die irakischen Kurden nur als Kanonenfutter für seine eigenen Interessen verheizte, um sie dann kurz vor Erreichen ihres Zieles im Stich zu lassen? »Das war die entscheidende Frage«, so sagte mir Barsani in der Rückschau, »und das Schlimme war, daß ich die Antwort darauf nicht wußte.« Um so sicher wie möglich zu sein, bestand er bei allen Verhandlungen mit Teheran darauf, daß der persisch-kurdische Handel noch auf möglichst hoher Ebene von dem einzigen Staat dieser Erde abgesegnet wurde, dem er unverständlicherweise vertraute: den USA.

In einem langen Telegramm, das der legale Resident der CIA im Iran, der »Chief of Station«, von Teheran nach Washington schickte, wurden diese Motive im nachhinein ausdrücklich klargestellt: »Bei zahlreichen Gelegenheiten«, so hieß es dort, »brachte der Führer der ethnischen Gruppe [= Barsani] sein Mißtrauen in die Absichten unseres Verbündeten [= Iran] zum Ausdruck. Er hatte jedoch Vertrauen in die USA, wie dies aus seinen häufigen Erklärungen deutlich wurde, daß er keiner anderen Großmacht traue, und er betonte, falls seine Sache Erfolg habe, wäre Kurdistan sogar bereit, wenn es sein müsse, der 51. Bundesstaat der USA zu werden.«

Barsani muß damals auch ganz klar bewußt gewesen sein, daß Präsident Nixon die zuständigen US-Organe umgangen und Henry Kissinger die Leitung der gesamten Operation anvertraut hatte. Denn bei mehreren Anlässen drückte der Kurdenführer seine Bewunderung für den Mann aus, der sich ein Metternich des 20. Jahrhunderts dünkte, und er beschenkte ihn auch persönlich: einmal, als er Kissinger drei wertvolle Brücken, Arbeiten aus Kurdistan, schickte, und ein anderes Mal, als er ihm zur Hochzeit eine Gold- und Perlenhalskette für die Ehefrau zukommen ließ.

Zu allem Überfluß hielt ein später eingesetzter Untersuchungsausschuß des Repräsentantenhauses aus ihm vorliegenden Dokumenten die Tatsache fest, die Zusage amerikanischer Unterstützung für die Kurden habe »symbolischen Charakter« gehabt, und die USA seien in der Tat »als Garant dafür aufgetreten, daß die ethnische Gruppe [= die Kurden] von dem fremden Staatsoberhaupt [= Schah Reza Pahlevi] nicht fallengelassen wurde.«

Bis heute ist allerdings unveröffentlicht geblieben, in welcher Weise und vor allem mit welchem Grad an Verbindlichkeit von US-Beauftragten die den Kurden generell gegebenen Zusagen aufgeschlüsselt wurden. Zeit seines Lebens blieb Barsani felsenfest dabei, die amerikanischen Garantien und Hilfsversprechen seien »sehr weitgehend« gewesen. Als ich ihn im Oktober und November 1973, kaum ein halbes Jahr vor Ausbruch des bislang größten irakischen Kurdenkrieges, zum erstenmal in seinem Felsenhauptquartier in Hadsch Omran besuchte und aufgrund mehrerer Empfehlungen relativ offen mit ihm sprechen konnte, machte er während unserer stundenlangen Gespräche einen siegesgewissen Eindruck. Er habe Garantien von Freunden, meinte der General, die so aufrichtig und mächtig seien, daß sie diesmal der kurdischen Sache zum Durchbruch verhelfen müßten. »Wir zählen auf die USA.«

Henry Kissinger bestritt vor dem schon erwähnten Untersuchungsausschuß 1976 solche Versprechungen, »wenn auch nicht überzeugend«, wie das Protokoll vermerkte. Auch in seinen Memoiren bleibt die Antwort auf diese entscheidende Frage ungenau.

Die Waffen jedenfalls, die Nixon von den südostasiatischen Kriegsschauplätzen herbeischaffen ließ, trafen in umfangreichen Transporten ab Frühjahr 1973 in den Rückzugsgebieten der Kurden im nordöstlichen Bergland des Irak ein. Lastwagen und Saumtierkolonnen brachten Zehntausende sowjetische Sturmgewehre des Typs Kalaschnikow, viele davon in Lizenz in China hergestellt, sowie schwere Duschka-Maschinengewehre und Vierlingskanonen über die Paßstraßen, die Persien mit dem irakischen Kurdengebiet verbinden. Rund 60 000 Pesh Merga standen ab Sommer 1973, hervorragend ausgebildet und relativ gut mit Handfeuerwaffen und leichten Infanteriewaffen ausgerüstet, für den neuen Kampf bereit, der nicht nur der kurdischen, sondern diesmal auch der iranischen Sache und den Interessen der Weltmacht USA dienen sollte.

Nur eine Frage war nun noch offen: die Frage des Angriffstermins. Die »subjektiven Bedingungen« des Waffenganges waren vorbereitet. Wann würden die »objektiven Bedingungen« die Auseinandersetzung führbar machen?

Als am Morgen des 6. Oktober 1973 der Nachrichtensprecher von Radio Bagdad, untermalt von Siegesfanfaren und nach längerer Vorbereitung mit Marschmusik, meldete, Truppen des ägyptischen Verbündeten der Baathisten hätten auf breiter Front den Suezkanal überschritten und die Rückeroberung des von Israel besetzten Sinai begonnen, da wußte General Barsani, der fast sein ganzes Erwachsenendasein mit der Führung oder Planung von Kriegen verbracht hatte: Dies war die Sternstunde, die goldene Chance, auf die das kurdische Volk seit dem ersten Erwachen seines Nationalgefühls gewartet hatte.

Die Kurdenarmee war bewaffnet wie nie zuvor, man besaß mächtige Freunde, die versprochen hatten, noch weitere und schwerere Waffen zu liefern. Der Feind aber, die bestens ausgerüsteten Verbände der irakischen Armee, vor allem ihre mechanisierte 3. und 4. Division, war nun am israelisch-arabischen Kriegsschauplatz, an der syrischen Grenze, gebunden. Israel dagegen, das seit 1965 ständig Verbindungsoffiziere bei den Kurden unterhielt, hatte naturgemäß großes Interesse daran, die irakischen Eliteeinheiten von der eigenen Front fernzuhalten und sie mit einem neuen Kurdenaufstand zu beschäftigen. Schon vor Ausbruch des Jom-Kippur-Krieges hatten die Israelis ja ebenfalls Waffen und Militärberater nach Kurdistan geliefert und neuerdings auf Ersuchen der USA auch einen Teil der sowjetischen und chinesischen Waffen in Haifa übernommen und von dort aus in das Kurdengebiet geschleust.

Tag für Tag wartete Barsani nun auf das erlösende Wort des amerikanischen »Chief of Station« in Teheran, auf das Zeichen dafür, der kurdische Angriff, auf den man so lange hingearbeitet hatte, sei nun willkommen.

Aber das Schlachtenglück auf dem Sinai wandelte sich schnell und brachte den israelischen Sturmtruppen die Oberhand. Erbarmungslos hatte das überlegene Können, die intelligentere Führung und die teils bessere Ausrüstung der Israelis die 3. Ägyptische Armee jenseits des Suezkanals in der deckungslosen Wüste festgenagelt. Den unglücklichen ägyptischen Divisionen stand die völlige Vernichtung bevor. Und abermals spielte Henry Kissinger, der

Schicksalslenker des kommenden irakisch-kurdischen Krieges, mit seinen Schachfiguren …

Moskau hatte mehrere sowjetische Luftlandedivisionen in Alarmbereitschaft versetzt und ließ Washington wissen, die Sowjetunion werde selbst militärisch im Nahen Osten intervenieren, sollte man den Israelis erlauben, die 3. Ägyptische Armee vollends zu vernichten. In dieser Situation den kurdischen Bauern vorzuschieben, räsonierte Kissinger, würde Israel aber nur zur Fortsetzung des Krieges gegen den ägyptischen Aggressor ermuntern, eine Entwicklung, die er doch gerade zu verhindern suchte.

Auch der Schah hielt nichts davon, die Kurden die vorübergehende Schwäche des arabischen Lagers ausnutzen und sie so vielleicht einen entscheidenden, dauernden Sieg über Bagdad erringen zu lassen. Zu leicht hätte aus dem kurdischen Bauern eine Dame mit all ihren unberechenbaren Möglichkeiten auf dem nahöstlichen Schachbrett werden können. Die Nachricht, die aus Teheran endlich Hadsch Omran erreichte und auf die die kampfbereiten Kurden so sehnlich warteten, lautete deswegen: Es darf jetzt nicht angegriffen werden.

Barsani schüttelte ungläubig den Kopf. Vielleicht nie wieder würde sich seinem Volk eine solche Chance im Kampf um Freiheit und Selbstbestimmung bieten, und nun wollten ihn die angeblichen Freunde um diese Chance bringen? Dennoch fügten sich die Kurden. Denn schließlich war das einzige Fenster zur Welt, durch das sie atmen konnten, führte die wichtigste Nachschublinie für Waffen und Munition durch den Iran. Wenn die Perser diesen Versorgungsstrang durchschnitten und wenn Washington die Waffenlieferungen einstellte, dann war eine Offensive gegen die hochgerüsteten irakischen Divisionen von vornherein sinnlos. Ein Kritiker aus den USA kleidete die Situation in die Sätze: »Der erfahrene Guerillaführer erkannte auf Anhieb die vielleicht unwiederbringliche Gelegenheit, die ihm der Jom-Kippur-Krieg bot. Aber er war bei den Amerikanern im Wort. Er knurrte, aber er hielt still, und der geschichtliche Augenblick verstrich ungenutzt.«

Für einen neuen Versuch, sich doch noch mit Bagdad im Sinne der Erfüllung des März-Abkommens zu verständigen, war es praktisch zu spät. In einem Federkrieg zwischen den beiden Parteiorganen der DPK und der Baath, den in Bagdad erscheinenden Zeitungen

Al Taachi (kurdisch) und *Al Thaura* (Baath), hatten die beiden Parteien bereits Ende 1972 unversöhnliche Töne angeschlagen und sich gegenseitig mit Vorwürfen überhäuft. Pesh Merga sollten angeblich mehrfach irakische Einheiten beschossen haben. Zur gleichen Zeit konnte die DPK in einem Memorandum auf zahlreiche Gewalttaten der Iraker verweisen: Zehntausende nomadisierender Kurden seien mit der Behauptung, sie wären keine irakischen Staatsbürger, über die Grenzen in den Iran und die Türkei getrieben worden; in Barsan und Sindjar habe Bagdads Luftwaffe »mitten im Frieden« Bombenangriffe gegen kurdische Dörfer geflogen; im umstrittenen Gebiet von Kanaquim seien zahlreiche Dörfer von Bulldozern eingeebnet worden; an Parteibüros und Anhänger der DPK habe man Sprengstoffpakete versandt; auch das Attentat gegen Barsani wurde noch einmal ins Feld geführt.

Andererseits wirkten die in Bagdad nicht unbekannt gebliebenen Versorgungstransporte für die Kurden aus dem mit dem Irak verfeindeten Persien auf Saddam Hussein so aufreizend wie ein rotes Tuch auf einen Stier. Als Barsani dann auch noch am 21. Juni 1973 in einem Interview mit dem amerikanischen Korrespondenten Jim Hoagland in der *Washington Post* die Katze ganz aus dem Sack ließ, fühlte sich Bagdad aufs äußerste provoziert. Sätze wie der folgende ließen an Entschlossenheit und Klarheit nichts zu wünschen übrig. »Wir sind ein Faktor im Nahen Osten«, so der General, ein Faktor, der sich »aktiv dem russischen Einfluß« widersetze und die mit Moskau verbündete irakische Armee beschäftige. »Wir sind bereit«, fuhr Barsani fort, »das zu tun, was mit der amerikanischen Politik in dieser Region übereinstimmt, wenn Amerika uns vor den Wölfen schützt. Wenn die Unterstützung stark genug wäre, könnten wir die Ölfelder von Kirkuk kontrollieren und sie einer amerikanischen Ölgesellschaft zur Ausbeutung übertragen. Sie liegen auf unserem Gebiet, und ihre Verstaatlichung [zugunsten des Irak] war ein gegen die Kurden gerichteter Akt.«

So sehr diese Äußerungen auf Bagdad, das sich eben aufs engste mit Moskau verbündet hatte, wie eine Kriegserklärung wirken mußten, scheint es aber gerade die sowjetische Politik gewesen zu sein, die einen neuen Ausbruch der irakisch-kurdischen Kämpfe in letzter Minute verhindern wollte. Bereits Ende 1972 hatten Emissäre des Kreml zwischen Bagdad und Barsani zu vermitteln versucht, und nun bemühten sie sich abermals darum, die zugespitzte Krise nicht in einen neuen Waffengang ausarten zu lassen.

Der Grund für diese Vermittlerrolle war klar ersichtlich. In Saddam Hussein hatten die Russen ihren zu dieser Zeit engsten Partner in der arabischen Welt gefunden. Moskau lag daran, den inneren Frieden im Irak aufrechtzuerhalten, weil jeder neue Kampf mit den Kurden die Baath-Regierung in Bagdad anfälliger für Erschütterungen und Umstürze machen mußte. Zu gut erinnerten sich die mit der Kurdenfrage traditionell besonders gut vertrauten sowjetischen Politiker daran, daß alle Machtwechsel, Staatsstreiche und Putschversuche im Irak seit 1960 immer mit einer Schwächung der jeweils herrschenden Militärs zusammenhingen, die eintrat, wenn wieder einmal ein neuer Kurdenkrieg geführt wurde. Wollte man Saddam Hussein im Amt halten, so war die einfache Folgerung, dann mußte man ihn von kurdischen Abenteuern fernhalten, oder man war gezwungen – und dieser der sowjetischen Politik weitaus unbequemere Weg mußte später beschritten werden –, ihn materiell und vielleicht auch militärisch massiv gegen die Kurden zu unterstützen. Die angesehene *Neue Zürcher Zeitung* wußte sogar zu berichten, die Sowjets hätten Barsani in diesem Herbst 1973 noch zu einem Besuch nach Moskau eingeladen, um ihn zum Einlenken zu bewegen.

So war im Spätherbst 1973 einerseits vieles von dem, was im nächsten Jahr die Lage bestimmen würde, bereits vorentschieden, aber noch waren die Würfel nicht endgültig gefallen. Wegen des herannahenden Winters mußte, das war allen klar, die Entscheidung ohnehin vertagt werden – auf das Frühjahr 1974. Als ich damals nach einer langen Reise durch Kurdistan in der Tageszeitung *Die Welt* schrieb: »Im März beginnt der Krieg«, konnte ich freilich nicht sicher sein, ob nicht doch noch eine glückliche Wendung der Geschichte diese Vorhersage dementieren würde.

Je näher aber das Frühjahr heranrückte, desto stärker kamen die westlichen Interessen wieder ins Spiel, entsannen sich Politiker der USA und Persien, die noch im Vorjahr Barsani von dem damals für ihn chancenreichen Kampf abgehalten hatten, der kurdischen Option. Immer schärfer hatten sich nämlich die niemals gut gewesenen und nun sich rapide verschlechternden Beziehungen zwischen Bagdad und Teheran zugespitzt. Vor der Nase der persischen Geheimpolizei SAVAK schmuggelten vom irakischen Geheimdienst versorgte und angeleitete Agenten in immer größerem Ausmaß Waffen zu den unruhigen Belutschenstämmen im Süden Persiens, die auf mehr Autonomie im iranischen Einheitsstaat oder gar auf Loslösung von ihm drängten. Auch die rebellischen Dhofar wurden via Südjemen in ihrem Kampf gegen die vom Sultan von Oman zu Hilfe gerufenen persischen Verbände durch Bagdad unterstützt. Und auch die iranischen Kommunisten sowie die letzten Überreste der Nationalen Front des einstigen Ministerpräsidenten Mossadegh operierten aus dem irakischen Exil gegen den Schah. Eine kommunistische Stadtguerilla, von der Baath-Regierung Bagdads ideologisch und materiell unterstützt, organisierte eine Serie von Anschlägen gegen persische Polizeiposten und militärische Einrichtungen der US-Armee.

Kurz: Hassan al-Bakr und Saddam Hussein, die Machthaber in Bagdad, taten alles ihnen Mögliche, um die auf die Schaffung eines konservativen persisch-arabischen Großraumes, einer »großpersischen Wohlstandssphäre«, gerichtete Politik Reza Pahlevis zu durchkreuzen. Diesem schien es jetzt an der Zeit, den kurdischen Bauern tatsächlich zu ziehen. Und Barsani, der noch immer der vergebenen Chance des Vorjahres nachtrauerte, ergriff die einzige Option, die ihm verblieben war: Er setzte ganz auf die iranisch-amerikanische Karte. Im März 1974 begann der bislang größte Kurdenkrieg im Irak.

Die Initiative zu diesem Konflikt ging allerdings trotz aller kurdischen Vorbereitungen nicht von Barsani, sondern von seinen Gegenspielern in Bagdad aus. Obwohl der kurdisch-arabische Autonomievertrag zwischen den Parteien nicht endgültig ausgehandelt war, obwohl man in allen wesentlichen Punkten von einer tragfähigen Einigung weiter entfernt war als im Jahre 1970, wurde das Autonomiegesetz am 11. März 1974 durch den Beschluß Nr. 248 des Revolutionären Kommandorats einseitig verkündet. Gleichzeitig forderte man Barsanis Unabhängigkeitsbewegung auf, die schweren Waffen ihrer Pesh Merga sowie die Rundfunksender abzuliefern.

Im irakischen Rundfunk und in der vom Kommandorat gesteuerten Presse meldete sich Hassan al-Bakr, der »Kämpfer-Präsident«, wie er nun genannt wurde, persönlich zu Wort und versuchte mit nicht nur im Orient üblichen starken Worten den einseitigen Charakter des Beschlusses, ja im Grunde das Scheitern der Verhandlungen mit den Kurden, zu bemänteln. »Großes Volk! Massen unserer glorreichen Revolution!«, so begann al-Bakrs Text, und dann hieß es weiter: »In erneuter Bekräftigung der staatsbürgerlichen Verbindung und der historischen Brüderschaft der Söhne des Irak, der Araber, Kurden und anderer brüderlicher Minderheiten ... hat der Revolutionäre Kommandorat entschieden, in Kurdistan Autonomie einzuführen.« Die verfügte Autonomie, fuhr der Präsident fort, werde nicht nur die Voraussetzung für die volle Entfaltung der nationalen Rechte des kurdischen Volkes »innerhalb der Grenzen eines einigen Heimatlandes« darstellen, sondern sie bedeute einen »grundsätzlichen Wandel« in der Behandlung der Kurdenfrage gegenüber den früheren »ungerechten, diktatorischen und reaktionären Regimen und deren chauvinistischer und tyrannischer Politik«. »Die Autonomie«, so schloß al-Bakr, »wird allen Söhnen des kurdischen Volkes einen weiten Horizont eröffnen, damit sie gläubig, sicher und konstruktiv auf dem Pfad demokratischer Veränderungen in Richtung Sozialismus marschieren können.«

Die Kurden sahen das alles jedoch ganz anders. Während der vier Jahre, die seit dem März-Manifest verstrichen waren, hatte es keine grundsätzliche Änderung in der Behandlung der kurdischen Minderheit gegeben. Al-Bakrs »historische Brüderschaft« stellte in ihren Augen deshalb eine hohle Phrase dar. Hatte Artikel 2 des März-Manifestes ausdrücklich festgelegt, Kurden und Nichtkurden seien »ohne Diskriminierung« und »in gerechtem Anteil« in den gesamten öffentlichen Dienst und die Beamtenschaft aufzunehmen, so eröffnete sich den Kurden im März 1974 das folgende traurige Bild: Im Revolutionären Kommandorat, dem eigentlichen Machtfaktor des Irak, der bis zu zwölf Mitglieder umfassen durfte, saß kein einziger Kurde. Im gesamten Verteidigungsbereich, angefangen vom Ministerium bis herab zur Ebene der Bataillonskommandeure, waren ganze zwei Kurden zu finden. Auf den Militärakademien betrug der Anteil kurdischer Studenten zwischen zwei und fünf Prozent, in der Luftwaffenschule null Prozent. Im Auswärtigen Dienst des Irak, dem etwa 500 Diplomaten angehörten, waren nur zehn Kurden anzutreffen, unter den 80 Botschaftern des Landes ein einziger, der Botschafter in Rom. Auch von den 23 Kabinettsposten der

Bagdader Regierung hatte man den Kurden nur fünf zugestanden: Sie stellten zwei Minister untergeordneter Portefeuilles und drei Staatsminister ohne jede Macht. Geheimdienst und Sicherheitspolizei waren völlig »kurdenfrei«. Vor allem aber waren die Hauptfragen der Autonomie, nämlich die ihr zugrundeliegende Volkstumsgrenze und verbindliche Pläne zur Wirtschaftsentwicklung in Kurdistan, völlig ungeklärt.

Schon 24 Stunden nach ihrer einseitigen Dekretierung wurde die Autonomie von Barsanis Partei deswegen als völlig unzureichend abgelehnt. Auch ein darauffolgendes Ultimatum der Bagdader Militärregierung und die Aufforderung an die DPK, der inzwischen gebildeten Nationalen Progressiven Front beizutreten, die aus der Baath- und der Partei der moskautreuen Kommunisten bestand, wurde zurückgewiesen. Was Bagdad den Kurden zuzubilligen bereit war, erschien Barsani als ein erbärmliches Almosen. Lieber nahm er einen neuen Krieg mit den arabischen Machthabern in Kauf, statt sich mit Vertröstungen abspeisen zu lassen. Mir erklärte er in einem Interview: »Zehn Jahre haben wir Krieg führen und unserem leidgeprüften Volk die allerschlimmsten Opfer abverlangen müssen, um diesen Vertrag, das März-Abkommen, zu erzwingen. Wir können Bagdad jetzt nicht aus seinen Versprechungen entlassen, mit denen es 1970 den Frieden erkauft hat.«

Auch bei ausländischen Beobachtern der Vorgänge im Irak herrschte der gleiche Eindruck vor. Im Pariser Exil schrieb Kurdenprinz Bedir Khan: »Während die irakische Regierung früher nicht einmal versucht hat, ihre Aggression zu verschleiern, ist sie jetzt ebenso geschickt wie scheinheilig vorgegangen. Indem sie die sogenannte Autonomie Irakisch-Kurdistans proklamierte, die in Wirklichkeit die ganze kurdische Zone unter die politisch-militärische Macht der Baath-Partei zurückversetzen soll, hat die Regierung versucht, sich mit der internationalen öffentlichen Meinung zu versöhnen, welche durch den Völkermord, der seit Jahrzehnten an den Kurden begangen wird, aufgebracht war.«

Ahnungsvoll formulierte auch der Nahostexperte der *Neuen Zürcher Zeitung*: »Die offizielle Politik Bagdads besteht darin, daß die Baathisten den Kurden des Irak eine zentral gesteuerte Pseudo-Autonomie gewähren wollen, die auf dem Papier vor dem März 1974 ausgearbeitet und weitgehend den Gesetzen nachgebildet wurde, die die sogenannte Unabhängigkeit der Sowjetrepubliken regeln. Die Baath-Partei soll dabei die gleiche Rolle des tatsächlichen Machthabers und Kontrolleurs erfüllen, die in der Sowjetunion der Kommunistischen Partei zukommt.«

Und die französische *Le Monde* kommentierte: »Die einseitige Erklärung der Autonomie, ohne auf die Grundinteressen der Kurden einzugehen, schafft eine gefährliche Situation im Norden des Landes.«

Die vielleicht schärfste Verurteilung der baathistischen Methoden kam aber von dem deutschen Historiker Imanuel Geiss. Für den in der Menschenrechtsbewegung für bedrohte Völker aktiven Wissenschaftler war »die Autonomievorlage nur ein Alibi zur Wiedereröffnung der militärischen Repression mit Methoden, die anderswo, vor allem in Vietnam, weltweite Proteste hervorriefen«.

Zwei Wochen hatte die Regierung Barsani Zeit gelassen, ihr Ultimatum anzunehmen. Da er sich als ebenbürtiger Verhandlungspartner empfand, konterte der Kurdenführer ebenfalls mit einem auf zwei Wochen befristeten Ultimatum. Er verlangte von Bagdad ein Autonomieabkommen, das den Vereinbarungen des März-Manifestes entsprach. Außerdem forderte er noch einmal einen gerechten Anteil am irakischen Erdöleinkommen und drohte erstmals Sabotageakte gegen die Ölanlagen bei Kirkuk an. Gleichzeitig begann eine Reihe von Kleinkriegsaktionen an den Grenzen zum Iran und zur Türkei. Zur Sicherung der Versorgung wurden die dortigen irakischen Grenzstationen von Pesh Merga besetzt, die Posten gefangengenommen. Die Radiostation »Freies Kurdistan« rief die kurdischen Kämpfer zur allgemeinen Mobilmachung auf.

Die Armee Bagdads hatte bereits Positionen auf der Linie Mosul-Erbil-Kirkuk eingenommen. Vier Heeresdivisionen wurden vom irakischen Oberkommando bereitgestellt, darunter die 8. (Luftlande-)Division, die mit französischen Alouette-Hubschraubern ausgerüstet war, ein äußerst beweglicher Eliteverband. Verstärkt wurden die Verbände noch durch zwei Brigaden der 3. und 10. Panzerdivision, was nach Feststellungen westlicher Militärbeobachter die Zahl der gegen Kurdistan bereitgestellten Panzer auf 350 erhöhte. Dazu kamen Luftwaffenverbände, die über etwa 200 Maschinen, fast ausschließlich sowjetischer Bauart, verfügten. Die Flugzeuge vom Typ MiG 17 und MiG 19 galten zwar als veraltet, was aber beim

Einsatz gegen kurdische Partisanen, die über keinerlei Luftstreitkräfte verfügten, nicht zu Buche schlug. Aber auch die moderne MiG 21 hatten die Moskauer Waffenschmiede geliefert sowie vor allem den Standard-Jagdbomber der sowjetischen Luftwaffe, den Suchoj 7, und den schweren Bomber Tupolev 16.

Schon bald gerieten Pesh Merga und irakisches Militär aneinander. Es blieb aber zunächst bei Scharmützeln, nicht zuletzt deswegen, weil schwere Regenfälle, die bis in den April hinein andauerten, größere Operationen behinderten. Zudem bemühte sich die Führung beider Seiten, den großen Knall, den man zweifelsohne erwartete und für den man sich gerüstet hatte, noch ein wenig hinauszuschieben. Aus Bagdad wurde gemeldet, die Regierung betrachte die bisherigen Ereignisse noch nicht als einen Bruch des Waffenstillstandes. Eine weitere kurdische Delegation unter Leitung des Journalisten und Barsani- Vertrauten Dara Taufiq wurde in Bagdad empfangen, und man versuchte einmal mehr zu verhandeln. Doch ohne Erfolg. Zu viele Worte waren schon gesagt, zu viele Argumente ausgetauscht worden.

Die Bagdader Politik war offensichtlich: Während man den Barsani-Flügel mit Verhandlungen hinhielt, sollte mit Hilfe willfähriger und der arabischen Position gefälliger »Jubelkurden« ein Keil in das kurdische Lager vorgetrieben und die Freiheitsbewegung in einen »realpolitischen« und einen »radikalen« Flügel gespalten werden, den die irakische Propaganda noch dazu ständig als »reaktionär«, »imperialistisch« und »separatistisch« geißelte.

Dieser letzte Versuch, doch noch um den großen Krieg herumzukommen, soll auf Rat und Drängen des russischen Verbündeten der Baathisten zustande gekommen sein. Der sowjetische Verteidigungsminister Gretschko selbst stattete Hassan al-Bakr und Saddam Hussein unmittelbar vor Ausbruch der Kämpfe noch einen Besuch in Bagdad ab. Vom 23. bis zum 26. März verhandelte er mit den Mächtigen des Regimes. Dabei wurde nicht nur über die Ausgestaltung des irakisch-sowjetischen Freundschaftsvertrages gesprochen, sondern auch über das bevorstehende kurdische Abenteuer. Die Russen rieten, man solle eine politische Aktion durchführen, keine militärische, wobei sie der Kurdischen Kommunistischen Partei eine wichtige Rolle zuschreiben wollten. Ihr Plan war, Barsani des »Feudalismus« anzuklagen, ihn von den kurdischen Kleinbauern zu isolieren und zu versuchen, seinen Einfluß mit politischen Mitteln zu brechen.

Die Ratgeber aus Moskau drangen bei der Baath-Regierung aber nicht nur aus politischen Gründen auf ein unkriegerisches Vorgehen. Sie lehnten auch aus militärischen und psychologischen Erwägungen eine in ihrem Ausgang noch dazu ungewisse Aktion gewalttätiger Art ab. Der Gedanke, daß die von ihnen gelieferten Panzer vom Typ T 54 und T 55 und ihre Bombenflugzeuge dazu verwendet werden sollten, die kurdische Bevölkerung im Nordirak zu dezimieren, war ihnen aus Prestigegründen wenig angenehm. Der Kreml konnte nicht sicher sein, daß die Weltöffentlichkeit, die sich seit Jahren über das amerikanische Vorgehen in Vietnam erregte, gegenüber Massenbombardements aus sowjetischen Flugzeugen gleichgültig blieb. Schließlich war genügend über die rücksichtslose Mentalität bekannt, mit der Bagdad in den früheren Kurdenkriegen die Luftwaffe gegen die Zivilbevölkerung eingesetzt hatte.

Und schließlich galt es auch Rücksichten auf die Kurden selbst zu nehmen. Niemand konnte in Moskau vorhersagen, wann man sich des kurdischen Volkes noch einmal (wie schon nach dem Zweiten Weltkrieg in Persien) bedienen wollte, um die Landbrücke »in allgemeiner Richtung auf den Persischen Golf« wieder eine Spur sowjetischer zu machen. Saddam Hussein und al-Bakr schlugen aber die russischen Ratschläge in den Wind, vor allem wohl deswegen, weil Bagdad eine Volksbewegung kurdischer Linkskreise, wäre sie wirklich zustande gekommen, ebensowenig zu kontrollieren vermocht hätte wie die Volksbewegung Mulla Mustafa Barsanis.

Von Anfang an war so auch der Keim der Spannung zwischen Bagdad und Moskau angelegt, welche die ganzen kommenden Ereignisse überschatten sollte. Einerseits war Bagdad auf Gedeih und Verderb im Kriegsfall auf die Waffenlieferungen der Sowjetunion angewiesen. Andererseits lag es im russischen Interesse, den Baathisten dazu zu verhelfen, ihren Krieg gegen die Kurden, den Moskau nicht gewollt hatte, möglichst schnell hinter sich zu bringen. Ob aus Verärgerung über die unflexiblen Baath-Politiker, wie gemutmaßt worden ist, oder aus anderen Gründen, Gretschko reiste jedenfalls einen Tag früher als vorgesehen aus Bagdad ab. Tags darauf gab Präsident al-Bakr eine über Rundfunk und Fernsehen ausgestrahlte Pressekonferenz, in der er erklärte, die Verhandlungen mit den Kurden seien zu keinem Resultat gelangt. Die Regierung, so kündigte er an, schreite nun zur einseitigen Anwendung ihres Autonomiegesetzes.

Endgültig brach nun auch die kurdische Delegation unter Taufiqs Führung die Verhandlungen ab, verließ Bagdad und zog in die Berge. Mit ihr gingen die bisher im Bagdader Kabinett tätigen kurdischen Minister samt ihren Familien. Auch die Gouverneure der Provinzen Erbil und Suleimania, in die bereits irakische Truppen eingerückt waren, begaben sich in das nordöstliche Bergland. Anfang April wurden sie von kollaborationswilligen Kurden ersetzt, ebenso wie die fünf Minister.

Einer dieser Kollaborateure war Abdullah Mustafa Barsani, ein Sohn des Kurdenführers, der sich auch schon früher vor den Karren Bagdads hatte spannen lassen. Er lag mit seinem Vater seit Jahren im Streit und wurde von den Irakern für Erklärungen im Ausland eingesetzt, in denen er jeweils mitteilte, Mulla Mustafa sei ein »Reaktionär«, »Feudalist« oder »Faschist«, er selbst jedoch billige den »fortschrittlichen« Kurs der Baathisten, der allein den Kurden zum Wohl gereichen werde. Kurz darauf wurde sogar der Posten des Vizepräsidenten der Republik mit einem Kurden besetzt, mit dem 51jährigen Taha Moheiddin Maarouf, der durch Anpassung Karriere gemacht und die letzten Jahre als Botschafter des Irak in Rom verbracht hatte.

»Bagdad unterhält eine kleine Clique abtrünniger Kurden«, so schrieb zu diesen Vorgängen nahezu angewidert die *Neue Zürcher Zeitung*. Denn zu offensichtlich war die wirkliche Einstellung des kurdischen Volkes. Kaum war in den ersten Apriltagen die letzte Friedenshoffnung begraben, fand buchstäblich eine »Volksabstimmung mit den Füßen« statt: Der Exodus, die meist spontane Flucht der Kurden aus den Städten und Dörfern der Ebene in das von Barsani kontrollierte Gebiet Kurdistans begann.

Derartiges hatte sich in einem solchen Umfang bisher noch niemals abgespielt. Allein im April gingen etwa 130 000 Kurden in die Berge, im Mai folgten weitere 70 000. Ich selbst hielt mich in diesen Monaten in Kurdistan auf und traf im Barsani-Gebiet Männer mit ihren Familien aus allen Teilen des Irak. Sie kamen aus den überwiegend kurdischen, von der irakischen Armee kontrollierten Städten Kirkuk, Erbil und Suleimania. Und sie kamen auch aus den größtenteils arabischen Städten Mosul und Basra, ja selbst aus Bagdad. Viele von ihnen waren bis zu vier Wochen unterwegs, die letzten Tage auf ihrem Weg in die Berge liefen sie zu Fuß oder ritten auf Eseln oder Mulis.

In den Büros der DPK in Hadsch Omran oder Chouman konnte man blutjunge Männer sehen, die vor lauter Eifer, es den alterfahrenen Pesh Merga früherer Kämpfe gleichzutun, ihre neuen Kalaschnikows noch steif und ungelenk, aber martialisch vor sich hielten. Man sah aber auch die wohlgenährten Gesichter 50jähriger Akademiker, die ihre schönen Häuser in den Städten oder die gutgehende Kanzlei in Bagdad mit dem harten Leben in den Lehmhütten und Höhlen des Berglandes vertauscht hatten, nur um »dabeizusein«.

Auf eine andere Besonderheit machte mich Dr. Mahmud Osman, Leibarzt Barsanis und damals Generalsekretär der DPK, aufmerksam. Wir unterhielten uns in seinem in die Erde gegrabenen, mit Felsgestein verstärkten und mit erdfarbenen Zeltbahnen abgedeckten Unterstand, der ihm auch als Büro diente. Osman erinnerte sich: »Als wir 1966 in einem der letzten Kriege ein großes Gebiet mit bald einer Million Menschen befreit hatten, da war ich der einzige Arzt, der weit und breit zu finden war. Auch 1969 waren wir nur eine Handvoll, und die medizinische Versorgung war ein ernstes Problem. Heute haben wir hier 60 Ärzte einschließlich Spezialisten aller Fachrichtungen. Sie haben ihre reichen städtischen Patienten verlassen und praktizieren jetzt hier in Zelten oder in unseren Höhlenlazaretten.« Der politisierende Mediziner wirkte übrigens seit 1986 aus dem syrischen Exil an der kurdischen Sache mit und lebt jetzt wieder in der Autonomen Region Kurdistan in Erbil.

Viele dieser Ärzte lernte ich damals selbst kennen. Einer, ein rotblonder, feingliedriger Mittvierziger, machte in bestem Deutsch mit charmantem Wiener Kaffeehaus-Akzent Konversation. Beim Erzählen kam er ins Schwärmen. Er hatte in Wien als Radiologe gearbeitet und war eine Koryphäe in seinem Fach. »Ich habe mir gedacht, jetzt wo es wieder Krieg geben wird mit all den in Bergkämpfen üblichen Verletzungen durch Querschläger und Splitter, kommen die auf den Verbandsplätzen ohne Radiologen nie im Leben zurecht. Deshalb ging ich in die Berge.« Sein Problem war nur, daß er während des ganzen kommenden Krieges über kein einziges Röntgengerät verfügen sollte.

Neben den Ärzten kamen etwa 100 Anwälte, 300 Ingenieure, 600 Oberschullehrer, 5000 Volksschullehrer, Tausende von Angestellten, 4000 Polizisten und kurdische Soldaten aus der Armee Bagdads. Auch die gesamte Studentenschaft der erst ein paar Jahre zuvor gegründeten Universität Suleimania, an der Spitze ihre 45 Professoren, zog in einem geordneten Exodus in das von Barsanis Guerillas gesicherte Gebiet. Selbst aus der kurdischen Diaspora strömten Hunderte von Intellektuellen zurück. Ich traf Ärzte, die ihre Anstellung in Krankenhäusern in Deutschland aufgegeben hatten, sowie einen angehenden Elektroingenieur, der eigentlich in Amsterdam für sein Examen hätte büffeln sollen. Und ich lernte in Dr. Shaffiq Quazzaz einen besonders alerten, geschliffenen Staatsrechtler kennen, der sein Engagement an der Harvard-Universität mit dem Posten des PR-Chefs bei Barsani vertauscht hatte.

Sie alle hatten sich nun der kurdischen Sache angeschlossen. Zum erstenmal, so schien es, waren über sämtliche Lager und sozialen Schichten hinweg alle Kurden des Irak einig. Ein irischer Journalist, Lord Kilbracken, analysierte in einer Reportage, die er über den umfassenden Aufbruch schrieb: »Die allgemeine Überzeugung war, daß die Revolution stärker war als je zuvor und daß jeder einzelne gebraucht wurde: daß sie diesmal den bevorstehenden Kampf gewinnen und ihr Heimatland befreien konnten.« Und Dr. Osman brachte das Ganze auf die Formel: »Es hat ein qualitativer Wandel stattgefunden, und wir sind selber über die Reaktion unseres Volkes überrascht. Wir haben bald mehr Kämpfer, als wir bewaffnen können. Wenn die Araber wieder angreifen – diesmal werden wir es schaffen.«

10
»Mein größter Fehler war, den USA zu vertrauen!«

Dolchstoß aus Persien, Verrat durch Amerika

Der irakische Oberleutnant Safa Shillal hatte Pech. Mit seiner MiG 19 war er am 23. August 1974 vom Fliegerhorst Mosul gestartet, um auftragsgemäß »feste und bewegliche Ziele aller Art« anzugreifen: Dörfer und Stellungen, Flüchtlingstrecks und Truppen der Kurden. Als er im Tiefflug in das schmale Tal des Balak-Flusses eintauchte, um mit Bomben und Raketen Transportfahrzeuge auf der Hamilton-Straße, dem wichtigsten Nachschubweg der Kurden, zu attackieren, traf er auf das Abwehrfeuer von Maschinengewehren. Treffer im Leitwerk seines Jagdbombers zerstörten das hydraulische System. Die MiG war aus dem Tiefflug nicht mehr hochzuziehen. Im letzten Moment katapultierte sich Safa Shillal mit dem Schleudersitz heraus.

Und dann hatte der Oberleutnant Glück. Seine Maschine war nach kurdischer Zählung der 36. Totalverlust der Luftwaffe Bagdads in diesem schwersten aller irakisch-kurdischen Kriege. Aber Safa Shillal war der erste Pilot, der den Absturz im unwegsamen Hochgebirge Kurdistans überlebte. Zunächst von Ziegenhirten aufgegriffen, die ihn mit Steinen bewaffnet in Schach hielten, wurde der Pilot den Pesh Merga übergeben und ging in Kriegsgefangenschaft. Die Reste seiner Maschine brannten nur 50 Meter neben einer Brücke aus, die die reißenden Fluten des Balak überspannte.

Der Zufall wollte es, daß ich ein paar Stunden später in einem Landrover an der Absturzstelle vorbeikam. Die Trümmer der MiG rauchten noch und wurden bereits von zwei Partisanen gegen schaulustige Bauern und Hirten bewacht. Der Sonderpassierschein, der mir in General Barsanis Hauptquartier an die Windschutzscheibe des Geländewagens geklebt worden war und der alle kurdischen Stellen zu größtem Entgegenkommen gegenüber dem deutschen Journalisten aufforderte, sowie das resolute Auftreten des mir mitgegebenen Begleiters erreichten, daß mir gleichsam als Corpus delicti ein Stück aus einer Tragfläche der Maschine herausgeschraubt wurde. Es war die Abdeckplatte über der Munitionskammer einer Bordkanone, und die kyrillische Beschriftung war noch deutlich zu lesen. »Nehmen Sie das Stück mit nach Bonn«, so spöttelte mein Begleiter, »und geben Sie es in der sowjetischen Botschaft als Fundsache wieder an den Hersteller zurück.« Ich habe es aber vorgezogen, die Platte als Andenken zu behalten.

Eine Woche darauf erhielt ich auch die Sondererlaubnis, mit dem gefangenen irakischen Piloten zu sprechen. Isoliert von den anderen Gefangenen, war er in einem abgelegenen Steinhaus untergebracht und wurde dort streng bewacht. Diesmal wollte der Wachhabende meinen Passierschein jedoch nicht anerkennen. Nein, so hieß es kategorisch, mit dem Piloten dürfe niemand sprechen. Ich bestand aber darauf, und so wurde ein Kurier mit einem Unimog ins Hauptquartier geschickt. Nach drei Stunden war er wieder da, und nun führte man mich zu dem Oberleutnant.

Als dieser hörte, ich sei ein deutscher Journalist, stand er voll Hoffnung von seiner Bettkante auf und kam auf mich zu. In Englisch fragte er: »Sie kommen aus Deutschland, vom demokratischen Deutschland?« Als ich bejahte und hinzufügte, jawohl, ich käme aus dem demokratischen Deutschland, und zwar aus Bonn, wurde er wieder reservierter. Er zuckte bedauernd die Achseln und meinte, dann dürfe er nicht mit mir sprechen, denn Bonn stünde leider »auf der anderen Seite«, auf der Seite der »imperialistischen und reaktionären Mächte«. Es dauerte geraume Zeit, bis er wieder auftaute, aber er blieb verständlicherweise sichtlich bemüht, Politisches zu vermeiden.

Das war dem Offizier in den ersten Tagen nach seinem Absturz nicht immer gelungen. Schon am Abend des 23. August hatte »Radio Kurdistan« in kurdischer und arabischer Langfassung, danach auch noch kurz auf englisch, über den Abschuß der MiG und die Gefangennahme des Piloten, das militärische Hauptereignis des Tages, berichtet. Der Sender meldete später natürlich nicht, daß der unglückliche Oberleutnant nach seiner Gefangennahme tagelang vom kurdischen Geheimdienst »Parasdin« verhört wurde und daß ein Arzt dieser Organisation durch Spritzen nachhalf, die Schweigsamkeit des Irakers zu brechen. Den Kurden diente der Pilot nicht nur als lebender Beweis für den Bombenkrieg der Bagdader Regierung gegen kurdische Zivilisten, gegen Frauen und Kinder in den Bergdörfern und Terrassenstädten ihrer Wohngebiete, sondern seine Aussagen waren auch politisch sensationell. Denn was die Agenten des »Parasdin« schon zu wissen glaubten, wurde durch die erhaltenen Aussagen in Einzelheiten erhärtet: Die Bombenangriffe der irakischen Luftwaffe wurden nicht nur von arabischen Piloten geflogen, sondern diese hatten sowjetische Berater, welche die Einsätze anleiteten und teilweise auch selbst mitmachten.

Das galt vor allem für einige Staffeln Tupolev 22, damals die modernsten sowjetischen Bomber, die Tag für Tag in Höhen von 11 000 bis 18 000 Metern ihre Bombenschächte über den Dörfern öffneten. Die im Rahmen des Freundschafts- und Militärhilfeabkommens zwischen Bagdad und Moskau gelieferten Flugzeuge waren so neuen Datums, daß die Ausbildung irakischer Besatzungen noch nicht abgeschlossen war. Einstweilen, so ging aus den Aussagen Shillals hervor, sprangen sowjetische Berater, von denen sich in diesem Sommer 1974 an die 3000 bei der irakischen Armee aufhalten sollten, selber ein. »Wir haben bei Angriffen der Iraker auch Gespräche in russischer Sprache abgehört«, sagte mir Massud Barsani, der Chef des »Parasdin«.

Auch unbeteiligte Beobachter haben dies später bestätigt. Im Oktober meldete beispielsweise die Zeitung *International Herald Tribune* unter Berufung auf US-Beamte mit allen Einzelheiten, der Fernlauschdienst amerikanischer Dienststellen, der unter anderem vom Berg Ararat aus den Funksprechverkehr von Flugzeugen mithörte und aufzeichnete, habe einwandfrei ermittelt, daß russische Piloten in den Tupolevs und teilweise auch in den MiGs der irakischen Luftwaffe an den Angriffen gegen die Kurden teilgenommen hätten. Das Blatt schätzte allerdings den politischen Wert dieser direkten Hilfe als wenigstens ebenso hoch wie den militärischen ein: »Regierungsbeobachter sehen drei Gründe für die sowjetischen Anstrengungen: Erstens will man mit den modernen Maschinen auf diesem Exerzierplatz Erfahrungen sammeln – ohne Risiko, von den schlecht ausgerüsteten Kurden abgeschossen zu werden; zweitens will man sich dem Irak erkenntlich zeigen; und drittens will man den sowjetischen Einfluß im Irak ganz allgemein verstärken, einem Land, das in den Siebzigern jährlich Erdöl im Wert von 89 Milliarden Dollar fördert und deswegen reich genug ist, moderne russische Waffen zu bezahlen.«

Trotz der erdrückenden Übermacht der Truppen Bagdads, trotz der quantitativ unerschöpflichen und qualitativ hochmodernen Bewaffnung durch die Sowjets und trotz der direkten Unterstützung durch russische Militärberater waren bis zu diesen Augusttagen des Jahres 1974 die militärischen Erfolge der Baath-Machthaber gegen die Kurden noch relativ gering. In den ersten Apriltagen hatten die großen militärischen Auseinandersetzungen begonnen, von Anfang an in einer Stärke, wie sie selbst aus den Jahren 1965 und 1966 nicht bekannt gewesen war. Nach bewährter Taktik war es den Kurden gleich zu Beginn gelungen, die an Persien und die Türkei grenzenden Gebiete zu sichern. Irakische Posten und Garnisonen im Bergland wurden eingeschlossen. Bei Zakho, nördlich von Mosul und nahe der türkisch-syrischen Grenze, wurde eine ganze irakische Brigade umzingelt. Von Zakho bis Halabscha, und damit vom äußersten Nordwesten bis zum äußersten Südosten des kurdischen Berglandes, was immerhin einer Luftlinien-Entfernung von mehr als 350 Kilometern entspricht, waren die Einheiten Bagdads gebunden, lag das Gesetz des Handelns in der Hand der kurdischen Partisanen.

Straßen und Nachschubwege waren ständig oder zeitweise unter Kontrolle der Pesh Merga. Von den umliegenden Bergen aus vermochten sie die Bewegungen der Regierungstruppen zu kontrollieren, gelang es ihnen, den Gegner in oder bei den Kasernen festzuhalten. Die Armee der Baathisten mußte immer bedeutendere Mittel aufwenden, um diese Garnisonen zu entsetzen. Manche waren zeitweise nur noch aus der Luft zu versorgen. Ende April bis in die ersten Maitage hinein kam es zu einer bedeutsamen militärischen Kraftprobe. Das Bagdader Oberkommando hatte sich entschlossen, die seit mehreren Wochen umzingelte, 1000 Mann starke Garnison von Zakho zu befreien und den Zugang zur irakisch-türkischen Grenze wieder zu öffnen. Während vier mit Hubschraubern hertransportierte Infanteriebataillone die Eingeschlossenen verstärkten, kämpften sich zwei Bataillone der 10. Panzerdivision, mit den sowjetischen T 55 und den modernen T 62 ausgestattet, von Süden aus bis Dohuk und Zakho durch. Nach kurzem hinhaltenden Widerstand wichen die Pesh Merga aus. Angesichts des in dieser Gegend weitgehend offenen Terrains und des Fehlens schwerer, panzerbrechender Waffen, so erklärte Barsani-Sohn Idris als Chef des kurdischen Stabes, sei diese Entscheidung »ebenso bedauerlich wie richtig« gewesen.

Im Mai hielten die Kurden aber immer noch Aqrah, 90 Kilometer nordöstlich von Mosul, umzingelt. Selbst die Verbindung zwischen den bereits seit März von starken irakischen Einheiten besetzten Großstädten Erbil, Suleimania und Kirkuk war von den Truppen Bagdads nur unter schweren Verlusten aufrechtzuhalten. Für die kaum 100 Kilometer von Kirkuk nach Suleimania brauchte ein gepanzerter irakischer Konvoi elf Kampftage.

Die Verluste in diesen ersten Kriegswochen waren auf beiden Seiten ungewöhnlich hoch. Bis Ende Mai, so räumte Bagdad nach dem Krieg ein, habe es auf irakischer Seite über 1000 Gefallene und mehr als 7000 Verwundete gegeben. Aber auch bei den Pesh Merga, durch besonders bewegliche Kampfführung traditionell Meister im Niedrighalten eigener Verluste, mußten bereits Anfang Mai 337 Gefallene und 485 Verwundete zugegeben werden.

Immer mehr spürten die Kurden, daß diesmal die Wucht des irakischen Angriffs ungleich stärker war als in allen vorangegangenen Kriegen. Auch das militärische Können der irakischen Offiziere und Soldaten hatte zugenommen. Die Anwesenheit sowjetischer Militärberater machte sich offenbar auch bei den Landstreitkräften bemerkbar. »Bis 1970«, so ein Pesh-Merga-Ingenieur, »hatten die Iraker trotz zehnjähriger Kriegserfahrung immer noch Schwierigkeiten, auch nur zwölf Geschütze aufeinander abzustimmen. Jetzt aber klappt die Koordination von Artillerie- und Luftvorbereitung, von Panzer- und Infanterieeinsatz.« Zum erstenmal fingen die Kurden die Stimmen russischer Artilleriebeobachter bei dem erwähnten irakischen Vorstoß auf der Straße von Kirkuk nach Suleimania am 12. April auf. Das Feuer der Regierungstruppen lag damals überraschend genau. Auch das Zusammenwirken von Panzern und auf Hubschrauber verladener »Luftkavallerie« bei Zakho wurde auf den Rat russischer Experten zurückgeführt.

Bei einem unserer zahlreichen Gespräche über die neue Qualität dieses Krieges erklärte mir Idris Barsani: »Wir spüren jetzt bei den Truppen Bagdads ein ganz neues taktisches Konzept. Statt wie früher unüberlegt und konfus, greifen die Iraker jetzt unsere Front an wenigen ausgewählten Stellen mit großer Materialüberlegenheit an. Das Prinzip haben, glaube ich, die Deutschen erfunden, und die Russen haben es im Zweiten Weltkrieg von ihnen übernommen: Klotzen, nicht kleckern, heißt die Devise. Und der ganze taktische Ansatz der Baathisten hat mehr Intelligenz als früher; das Zusammenwirken der Waffen funktioniert und macht uns schwer zu schaffen. Denn in der Kombination von Panzern, Artillerie, Jagdbombern und mit Hubschraubern beweglich gemachter Infanterie potenziert sich die irakische Materialüberlegenheit noch. Das ist es, was wir jetzt zu spüren bekommen: Hinter der Armee der Baathisten stehen die russischen Berater, und die verstehen ihr Geschäft.«

Dennoch kamen die irakischen Verbände nur langsam vorwärts. Das Gelände des »wilden Kurdistan« bietet eben nur wenig Gelegenheiten, bei denen eine hochmechanisierte reguläre Armee schulmäßig, wie auf dem Truppenübungsplatz, ihre verschiedenen Waffen zusammenfassen und voll zur Wirkung bringen kann. Spätestens im Juli zeigte sich, wie sehr sich Iraks Staatspräsident Hassan al-Bakr getäuscht hatte, als er nach Anfangserfolgen seiner Truppen am 13. Mai voreilig verkündete, »innerhalb weniger Tage« sei »der irakische Heimatboden von den isolierten Banden der Barsani-Clique gesäubert«. Auch später sagte al-Bakr noch mehrmals das rasche Ende der Kämpfe gegen die »Bergbanditen« voraus, einmal für September, ein weiteres Mal für den Dezember.

Im Juli wurde an elf verschiedenen Schauplätzen, an regionalen Fronten, die aus dem Meer kurdischer Partisanenaktionen wie Felsen herausragten, gekämpft: in der Ebene von Hular, bei Suleimania, bei Zanmaku in der Gegend von Kanaquim, bei Kirkuk, bei Bavatchi am Sanjak-Berg, bei Dohuk, bei Shaykhan Areh nordöstlich von Mosul, bei Harir und Balak in der berühmten Gali-Ali-Beg-Schlucht (in der schon 1966 eine ganze irakische Brigade aufgerieben worden war), bei Qaradagh in derselben Region, bei Saffin nahe Ruwanduz und bei Dakan in der Nähe des gleichnamigen Staudammes.

Wenn auch die großen Städte in der Hand der Regierungsarmee waren, so beherrschten die Kurden damals immer noch die Städte Qala Diza, Halabscha, Panjwin, Raniya, Ruwanduz und das durch Karl Mays Roman »Durchs wilde Kurdistan« berühmt gewordene uralte Amadijah. Allerdings gaben die fingerförmig aus gefächerten

Frontlinien und auch die in westlichen Presseberichten auftauchenden Planskizzen über gehaltene Stellungen und erreichte Frontverläufe nur selten die Wirklichkeiten dieses merkwürdigen Krieges wieder, für den herkömmliche militärische Maßstäbe nur wenig Geltung hatten: Eine Straße, die tagsüber fest in den Händen der Armee sein konnte, wurde nachts von den Pesh Merga kontrolliert; ein Verbindungsweg, der im Sommer für die Fahrzeuge der irakischen Truppen passierbar war, war es in der Regenzeit oder im Winter nicht mehr; selbst eine Stadt mit fest eingerichteter irakischer Ortskommandantur konnte trotzdem noch den Partisanen gehören. Doch wichtiger als die ständige oder zeitweise Beherrschung bestimmter Plätze oder Dörfer war für die Pesh Merga die Tatsache, daß sie Gebirgsstraßen und teils erst von der Bagdader Armee angelegte Verbindungswege permanent unter Feuer nehmen konnten, um so den Nachschubkolonnen und Transporten ihrer Feinde immer wieder Verluste zuzufügen. Allein in der zweiten Julihälfte konnten die Kurden, wie einem statistischen Report zu entnehmen ist, 43 Armeelastwagen erbeuten oder vernichten, was die Gesamtzahl seit Beginn des Krieges auf über 300 erhöhte.

Welche Bedeutung der ständige Abnutzungskrieg gegen die irakischen Nachschubtransporte auch für die Selbstversorgung der Partisanen hatte, geht aus dem gleichen Bericht hervor. Mit penibler Genauigkeit wurde hier von den Einheiten der Pesh Merga die Rubrik »Unsere Beute« geführt. Dabei listete man nicht nur die von den Irakern erbeuteten Waffen auf – vor allem Maschinenpistolen und -gewehre, große Mengen Munition sowie zahlreiche Granatwerfer und Panzerabwehrrohre –, sondern dazwischen, und offenbar von gleicher Wichtigkeit, auch Kontingente wie »300 Kanister Pflanzenöl«, »250 Pakete Seife«, »1000 Decken«, »100 Schanzschaufeln« usw.

Trotz ihrer hoffnungslosen materiellen und technischen Unterlegenheit gelangen den MG-Schützen und Duschka-Kanonieren der Pesh Merga in den Monaten Juli und August auch erstaunliche Erfolge in der Abwehr der irakischen Luftüberlegenheit. Einer der kurdischen Kommandeure an der Ruwanduz-Front, mit dem ich über die Kräfteverhältnisse sprach, lächelte sardonisch. »Luftüberlegenheit? Die Wirklichkeit an unseren Fronten macht solche Worte sinnlos. Hier gibt es keine Luftstreitkräfte miteinander zu verglechen. Die Sache ist ganz einfach: Die Baathisten haben welche, und wir haben keine. Es ist genauso wie bei den Panzern und bei den sowjetischen Boden-Boden-Raketen des Typs Frog, die die Regierungstruppen einsetzen. Die Verhältniszahlen lauten hier ungefähr 200 : 0, 500 : 0, 1000 : 0. Und die Null, das sind immer wir, verstehen Sie?«

»Dann wissen Ihre Soldaten aber verdammt gut, wie man aus der Null etwas machen kann«, antwortete ich. Ich hatte nicht nur mit eigenen Augen die abgeschossene MiG des Oberleutnants Safa Shillal gesehen, sondern in der Ruwanduz-Region auch noch die Trümmer mehrerer anderer Flugzeuge. Am 21. Juli hatten Pesh Merga eine Suchoj 7 bei Kerewan heruntergeholt. Genau eine Woche später landeten Teile einer weiteren Suchoj zwischen den Häusern desselben Ortes. Und am 29. Juli schossen die Partisanen zwischen Ruwanduz und Jundian eine MiG 19 ab, der Pilot namens Haschim Qeddo wurde auf dem Friedhof des Dorfes Nawperdan begraben.

Die lässige Mentalität der kurdischen Luftabwehrkanoniere hatte ich bei einem Besuch der Artillerieschule der Pesh Merga, zwischen Hadsch Omran und der persischen Grenze, bereits früher kennengelernt. »Schule« war zwar ein hochgestochenes Wort für ein Stück ebener Almmatte und ein Dutzend Zelte. Aber ganz ungeniert und unbekümmert, ohne Furcht vor eventuellen irakischen Luftangriffen, wurde hier geübt. Die umliegenden Hügel waren gespickt mit der altmodischen Zwillingsflak Duschka, einem sowjetischen Modell, jedoch in China gebaut und von den USA geliefert. Täglich flog, offenbar aber nur zu Aufklärungszwecken, eine riesige Tupolev 16 in großer, für die Duschkas unerreichbarer Höhe über die Schule hinweg, immer von zwei MiG-Jägern eskortiert wie eine Henne von ihren Küken. Und 10 000 bis 12 000 Meter unter den irakischen Bombern wurden die künftigen Kanoniere trainiert, sie eines Tages abzuschießen.

Die meisten von ihnen waren ehemalige Studenten, und ihre Ausbilder bestanden aus früheren Offizieren der irakischen Armee, die im März 1974 zu ihren kurdischen Volksgenossen desertiert waren und sich den Barsani-Truppen angeschlossen hatten. Sie waren leicht an der Distinguiertheit ihrer Uniform, an extravaganten Zutaten, weißen Seidenhalstüchern etwa, zu erkennen. Zigaretten boten sie uns Besuchern nicht aus der Schachtel, sondern aus flachen, meist silbernen Etuis an. Man merkte ihnen noch an, daß sie als Karriereoffiziere der Armee des Irak zur sozialen Elite ihres Landes gehört hatten. Klaglos taten sie nun jedoch im vergleichsweise primitiven Bergland ihren Dienst.

Einer der Flakkanoniere war ein früherer Student der Landwirtschaft, der sich auf Bewässerungssysteme spezialisiert hatte. Jetzt war er an allen vorhandenen Geschützen ausgebildet worden, auch an der 24-Pfünder-Feldhaubitze, von der die Kurden über eine größere Anzahl verfügten. Seine neue Spezialität war aber die Duschka. Sein Ausbilder, ein eleganter Ex-Oberst mit dunkler Sonnenbrille, schüttelte immer wieder den Kopf. In der irakischen Armee, so erzählte er mehrmals, brauche man – bei ungleich günstigeren Voraussetzungen – wenigstens drei Monate, um aus einem Soldaten einen vollwertigen Kanonier zu machen. Sein Zögling, und solche wie ihn gab es noch mehrere, hatte alles in drei Wochen gelernt. Schon während der Ausbildung wurden die Artillerieschüler, wann immer an einer der nächstliegenden Fronten die Not am größten war, als »Feuerwehr« zum Gegenstoß geschickt. »Learning by doing«, meinte der Oberst lächelnd.

Zu diesem Lernen in der Praxis sollte es bald noch mehr Gelegenheiten geben. Denn Ende August hatte sich der Stellvertretende Generalstabschef der irakischen Armee, General Ismail Numeini, offenbar entschlossen, seine Truppen nicht weiter im Abnutzungskrieg gegen die mit ihrem Gelände wie verwachsen erscheinenden Kurden zu verschleißen. Statt dessen sollte an zwei Stellen der Versuch gemacht werden, unter Aufbietung aller Kräfte das von den Barsani-Truppen gehaltene Gebiet in der Mitte durchzuschneiden und den Raum an der iranischen Grenze zu gewinnen. Denn von dieser und der sich nördlich anschließenden türkischen Grenze ausgehend, hielten die Pesh Merga ein damals noch annähernd 250 bis 300 Kilometer langes und 50 bis 80 Kilometer tiefes Reduit, und vom Iran aus, über die berühmte Hamilton-Straße, wurden die Partisanen mit Nachschub versorgt. Nach kurdischen Aussagen wurden für diese Kämpfe zusätzlich auch die letzten beiden noch nicht gegen die Pesh Merga eingesetzten Panzerbrigaden der Armee Bagdads herangeführt. Diesen Panzerspitzen gelangen Ende August nach heftigen Kämpfen Durchbrüche nach Qala Diza im Süden und vor allem nach Ruwanduz in der Mitte, das nach schweren

Luftangriffen schon vier Wochen vorher von der Zivilbevölkerung geräumt worden war.

Es zeigte sich, daß das irakische Oberkommando die Lektion des Jahres 1966 gelernt hatte. Von den Kurden einigermaßen unerwartet, stießen die Regierungstruppen diesmal nicht von Erbil, von Westen her, in das Ruwanduzer Becken, sondern von Norden. Die kurdische Führung hatte es für unmöglich gehalten, den über 2000 Meter hohen Gali-Ali-Beg-Paß anders als mit der Infanterie zu passieren. Ihre wenigen panzerbrechenden Waffen hatte sie deshalb nicht dort, sondern an anderen Stellen der Front postiert. In einer von dem Stellvertretenden Generalstabschef Numeini und von Sowjetberater Oberst Alexander Wassiljew persönlich geplanten Operation brachte die irakische Armee aber gerade über diesen Paß eine ganze Brigade T 62 durch. Pausenlose Luftangriffe und unausgesetztes Trommelfeuer der mit 500 Rohren eingesetzten Artillerie fesselten die kurdische Abwehrkraft an anderen Stellen. Kurz vor Ruwanduz standen irakische Panzer nun auf der Hamilton-Straße. Das operative Ziel der Offensive war aber weiter gesteckt. Numeini wollte das Ruwanduzer Talbecken ganz in irakische Hand bringen, um dann von dieser Drehscheibe des Krieges aus zwei Angriffskeile voranzutreiben: den einen ostwärts zur persischen Grenze, den anderen nordwärts, um die von den Kurden gebaute Merga-Sur-Straße zu unterbrechen. Die Gewinnung dieser Straße hätte das Ende des kurdischen Widerstandes in der Nordhälfte des Reduits bedeutet.

Denn die Baath-Regierung hatte schon seit April eine Wirtschaftsblockade über die ganze Autonome Region Kurdistan verhängt. Auch die türkisch-irakische Grenze blieb aufgrund der Interventionen Bagdads in Ankara, denen die kurdenfeindliche Türkei nur zu gerne entsprach, für jeden Handel, auch den mit Lebensmitteln, und selbst für humanitäre Hilfe geschlossen. Die irakischen Behörden hatten so eine beinahe totale Blockade erzeugt, die nur über die Merga-Sur-Straße gemildert werden konnte. Sie war der einzige Verbindungsweg, über den Lebensmittel und Hilfsgüter aus Persien – mühevoll genug – durchgebracht werden konnten. In diesem Badinan genannten, von Barsani kontrollierten Gebiet an der türkischen Grenze lebten etwa 500 000 Menschen, darunter 150 000 Flüchtlinge, die gleich zu Beginn der Feindseligkeiten aus den kurdischen Städten geflohen waren. Die Verantwortlichen der Demokratischen Partei Kurdistans schätzten, daß im Badinan 30 000 Menschen direkt vom Hungertod bedroht waren – eine Annahme, die sich im kommenden Winter und beim Zusammenbruch des kurdischen Widerstandes im Frühjahr 1975 als furchtbare Wahrheit herausstellen sollte.

Die Merga-Sur-Straße war also wie der seidene Faden, an dem das Leben dieser halben Million Kurden und auch das militärische Schicksal der etwa 10 000 Pesh Merga jenes Gebietes hing. »Das wissen die Baathisten natürlich«, so Barsani in einem Interview aus jenen Tagen, »aber wir wissen es auch.« So warf auch Mulla Mustafa jede nur verfügbare Einheit in den Kampf um das Ruwanduzer Becken. Aus Reserven hatte das kurdische Oberkommando einige »Feuerwehrbataillone« gebildet, die im schnellen Wechsel an den Brennpunkten des Kampfes eingesetzt werden konnten.

Ich verbrachte damals einige Tage mit den Pesh Merga der Ruwanduzer Front. Die Dunkelheit war schon hereingebrochen, und es war ein noch ausnehmend milder Spätsommerabend. Mit einem deutschen Fotografen und zwei Journalisten aus Holland und Frankreich, mit Dolmetschern und einigen Offizieren aus Barsanis Stab saßen wir auf Klappstühlen vor dem Gästehaus im Freien. Alle Lichter waren aus Sicherheitsgründen gelöscht worden. Auch von dem unten im Tal liegenden Ort Chouman und der durch ihn führenden Hamilton-Straße war nichts zu sehen. Die einzigen Lichtpunkte waren die glühenden Zigaretten der Pesh-Merga-Posten, die das Gästehaus bewachten, und der Duschka-Besatzung, die feuerbereit auf ihren Drehsitzen saß. Die Unterhaltung wurde leise geführt, die meisten von uns aber schwiegen und hingen ihren Gedanken nach.

Zunächst ganz leise, dann immer deutlicher vernehmbar, drangen plötzlich aus dem Tal Geräusche nach oben. Das Knattern von Motoren war auszumachen. Anderes hörte sich wie entfernter Gesang an. Neugierig sprangen wir auf und rannten im Laufschritt den vielleicht 1000 Meter langen Weg vom Gästehaus ins Tal. Und dann sahen wir eines der berühmten »Kommandobataillone« der Pesh Merga. Es bestand aus vielleicht 50 Fahrzeugen, auf denen die jungen Soldaten aufgesessen waren. Darunter befanden sich modernste Lastwagen deutschen Fabrikats, olivfarben gespritzt und offenbar von der iranischen Armee zur Verfügung gestellt. Dazwischen Landrover mit angekuppelten Anhängern, auf die man Sitzbänke montiert hatte. Andere Gespanne bestanden aus landwirtschaftlichen Traktoren, die langachsige und ebenfalls mit Bänken versehene Anhänger zogen.

Alle Fahrzeuge fuhren abgedunkelt, nur der Mond warf sein fahles Licht auf diesen Zug des Krieges. Die Soldaten, insgesamt 700 bis 800 Mann, saßen dicht an dicht kerzengerade auf den Bänken und Pritschen, die Sturmgewehre zwischen den Knien, Handgranatensäcke und Munitionsgurte umgehängt. »Rizgari«, »Befreiung«, war der Name des Bataillons, und die Soldaten sangen schwermütige Kampflieder.

Wir erfuhren, daß die jungen Pesh Merga noch in der Nacht in einem Gegenstoß irakische Kompanien angreifen sollten, die am Tag vorher nördlich von Ruwanduz eine wichtige Position an den Hängen des über 2000 Meter hohen Goraz genommen hatten. Die kurdische Führung war zu jedem Blutopfer bereit, um die Ruwanduz umgebenden Berghänge, vor allem den Handrin und den Zozek, in eigener Hand zu behalten. Denn war den Regierungstruppen erst einmal Zeit gelassen, ihre Artillerie in den hochgelegenen Stellungen einzugraben, dann konnten sie von dort aus die für die Fortsetzung des kurdischen Widerstandes unverzichtbaren Straßen unter Sperrfeuer nehmen.

Die meisten von uns blieben schweigsam, als die Kolonne der Pesh Merga, der Todesbereiten, vorbeigerattert war. Wir empfanden einen Hauch des Todes, spürten den Atem der Geschichte. Wir beiden Deutschen dachten an Langemarck und andere historische Ereignisse, die in unserem Land die militärische Erinnerung geprägt hatten.

Am nächsten Morgen besuchten wir den Kommandeur der Ruwanduz-Division der Pesh Merga, Abdullah Pishderi, in seinem Gefechtsstand. Ein Landrover brachte uns etwa 20 Kilometer, wofür wir eineinhalb Stunden benötigten, über eine von kurdischen Pionieren angelegte Sandpiste in Richtung Goraz-Berg. Der Fahrer hatte die Türen des Geländewagens ausgebaut. So konnte man bei eventuellen irakischen Luftangriffen sofort aus dem Wagen und in Deckung springen. Im Schutz einer steil aufragenden Felswand brachte der Chauffeur den Landrover zum Stehen. Der Schatten des

Felsens legte sich auf das Fahrzeug, und aus der Luft war bestimmt nicht viel von ihm auszumachen. Begleitet von einem Leibwächter und einem Dolmetscher, beide die Kalaschnikow umgehängt, begannen wir den Aufstieg. Nach einstündigem Fußmarsch, in 2000 Meter Höhe, spürten wir die dünne Luft. Eine Schlucht wurde auf einer aus Planken und Seilen errichteten Hängebrücke passiert, und dann lag auch schon, hinter riesigen Felsbrocken getarnt, Pishderis Höhlen-Gefechtsstand vor uns.

Ein Fernmeldetrupp verlegte eben Antennenkabel, Wachposten hatten die Sturmgewehre schußbereit in der Hand. In der weitläufigen Höhle schliefen vom Gefecht erschöpfte Pesh Merga, andere flickten Uniformen. Pishderi war sofort zu erkennen. Der britische Journalist David Hirst hatte einmal im *Guardian* über ihn geschrieben: »Niemand in ganz Kurdistan kann dünner sein als er«, und so war es auch. Durch eine Handbewegung lud uns der Divisionskommandeur ein, auf der Armeedecke neben ihm Platz zu nehmen. Er rückte mir noch ein mit Blumen- und Vogelmustern besticktes buntes Sitzkissen zurecht, so als wären wir bei ihm zu Hause zum Tee verabredet.

Ich wollte von Pishderi alles über die Lage an der Front wissen. Er aber erwartete von einem deutschen Besucher vor allem Informationen über den auch bei den Kurden legendären Feldmarschall Rommel. Insbesondere sollte ich ihm sagen, was der Marschall in ähnlicher Lage wohl getan hätte, um im Ruwanduzer Becken die irakische Armee zu schlagen. Damit waren wir auch schon beim Thema Materialüberlegenheit. Im Gespräch über die irakischen Panzer, die die Talsohle und den unmittelbaren Raum um die Stadt kontrollierten und damit die Verbindung zwischen den einzelnen Hügelketten und Bergen für die Kurden so schwierig machten, kam Pishderi ins Träumen. Er hatte von den ferngesteuerten Panzerabwehrraketen gehört, den »Rotkäppchen«, die die deutsche Bundeswehr besaß. »Hätte ich 100, 50, hätte ich nur 20 davon – ich würde hier mit dieser Schlacht den ganzen Krieg entscheiden.« Er wollte auch wissen, warum »der Westen« den »gegen die Russen« kämpfenden Kurden nicht mehr Waffen schicke und weshalb der Versorgungsstrom aus Persien nur so dünn dahinsickerte. Nur mit Mühe brachte ich ihn von den Träumen wieder zur Wirklichkeit des Kampfes um den Zugang zur Merga-Sur-Straße an den Hängen des

Goraz und um den Gali-Ali-Beg zurück. Unter seinem Kommando war dort 1966 die 5. Irakische Brigade vernichtet worden, und keiner konnte in diesem Gelände besser führen als er.

Pishderi lud uns zu einem Frontbesuch ein, fast so, als würde er zu einem Spaziergang auffordern. Die Front sei eine Stunde entfernt, eine Stunde hin und eine zurück, und dann könne er uns mit einem Schluck Whisky erfrischen. Die Flasche werde einstweilen in einer Quelle kühlgehalten, und auch Allah sehe es ja in dieser Höhle nicht, sagte er augenzwinkernd.

Mit einem Trupp Soldaten brachen wir auf. Ohne Weg und Steg stiegen wir aufwärts. Ein Kamm war zu überwinden, dann nach Durchquerung einer Schlucht ein Sattel zu erklimmen, auf dessen Grat sich die Pesh Merga eingegraben hatten. Wir begegneten einer Maultierkarawane, deren traurige Last in Decken und Tücher gewickelte Tote und Schwerverwundete waren.

Nach zwei Stunden und mit dem Gefühl, meine Lungen würden jeden Moment zerspringen, faßte ich mir ein Herz und fragte einen der Soldaten, wie weit es denn noch sei bis zur Front. Ich bekam die gleiche Antwort wie vorher von Abdullah Pishderi: »Eine Stunde.« Mein deutscher Begleiter und ich prägten daraufhin den Begriff »Pesh-Merga-Stunde«. Wir beide waren völlig erschöpft und hatten weiche Knie, als wir endlich zu den vorgeschobenen Stellungen kamen. Aber auch die berggewohnten Partisanen waren ins Schwitzen gekommen. In einem Unterstand fielen wir nieder und folgten dann der Einweisung durch den Kommandeur der Fronteinheit.

In die tiefer liegende Stellung waren am Vorabend die Iraker eingebrochen, und erst die Sturmsoldaten der Rizgari-Einheit hatten sie in einem nächtlichen Gegenangriff wieder vertrieben. Überall waren noch die Leichen der Gefallenen zu erblicken. Auch die toten irakischen Soldaten aus vorherigen Kampftagen hatte man noch nicht bestattet. Ein süßlicher Geruch wehte ab und zu herauf. Mein Begleiter fotografierte über den Grabenrand hinweg die teils grauenhaft aufgedunsenen Toten.

Nur ein bis zwei Kilometer entfernt waren die im Tal hin und her kurvenden Panzer der Regierungstruppen deutlich zu beobachten. Durch das Fernglas konnten wir die Typen T 55 und T 62 erkennen. Sie hatten offensichtlich den Auftrag, so nah wie möglich an die am weitesten vorgeschobenen und am tiefsten gelegenen kurdischen

Vorposten heranzukommen und sie unter Feuer zu nehmen. Das trockene Krachen von Panzerkanonen drang nach oben, in das sich bald noch das Heulen und die Detonationen von Haubitzengranaten mischten, diesmal von weiter hinten aufgestellten kurdischen Batterien, die wir schon bei der Anfahrt gesehen hatten. Der Kommandeur der Bergstellungen hatte offensichtlich Sperrfeuer angefordert.

Von oben sahen wir, wie die Panzer im Zickzack fuhren und sich einnebelten. Nach kaum einer halben Stunde waren nur noch Staubfahnen der sich in Richtung der Ruwanduzer Garnison zurückziehenden Tanks zu sehen. Das kurdische Artilleriefeuer hatte aber die irakische Luftwaffe auf den Plan gerufen. Eine Staffel MiGs brauste über unsere Köpfe hinweg, kurz darauf waren schwere Explosionen zu hören. Hatten die MiGs der Artillerie den Garaus gemacht? Während des ganzen Gefechts lagen wir alle nahezu bewegungslos in den Deckungen, nur der mich begleitende Fotograf hielt seine Kamera unentwegt über den Grabenrand. Er wollte seine »Hot shots«, und er bekam sie auch.

Am späten Nachmittag – wir waren bereits sieben Stunden unterwegs – trafen wir wieder bei Pishderi ein, der bei unserem Anblick lächelte: »Hat es Ihnen in unserer Sommerfrische gefallen?« Mir hat selten ein Schluck Whisky so gut geschmeckt wie der, den ich an diesem Nachmittag in einer Felsenhöhle trank.

Nach Angaben der Kurden waren im Herbst 1974 etwa 100 000 Mann der irakischen Armee gegen sie eingesetzt. Alle Reservisten des Landes bis zu 27 Jahren waren inzwischen eingezogen worden. Der Krieg, das hatte man sich in Bagdad als äußerstes Ziel gesetzt, mußte spätestens zu Winterbeginn entschieden sein. Denn bei Schneehöhen bis zu drei, vier Metern und Temperaturen bis unter 30 Grad Celsius kann auch die modernste Armee, gerade wegen ihres hohen Mechanisierungsgrades, kaum operieren.

Auch die Pesh Merga hatten den Beginn des Winters als Ziel. Je näher er herankam, desto entschlossener kämpften sie. In wahrhaft todesverachtenden Gegenangriffen im September und Oktober rangen die Kurden die irakischen Spitzen nieder, schnitten ganze Panzerkompanien vom Nachschub ab und vernichteten sie. Die Guerillatätigkeit im ganzen Land wurde verstärkt und so beträchtliche Teile der Regierungstruppen gebunden und vom eigentlichen Einsatz an den Fronten ferngehalten. Kommandos sickerten tief in das Hinterland ein, sprengten Straßen und Brücken, überfielen Depots und Posten, warfen Handgranaten in irakische Quartiere.

Die Ölpipeline zwischen Kirkuk und Bagdad wurde am 16. September von einer Kommandoeinheit in die Luft gejagt. Ein paar Tage darauf wurden die irakischen Sicherheitsorgane von einem neuen Anschlag auf die Ölader aufgeschreckt: Kurdische Spezialisten hatten, mittels einer hochkomplizierten elektronischen Fernzündungsanlage, deren Teile aus der Bundesrepublik beschafft worden waren, erneut einen erfolgreichen Anschlag inszeniert.

Die Iraker mobilisierten ihre letzten Einheiten. Ihre Verluste waren hoch. 3000 Tote, Dutzende Panzer und Hunderte von Lastwagen sollen die Divisionen des Baath-Regimes in diesen Herbstmonaten verloren haben. Teile der Regierungsarmee fingen an, kriegsmüde zu werden. Außerdem konnten die Verluste vor der eigenen Bevölkerung nun nicht mehr verheimlicht werden. Es half nichts, daß den Zeitungen in Bagdad verboten wurde, Todesanzeigen aufzunehmen, daß auf den Grabinschriften in die Heimat überführter gefallener irakischer Offiziere in irreführender Absicht zu lesen war: »Gefallen für die Freiheit des palästinensischen Volkes«. Und es half nichts, daß Radio Bagdad versicherte, es handle sich eigentlich um keinen Krieg – nur ein paar in die Berge geflohene Räuber und Banditen müßten noch eingefangen werden.

Denn auch die arabische Bevölkerung hatte sich angewöhnt, den Rebellensender »Radio Kurdistan« zu hören, der in arabischer Sprache seine Version der Bagdader Märchen verbreitete. Vor allem aber wurden täglich über Rundfunk die Namen irakischer Gefallener durchgegeben. Kriegsgefangene durften ihren Angehörigen Grußbotschaften durchsagen, und selbst ausländische Besucher und Journalisten konnten über die Mikrofone des Kurdensenders ihre eigenen Eindrücke schildern.

Mitte November fiel der erste Schnee in Kurdistan. Das Hauptziel der irakischen Offensive, den Krieg noch vor Einbruch des Winters zu beenden, war nicht erreicht. In allen vorhergehenden Kurdenkriegen hatte sich gezeigt, daß die Pesh Merga in dieser Jahreszeit den durch Schnee und Unwetter blockierten Regierungstruppen die höchsten Verluste beizubringen vermochten. Trotz schwerer Rückschläge konnten die Kurden aufatmen. Ihr Kernland war noch fest in ihrer Hand. Die die Drehscheibe Ruwanduz beherrschenden Berge, der Handrin, der Zozek und der Goraz, waren im wesentlichen in ihrem Besitz. Den bei Ruwanduz erfolgten Übergang vom Guerillakrieg zum Stellungskrieg, bei dem die Artillerie eine entscheidende Rolle spielte, hatten Waffenlieferungen aus Persien möglich gemacht. Sie umfaßten vor allem Munition, einige Rohre schwerer und schwerster Artillerie, Panzerabwehrkanonen und Hunter-Hawk-Luftabwehrraketen. Im November waren diese Waffen nach langen Verhandlungen mit dem Schah und US-Dienststellen eingetroffen. Mit Hilfe der Hunter-Hawk-Raketen gelang es den Kurden sogar, die bis dahin unerreichbaren Tupolev-Bomber in respektvoller Entfernung zu halten. Einer der sechs von der Sowjetunion an den Irak gelieferten Langstreckenbomber Tupolev 16 wurde am 14. Dezember im Chouman-Tal von einer Hunter-Hawk abgeschossen. Am selben Tag verlor die irakische Luftwaffe eine weitere Maschine, einen Jagdbomber Suchoj 7.

Im gleichen Monat konnten Pesh-Merga-Bataillone sogar die Stadt Amadijah zurückerobern. Barsanis Truppen fanden allerdings nur noch eine Geisterstadt vor, zerbombt und von ihren Bewohnern verlassen, genauso wie Galala, Ruwanduz und viele andere Städte sowie an die 2000 Dörfer und Weiler von ihren Bewohnern geräumt oder mit Sprengbomben und Napalm von der Landkarte ausgelöscht worden waren. Schon zu diesem Zeitpunkt war ein Großteil des mit Krieg überzogenen Kurdistan weitgehend entvölkert. Eine halbe Million Menschen war auf der Flucht vor den Bombenangriffen und den Terrormaßnahmen, mit denen das Bagdader Baath-Regime den Freiheitsdrang seiner kurdischen Untertanen zu brechen versuchte.

Den Auftakt für den Bombenkrieg gegen die Zivilbevölkerung hatte schon im April ein Luftangriff auf Qala Diza gebildet. Am 24. jenes Monats, gegen 9.45 Uhr morgens, flogen zwei Suchoj-Bomber über die Stadt. Deren Einwohnerschaft, in Friedenszeiten 10 000 Personen, war seit März durch den Zuzug von Flüchtlingen auf 15 000 bis 20 000 angestiegen. Qala Dizas einzige Luftabwehr war eine Duschka-Kanone, von der die Kurden so wenige besaßen, daß an den Aufbau eines wirksamen Schutzes für ihre Städte nicht zu denken war.

Die irakischen Piloten konnten sich deshalb in Sicherheit fühlen und griffen aus geringer Höhe an. Augenzeugen erinnerten sich: »Zweimal die Höhe von Telegrafenmasten.« Die Suchojs klinkten ihre Bombenlast über dem Zentrum der Stadt aus und feuerten die unter den Tragflächen angebrachten Raketenbündel ab. Normalerweise trägt die Suchoj, die damals auch der Standard-Jagdbomber der sowjetischen Luftwaffe war, unter jeder Tragfläche außer den Raketen noch mindestens je zwei 750-Kilogramm- und zwei 500-Kilogramm-Bomben.

Zusammengenommen waren es also fünf Tonnen Sprengstoff, die als Bombenteppich auf das Zentrum der Stadt gelegt wurden. Ein ganzes Wohnviertel – Läden, Wohnhäuser, eine Schule und Teile eines Krankenhauses – wurde zerstört. Die Maschinen kamen zurück und flogen mit ihren 30-mm-Bordkanonen einen zweiten Angriff. Mindestens 130 Menschen starben, darunter die 80 Kinder zweier Schulklassen, die gerade beim Unterricht saßen – sowie ein einziger Pesh Merga.

Qala Diza war der erste große Luftangriff in diesem, wie Barsani es ungeschminkt nannte, rücksichtslosen Ausrottungskrieg, einem seit Jahrzehnten dauernden Genozid am kurdischen Volk. Nur wenige Tage nach dem Angriff auf Qala Diza kam die Stadt Galala im Chouman-Tal an die Reihe: 40 Tote und 51 Verletzte waren diesmal das Ergebnis. Am 28. April wurde Halabscha, 80 Kilometer vom Kampfgebiet entfernt, bombardiert. Man zählte 140 Tote und 100 Verwundete. Die Masse der Einwohner verließ aus Furcht vor weiteren Luftangriffen die Stadt und flüchtete zu den Pesh Merga in die Berge. Zwischen dem 20. April und dem 10. Mai wurde die 25 000-Einwohner-Stadt Zakho nahezu täglich mit Spreng- und Napalmbomben angegriffen. Während jener 20 Tage stand die Stadt fast ständig in Flammen. Die Zahl der Todesopfer wurde nicht mehr festgestellt. In dieser Zeit drang eine irakische Einheit auch in das Stadtinnere ein und erschoß 63 Frauen und Kinder.

Auch unter den in Bagdad gefangengesetzten tatsächlichen oder vermeintlichen Mitgliedern der kurdischen Unabhängigkeitsbewegung wütete die Gewaltherrschaft der Baath-Partei. Schon am 14. April hatte man elf Häftlinge, die sich teils schon seit 1972 im Gefängnis befanden, schwer gefoltert und dann zum Tode verurteilt. Als die elf in der Kurdenstadt Erbil öffentlich gehenkt wurden, waren die Spuren der Folterungen deutlich zu erkennen: Einigen hatte man die Hände abgehackt, anderen die Augen ausgestochen. Über die Foltermethoden der irakischen Geheimpolizei berichtete umfassend ein in London erschienener *Report of Torture* der Organisation Amnesty International. Am 30. April wurden fünf kurdische Studenten des College of Literature der Universität Bagdad wegen »Begünstigung und Gutheißung der separatistischen Bestrebungen« ebenfalls zum Tode verurteilt und hingerichtet, unter ihnen die 19jährige Layla Kassem. Eine Woche darauf wurden weitere sechs Universitätsstudenten gehenkt.

Seit damals verging kaum eine Woche, in der Chronisten nicht weitere Folterungen, Hinrichtungen oder Morde an zahlreichen den Baath-Machthabern mißliebigen Kurden registrierten. 48 Hingerichtete oder zu Tode Gefolterte waren es im August, über 100 im September. Häufig wurden die verstümmelten Leichen der Umgebrachten in ihre Heimatdörfer geschafft und dort »zur Abschreckung« tagelang ausgestellt. Als am 16. Juni wiederum drei kurdische Studenten, darunter eine Frau, wegen »Beteiligung an Terrorakten« hingerichtet wurden, übertrug das irakische Fernsehen die Veranstaltung live.

Verzweifelt versuchte Barsanis Partei, die Weltöffentlichkeit auf das grausige Schicksal der kurdischen Zivilbevölkerung im Irak hinzuweisen und Hilfe zu erflehen. Schon Anfang April hatte der Informationssekretär der DPK auf einer internationalen Pressekonferenz in London dringend humanitäre Hilfe »für die mehreren Hunderttausend Flüchtlinge aus der Ebene und den Städten« erbeten. Im Mai appellierte Mulla Mustafa an UNO-Generalsekretär Kurt Waldheim, bei der irakischen Regierung auf die Einstellung ihrer Luftangriffe gegen unverteidigte Städte und Dörfer zu dringen. Drei Wochen darauf, am 8. Juni, überreichten zwei Abgesandte der DPK, beide ehemalige Minister in Bagdad, der UNO einen Brief Barsanis, in dem dieser erklärte, »der zur Zeit gewalttätigste Krieg auf der Erde werde gegen das kurdische Volk durch seine eigene Regierung geführt«. Dem UNO- Menschenrechtskommissariat wurde am gleichen Tag ein ausführlicher Bericht mit Dokumenten, Karten und Fotografien vorgelegt. »Völkermord, Zerstörung, brennende Dörfer und vernichtete Ernten gehören zum Alltag der Kurden im Irak«, hieß es in dem überaus beweiskräftigen Report.

Noch ein drittes Mal wandte sich Mulla Mustafa an die UNO – in allen drei Fällen erhielt er von deren Generalsekretär keine Antwort. (»Weil Waldheim nicht durch eine Intervention seine sowjetischen Protektoren in der UNO verärgern wollte«, wie ein politischer Nachrichtendienst der Bundesrepublik vermutete.)

Die Hilferufe gingen jedoch nicht nur von den Kurden und Gefolgsleuten Barsanis aus. Ende August 1974 wandte sich beispielsweise Melek Georgis Checko, der Patriarch der assyrisch-nestorianischen Christen im Irak und Vorsitzender des »Komitees für Belange des Christentums im irakischen Kurdistan«, an Papst Paul VI., an den Weltkirchenrat, den Ökumenischen Rat, das Menschenrechtskommissariat der UNO und an das Internationale Rote Kreuz. »In einer Zeit, in der die Nationen ihr Recht auf Selbstbestimmung verwirklichen«, so schrieb der Patriarch, »sind das assyrische Volk und seine kurdischen Brüder der physischen Vernichtung durch die irakische Regierung ausgesetzt, weil sie ihre menschlichen Grundrechte verlangen.« Er berichtete von den Luftangriffen, von dem wahllosen Artilleriebeschuß ziviler, unverteidigter Siedlungen, von der Vernichtung der Ernten durch Flammöl, der Erschießung des Viehs, um den Bauern die Lebensgrundlage zu nehmen, sowie von der Zerstörung von Kirchen, Moscheen, Schulen und Krankenhäusern.

»Das Schicksal der Kurden und Assyrer, die sich noch in den von der Regierung besetzten Gebieten aufhalten, ist noch gravierender«, fuhr der Patriarch fort. »Sie leben in ständiger Angst vor Bedrohung, Erniedrigung und Verfolgung. Die von der Regierung angewandten Terrormethoden ähneln denen des Mittelalters. Eine alltägliche Methode ist es, nachts in die Häuser einzudringen. Die Familien, meist Frauen und Kinder, werden aus dem Schlaf gerissen, auf Armeelastwagen verladen und in unwegsamem Gelände zurückgelassen. Sie sind gezwungen, auf verminten Pfaden, ständig bedroht von Luftangriffen, zu gehen, bis sie von den Partisaneneinheiten gefunden werden. Einige sterben während dieser Qual vor Hunger oder Durst. Anderen Familien wird der gesamte Haushalt konfisziert, und sie werden, all ihrer Habseligkeiten beraubt und aus ihren Häusern verjagt, auf den Straßen zurückgelassen. Junge Männer, Frauen, selbst Kinder, werden verhaftet, weil sie mit einem Mitglied der Befreiungsbewegung verwandt sind.«

Schließlich führte der Bericht zahlreiche Fälle auf, in denen irakische Christen von der Sicherheitspolizei des Baath-Regimes umgebracht wurden. Nur drei Beispiele aus einer langen Liste seien herausgegriffen: »Toma Jejo, ein Lehrer aus Bagdad, wurde aus seinem Haus vertrieben, erniedrigt und in einem Gefängnis zu Tode gefoltert. Auf seinem verstümmelten Körper waren die von elektrischen Drähten verursachten Verletzungen erkennbar. Seine Hände waren abgeschlagen und seine Augen ausgestochen. Seiner trauernden Familie wurde eine Beerdigung verboten.« »Tomas Bruder, Yousif Jejo, ein Student, wurde von einer baathistischen Schlägertruppe angegriffen und so lange geschlagen, bis er sein Gehör verlor und wahnsinnig wurde.« »Herr Israel Mrokel wurde in eine Folterkammer gebracht. Zwei Tage später ist er ebenfalls wahnsinnig geworden.« »Der Völkermord, der an unseren Völkern begangen wird«, so schloß der Patriarch, »ist eine offene und skrupellose Verletzung international anerkannter Menschenrechte.«

Kurz darauf wandte sich auch das Oberhaupt der chaldäisch-katholischen Christen in Irakisch-Kurdistan, Aba Paulus, an die Welt. An die führenden Zeitungen aller Länder schrieb der 74jährige Hirte einen rührenden Brief: »Lieber Herr Chefredakteur! Ich bin der Bischof von Mosul und Kurde«, hieß es darin in zittriger Schrift. Dann berichtete auch er von dem Leid, das die baathistische Obrigkeit seiner Gemeinde zufügte, und er appellierte an die Presse: »Bitte verhindern Sie ein Blutvergießen. Schildern Sie Ihren Lesern, wie es um uns steht!«

Lange indes verhallten die Hilfeschreie ungehört. Selbst als der weltberühmte sowjetische Physiker und Regimekritiker Andrej Sacharow in einem Moskauer Krankenhaus einen Aufruf zugunsten der Kurden verfaßte, den seine Frau aus dem Hospital herausschmuggelte und verteilte, öffneten nur wenige Blätter des Westens dieser Nachricht ihre Spalten. Sacharow forderte nichts weniger als die Entsendung von UNO-Truppen in den Irak, da die Regierung dort »einen grausamen Krieg« gegen die kurdische Minderheit führe. Der Physiker sprach sich für eine Entschließung des Weltsicherheitsrates aus, in der »eine Beendigung der militärischen Aktionen der Truppen der irakischen Regierung gegen die Kurden« sowie eine »Einstellung der militärischen Unterstützung des Irak durch die Sowjetunion« verlangt werden sollte. Bislang, so Sacharow, hätten die Vereinigten Nationen »überhaupt nichts gegen die drohende Ausrottung der kurdischen Bevölkerung durch Waffen und Hunger« unternommen. Dieser selbstlose Kämpfer für die Menschenrechte erklärte weiter, es dürfe »keine Wiederholung der Tragödie von Biafra geben, die unter ähnlichen Umständen begann und ablief«.

Es dauerte lange, bis sich – aufgefordert von Amnesty International und der Gesellschaft für bedrohte Völker – wenigstens einige der europäischen Intellektuellen, die seit Jahren in vorderster Linie der massiven Protestbewegung gegen das US-Engagement in Vietnam gestanden hatten, auch zu Aufrufen zugunsten der Kurden bereit fanden. Immerhin ist erwähnenswert, daß in der Bundesrepublik die Professoren Imanuel Geiss, Ernst Bloch, Ossip Flechtheim, Helmut Gollwitzer und andere prominente Persönlichkeiten wie Pastor Heinrich Albertz und Ingeborg Drewitz den Aufruf »Rettet die kurdischen Flüchtlinge« unterzeichneten und sich teilweise auch tatkräftig für diese Flüchtlinge einsetzten.

Auch in Frankreich wandte sich unter der Schirmherrschaft der Tageszeitung *Le Monde* eine Reihe von Intellektuellen und Nobelpreisträgern mit deutlichen Worten »gegen die Vernichtung einer nationalen Minderheit«, darunter Simone de Beauvoir, Roger Garaudy und Jean-Paul Sartre. Außerdem traten im Westen lebende Emigranten aus Ostblockstaaten für die Rechte der Kurden ein, so der Schachgroßmeister Ludek Pachman oder der Publizist Jiří Pelikan. Und aus England versuchten beispielsweise die Bertrand Russell Peace Foundation oder der Schauspieler David Markham zu intervenieren. Der Nutzen für die kurdische Sache war aber gering. Denn entscheidend blieb, daß die internationalen Hilfsorganisationen, so etwa das Rote Kreuz, von der Regierung des Irak an allen Hilfsmaßnahmen gehindert wurden. Nach wie vor behaupteten die Baathisten, von einem Krieg »im Norden unseres lieben Heimatlandes« sei ihnen nichts bekannt, und deswegen erübrige sich auch jede humanitäre Hilfe.

Entscheidend blieb auch, daß die Regierungen westlicher Länder, selbst jener, die sich sonst aus mehr oder weniger guten Gründen gerne in die inneren Angelegenheiten anderer Staaten einmischten, ebenfalls jede humanitäre Hilfe ablehnten. Das galt beispielsweise für Großbritannien. Dort hatten im Januar 1975 der konservative

Abgeordnete Ian Sprout und seine Fraktionskollegen Russell Johnston und Sir Bernard Braine in einer parlamentarischen Anfrage an die Regierung die Bereitstellung von Mitteln für humanitäre Maßnahmen sowie die Geltendmachung des britischen Einflusses bei der UNO gefordert.

Die Debatte über diesen Antrag wurde mit ungewohnter Schärfe geführt. Als Regierungssprecher Ennals mit der üblichen Routine antwortete: »Offizielle britische Hilfe wird nur im Falle von Anfragen durch Einrichtungen der Vereinten Nationen oder durch eine ausländische Regierung gewährt, und eine solche Anfrage liegt in diesem Fall nicht vor«, entgegnete der konservative Abgeordnete Johnston: »Würde der Minister bitte zur Kenntnis nehmen, daß es sich um einen grausamen Ausrottungskrieg handelt, daß wir als das Land, das den Irak gegründet hat, eine besondere Verantwortung tragen und daß wir eine humanitäre Pflicht haben, den Flüchtlingen zu helfen und nachdrücklich gegen das zu protestieren, was dort geschieht.« Als die Abgeordneten auch noch wissen wollten, ob es zutreffe, daß Großbritannien ebenso wie die Sowjetunion den Irak mit Waffen beliefere, die für den Genozid am kurdischen Volk eingesetzt würden, blieb der Regierungssprecher die Antwort schuldig.

Ähnlich entwickelten sich die Dinge in der Bundesrepublik. Hier hatten sich zwei Präsidiumsmitglieder der DPK, darunter der erfahrene Außenpolitikexperte und frühere Bagdader Minister Sami Rahman, verzweifelt um einen Gesprächstermin mit zuständigen Regierungsstellen bemüht, aber weder im Auswärtigen Amt noch im Ministerium für wirtschaftliche Zusammenarbeit und auch nicht in den Parteizentralen der regierenden sozialliberalen Koalition wurden die Emissäre einer Partei, die sich nach ihrem eigenen Selbstverständnis sozialdemokratisch dünkte, vorgelassen.

Lediglich der CDU-Abgeordnete und außenpolitische Experte seiner Fraktion, Alois Mertes, hörte sich mit Interesse und Anteilnahme die Berichte und Bitten der kurdischen Politiker an, ebenso wie Franz Josef Strauß, der dieses Gespräches wegen sogar für einige Stunden den gerade tagenden CSU-Parteitag in München verließ, um mit den Kurden, denen er früher in seiner Eigenschaft als Bundesfinanzminister schon einmal geholfen hatte, neue Möglichkeiten humanitärer Hilfe zu besprechen.

Auch im Auswärtigen Ausschuß des Bundestages wurde das Thema wiederholt aufgegriffen, aber von dem damals zuständigen Staatsminister Mörsch (FDP) wieder abgebogen. Die Bundesrepublik, so zeigte sich, betrachtete die Behandlung, die Bagdad den Kurden angedeihen ließ, als »innere Angelegenheit« des Irak. Besonders aufschlußreich darüber, in welchen Fällen westliche Regierungen leichter dazu neigen, Kriegsverbrechen und Massenmorde an Minderheiten nicht als Menschenrechtsverletzungen, sondern als »innere Angelegenheiten« zu betrachten, war vor allem ein Brief, den der damalige Fraktionsführer der SPD, Herbert Wehner, am 15. Oktober 1974 schrieb: »Schließlich darf aber nicht vergessen werden«, führte Wehner aus, »daß es hier um eine Existenzfrage des irakischen Regimes geht; das von den Kurden beanspruchte Gebiet ist eines der wirtschaftlich am weitesten entwickelten, hier werden ungefähr zwei Drittel des gesamten irakischen Erdöls gefördert.«

Resignierend meinte man dazu im Hauptquartier Barsanis: »Offenbar will es heutzutage keine Regierung mit einem Land verderben, das Öl anzubieten hat.«

Was im fernen Kurdistan zu dieser Zeit tatsächlich vorging, mochten sich in London, Bonn oder Paris die Regierenden nur ungern vorstellen. Am schlimmsten – und weder für Engländer und Franzosen und selbst für viele fluchterfahrene Deutsche kaum nachvollziehbar – war das Los der Flüchtlinge. Ich habe selbst Zehntausende dieser armen, völlig erschöpften und hoffnungslos gewordenen Menschen gesehen und über sie zahlreiche Artikel geschrieben. Ausführlich und mit voller Unterstützung iranischer Dienststellen aber studierten zwei Beamte der in Teheran ansässigen deutschen Botschaft die Situation der Flüchtlinge und die Möglichkeit, ihnen zu helfen. In einem langen Bericht vom Oktober 1974, dem 1975 noch einige Ergänzungen folgten, legten sie dem Referat 311 des Auswärtigen Amtes in Bonn die Ergebnisse ihrer Untersuchung vor.

Demnach hatte die Flüchtlingsbewegung bereits im April 1974 mit der Bombardierung und dem Artilleriebeschuß ziviler Siedlungen durch die irakische Armee begonnen. Was alle Journalisten, die Kurdistan bereisten, schon berichtet hatten, wurde nun auch amtlich bestätigt. Die Botschaft meldete nach Bonn: »Wenngleich der irakische Außenminister Taqla am 3. Oktober 1974 in London diese

Bombenangriffe als ›Polizeiaktionen‹ bezeichnete, deuten doch alle Aussagen darauf hin, daß es den Irakis von Anfang an auf die Verbreitung von Terror ankam. Ebenfalls kam es nach der Einnahme von Ortschaften zu Grausamkeiten gegenüber der Zivilbevölkerung und ihrer Deportation nach dem Süden des Landes.«

Ursprünglich war die Fluchtbewegung stärker in Richtung der nähergelegenen türkischen und syrischen Grenzen verlaufen. Da aber die Behörden der Türkei die kurdischen Flüchtlinge am Grenzübertritt hinderten und die syrischen Behörden ins Land gekommene Flüchtlinge zu Tausenden wieder an die irakische Armee auslieferten, verlagerte sich der Zustrom ausschließlich in Richtung Iran. Zuerst kamen nur kleinere Gruppen an die persische Grenze, die dort zu beiden Seiten mehrere Wochen kampierten und mit denen die Behörden des Schahregimes zunächst nichts anzufangen wußten.

Ich habe den aus Steinen errichteten iranisch-irakischen Grenzturm zwischen Kaneh und Hadsch Omran bei mehreren Gelegenheiten im Sommer und Herbst 1974 sowie im Frühjahr 1975 jeweils von Tausenden umlagert gefunden, die dort mehr oder weniger schutzlos Hitze oder Kälte, Staub, Regen und Sturm ausgesetzt waren. Wegen der an der Grenze stationierten Hunter-Hawk-Batterien der persischen Armee waren sie aber wenigstens vor Bomben und Bordwaffenbeschuß durch irakische Flugzeuge sicher.

Erst als die Zahl der Flüchtlinge immer mehr zunahm, als es nicht mehr um Tausende, sondern schon um Zehntausende (im Herbst 1974 dann bereits um Hunderttausende) ging, beauftragte Schah Reza Pahlevi die Gesellschaft des Roten Löwen und der Roten Sonne, die iranische Entsprechung des Roten Kreuzes, mit dem Transport und der Unterbringung der Flüchtlinge in Lagern auf der persischen Seite. Für diesen Zweck wurden zunächst 100 Millionen und im Winter weitere 200 Millionen Dollar zur Verfügung gestellt.

In dem Gutachten der deutschen Botschaft heißt es: »Die nach Iran übergetretenen Flüchtlinge bestehen zu 30 Prozent aus Frauen und zu 60 Prozent aus Kindern. Der Rest sind alte Männer, da die kampffähigen Männer in Irakisch-Kurdistan zurückblieben. Dabei wurden Fußmärsche von bis zu 600 Kilometer im Hochgebirge zurückgelegt, vor allem von solchen Flüchtlingen, die sich im westlichen Kurdistan zuerst an die türkische Grenze begeben hatten und dann nach Zurückweisung durch die türkischen Grenzbehörden quer durch Kurdistan nach Iran wandern mußten.«

Der Mühsal dieser Flucht entsprach auch der erbarmungswürdige Zustand, in dem die Frauen und Kinder im Iran ankamen. Der ganze »Reichtum« solcher Familien bestand praktisch nur noch aus dem, was die Flüchtenden an Kleidern auf dem Leib trugen. Die Frauen schleppten allenfalls noch einen Kochtopf mit und einen Beutel mit Mehl, besonders Glücklichen war auch eine Decke geblieben. Die meisten von ihnen waren unterernährt, völlig erschöpft und krank oder hatten Fußverletzungen.

Die Statistiker des Roten Löwen, iranische und kurdische Ärzte und auch die beiden Beauftragten der deutschen Botschaft berichteten Schreckliches über die Sterblichkeitsrate unter den Kindern. Demnach betrug die Sterblichkeit bei Säuglingen auf der Flucht, also bis zum Eintreffen und Beginn der Betreuung in den persischen Lagern, nahezu 100 Prozent, bei Kindern bis zu zwei Jahren rund 70 Prozent und bei solchen bis zu fünf Jahren etwa 30 Prozent. Todesursachen waren Nahrungsmangel, Darmerkrankungen (Durchfall), allgemeine Erschöpfung und »Feindeinwirkung«.

Im deutschen Botschaftsreport hieß es: »Obwohl Flüchtlinge berichteten, daß sie auf der Flucht von irakischen Tieffliegern angegriffen worden sind, scheinen Todesfälle durch Feindeinwirkung während der Flucht verhältnismäßig gering zu sein, da genügend Tarn- und Deckungsmöglichkeiten im Gelände gegeben sind. Allerdings haben die Kurden selbst keine klaren Zahlenangaben über die Zahl der Todesfälle auf der Flucht, da es kein Erfassungssystem gibt. Das gleiche gilt für die Zahl der zivilen Toten durch Bombenabwurf und Artilleriebeschuß. Man hört Schätzungen zwischen 2000 und 30 000. Am wahrscheinlichsten sind die Zahlen zwischen 5000 und 10 000. Es ist unmöglich, klare Zahlen zu erhalten. Denn viele abgelegene Dörfer wurden bombardiert, von denen keine Kunde nach außen gedrungen ist. Bei Bombardierungen kleiner Oasendörfer im Hochgebirge ist zu unterstellen, daß es keine Überlebenden gegeben hat oder nur Schwerverwundete geblieben sind, die die nächste größere Siedlung nicht mehr erreichen konnten. Angesichts der topographischen Verhältnisse des Landes und seiner ohnehin lückenhaften demographischen Erfassung ist zu bezweifeln, daß die genaue Zahl der zivilen Toten jemals bekannt werden wird.«

Da auch innerhalb Irakisch-Kurdistans eine starke Fluchtbewegung, das heißt ein Zurückziehen aus dem Kampfgebiet in geschütztere Regionen, zu verzeichnen war, kann man davon ausgehen, daß sich zum Jahreswechsel 1974/75 bereits rund eine halbe Million kurdischer Zivilisten, ein Sechstel der Gesamtbevölkerung in der umkämpften Region, auf der Flucht befand.

Die Flüchtlingsmassen in Persien wurden von den Behörden zunächst in den dem kurdischen Kernland am nächsten gelegenen Provinzen Westaserbeidschan, Kurdistan und Kermanschah untergebracht. Nachdem die Aufnahmemöglichkeiten dort erschöpft waren, sicher aber auch aus dem politischen Grund, nicht zu viele Kurden aus dem Irak in der Nähe der iranischen Kurdenminderheit zu konzentrieren, wurden neue Transporte nach Khusistan in den Süden des Landes umdirigiert und dort bei der Stadt Dezful in Zeltlagern untergebracht.

Bewunderungswürdig erschien westlichen Beobachtern und auch den Kurden selbst die Versorgung und Betreuung Kranker und Verwundeter. Alle Krankenhäuser im Grenzgebiet wurden mit zusätzlichen Betten ausgestattet, und man legte Nothospitäler in Schulen, Jugendheimen und anderen öffentlichen Einrichtungen an. Iranische und kurdische Kranke erhielten ohne Unterschied die gleiche Behandlung, und zwar von Ärzten beider Nationen. Der Rote Löwe unterschied zwischen »Feldkrankenhäusern« in unmittelbarer Nähe der Grenze und »Etappenkrankenhäusern« in den nächstgelegenen Kreisstädten. Spezialfälle wurden in die Kliniken der Provinzhauptstädte Täbris, Sanandasch, Rezaiyeh (heute wieder Urmia) oder auch nach Teheran geschafft.

Verwundete der Pesh Merga brachte man allerdings vorwiegend in Militärkrankenhäuser der iranischen Armee, die von Journalisten und Angehörigen ausländischer Botschaften nicht besucht werden durften. Interessant sind einige Beobachtungen in zufällig aus einer großen Zahl herausgegriffenen zivilen Hospitälern: »Krankenhaus in Paveh, Provinz Kurdistan: normal 35 Betten, derzeit 110. Ein modernes Krankenhaus mit Röntgenstation, Zahnarzt usw. Drei iranische Ärzte, darunter Fachärzte für Inneres und Chirurgie, daneben ein kurdischer Arzt und eine kurdische Ärztin. Acht iranische Kranke, der Rest Kurden. Fälle: Splitter in Armen, Beinen, Körper. Zwei Frauen mit Napalmverbrennungen. Kinder mit Splitterverletzungen, darunter ein vierjähriges Mädchen, das einen Bombensplitter im Bauch hatte. Die Ärztin meinte, es sei ein Wunder, daß das Kind den Transport in das Krankenhaus überlebt hat. Frauen, erkennbar Bäuerinnen, mit Splitterverletzungen an Armen, Beinen, Körper. Mehrere Brustoperationen und zahlreiche Fehlgeburten aus psychischen Gründen.«

Der überwiegende Teil der Flüchtlinge wurde zunächst in Zeltstädten untergebracht. Die größten davon waren zwei in der Provinz Westaserbeidschan errichtete mit je 12 000 Bewohnern, eine in Kurdistan mit 7000 und vier in Kermanschah mit insgesamt 30 000 Flüchtlingen. Hinzu kamen eine Reihe von Zeltlagern im ganzjährig warmen Süden in der Provinz Khusistan. Mit fortschreitendem Verlauf des Jahres 1974 und mit dem kommenden Winter sahen sich die iranischen Behörden auch genötigt, feste Quartiere als Alternative zu den Zeltstädten bereitzustellen. Anfang August wurde deswegen beschlossen, die im wintergefährdeten Gebiet kampierenden Flüchtlinge in neu zu bauende Städte umzusiedeln. Insgesamt elf solcher Städte wurden gebaut. Jede davon konnte zwischen 5000 und 15 000 Menschen aufnehmen. Die Kosten beliefen sich auf 100 Millionen Dollar.

Alle Flüchtlingsstädte wurden in der Nähe bestehender Ortschaften gebaut, weil sie nach der Rückkehr der Kurden in den Irak für die einheimische Bevölkerung Verwendung finden sollten. Der Bau dieser Städte erschien sämtlichen Beobachtern, abgesehen vom finanziellen Aufwand, als eine beachtenswerte organisatorische Leistung, wie die meisten sie den Persern nicht zugetraut hätten. Das Baumaterial mußte in fast allen Fällen erst über Hunderte von Kilometern herangeschafft werden. Auch die Geschwindigkeit der Bauausführung war bewundernswert: Bereits am 20. Oktober konnte die erste aus dem Boden gestampfte Siedlung bezogen werden.

Die iranische Hilfe war derart weitgehend, daß sich selbst Zweifler in Barsanis Umgebung beruhigten, die der von Teheran häufig beschworenen kurdisch-persischen Schicksalsgemeinschaft nie richtig getraut hatten. Aber die vorbildliche Unterstützung der Flüchtlinge und die wenigstens leidliche Versorgung der Pesh Merga mit Waffen und Munition ließen die Kurden glauben, daß sie wenigstens einen Freund besäßen – den »König der Könige«, das »Licht der Arier«, Schah Reza Pahlevi II.

Auf die iranisch-kurdischen Gemeinsamkeiten hob der Schah auch am 14. Januar 1975 vor der Öffentlichkeit des Westens noch einmal ab, als er in einem Fernsehinterview mit dem Österreichischen Rundfunk in Wien die Kurden des Irak als »Rassegenossen der iranischen Arier, denen unsere ganze Sympathie gehört« bezeichnete. »Wir liefern ihnen, was sie benötigen, allerdings keine schweren Waffen, denn von wo aus sollten Panzer und Flugzeuge starten?« Hinter den Kulissen der Weltpolitik indes, verdeckt von der humanitären Hilfe für die Flüchtlinge und übertönt von klangvollen Erklärungen des »gemeinsamen Kampfes gegen die Baath-Junta« bereiteten sich Veränderungen vor, von denen die arglosen Kurden, bei denen Verträge noch mit Handschlag geschlossen und Bündnisse per Ehrenwort besiegelt wurden, nicht das geringste wußten.

Ahnungen allerdings müssen Barsani bereits in den ersten Wochen nach Ausbruch des Krieges gekommen sein: Als der von Persien und den USA zugesagte militärische Nachschub nach vier Kampfwochen Ende April/Anfang Mai 1974 zwar nicht ganz ausblieb, aber nur in so winzigen Rinnsalen über die iranisch-irakischen Grenzpässe sickerte, daß er den Kurden niemals zum Aufbau einer operativen logistischen Reserve reichte, mit der sie wirkungsvolle Offensiven gegen die Divisionen Bagdads hätten führen können, sandte das kurdische Hauptquartier zwei Beauftragte nach Washington. Sie sollten dort mit den bisherigen Verhandlungspartnern Conally und Kissinger sprechen und die Lieferung ausreichenden militärischen Nachschubs beschleunigen.

Doch Kissinger war gerade damit beschäftigt, eine Interimslösung zwischen Israel und Ägypten im Sinai zustande zu bringen – eine Initiative, gegen die am heftigsten das syrische Baath-Regime opponierte. Die erfolgversprechendste Art, auf Syrien Druck auszuüben, so gefiel es Kissinger gerade, bestand darin, die Dinge für den Irak nicht unnötig zu komplizieren. Denn Bagdad war der erbittertste Rivale Syriens im Kampf um die Führung des radikalen arabischen Blocks. Die Kurden durften aus diesem Grund also nicht mehr in die Lage versetzt werden, die irakische Regierung ernsthaft unter Druck zu setzen.

Kissinger weigerte sich deswegen, die kurdischen Emissäre zu empfangen. Statt dessen wurden sie mit unverbindlichen Versprechungen wieder nach Hause geschickt. Von der Verantwortung, die die USA vor Kriegsbeginn mit ihrer Ermunterung der Kurden für das Schicksal dieses Volkes auf sich genommen hatten, wollte man nun nichts mehr wissen. Während Barsanis Pesh Merga in einem heroischen Opfergang ihre Positionen gegen die von der Sowjetunion im Überfluß ausgerüstete Armee Bagdads hielten, während die kurdische Führung selbst sich in einem Stellvertreterkrieg für den Westen wähnte, wie es ihr von Teheran und Washington gesagt worden war, und während eine Kurdenstadt nach der anderen im Bombenhagel der irakischen Luftwaffe unterging, hatte Henry Kissinger das Interesse an diesem vorgeschobenen Bauern seines geheimdiplomatischen Schachspiels schon wieder verloren.

Wie ein amerikanischer Untersuchungsausschuß, das »Select Committee on Intelligence«, später enthüllte, betrieben Kissinger und Nixon bereits unmittelbar nach dem Beginn der von ihnen initiierten Kampfhandlungen »eine offensichtliche Politik des Nicht-Gewinnens«. In dem Bericht heißt es in albern verschlüsselter Sprache: »Dokumente im Besitz des Komitees zeigen deutlich, daß der Präsident, Dr. Kissinger und das ausländische Staatsoberhaupt [= Schah Reza Pahlevi] hofften, daß unsere Klienten [= die Kurden] nicht obsiegen würden. Statt dessen zogen sie es vor, daß die Aufständischen lediglich ein Niveau von Feindseligkeiten aufrechterhalten konnten, das genügte, um die Einnahmen des Nachbarlandes unseres Alliierten [= des Irak] zu untergraben. Diese Politik wurde unseren Klienten [= den Kurden], die zum Weiterkämpfen ermutigt wurden, nicht mitgeteilt.«

Auch in einem CIA-Memorandum vom 22. März 1974, wenige Tage nach dem offenen Ausbruch des irakisch-kurdischen Konflikts, hieß es bereits unmißverständlich: »Unser Alliierter [= der Iran] hat, wie wir, Vorteile in einer Patt-Situation gesehen ..., in der der Feind unseres Alliierten [= der Irak] durch die Ablehnung der ethnischen Gruppe [= der Kurden], ihre Halbautonomie preiszugeben, wesentlich geschwächt wird. Weder wir noch unser Alliierter [= der Iran] wünschen, daß die Angelegenheit in der einen oder anderen Weise gelöst wird.«

Die Patt-Situation, die von Washington und Teheran den ganzen Sommer 1974 durch mehr oder weniger starkes Auf- und Zudrehen des Nachschubhahns auf der gewünschten Höhe gehalten wurde, hatte allerdings auch Rückwirkungen auf Bagdad. Die Baath-Regierung erwartete von Moskau immer mehr und immer weitergehende Unterstützung im Rahmen der »strategischen Allianz« mit der Sowjetunion. Als die Kurdenkrise sich voll entwickelt hatte, als jeder Kriegstag mehr als zwei Millionen Dollar verschlang, als jedes im Land vorhandene Krankenhausbett mit Verwundeten der irakischen Armee belegt war und als die Armee an den irakisch-iranischen Grenzen immer häufiger mit den Truppen des Schahs in Kampfberührung kam, richtete Bagdad zwei Forderungen an den sowjetischen Verbündeten: Zum einen sollte Moskau großzügiger und umfangreicher als bisher die durch den Kurdenkrieg stark abgenützten Waffen und Geräte sowie die Munitionsbestände ersetzen und damit die Armee dazu befähigen, gleichzeitig gegen die Pesh Merga und gegen persische Truppen zu kämpfen. Zum anderen sollte Moskau selbst Militäreinheiten an der sowjetisch-persischen Grenze zusammenziehen, um die Armee Reza Pahlevis stärker zu binden und sie von der Unterstützung der Kurden abzuhalten. »Die Baathisten«, so der Schweizer Nahostkorrespondent Hottinger, »glaubten, für die Sowjetunion, besonders nach dem Abfall Ägyptens, ein derart unentbehrlicher Partner zu sein, daß sie Moskau zu derartigen massiven Unternehmen veranlassen könnten.« Doch die Sowjetunion kam den Wünschen Bagdads nicht nach. Die Russen weigerten sich, in diesem abermaligen iranisch-irakischen Konflikt eindeutig auf seiten des Irak Partei zu ergreifen. Ihre guten Beziehungen zum Reich des Schahs waren ihnen offenbar zu wertvoll.

Bagdad hatte durch diese Forderungen seine zweifellos wichtige Stellung im gesamten Ensemble der sowjetischen Nahostpolitik erkennbar überreizt und mußte sich nun erstmals seit dem Machtantritt der Baath-Partei vorsichtig um Alternativen zu dem Bündnis mit Moskau kümmern. Man begann auch, sich der Isolierung bewußt zu werden, in die man durch die einseitige Abstützung auf die »strategische Allianz« mit der Sowjetunion und durch die eigene radikale Haltung in allen außenpolitischen Fragen geraten war, und bemühte sich, die Verbindungen mit den Golfstaaten, mit der ganzen arabischen Welt und mit den neutralistischen Staaten wiederherzustellen. Bagdads starker Mann, Saddam Hussein, traf sich deshalb im Sommer und Herbst 1974 mit Tito, mit Algeriens Präsident Boumedienne, mit dem Scheich von Bahrain sowie mit Indira Gandhi. Auch die diplomatischen Kontakte zu Ägypten, zu Syrien und zur Türkei wurden intensiviert.

Dabei bekamen die Baathisten noch stärker zu spüren, daß sie sich dringend um neue Freunde bemühen mußten, wollten sie sich nicht auf Gedeih und Verderb der Sowjetunion ausliefern. Boumedienne beispielsweise warf Hussein ungeschminkt »Negativismus« vor, versprach aber immerhin, in Washington vor jeder Unterstützung der Kurden zu warnen. (Auf seine Vorstellungen hin soll ein weiterer Besuch einer kurdischen Delegation in den USA abgeblasen worden sein.) Alle Gesprächspartner und Vermittler und schließlich auch ein Beschluß der Vereinten Nationen, der die Iraker und Iraner aufforderte, ihre Grenzstreitigkeiten durch direkte Verhandlungen zu bereinigen, machten Saddam Hussein deutlich, daß auch Kontakte und Gespräche mit dem bisherigen Erzfeind Teheran nicht zu vermeiden seien.

Durch Ägyptens damaligen Präsidenten Anwar as-Sadat ließ Hussein in Teheran zunächst unverbindlich Gesprächsbereitschaft signalisieren. Umgekehrt hatten saudische Emissäre auch am Hof des Schahs das Interesse Riads und Washingtons an einer weniger schroffen Haltung Persiens gegenüber dem Irak betont. Man versuchte, Teheran deutlich zu machen, daß angesichts der Divergenzen zwischen der Sowjetunion und dem Irak die Stunde gekommen sei, Bagdad eine Alternative zum bisherigen einseitigen Bündnis mit Moskau zu ermöglichen. Im türkischen Istanbul wurden schließlich erste geheime iranisch-irakische Verhandlungen geführt – zur gleichen Zeit, als die Hunter-Hawk-Batterien der persischen Armee noch im Bündnis mit den Kurden die irakischen Suchojs und Tupolevs vom Himmel holten.

Im Februar 1975 begann der Schah erstmals seine bisher den Kurden gegenüber gezeigte Haltung zu ändern: Die türkischen Verbündeten lagen ihm mit ständig wiederholten Warnungen vor einer weiteren Unterstützung Barsanis in den Ohren. War es klug, so fragten sie, die Kurden im Irak einen Erfolg erringen zu lassen, der sie in die Lage versetzen könnte, auch in der Türkei und selbst im Iran auf mehr Rechte zu pochen?

Auch Henry Kissinger, der sein kurdisches Abenteuer schon längst hinter sich gelassen hatte, legte seine diplomatischen Dominosteine zur Verringerung des sowjetischen Einflusses im Nahen Osten inzwischen nach einem anderen Muster. Im Kielwasser des arabischen Ölembargos, der Energiekrise der westlichen Industriestaaten und der Entstehung der Organisation erdölexportierender Länder (OPEC) als eines Schlüsselfaktors der Weltwirtschaft war es nach Auffassung Kissingers und auch des Schahs erforderlich, daß der Iran seine Beziehungen zur arabischen Welt verbesserte.

Der amerikanische Publizist Smith Hempstone fand dafür die Formel: »Der Schah war mehr als friedensbereit, wenn er nur bekommen konnte, was er wollte.« Und das war immer noch dasselbe, wozu er ursprünglich mit Hilfe der Kurden das irakische Nachbarland zwingen wollte: die Lösung der verschiedenen Grenzkonflikte, vor allem in den Gewässern des Schatt el-Arab, in seinem Sinne; das Ende der vom Irak ferngesteuerten »Arabistan«-Kampagne in der iranischen Provinz Khusistan und der anderen von Bagdad unterstützten Subversionsversuche, beispielsweise in dem seit Jahrzehnten unruhigen Belutschistan.

Nur die Kurden mit ihren von Teheran zunächst geförderten, jetzt aber als »romantisch« empfundenen Vorstellungen von Freiheit und politischer Selbstbestimmung standen der Lösung dieser Probleme noch im Wege. Der kurdische Bauer mußte deshalb geopfert werden.

Das Schicksal der irakischen Kurden entschied sich nicht auf den zu dieser Jahreszeit noch eisigen Hochkaren und den strategischen Paßstraßen ihrer Heimat, sondern im prächtigen Kuppelpalast des mondänen »Club des Pins« vor den Toren Algiers. Dort hatten sich am 6. und 7. März 1975 die Delegationen der 13 Mitgliedsländer der OPEC zu einer Konferenz versammelt. Das Kartell der erdölexportierenden Staaten sah sich durch den selbstproduzierten Ölüberschuß bei gleichzeitiger wirtschaftlicher Depression und Inflation in den westlichen Industrieländern vor ein schwieriges Problem gestellt, das durch Kissingers damalige Äußerung über eine mögliche direkte militärische Intervention des Westens in der Golfregion noch zusätzlich verschärft worden war. Die OPEC, das schien allen Konferenzteilnehmern klar, mußte in dieser Situation mit nur einer Stimme sprechen, bestehende Rivalitäten entschärfen oder wenigstens verdecken.

Rauschender Beifall ging deswegen durch den Saal, als Gastgeber Houari Boumedienne, der algerische Präsident, die Sensation verkündete: Seine Kaiserliche Hoheit, der Schah des Iran, und der Vizepräsident des Irak, der arabische Sozialist und stellvertretende Vorsitzende des Revolutionären Kommandorates Saddam Hussein, seien übereingekommen, ihre politischen Konflikte und die langjährigen Grenzstreitigkeiten im Dienste der gemeinsamen Sache der OPEC zu begraben.

Unbewegten Gesichts und selbstbewußt erhob sich Reza Pahlevi, lächelnd stand auch Saddam Hussein von seinem mit blauem Samt überzogenen Konferenzsessel auf. Langsam schritten die bisherigen Todfeinde aufeinander zu, umarmten sich nach orientalischer Sitte, küßten sich auf die Wangen. Für die Blitzlichter der Fotografen hielten sich die beiden noch ein Weilchen an der Hand. Das Bild von der spektakulären Versöhnung ging noch am gleichen Abend um die ganze Welt. Doch was den Erdölproduzenten wie ein Bruderkuß erschien, war 4000 Kilometer weiter östlich für das kurdische Volk der Todeskuß.

Für Bagdad und Teheran war die Versöhnung in Algier ein großartiger politischer Coup. Saddam Hussein erklärte sich überraschend bereit, die Hälfte des Schatt el-Arab, der den Mündungsfluß von Euphrat und Tigris in den Persischen Golf bildet, an den Iran abzutreten. Seit 1969 hatte der Schah kategorisch eine Teilung verlangt, um seiner Handels- und Kriegsflotte freie Fahrt zu ermöglichen. Als Gegenleistung sagte Reza Pahlevi nun seine Mitwirkung bei der Niederschlagung des irakischen Kurdenaufstandes zu – jenes Aufstandes, den er und seine amerikanischen Freunde initiiert und vor aller Welt unterstützt hatten: Er verpflichtete sich, die Hilfe für die Kurden sofort einzustellen und seine zur Versorgung der Pesh Merga lebensnotwendige Grenze zu sperren.

So geschah es auch bereits am Tag nach dem Abschluß des Abkommens von Algier. Persische Lastwagenkolonnen, begleitet von Infanterieeinheiten, fuhren im grenznahen Gebiet des irakischen Kurdistan auf. Die Soldaten räumten die den Kurden zur Verfügung gestellten Munitionsdepots bis zur letzten Granate aus, holten jedes ausgeliehene Geschütz zurück und schafften es über die Grenze. Ich habe damals selbst das lähmende Entsetzen der Pesh Merga und die Panik unter den Zivilisten beobachtet, als die persischen Sattelschlepper die schweren 155-mm-Haubitzen, die in den vergangenen Monaten das Rückgrat der kurdischen Kriegführung dargestellt hatten, wieder die Hamilton-Straße hinaufzogen. »Welches Verbrechen haben wir begangen, daß man uns so behandelt«, fragten die meisten. Flüche und Verwünschungen über den »verräterischen Schah«, offene Haßausbrüche über den »Hundesohn«, den Gott verfluchen und seines Reiches berauben solle, mischten sich mit Bekundungen der Angst vor der eigenen Zukunft.

Selbst der sonst immer gut unterrichtete Kurdengeheimdienst »Parasdin« war von der Entscheidung Reza Pahlevis überrascht worden. Als die irakische Armee bereits wenige Stunden nach dem Kuß der ungleichen Brüder und kurz nachdem die Prinzen und Scheichs, die Reichen und Superreichen dieser Welt in ihren Privatjets Algier wieder verlassen hatten, eine neue militärische Großoffensive gegen die Stellungen der Pesh Merga begann, mußte aber auch die kurdische Führung begreifen, daß die Entscheidung von langer Hand vorbereitet worden war. Dieser neuen Offensive standen die Kurden nach der persischen Rückholaktion beinahe ohne schwere Waffen gegenüber. Es blieben ihnen nur die uralten britischen 25-Pfünder-Haubitzen und einige Mörser sowjetischer Provenienz sowie die Entschlossenheit der »Todesbereiten«, auch allein weiterzukämpfen.

Aber bereits nach zwei Tagen ging die Flak-Munition aus, und die irakischen Düsenbomber konnten nun ganz unbehelligt so tief herunter, wie es ihnen das Gelände gestattete. Mit ihren Bordkanonen, Raketensalven und Bomben hatten die MiGs und Suchojs nun freie Jagd. Die Offensive war am 7. März an der Südfront bei Suleimania begonnen worden. Den Hauptstoß aber führten die Iraker an der Mittelfront bei Ruwanduz. Eine Gebirgsbrigade und Infanterie stürmte den Berg Sartees und versuchte von da aus, weiter vorzudringen, erlitt jedoch schwerste Verluste. Irakische Tanks drangen längs der Hamilton-Straße ein paar Kilometer in Richtung auf Barsanis Hauptquartier in das Bergland der Kurdenregion vor, wurden dann aber gestoppt. Ohne schwere Waffen, ohne persische Unterstützung, hatten die Pesh Merga das von allen Beobachtern für unmöglich gehaltene vollbracht. Sie hatten, unter schwersten Blutopfern für Freund und Feind, die überlegene irakische Armee abermals zum Stillstand gebracht und bei einer Gelegenheit sogar starke Truppenteile durch Angriffe auf die entblößten Flanken beinahe eingekesselt. Die britische Journalistin Gwynne Roberts, die wie ich

Zeuge dieser Schlußkämpfe gewesen ist, faßte ihre Eindrücke in der *Financial Times* in die Worte: »Diese Kampfwoche wird in Kurdistans Geschichte eingehen als die glorreichste Zeit der Pesh Merga. Die Partisanen erwogen einen Verzweiflungsangriff auf die irakischen Ausgangspositionen, um eine Wende zu erzwingen.«

Überall bogen sich die kurdischen Linien unter den schweren Schlägen der irakischen Divisionen, aber sie brachen nicht. Ein unsicherer Waffenstillstand von zwei Wochen folgte der abermaligen Enttäuschung der durch die Wendung des Schahs so siegesgewiß gewordenen Truppen Bagdads, die eilig durch weitere Verstärkungen aus dem Süden für den Endkampf aufgefüllt wurden.

Wie erschöpft auch die irakische Seite nach zwölf Monaten schwerster Kämpfe war, enthüllte Saddam Hussein selbst in einer Rede fünf Jahre später, als er nämlich im September 1980 das irakisch-iranische Abkommen von Algier wieder aufkündigte. Die Munitionsvorräte der irakischen Armee, so Saddam Hussein, seien durch die Härte der Kämpfe und wegen des nur schleppend gelieferten sowjetischen Nachschubs nahezu erschöpft gewesen, und nur deshalb habe man sich damals zu dem Abkommen mit dem Schah bereitgefunden. Denn lange hätte die Armee nicht mehr durchhalten können.

Auch General Barsani war später der Auffassung: »Hätte man uns weiter unterstützt, so hätten wir der irakischen Armee die entscheidende Niederlage beibringen können.« Verzweifelt und doch in der Hoffnung, den iranischen Entschluß wieder rückgängig machen zu können, war der Kurdenführer bereits am 7. März über Täbris nach Teheran gereist. Das »Licht der Arier«, eben aus Algier zurück, ließ den Verbündeten von gestern zwei Tage warten, ehe er ihn am 10. März empfing.

Kurz angebunden bot er ihm drei Optionen zur freien Auswahl an: Die Kurden konnten, so der Schah, sich den irakischen Truppen ergeben; sie konnten den Widerstand ohne persische Unterstützung fortsetzen; oder sie konnten mit allen Kombattanten und einem Großteil der Bevölkerung in den Iran übersiedeln. Er drängte Barsani, die letzte der drei Optionen zu ergreifen. Der greise Kurdengeneral wußte bis zu seinem Tode nicht, ob dieser Vorschlag ernstgemeint oder zynisch war. Schließlich verabschiedete ihn Reza Pahlevi mit den Worten: »Unsere Völker sind verwandt. Und ich bin das Licht der Arier und werde Sie und die Ihren beschützen.«

Noch am gleichen Tag kehrte Barsani in sein Hauptquartier nach Hadsch Omran zurück. Ein halbes Jahrhundert hatte er für die Freiheit und Selbstbestimmung seines Volkes gekämpft. Und ausgerechnet zu dem Zeitpunkt, als alle Kurden einig waren wie nie zuvor in ihrer Geschichte, als sie besser organisiert und geführt waren als je zuvor – jetzt sollte einer Laune der Ölstaaten wegen alles vorbei sein? Seinem Naturell und seiner ganzen historischen Erfahrung entsprechend suchte Barsani nach einem Weg zur Fortsetzung des Kampfes. Wenn der persische Alliierte nicht mehr helfen wollte, dann mußte man sich an denjenigen Verbündeten wenden, mit dem schließlich alles begonnen hatte.

Unmittelbar nach seiner Ankunft in Hadsch Omran richtete Barsani deshalb eine geradezu treuherzig anmutende Botschaft an den amerikanischen »Chief of Station« der CIA in Teheran, der die letzten Jahre über der Verbindungsmann zwischen den Kurden und der US-Politik gewesen war. »Es gibt Konfusion und Bestürzung unter unserem Volk und unseren Streitkräften«, so hieß es dort. »Das Schicksal unseres Volkes ist in nie dagewesener Gefahr. Völlige Vernichtung hängt über unseren Köpfen. Wir haben für all dies keine Erklärung. Wir appellieren an Sie und die Regierung der Vereinigten Staaten, Ihren Versprechungen gemäß zu intervenieren und uns als Verbündete nicht fallenzulassen.«

Selbst der »Chief of Station«, als CIA-Offizier wohl nicht gerade zart besaitet, schloß sich den kurdischen Vorstellungen an und sandte zusätzlich ein chiffriertes Telegramm an seinen Vorgesetzten: »Ist das Hauptquartier in Verbindung mit Kissingers Büro betreffs dieser Dinge? … Die Aktion unseres Alliierten [= des Schahs] hat nicht nur die politischen Hoffnungen der Kurden zerstört, sondern sie bedroht das Leben von Tausenden.« Der Amerikaner machte eine Reihe von praktischen Vorschlägen zur direkten Hilfeleistung und schloß mit der Bemerkung: »Es wäre für die Regierung der Vereinigten Staaten eine anständige Sache, dies zu tun.«

Henry Kissinger indes war zu diesem Zeitpunkt wieder einmal auf einer seiner Rundreisen im Nahen Osten und versuchte, die Interimslösung zwischen Israel und Syrien zustande zu bringen. Barsani wandte sich in einem persönlichen Schreiben direkt an den Politiker, der 1972 die Operation in Irakisch-Kurdistan erst angeregt hatte. Der General schrieb »Seiner Exzellenz«, Persien und der Irak hätten sich auf Kosten des kurdischen Volkes geeinigt: »Ein unmittelbares Produkt ihrer Übereinkunft ist die Vernichtung unseres wehrlosen Volkes in einer nie dagewesenen Weise, weil Ihr Alliierter [= Iran] seine Grenze geschlossen hat, und dies, während unser Feind [= der Irak] die größte Offensive begann, die er je unternommen hat und die auch noch weiterhin andauert. Unsere Bewegung und unser Volk werden in der unglaublichsten Weise unter dem Schweigen jedermanns ausgerottet.« Vor allem aber wies Barsani auf die unmittelbare Verantwortung der USA hin: »Wir glauben, Exzellenz, daß die Vereinigten Staaten eine moralische Verpflichtung und eine politische Verantwortung gegenüber unserem Volk haben, welches sich der Politik Ihres Landes verpflichtet hat. In Erwägung dieser Situation bitten wir Sie, so schnell wie möglich aktiv zu werden.« Indes: Henry Kissinger reagierte nicht mehr. In einem Telegramm des Teheraner »Chief of Station« an den Direktor der CIA vom 22. März 1975 heißt es lakonisch: »Keine Antwort von Außenminister Kissinger auf die Botschaft des Führers der ethnischen Gruppe [= Barsani] erhalten.«

Zum erstenmal äußerte sich Kissinger zu dem Schicksal der Kurden beinahe beiläufig in seinen 1979 erschienenen Memoiren: »Der Entschluß des Schahs«, so schrieb er dort, »das Kurdenproblem gemeinsam mit dem Irak zu lösen« (!), sei von der »wahrscheinlich richtigen Annahme ausgegangen, daß die Truppen Barsanis kurz vor einer Niederlage standen« – eine Einschätzung, die alle objektiven Beobachter des Kurdenkrieges mit Sicherheit zurückweisen würden und die auch von dem tatsächlichen Verlauf der Kämpfe widerlegt worden ist. Kissinger begründete jedoch sein Desinteresse mit dem Hinweis, ohne stärkeres Eingreifen iranischer Verbände und ohne »eine amerikanische Hilfe in Höhe von 300 Millionen Dollar hätten sie nicht gerettet werden können«.

Damit war für Kissinger die Sache erledigt. Kaltschnäuzig gab er noch von sich, man dürfe eben »verdeckte Operationen nicht mit Wohltätigkeitsveranstaltungen verwechseln«. Auch dem »Chief of Station«, der sich aus Scham über die amerikanische Haltung später sogar mit seiner vorgesetzten Dienststelle überwarf, wurden weitere Kontakte mit dem kurdischen Hauptquartier untersagt.

»Falls die US-Regierung beabsichtigt«, so hatte er zuletzt nach Washington getelext, »Schritte zu unternehmen, um ein Massaker abzuwenden, dann muß sie umgehend bei unserem Alliierten [= dem Schah] intervenieren.« Washington hatte jedoch dieselbe Entscheidung wie Teheran gefällt, das um den 20. März Barsani nun endgültig die Weisung gab, den Kampf gegen die Truppen Bagdads einzustellen.

Mit hilflosem Zorn, mit ohnmächtiger Wut lasen die Pesh-Merga-Kommandeure Barsanis Befehl, der ihnen die sofortige Einstellung der Kämpfe auferlegte. Die Vermutung, daß der Schah auch mit dem direkten militärischen Einsatz persischer Truppen gegen die Kurden gedroht hatte und vor allem mit der sofortigen Auslieferung der Hunderttausende Flüchtlinge an die irakischen Machthaber, wurde mir im Jahr 1979 von Sami Rahman, einem der führenden kurdischen Politiker, bestätigt. Auch zahlreiche andere Mitarbeiter aus Barsanis Stab teilten diese Auffassung.

In den letzten Märztagen des Jahres 1975 löste sich der kurdische Widerstand unter dramatischen Umständen auf. »Radio Kurdistan«, der Geheimsender der Rebellen, den Franz Josef Strauß finanziert hatte, schwieg bereits am 24. März. Pesh-Merga-Soldaten sprengten ihn. Massud Barsani, einer der jüngeren Söhne des Generals (und seit den achtziger Jahren sein Nachfolger in der Führung der Kurden des Irak), weinte, als die Explosion den Bunkersender in der Nähe des Dorfes Nawperdan zerstörte. Auch im benachbarten Hadsch Omran, bis zum Schluß das Hauptquartier, krachten die Explosionen. Mit Sprengladungen und Handgranaten machten die Artilleristen die wenigen Geschütze, die ihnen noch verblieben waren, unbrauchbar. In Chouman und vielen anderen Orten brannten die Häuser. Selbst Geschäftsleute zerstörten ihre Läden. Keiner der einrückenden Araber sollte sich ins gemachte Nest setzen können. Vereinzelt zerschmetterten Soldaten in ohnmächtiger Wut ihre Gewehre am Fels.

Enttäuschung und Wut über den »Dolchstoß« aus Persien und den »Verrat« durch die Amerikaner machten sich in vielen unkontrollierten Aktionen der jungen Partisanenkämpfer Luft. Eine kurdische Eliteeinheit mußte auf Befehl Barsanis ein Lager mit irakischen Kriegsgefangenen in der Nähe des Ortes Ranya gegen erboste Pesh Merga verteidigen.

Und dann begann nach den Flüchtlingsströmen der vergangenen Monate ein neuer Exodus, der Auszug der bewaffneten Kämpfer. An die 30 000 von ihnen gingen, meist in geschlossenen Verbänden, über die Grenze nach Persien und wurden in riesigen Lagern bei Schahpur unter iranischer Aufsicht zusammengefaßt. Die Waffen, so hatte man verfügt, mußten beim Grenzübertritt abgeliefert werden. Viele aber kamen ohne Gewehre an: In den seit Jahrzehnten erprobten Verstecken in den Höhlen des unzugänglichen kurdischen Hochgebirges wuchsen die Vorräte, die Ausrüstung für einen neuen Krieg um Freiheit und Unabhängigkeit des Kurdenvolkes. Schon 1984, als sich Persien und Irak im Golfkrieg erneut in den Haaren lagen, sollten die Waffen wieder hervorgeholt werden.

Das letzte Interview, das Mustafa Barsani auf kurdischem Boden gewährte, gab er Ende März 1975 mir für die Tageszeitung *Die Welt*. In seinen Antworten auf meine Fragen faßte der 72jährige das Fazit seines Kampfes zusammen: »Der Grund für unser Scheitern liegt, wie sich jeder überzeugen konnte, keineswegs im militärischen Bereich. Unsere Soldaten haben das Schlachtfeld unbesiegt verlassen. Die irakische Armee konnte trotz ihrer unbeschreiblichen Materialüberlegenheit nicht einen einzigen entscheidenden Sieg erringen. In einem Jahr Krieg kam sie nicht mehr als ein paar Dutzend Kilometer vorwärts, und auch das nur unter unvernünftig hohen eigenen Verlusten. Nein, die Entscheidung gegen uns ist auf dem politischen Feld gefallen. In der Interessenpolitik der großen Staaten sind wir auf der Strecke geblieben. Und das politische Denken des Westens ist zur Zeit vom Öl vernebelt.« Auf meine Frage, was denn nun sein eigener entscheidender Fehler gewesen sei, antwortete der General nach kurzem Zögern mit Bitterkeit in der Stimme: »Der größte Fehler meines Lebens war, den USA zu vertrauen.«

Zwei Stunden nach unserem Gespräch bestieg Barsani einen Landrover und ging zusammen mit seinen Leibwächtern und seiner Familie ins Exil. Zurück blieben die zerbrochenen Hoffnungen der Kurden, die Träume von Unabhängigkeit und Autonomie, von Freiheit und Selbstbestimmung eines unbeugsamen Volkes, an dem sich wie bei keinem zweiten Napoleons Wort erfüllte, die geographische Lage einer Nation sei ihr historisches Schicksal.

Zurück blieben aber auch Tausende unbeugsame Kämpfer, und weitere Tausende sickerten in den folgenden Jahren aus dem iranischen Exil wieder über die Grenze zurück in ihre kurdische Heimat. In ihren unzugänglichen Bergverstecken und den entlegenen Terrassendörfern, ihren klassischen Zufluchtsorten, und im unverfänglichen Gewand vermeintlich unpolitischer Bauern oder Arbeiter warteten sie auf die große Stunde, in der sie – mit neuer Unterstützung interessierter Mächte – ein weiteres, vielleicht das entscheidende Mal zum Kampf um »Azadi bo Kurdistan«, um »Freiheit für Kurdistan«, die Waffen ergreifen können.

»Wir werden siegen«, sagte mir während eines geheimen Besuches bei den kurdischen Illegalen im Dreiländereck zwischen der Türkei, dem Irak und Persien der Politiker Sami Rahman, »wir werden siegen, und wenn es noch einmal 100 Jahre dauern sollte.« Er konnte damals noch nicht wissen, daß er ein Vierteljahrhundert nach dieser Bekundung, im Mai 2003, als einer der angesehensten Politiker der Autonomen Region Kurdistan über die Ausgestaltung dieser Autonomie mitbestimmen sollte.

11
»Syrien – unsere gemeinsame Heimat«

Der arabische Gürtel drückt den Kurden die Luft ab

Ein vergilbtes Stück Papier mit einem darauf gehefteten Schwarzweißfoto und in einer transparenten Hülle ist das einzige Dokument, mit dem der Textilverkäufer Massud Omar beweisen kann, daß es ihn gibt. Er ist einer von rund 75 000 Kurden in Syrien, die »maktumeen« sind, »unregistriert«. Sein Haus in der Kurdenstadt Quamishli und sein kleines Textilgeschäft sind auf Freunde angemeldet. Denn Massud Omar darf in Syrien keine Immobilien erwerben und kein Geschäft führen. Er kann nicht ins Ausland reisen, seine Ehe ist gemäß der syrischen Gesetze illegal, und offiziell gibt es auch seine vier Kinder nicht. Ähnlich wie den »Maktumeen« geht es den fast 200 000 syrischen Kurden, die man amtlich als »staatenlose Ausländer« bezeichnet. Sie führen stets ihren roten Ausweis mit sich, Voraussetzung dafür, daß sie sich innerhalb Syriens frei bewegen dürfen.

Gemeinsam ist dieser Viertelmillion der mindestens 1,5 Millionen Kurden in Syrien (10 Prozent der Bevölkerung), daß sie keine andere Heimat kennt als die Kurdenregion oder die Großstädte der syrischen Republik und daß sie trotzdem nicht über die vollen Bürgerrechte verfügt. So harmlos, wie das in unseren Ohren klingt, ist das in der Praxis nicht. Denn jeder, der keine vollen Bürgerrechte hat, findet beim (sozialistischen!) Staat weder Anstellung noch Arbeit, er kann weder in Gewerkschaften noch in Genossenschaften Mitglied werden, er ist vom Bezug staatlicher Subventionen z.B. für Lebensmittel ausgeschlossen, und vieles mehr. Die Klassifizierung wirkt bis ins Privatleben hinein, denn viele der oft großen Familien sind zersplittert: in ordentliche Staatsbürger, in registrierte und in unregistrierte Staatenlose. Ein Teil der Familie darf also z.B. mit auf die Reise in ein Nachbarland, ein anderer Teil muß zu Hause bleiben.

Dabei wurden auch die Väter und Großväter der Kurden dieser Region vor gut 80 Jahren ohne eigenes Zutun und ungefragt zu Syrern. Sie gehörten einfach zu jenem Territorium, das sich die französische Mandatsmacht 1922 aus der Erbmasse des Osmanischen Reiches herausschnitt. Zunächst waren damit keine besonderen Probleme für die Kurden verbunden. Recht unangefochten lebten sie in ihren angestammten Gebieten am Kurd Dagh (Großer Kurdenberg), in Ein al-Arab (Kobania) und vor allem in der Region Al-Dschesirah, die sich wie ein »Entenschnabel« zwischen der Türkei und dem Irak nach Osten streckt. Noch heute sind die syrischen Städte Quamishli, Amuda und Afrin weit überwiegend kurdisch. Kleinere kurdische Streusiedlungen gibt es auch im Nordwesten Syriens, unweit der Großstadt Aleppo, fast bis zum Mittelmeer.

Viele Kurden hatten sogar zusammen mit Arabern gegen die französische Kolonialherrschaft gekämpft. An den aus der Gegend von Aleppo stammenden Ibrahim Hanano zum Beispiel, einen Kurden, der zum Helden des antikolonialen Kampfes geworden ist, erinnern noch heute Denkmäler, Gedenktafeln und Straßenschilder in Damaskus und Aleppo und im ganzen Land – freilich ohne sein Kurdentum zu erwähnen.

Auch nach der staatlichen Unabhängigkeit, die Syrien 1946 endlich erlangte, und bis Ende der fünfziger Jahre waren die Kurden keinen besonderen repressiven Maßnahmen ausgesetzt. So konnte beispielsweise der vor bald 20 Jahren im schwedischen Exil verstorbene »Nationaldichter« der syrischen Kurden, Cegerxwin (»Herzblut«), von 1946 bis 1958 seinen »Diwan« in lateinischer Schrift und auf kurdisch in Syrien veröffentlichen. Und in den kurdischen Städten Quamishli, Amuda und Afrin war der Schulunterricht zwar ausschließlich in arabischer Sprache, aber kurdische Lesebücher waren überall frei zu haben. 1957 konnten syrische Kurden (wohl inspiriert von ihren Volksgenossen aus dem Nachbarland Irak) als ihre Interessenvertretung auch eine »Kurdische Demokratische Partei in Syrien« gründen, die anfangs unbehelligt blieb.

Die Politik direkter Unterdrückung begann erst zur Zeit der »Vereinigten Arabischen Republik«, einer großarabisch inspirierten politischen Konföderation Ägyptens mit Syrien, die 1958 proklamiert wurde, allerdings schon drei Jahre später wieder an ihren inneren

Widersprüchen zerbrach. In dieser Zeit des unverbrauchten, übersteigerten arabischen Nationalismus wurden erstmals Politiker der syrischen Kurdenpartei verhaftet. Im Sommer 1962 – also nach dem Bruch mit dem stets den kurdischen Anliegen aufgeschlossenen Ägypten – wurde die Schraube weiter angezogen. Ähnlich wie in der Türkei, in der es nichts als Türken geben durfte, konnten sich auch die durch Putsche schnell aufeinanderfolgenden syrischen Militärdiktaturen die Republik Syrien nur als rein arabisches Land vorstellen. Die größte Minderheit des Landes, die Kurden, mußte deswegen arabisiert werden – oder sie hatte zu verschwinden.

Auf dieser Linie lag 1962 die gesetzliche Verordnung Nr. 93, die im Dschesirah-Gebiet, einer fast rein kurdisch besiedelten Region, eine außerordentliche Volkszählung ermöglichte. Angeblich »störte« die kurdische Präsenz den »arabischen Charakter der Provinz«. Und offenkundig zielte die umstrittene Volkszählung auf eine Veränderung der demographischen Wirklichkeit in der Region. Im Ergebnis dieser Zählung wurde rund 150 000 Kurden die syrische Staatsbürgerschaft aberkannt, praktisch über Nacht. Diese Kurden und ihre Nachkommen machen die »Maktumeen« und die Staatenlosen von heute aus.

Die Ausbürgerungsaktion war der Auftakt für eine lange Kette von Verfolgungsmaßnahmen, mit denen – in unterschiedlicher Intensität – bis in unsere Zeit hinein den Kurden das Leben auf ihrem angestammten Heimatboden schwer gemacht wird. Im März 1963 putschte sich die noch heute herrschende Baath-Partei, die »Arabisch-Sozialistische Partei der Wiedergeburt«, an die Macht. Zu ihren ersten Amtshandlungen gehörte die Entsendung einer syrischen Legion, der Elitedivision »Yarmuk«, in den benachbarten Irak, wo sie sich am Krieg gegen den dort um Autonomie kämpfenden Barsani beteiligte. Mit dem Vorwurf, Barsanis Kurden wollten bloß »ein zweites Israel« auf arabischem Boden schaffen, wurde dieser Kampf um Autonomie diffamiert.

Ebenfalls 1963 veröffentlichte die regierende Baath-Partei eine programmatische Schrift unter dem Titel »Studie über die Provinz Dschesirah aus nationaler, sozialer und politischer Sicht«. Autor war der Geheimdienstchef dieser Provinz namens Hillal, der es später sogar zu einem Ministeramt in Damaskus brachte. In der Schrift »beweist« der Autor zunächst, daß die Kurden kein eigenes Volk sind, sondern daß es sich bei ihnen um nicht viel mehr als um gewalttätige Wilde handelt. Danach schlägt er in einem Zwölf-Punkte-Programm radikale Maßnahmen gegen die Kurden vor, so weitgehend und radikal, daß der kurdische Historiker Sherif Vanly dies wütend als das »syrische ›Mein Kampf‹ für die Endlösung der Kurdenfrage« bezeichnete.

Die Vorschläge des rabiaten Baathisten hörten sich in der Tat schrecklich an, und in ihrer Wirkung waren sie es auch. Die Kurden sollten demnach umgesiedelt und zerstreut werden, von jeglicher Bildung (auch von arabischer!) ausgeschlossen, Erwerbsmöglichkeiten jeder Art sollten ihnen entzogen, nach dem Prinzip des »divide et impera« sollten sie gespalten und gegeneinander aufgehetzt sowie aus einem breiten Grenzstreifen ausgesiedelt und durch arabische Neusiedler ersetzt werden. Zum Schluß empfahl der Autor noch, »eine großangelegte antikurdische Kampagne unter den Arabern« zu entfachen.

Tatsächlich wurden diese Maßnahmen, insbesondere die Schaffung eines »arabischen Gürtels« von 10 bis 15 Kilometer Breite und 350 Kilometer Länge entlang der Grenze zur Türkei und zum Irak, mit unterschiedlichem Erfolg und schwankender Intensität von dem damaligen und den Nachfolgeregimen durchgeführt. Kurdisches Bauernland wurde enteignet. Die dort ansässigen Kurdenfamilien hatten ihre Höfe und landwirtschaftlichen Betriebe innerhalb kurzer Fristen zu räumen, was zu teilweise heftigem Widerstand führte. Die kurdenfrei gemachten Gebiete wurden mit arabischen Neusiedlern, vor allem aus den Regierungsbezirken Raqqua und Aleppo wieder aufgefüllt. Die enteigneten Flächen wurden in Staatsgüter oder landwirtschaftliche Produktionsgenossenschaften (ganz nach dem Muster der LPGs in der untergegangenen DDR) umgewandelt. Jahrelang wurde dieser Prozess auch von DDR-Landwirtschaftsexperten und -Technikern begleitet.

Ein syrisch-kurdischer Historiker hat im deutschen Exil dazu einleuchtend kommentiert: »Die Intensität der Durchführung dieses Programms, das dem Charakter des Regimes bestens entspricht, hängt augenscheinlich davon ab, ob das Regime gerade mit wichtigeren Problemen beschäftigt ist oder nicht. Angesichts der relativ geringen Zahl der Kurden in Syrien und ihrer geographischen Verteilung bilden die Kurden in Syrien anders als etwa die im Irak, im

Iran und in der Türkei für das Regime kein essentielles Problem. Es gibt daher immer wieder vordringlichere Probleme. So hat 1967 sicher nicht nur der Widerstand der betroffenen Bauern, sondern vor allem auch der Krieg mit Israel, zunächst das Projekt der (linken) Baath im Gebiet nordwestlich von Afrin, unter dem Deckmantel der sozialistischen Agrarrevolution die kurdischen Bauern durch arabische zu ersetzen, ad acta gelegt. 1976 – parallel zur syrischen Intervention im Libanon – war es das großangelegte Projekt der Umsiedlung aus der Dschesirah, das von Präsident Assad gestoppt, aber keineswegs rückgängig gemacht wurde.«

Zehntausenden von kurdischen Familien wurde so das auch in Syrien verbriefte Recht auf Eigentum genommen sowie das Recht auf Arbeit auf dem Land ihrer Ahnen und Urahnen. Tausende vormals freier Bauern und ihre Kinder hatten keine andere Perspektive, als auf ihren eigenen Feldern – sofern sie überhaupt geduldet wurden – landwirtschaftliche Hilfsarbeiten anzunehmen, sich in den syrischen Metropolen Damaskus und Aleppo auf der untersten Stufe der sozialen Leiter als Taxifahrer, Müllwerker, Hilfsarbeiter, in der Gastronomie oder als Hausgehilfen zu verdingen oder in den Häfen von Lattakia, Banjuls oder im fernen Beirut die Dreckarbeiten zu übernehmen. Die daraus resultierende soziale Deklassierung (und damit die Verbindung der nationalen Frage mit der sozialen) schuf neuen Sprengstoff im Verhältnis der Kurden zu ihrem syrischen Staat. Tausende versuchten illegal nach Europa auszuwandern und dort Asyl und vielleicht den Beginn eines neuen Lebens zu finden.

Auch auf anderen Gebieten hat die Arabisierungspolitik des syrischen Staats bei seinen Kurden tiefe Wunden geschlagen: Ähnlich wie in Südtirol in der Zeit des italienischen Faschismus die deutschen Flur- und Ortsnamen auf zum Teil groteske Art durch erfundene italienische ersetzt wurden, erhielten auch Hunderte kurdischer Dörfer und Städte, ja sogar Berge und archäologische Stätten arabische Namen. Ein Ort zum Beispiel, der jahrhundertelang »Derik« hieß, wurde über Nacht in »Al-Malikiyye« umbenannt, Briefe, die noch nach »Derik« adressiert waren, gingen mit dem Vermerk »unbekannt« wieder zurück. Eine Zeitlang war sogar der öffentliche Gebrauch der kurdischen Sprache, genauso wie in der Türkei, verboten.

Generell herrschte bei Beobachtern der Entwicklung in Syrien der Eindruck vor, daß einige der schlimmsten antikurdischen Restriktionen etwas zurückgenommen wurden, seit 1970 der frühere Präsident Hafiz al-Assad an die Macht gekommen war – in dem bis heute letzten Staatsstreich in einem Land, das sich bis dahin den Spottnamen »Putschistan« redlich verdient hatte! Kurden dürfen seit Beginn der Herrschaft Assads zum Beispiel ihre Sprache auch in der Öffentlichkeit gebrauchen. Die allgemeine Linie der Repression ist dennoch geblieben, vor allem wenn sich der kurdische Kampf um Gleichberechtigung in Form politischer Organisationen und Parteien manifestiert. Nach wie vor spielt Damaskus noch die allarabische Karte, und das gewiß nicht nur aus Böswilligkeit: Vielleicht wird man Damaskus eine besondere Sensibilität hinsichtlich der kurdischen Gebiete zubilligen müssen. Denn sie liegen erstens an den oder nahe der Grenzen zur traditionell verfeindeten Türkei und zum nicht unbedingt befreundeten Irak und stellen allein deswegen schon ein besonderes Sicherheitsproblem dar. Auch wirtschaftlich sind die Kurdenregionen von erheblicher Bedeutung. Aus ihrem Boden kommt der Großteil des syrischen Erdöls, der mehr als ein Viertel des Eigenbedarfes deckt. Und die Region Dschesirah, die zwischen den beiden Flüssen Euphrat und Tigris liegt, ist eines der fruchtbarsten Gebiete des Landes. Weit über die Hälfte der Getreide- und Baumwollernte Syriens kommt aus dieser Region.

Doch wie könnten diese Sachverhalte erklären, warum es das Innenministerium noch 1992 für unabdingbar gehalten hat, einen Beschluß mit der Nummer 122 bekannt zu machen, wonach für die Namensgebung der Kinder die Sicherheitsdienste zuständig sind? Warum »mußte« die Registrierung Dutzender Neugeborener abgelehnt werden, nur weil ihre Eltern kurdische Namen für sie ausgesucht hatten?

Auch einzelne Provinzgouverneure, absolute Herrscher in ihrem jeweiligen Reich, ließen es an eindeutigen Beweisen ihrer Kurdenfeindlichkeit nicht fehlen. Ein Beispiel ist der Gouverneur der Provinz Al-Hasaka, Muhamad Mustafa Meerow. 1986 erließ er die Verordnung 1012/S/25, mit der er die kurdische Sprache an den Arbeitsstellen untersagte. 1989 ein weiterer Beschluß (1865/S/25), der kurdische Lieder auf Festen und Hochzeiten untersagte. 1994 führte ein Beschluß zur Schließung von Geschäften und Handwerksbetrieben, die einen kurdischen Namen trugen. 1998 betraf ein Beschluß die Umbenennung von nochmals 209 Dörfern mit kurdischem Namen. Doch offenbar zerbricht sich niemand darüber den Kopf, daß diese Maßnahmen ausnahmslos gegen eine Reihe internationaler Menschenrechtsabkommen verstoßen, die auch Syrien unterzeichnet hat.

Nimmt man alles zusammen, ist die heutige Lage der Kurden in Syrien aber doch von einer gewissen Offenheit charakterisiert, neben den unzweifelhaften Faktoren der Unterdrückung gibt es auch Signale der Entspannung. Schließlich wird die Aufmerksamkeit des syrischen Regimes seit mehr als 20 Jahren von größeren Problemen in Anspruch genommen, als sie die Kurden darstellen. Es hatte und hat sich einerseits der Angriffe der Moslembrüder, der islamischen Fundamentalisten, zu erwehren und tut das auch erfolgreich und rücksichtslos. Durch seine Position und militärische Präsenz im Nachbarland Libanon liegt Syrien relativ offen im Konflikt mit den USA. Und zwischen Syrien und Israel liegen die Golanhöhen, ohne deren Räumung durch Israel und Rückgabe an Syrien es an dieser Front definitiv keinen Frieden geben wird. Auch die Beziehungen zum türkischen Regime wurden über die Jahre schlechter, vor allem wegen der von Ankara willkürlich und immer restriktiver gehandhabten Weiterleitung des Euphratwassers, das für Syriens Stromerzeugung und Landwirtschaft unverzichtbar ist. Darin dürfte der Hauptgrund für die jahrelange Asylgewährung für PKK-Chef Abdullah Öcalan, den Führer der türkischen Kurden, und die logistische Unterstützung seiner Aufstandsarmee zu suchen gewesen sein. Da Damaskus gleichzeitig engere Beziehungen zur hauptsächlich kurdischen irakischen Opposition pflegte, bekam das Thema »Kurden« einen etwas anderen Stellenwert.

So konnten die syrischen Kurden im Jahr 1985 erstmals ihr Neujahrsfest »Newroz« feiern, ohne daß staatliche Gegenmaßnahmen erfolgten. Als politische Organisationen, die ausnahmslos verboten waren und noch sind, die Frühlingsfeiern angeblich als Bühne nutzten, wurden sie in den folgenden Jahren wieder untersagt. Doch immerhin: »Modernisierer« in Damaskus, zu denen viele auch den jungen Präsidenten Bashir al-Assad rechnen, halten es für klüger, mit den Kurden zu sprechen und darüber nachzudenken, mit welchen taktischen Zügen man die Zeitbombe, die das Kurdenproblem auch in Syrien darstellt, entschärfen kann. Andere, die »Betonköpfe«, von denen es in Syrien noch eine Menge gibt, halten den Dialog für schädlich.

Welchem Wechselbad von neuem politischen Interesse und alter polizeilicher Härte die politisch aktiven Kurden in Syrien derzeit ausgesetzt sind, illustriert gut ein Vorgang aus jüngster Zeit: Bereits im Oktober 2002 hatte eine kurdische Dachorganisation, die »Kurdische Demokratische Allianz«, an Staatschef Bashir al-Assad appelliert, die Bürgerrechte für Kurden wiederherzustellen. Es wurde deswegen mit großem Interesse registriert, daß Assad kurz darauf die von einem sehr starken kurdischen Bevölkerungsanteil geprägte Stadt Hasaka mit seinem Besuch beehrte. Etwas später, am Tag der Menschenrechte, am 10. Dezember 2002, demonstrierten mehrere hundert Kurden, unter ihnen zahlreiche oppositionelle Schriftsteller und Journalisten, vor dem Gebäude der »Volksversammlung Syriens«, wie sich das Parlament in Damaskus nennt. Die mitgeführten Transparente und die hochgehaltenen Plakattafeln forderten auf arabisch und auf kurdisch: »Volle Bürgerrechte für alle Kurden!«, »Schluß mit der Unterdrückung des kurdischen Volkes!« und »Araber und Kurden – Syrien unsere gemeinsame Heimat«. Die Demo ging in ein »Sit-in« über. An die Passanten wurden Flugblätter mit den kurdischen Forderungen und Argumenten verteilt. Die Polizei schritt nicht ein, sondern erlaubte vielmehr zwei Sprechern der Demonstranten, dem syrisch-kurdischen Poeten und Schriftsteller Marwan Osman und dem Journalisten Hassan Saleh, beide Vorstandsmitglieder einer der nicht genehmigten kurdischen Parteien, den Zugang ins Innere des Parlaments. Die beiden hatten eine Petition vorbereitet, die sie übergeben wollten. Zu ihrer eigenen Überraschung wurden die beiden Sprecher von Abdul Kader Kaddura, dem Präsidenten der Volksversammlung, in seinem Büro empfangen. Sie konnten in freundlicher Atmosphäre ihre Wünsche und Forderungen vortragen und ihre Denkschrift überreichen und erläutern. Die syrische Regierung wurde darin aufgefordert, ihre Haltung gegenüber der kurdischen Minderheit zu überdenken, deren Diskriminierung aufzuheben und sie mit den gleichen Rechten und Pflichten auszustatten wie alle anderen syrischen Bürger auch. Wichtigste Forderung: »Die verfassungsmäßige Anerkennung der Existenz einer kurdischen Gemeinschaft im Rahmen der staatlichen Einheit des Landes.« Der Präsident habe sogar Verständnis für die kurdischen Wünsche signalisiert, erinnerte sich einer der beiden Petenten hinterher.

Eine Woche später sah alles schon nicht mehr so freundlich aus. Denn Innenminister Ali Hammud ließ die beiden Kurdenrepräsentanten zu einer Anhörung zitieren und noch im Ministerium ihre vorläufige Festnahme vollziehen. Wie ihr von der arabisch-französischen Menschenrechtsorganisation AODEPF gestellter Anwalt Anwar Bunni Ende Mai mitteilte, wurde inzwischen Anklage vor dem Staatsgerichtshof erhoben. Das angebliche Delikt: »Versuchte Abtrennung von Teilen des syrischen Territoriums zugunsten eines anderen Staates«. »Werden die beiden Angeklagten verurteilt«, so Bunni, »drohen ihnen zwischen 10 und 15 Jahren Zwangsarbeit, vielleicht sogar eine lebenslange Gefängnisstrafe.«

»Die Botschaft, die das januskköpfige syrische Regime der kurdischen Bevölkerung vermittelt«, stellte dazu die angesehene *Middle East Times* fest, »und das ist vielleicht auch die Botschaft des Präsidenten selbst, lautet offenbar: Ja, wir werden uns mit euren Problemen befassen, aber verwechselt das nicht mit einem Blankoscheck für immer weitere Forderungen.« Dabei haben die jahrzehntelange Unterdrückung und die undurchsichtige Perspektive die Erwartungen der syrischen Kurden an ihre Zukunft bereits auf ein Mindestmaß schrumpfen lassen. Der Traum vom eigenen Kurdenstaat wird in Syrien nur noch von wenigen geträumt. Sehr viele, die ihn träumten, hatten sich in den letzten Jahrzehnten der Untergrundarmee Abdullah Öcalans angeschlossen. Nur wenige schafften es nach Syrien zurück. Die meisten vermodern in irgendeinem türkischen Gefängnis oder endeten wie so viele Tausende in einem der Massengräber des kurdisch-türkischen Kampfgebiets. Selbst das Ziel der Autonomie wird, jedenfalls öffentlich, nur noch von einer Minderheit verfolgt. »Das ist bei uns anders als bei den Kurden im Irak«, sagt Ahmad Barakat, der Vorsitzende einer der nicht zu Wahlen zugelassenen syrischen Linkspartei. »Unser Problem ist anders gelagert, und deswegen auch unser Ziel. Wir in Syrien wollen einfach unsere Kultur frei leben können und wir wollen unsere Freiheit als syrische Staatsbürger. Wir müssen unser Leben in der Realität einrichten und nicht in Träumen.«

Dabei sieht alles so einfach, so unkompliziert, so friedlich aus, wenn man durch die kurdischen Gebiete fährt. In Quamishli zum Beispiel erschließt sich auf den ersten Blick kaum, daß man sich in einem Gebiet ausgeprägter ethnischer Spannungen befindet. In einem Vorort spielen Kinder auf den staubigen Straßen, die Frauen sitzen in ihrer traditionellen bunten und glitzernden Kurdentracht auf der Terrasse, putzen Gemüse, schauen den Kindern zu und hören nebenbei das kurdische Radio aus dem Irak. Hat es hier jemals ein Problem gegeben? Offenbar doch, denn die Männer bleiben freundlich vorsichtig im Gespräch. Denn sicher kann man sich nie sein. Die Präsenz des »Mukhabarat« wird überall unterstellt. »Wir sprechen nicht unnötig laut auf der Straße«, sagt Massud Omar lächelnd. »Wir denken immer, daß uns jemand zuhört und etwas aus unseren Worten macht, was wir gar nicht gesagt haben.«

Abkürzungsverzeichnis

ANAP	Mutterlandpartei
AODEPF	Arabisch-französische Menschenrechtsorganisation (»La Organisation de la Liberté de la Presse et d'Expression«)
CENTO	Central Treaty Organization: 1955 geschlossenes westliches Verteidigungsbündnis von Türkei, Irak (bis 1958), Iran, Pakistan, Großbritannien und USA
DEHAP	Demokratische Volkspartei
ECR	Elektronische Kampfführung und Aufklärung
EGMR	Europäischer Gerichtshof für Menschenrechte
EU	Europäische Union
HADEP	Demokratische Partei des Volkes
HEP	Arbeitspartei des Volkes
INC	Irakischer Nationalkongreß
KDP/DKP	Kurdistan Democratic Party/Demokratische Partei Kurdistans
KNC	Kurdischer Nationalkongreß
MIT	Türkische Geheimpolizei
NATO	Organisation des Nordatlantikvertrags
OPEC	Organisation erdölexportierender Länder
PKK	Arbeiterpartei Kurdistans
PUK	Patriotische Union Kurdistans
SAVAK	Persische Geheimpolizei
UÇK	Kosovo-Befreiungsarmee
UN, UNO	Vereinte Nationen
UNHCR	Vereinte Nationen/Hohes Kommissariat für Flüchtlinge

Zeittafel

3000 v. Chr.	Sumerer, Babylonier und etwas später auch die Assyrer, alles einst große Reiche im Vorderen Orient, erwähnen in ihren Keilschrifttexten das Volk der Guti, Qurti oder Kurtie, deren Land (östlich des Tigris) man Gutium oder Kardaka nannte.
Um 2000 v. Chr.	Die Guti erheben sich fortwährend gegen die Sumerer, besiegen sie schließlich und bilden eine ca. 100 Jahre andauernde Vorherrschaft im heutigen Zentralkurdistan. Parallel Einwanderung der indogermanischen Hethiter und Beginn der sprachlichen Indogermanisierung des Zagros
Um 1700 v. Chr.	Hammurabi besiegt »nördliche Bergvölker«.
1100 v. Chr.	Assyrische Truppen erobern das Gebiet der Guti.
1000 v. Chr.	Die Meder lassen sich zwischen Urmia und Van-See nieder. Sie leisteten Widerstand einerseits gegen die Perser, andererseits gegen die Assyrer, die ein großes Sklavenimperium errichteten.
900 bis 700 v. Chr.	Die Guti nehmen das Medische an.
835 v. Chr.	Erste Erwähnung der Meder in einer Inschrift
Um 625 v. Chr.	Gründung eines medischen Großreichs
612 v. Chr.	Die Meder erobern und zerstören Ninive, die Hauptstadt des assyrischen Imperiums. Dieses historische Ereignis ging in die kurdische Kultur ein als das Neujahrsfest Newroz (21. März). Dieses Fest symbolisiert den Aufstand der Kurden (Fabel vom Aufstand Kawas, des mythischen Helden der kurdischen Geschichte) gegen die tyrannische Herrschaft. Aufstieg des medischen Reichs, welches das gesamte heutige Kurdistan

	umfaßte. Die Vorgänge in dieser Epoche waren die Grundlage für die Bildung der kulturellen, sprachlichen und territorialen Einheit der Meder, welche die Basis für eine kurdische Zusammengehörigkeit schufen.
599 v. Chr.	Zarathustra (Philosoph und Reformator) in Medien geboren. Seine Lehre sind der monotheistische Glaube (Ahura Masda) und ethischer Dualismus. Für Zarathustra ist das Leben ein ständiger Kampf zwischen Gut und Böse, Wahrheit und Lüge und Licht und Finsternis.
550 v. Chr.	Die Perser unter König Kyros unterwerfen das Mederreich und gründen das persische Achämenidenreich. Das heutige Gebiet Kurdistans fällt unter ihre Herrschaft. Mit der Niederwerfung der Meder durch die Perser begann eine Phase der Okkupation, Ausplünderung und der Kriege um Kurdistan.
401 v. Chr.	Xenophon überquert mit den »Zehntausend« das »Karduchen-Gebirge«.
331 v. Chr.	Alexander der Große besiegt das Persische Reich. Kurdistan fällt unter griechische Herrschaft.
80 v. Chr.	König Tigranes von Armenien besetzt »Gorduene«.
60 v. Chr.	Die Römer, die im Westen ein Großreich gegründet haben, okkupieren die gesamte Region. Beginn der römischen Kolonisierung
260 bis 630 n. Chr.	Das Römische Reich und die persische Sassaniden-Dynastie kämpfen um die Vorherrschaft. Der Krieg findet auf kurdischem Siedlungsgebiet statt. Der ständige Kriegszustand zwingt die Kurden, sich zu ihrem Schutz in die Berge zurückzuziehen.
621	Entstehung des Islam
639 bis 645	Einmarsch arabischer Heere in die kurdischen Gebiete und erste blutige Auseinandersetzung zwischen den Kurden und den islamischen Invasoren. Die bis dahin teils christlichen, teils zarathustrischen Kurden werden zwangsislamisiert. Doch nach ihrer

	endgültigen Islamisierung leisten die Kurden einen eigenständigen Beitrag zur islamischen Kultur, vor allem auf militärischem und künstlerischem Gebiet.
	Trotz der durch die arabische Hegemonie bestehenden Einschränkungen entstehen mehrere kurdische Dynastien (Nordirak):
912 bis 1015	Hassanwiden in Süd-Kurdistan
951 bis 1174	Schaddadiden im Norden Kurdistans (Hauptstadt Gandieh)
990 bis 1096	Marwaniden in West-Kurdistan mit der Hauptstadt Diyarbakir
1037	Gründung der Seldschuken-Dynastie im Iran, die für das Schicksal der Kurden eine große Rolle gespielt hat.
1167	Aufstieg des Sultans Saladin und Gründung der kurdischen Dynastie der Aiyubiden. Diese Dynastie herrscht von 1169 bis 1250 über den gesamten islamischen Nahen Osten.
1187	Sultan Saladin leistet den Eroberungszügen der Kreuzfahrer erfolgreich Widerstand und erobert Jerusalem.
1245	Die Mongolen erobern große Teile von Kurdistan und hinterlassen grausame Verwüstungen.
1300 bis 1450	Wiederherstellung der kurdischen Fürstentümer nach dem Ansturm der Mongolen. Das kurdische Kulturleben blüht an den Höfen von Bitlis, Hakkari und Bohtan auf.
1500 bis 1840	Kurdistan wird Schauplatz der Kämpfe zwischen dem Osmanischen (gegründet 1301) und dem Persischen Reich. Osmanen und Perser fordern beide die Unterstützung der kurdischen Feudalherren ein, so daß die Kurden auf beiden Seiten kämpfen. Der militärische Erfolg der Osmanen dürfte nicht zuletzt darauf zurückzuführen sein, daß es ihnen gelang, durch entsprechende Zugeständnisse die Loyalität der kurdischen Stammesführer zu gewinnen. Die politischen Zugeständnisse der Zentralregierungen an die kurdischen Herrscherfamilien führen dazu, daß die kurdi-

	sche Kultur zur Zeit des Osmanischen Reiches eine Blütezeit erfährt.
1514	Schlacht von Tschaldoran im Norden Kurdistans zwischen dem osmanischen Sultan Selim I. und dem Safawiden-Schah Ismail. Der größte Teil Kurdistans wird dem Osmanischen Reich einverleibt. Sultan Selim verpflichtet sich, die »kurdischen Staaten« anzuerkennen und sich nicht in ihre inneren Angelegenheiten einzumischen.
1596	Amir Scheref Khan Bitlisi, Fürst von Bitlis, beendet sein Buch »Scherefnameh« (Die Zeugnisse der kurdischen Nation), den ersten vollständigen Überblick über die kurdische Geschichte.
1639	Durch das Abkommen von Kasri Schirin, dem Vertrag zwischen Osmanen und Persern, wurde die osmanisch-persische Grenze festgelegt; Kurdistan wird hier zum ersten Mal aufgeteilt. Damit war der Auftakt einer negativen Entwicklung für Kurdistan gegeben. Als das Osmanische Reich in der ersten Hälfte des 19. Jahrhunderts im Vergleich zu Europa technisch und wirtschaftlich ständig zurückfällt und somit in seinen Fundamenten erschüttert wird, verlieren die kurdischen Fürstentümer zusehends an Autonomie.
19. Jahrhundert	Einmischung der »Hohen Pforte«, der Regierung des Osmanischen Reichs, in die kurdischen Angelegenheiten. In ihren Vorrechten bedroht, erheben sich die kurdischen Fürsten, in allerdings unkoordinierten Aufständen.
1806	Revolte des Abdulrahman Pascha von Suleimania
1818	Beginn des russischen Einflusses und Aufstand des kurdischen Stammes Bilbas
1826	Beginn der Entmachtung der kurdischen Fürsten von Dereh Bey (Beg) durch den osmanischen Sultan Mohammad II.
1828	Ende des Russisch-Persischen Krieges (Vertrag von Turkmantschai, Gebietverluste an Rußland). Auswanderungswelle von armenischen und assyrischen Chri-

	sten sowie von Kurden nach Rußland, Ansiedlung der Assyrer und der Kurden bei Eriwan
1830	Revolte des Mir Mohammad (bekannt als Miri Kora) von Rawanduz
1843-47	Revolten des Bedir Khan Beg von Dschesirah und des Nurallah Beg von Hakkari und in diesem Zusammenhang erster armenisch-kurdischer bzw. assyrisch-kurdischer Konflikt
1877/78	Russisch-osmanischer Krieg ermöglicht die Aufstände in den Provinzen Hakkari und Bohtan sowie des kurdischen Stammes Hammawand.
1880	Revolte von Scheich Obeidullah Schamdinan von Nehri und Belagerung von Urmia im iranischen Kurdistan
1890/91	Versuch des Schakir Pascha zur Gründung der irregulären »kurdischen Hamidia-Truppen«
1894/95	Kurdischer Aufstand von Hakkari gegen Sultan Hamids Politik
1897/98	Das »Erste Kurdische Nationalkomitee« und die Zeitung *Kurdistan* werden gegründet.
1900, 1903/04	Mulla Mustafa Barsani geboren
1905	Aufstand des Shikak-Stammes in Iranisch-Kurdistan gegen die Zentralregierung und gleichzeitige Bildung mehrerer Selbstverwaltungsräte in den kurdischen Gebieten, wie in Saqqez, Mahabad und Kermanschah, durch Ghasi Fatah, einen kurdischen Gelehrten aus der Ghasi-Familie
1908	Aufstand von Abdul Salim Barsani gegen die osmanische Herrschaft
1916	Alliierte Geheimverträge über die Aufteilung des Osmanischen Reichs und Kurdistans (Sykes-Picot-Abkommen). Beginn der Deportation von 700 000 bis 1 000 000 Kurden nach Westanatolien
30. Okt. 1918	Das Osmanische Reich kapituliert und wird auf einen türkischen Reststaat reduziert.

April 1919	Aufstand unter Scheich Mahmud in Suleimania (Süd-Kurdistan/Irak) gegen das englische Mandat. Der Aufstand der Kurden wird niedergeschlagen.
1920	Beginn des Aufstandes von Ismail Aga Simko, einem kurdischen Führer aus Ost-Kurdistan (Iran). 1922 marschiert die iranische Armee ein und zerschlägt den Aufstand. Die Truppen Simkos fliehen zu anderen Stämmen der Region.
10. Aug. 1920	Der Friedensvertrag von Sèvres rechnet die Kurden zu den »befreiungswürdigen Völkern«. Der Vertrag sieht im Teil III (Art. 62–64) die Schaffung eines Staates auf einem Teil des kurdischen Gebietes vor.
23. Aug. 1921	Sir Percy Cox, britischer Hochkommissar in Mesopotamien, setzt den Emir Faisal (Sohn des Sherifs von Mekka), den die Franzosen aus Syrien verjagt hatten, als irakischen König ein. Die Kurden von Mosul boykottieren massiv das Plebiszit, das für die »Wahl« von Faisal organisiert worden war.
20. Okt. 1921	Französisch-türkischer Vertrag von Ankara. Frankreich annektiert zu Syrien – das unter seinem Mandat steht – die kurdischen Provinzen Dschesirah und Kurd Dagh.
1923	Zweiter Aufstand von Scheich Mahmud. Er ernennt sich zum »König von Kurdistan« und nimmt Verbindung mit dem Anführer der Kurden im Iran, Simko, auf, der seit 1920 gegen die persische Herrschaft kämpft. Diese Bewegung wird von der britischen Armee niedergeschlagen und der Scheich nach Indien verbannt.
24. März 1923	Vertrag von Lausanne zwischen der Regierung Kemal Atatürk (Ankara) und den Alliierten, der den Vertrag von Sèvres wieder aufhebt und die Annektierung des größten Teils von Kurdistan durch den neuen türkischen Staat absegnet. Unter Mustafa Kemal, der sich später Atatürk nennen ließ, entwickelt sich ein umfassender, rücksichtsloser Nationalismus, der die Türkei prägt.

Januar 1925	Bei einer unter Kontrolle des Völkerbunds durchgeführten Volksabstimmung in Süd-Kurdistan (Irak) entscheidet sich die Mehrheit der Kurden gegen einen Anschluß an den Irak und für die Unabhängigkeit. Am 16.12.1925 beschließt der Rat des Völkerbunds entgegen der durchgeführten Volksabstimmung und auf britische Forderungen hin, der Annexion des südlichen Kurdistan (Erdölregion Mosul!) durch den irakischen Staat zuzustimmen. Die Anteile der Irakischen Erdölgesellschaft gehen zu 52,5% an eine englische, zu 21,25% an eine amerikanische und zu 21,25% an eine französische Firmengruppe.
März 1925	Scheich Said beginnt in Nordwest-Kurdistan (Türkei) den bis dahin größten Aufstand, der blutig niedergeschlagen wird.
1926	Erneuter Aufstand unter Simko
August 1927	Gründungskongreß von »Khoybun« (»Unabhängigkeit«), einer nationalen kurdischen Liga. Darin schließen sich alle Organisationen und Parteien zusammen, die nach dem Ersten Weltkrieg gegründet wurden.
1929	Die Wahlen zum irakischen Parlament werden in den kurdischen Gebieten boykottiert. Die Kurden wenden sich wegen der Sicherstellung ihrer Rechte an den Völkerbund. Unruhen brechen aus.
1930	Eine große Widerstandsbewegung organisiert sich unter der Führung der Khoybun in der Gegend um den Berg Ararat. Die Türkei und der Iran schließen einen Pakt, um sie niederzuschlagen.
Juni 1930	Simko, der Anführer der Kurden im Iran, der seit 1920 gegen die Zentralregierung gekämpft hat, wird bei Verhandlungen mit den Repräsentanten Teherans ermordet.
Herbst 1931	Neuer Aufstand im iranischen Kurdistan unter der Führung des Bruders des ermordeten Simko.
1931	Von den Engländern aus Indien zurückgeholt, ruft Scheich Mahmud erneut zum Aufstand im irakischen

	Kurdistan auf. Dieser wird niedergeschlagen, Mahmud von den Engländern gefangengenommen und in Bagdad unter Hausarrest gestellt. Daraufhin erheben sich die irakischen Kurden, diesmal unter der Führung von Scheich Ahmad Barsani und seines jüngeren Bruders Mulla Mustafa Barsani. Die britische Luftwaffe greift kurdische Dörfer an.
Mai 1932	Ankara verkündet ein Gesetz zur Deportation und Versprengung der Kurden. Mehrere hunderttausend Kurden werden nach Zentral- oder Westanatolien deportiert.
1933	Neuer kurdischer Aufstand im Irak unter Führung der Barsanis
1936 bis 1938	Aufstand von Sayyed Reza Dersimi in Türkisch-Kurdistan
1937	Saadabad-Vereinbarung in Teheran zwischen Afghanistan, Iran, Irak und der Türkei, in der u. a. die Bekämpfung der Befreiungsbewegungen vereinbart wurde
1939	Gründung der kurdischen Organisation Hewa (»Hoffnung«) in Irakisch-Kurdistan
1941	Besetzung Irans durch die alliierten Truppen, Absetzung des iranischen Diktators Reza Schah und Freilassung aller politischen Gefangenen, auch der kurdischen
16. Sept. 1942	Gründung der Organisation Komala (Komala Jiyanawey Kurd) in der nicht okkupierten Region in Iranisch-Kurdistan
1943 bis 1945	Ständige Bombardierung Irakisch-Kurdistans durch die britische Luftwaffe und heftiger Widerstand der Barsanis. Mulla Mustafa Barsani legt der Regierung in Bagdad ein Memorandum vor, in dem kulturelle und wirtschaftliche Interessen der Kurden sichergestellt werden sollen. Bagdad lehnt ab. Erneut folgen irakisch-britische Angriffe auf die kurdischen Gebiete, die zunächst abgewehrt werden können. 1944 kommt es zu einem Waffenstillstand. 1945 flammen die Kämpfe

	erneut auf, und im September müssen sich die Pesh Merga, unter Führung Barsanis, mit ihren Familien in den Iran zurückziehen.
Januar 1946	Gründung der bisher einzigen kurdischen Republik, der »Republik von Mahabad«. Präsident ist Ghasi Muhammad. Als im November 1946 die bis dahin als »Schutzpatron« der kurdischen Republik fungierenden sowjetischen Truppen aus dem Norden des Iran abziehen, dringt im Dezember 1946 die Armee des Schahs von Persien in Mahabad ein. Ghasi Muhammad und weitere Mitglieder der kaum ein Jahr existierenden kurdischen Republik werden von iranischen Militärs am 31. Mai 1947 gehenkt.
August 1947	Gründung der »Kurdischen Demokratischen Partei« des Irak. Barsani wird, trotz Abwesenheit, zum Vorsitzenden gewählt. Von Anfang an gibt es zwei unterschiedliche Ziele für die Zukunft Kurdistans: erstens das Konzept einer kurdisch-arabischen »Bruderschaft« innerhalb des Irak, zweitens die überregionale Lösung der Kurdenfrage.
1950/51	Kurdische Familien aus Dörfern in der Region Van werden zwangsdeportiert. In ihren Häusern werden türkische Familien aus Bulgarien und Jugoslawien angesiedelt.
1955	Bagdad-Pakt zwischen Türkei, Irak und Iran. U. a. werden gemeinsame Militäroperationen gegen jede kurdische Befreiungsbewegung vereinbart. Später tritt England dem Abkommen bei. Die USA nehmen Beobachterstatus ein.
1957	Nach dem Beispiel der KDP-Irak wird in Syrien die »Kurdische Demokratische Partei Syrien« gegründet. Ziel ist die Anerkennung der Kurden als ethnische Gruppe, eine Landreform und eine demokratische Regierung in Damaskus.
1958	Militärputsch im Irak beseitigt die Monarchie. Mustafa Barsani kehrt aus dem sowjetischen Exil zurück. Beginn eines kurdisch-arabischen Dialogs. Die neue Verfassung des Irak sieht Autonomie für die Kurden vor.

1959	Ein militanter Flügel der KDP-Iran beginnt in der Gegend um Mahabad, Baneh und Sardascht mit dem Guerillakampf.
1959	Mustafa Barsani von der Schwesterpartei (KDP-Irak) stellt sich an die Seite des Schah und bekämpft die Weggenossen der KDP-Iran.
1960	Militärputsch in der Türkei unter Führung von General C. Gürsel gegen die Regierung Menderes. Eine neue Verfassung wird verabschiedet, garantiert aber keine erweiterten Rechte für Kurden. »Kürtcülük«, so wird in der türkischen Sprache der sogenannte »kurdische Separatismus« genannt, wird zum Staatsverbrechen erklärt.
1961	Der kurdischen Bewegung im Irak wird »Separatismus« vorgeworfen, es folgen erste Verbote von kurdischen Zeitungen. Barsani zieht sich in die Berge nahe der türkisch-irakischen Grenze zurück.
September 1961	Am 11. September beginnt der bewaffnete Aufstand in Süd-Kurdistan (Nordirak), der nach und nach zu einer Volksbewegung der nationalen Befreiung wird. Die irakische Luftwaffe beginnt mit massiver Bombardierung kurdischer Dörfer.
1962	Die Regierung in Damaskus erläßt das Gesetzesdekret Nr. 93, wonach eine außerordentliche Volkszählung in der Provinz Dschesirah zulässig ist. Als Ergebnis werden 120 000 Kurden zu »Fremden« erklärt. Die syrischen Staatsbürgerrechte werden ihnen entzogen. Um der »kurdischen Gefahr« entgegenzutreten, entwickelt die Regierung Pläne für die Einrichtung eines »arabischen Gürtels«.
1963	Die Baath-Partei übernimmt die Macht in Bagdad. Provisorischer Waffenstillstand an der kurdischen Front. Kurz darauf beginnt eine neue Offensive gegen die kurdische Bewegung. Luftwaffe und Armee von Syrien unterstützen die irakische Armee gegen die Kurden.

März 1963	Baath-Partei unter Führung von Michael Aflaq übernimmt die Macht in Syrien. Die Lage der Kurden verschärft sich.
1964	Bagdad vereinbart mit den Kurden erneut einen Waffenstillstand, der die nationalen Rechte der Kurden in Süd-Kurdistan (Nordirak) anerkennt. Das führt zu Streitigkeiten innerhalb der KDP-Irak. Eine Gruppe unter Dschalal Talabani und Ibrahim Ahmed (Schwiegervater von Talabani) kritisiert Barsani und spaltet sich ab. Die Gruppe um Talabani richtet sich in der südlichen Provinz Suleimania ein. Seitdem kommt es immer wieder zu innerkurdischen Kämpfen der beiden Parteien.
1965	Gründung der Kurdischen Demokratischen Partei der Türkei (KDP-Türkei). Kurz darauf wurden die beiden Vorsitzenden durch Agenten des türkischen Geheimdienstes ermordet. Die Partei spaltete sich und verlor an Bedeutung.
1967	Das »Gesetz zur Kulturpflege« bestimmt ein Verbot kurdischer Literatur und Musik in Nordwest-Kurdistan (Türkei).
1970	Am 11. März wird eine kurdisch-irakische Vereinbarung (März-Abkommen) über die »Autonomie Kurdistans« unterzeichnet. Laut Abkommen sollen fünf kurdische Vertreter Kabinettsminister in Bagdad werden. Eine Landreform soll durchgeführt werden. Gesundheitsversorgung und Erziehungswesen sollen auf die entlegensten Gebiete ausgeweitet werden. An den Schulen soll Kurdisch gelehrt, eine kurdische Akademie der Wissenschaften gegründet werden. Doch ist die Zentralregierung in Bagdad nicht bereit, die kurdischen Forderungen nach Kontrolle der Erdölgebiete um Kirkuk und Kanaquim zu erfüllen. Die folgenden Jahre sind von ständigen Angriffen, Attentaten auf kurdische Führer und einer Politik der Arabisierung geprägt. Der Autonomiestatus Süd-Kurdistans existiert de facto nicht.

1972	Deportation von mehr als 3000 Bauern aus der Provinz Hakkari in Nordwest-Kurdistan (Südosttürkei).
1972	Gründung der ersten kurdischen Universität, nach der Vierteilung (1923) in Suleimania, Süd-Kurdistan (Nordirak).
März 1974	Im März verkündet Bagdad ein »Gesetz über die kurdische Autonomie«, das aber weit weniger Rechte für Kurden vorsieht als 1970 vereinbart worden war. Es kommt zum bisher größten irakisch-kurdischen Krieg. Barsani wird von den USA und Iran, die ihn auch zum Krieg gegen Bagdad gedrängt hatten, zunächst unterstützt, jedoch auf dem Höhepunkt der Kämpfe wegen einer abrupten Neuorientierung der Politik Washingtons und Teherans fallengelassen.
März 1975	Algier-Abkommen zwischen Iran und Irak, die u.a. die Einstellung iranischer Waffenhilfe an die Kurden des Irak beinhaltet. Daraufhin beginnt Bagdad eine mörderische Offensive.
Juni 1975	In Berlin wird die Patriotische Union Kurdistans (PUK) gegründet. Führer der PUK ist seitdem Dschalal Talabani.
1975	Entlang der iranischen und türkischen Grenze wird ein zehn bis zwanzig Kilometer breiter Streifen von den irakischen Behörden menschenleer gemacht. Die Kurden leisten bewaffneten Widerstand gegen die Deportationen.
1978	Mustafa Barsani zieht sich, schwer an Krebs erkrankt, in die USA ins Exil zurück. Er stirbt dort 1979. Seine Nachfolge treten seine Söhne Idris und Massud Barsani an. Nach dem Tod von Idris Barsani 1987 führt Massud Barsani die KDP-Irak allein.
November 1978	Die Gründung der Arbeiterpartei Kurdistans, PKK (Partîya Karkêren Kurdîstan) wird bekanntgegeben. Gründer, Vorsitzender, Stratege und Ideologe der PKK ist von Anfang an Abdullah Öcalan.

Februar 1979	Der Schah von Persien wird gestürzt. Ajatollah Khomeini übernimmt die Macht. Die Kurden erhoffen sich mehr Autonomie. Doch nach der Festigung seiner Macht geht auch dieses Regime mit der Armee gegen die Kurden vor. Mehrere zehntausend Kurden fallen den Kämpfen zum Opfer.
1980	Das türkische Militär unter General Kenan Evren putscht zum dritten Mal. Der Putsch wird unterstützt von NATO und USA. Die NATO stationiert schnelle Eingreiftruppen im Herzen Kurdistans, in Van und Batman. Evren begründet den Putsch damit, »zu den Quellen des Kemalismus zurückkehren« zu wollen und »die separatistischen Umtriebe zu bekämpfen«. Der Putsch richtet sich eindeutig gegen die aufkeimende kurdische Befreiungsbewegung.
23. Sept. 1980	Beginn des ersten Golfkrieges zwischen Irak und Iran, der größtenteils auf dem Gebiet der Kurden tobt
1981	Streitigkeiten zwischen der PUK und der KDP-Irak bestimmen die politische Landschaft in Süd-Kurdistan (Nordirak). 1981 kommt es sogar zu bewaffneten Zusammenstößen zwischen beiden Parteien.
März 1982	Mazlum Dogan, Mitbegründer und Mitglied des ZK der PKK, verbrennt sich aus Protest gegen die physischen und psychischen Foltern der Gefangenen im Gefängnis von Diyarbakir.
August 1984	Der Angriff der PKK-Kämpfer auf die Städte Eruh und Semdinli markiert den Beginn des bewaffneten Kampfes gegen den türkischen Staat.
1984	Kämpfe zwischen der KDP-Iran und KDP-Irak in den Bergen des Dreiländerecks Irak-Türkei-Iran
9. Sept. 1984	Der kurdische Regisseur, Filmemacher und Schauspieler Yilmaz Güney stirbt im Alter von 47 Jahren in Paris. 1982 ist sein Film »Der Weg« mit der Goldenen Palme in Cannes ausgezeichnet worden.
1986	In Damaskus und in Afrin greifen syrische Polizeieinheiten kurdische Newroz-Feiern an. Mehrere Kurden werden erschossen. Zu der Beerdigung kommen

	40 000 Kurdinnen und Kurden. Wieder greift die Polizei ein.
Oktober 1986	Ein PKK-Kongreß im Libanon beschließt, daß der militärische Arm der PKK in die Nationale Volksbefreiungsarmee Kurdistans ARGK (Artesa Rizgariya Gele Kurdistan) umgewandelt wird.
März 1987	Durch die Unterstützung der kurdischen Guerillatruppen erringt das iranische Militär an der Nordfront einen Sieg über die irakischen Truppen. Bagdad revanchiert sich mit Giftgasangriffen auf das Hauptquartier der PUK und weitere Dörfer in Süd-Kurdistan.
1987/88	Die Anfal-Operation der irakischen Armee beginnt gegen die nicht kontrollierten kurdischen Siedlungsgebiete, im Verlauf der acht Anfal-Offensiven werden unter systematischem Einsatz von Giftgas Hunderte von Dörfern zerstört und nach kurdischen Schätzungen 180 000 Menschen verschleppt bzw. getötet.
16. März 1988	Die kurdische Stadt Halabscha wird von irakischen Bombern mit Giftgas (C-Waffen) angegriffen. Über 5000 Kurden, meist Frauen, Kinder und alte Menschen, sterben einen qualvollen Tod, Zehntausende werden verletzt.
14. Juli 1989	Tödliches Attentat auf den Generalsekretär der KDP-Iran, Abdul Rahman Ghassemlu, in Wien
1990	Gründung der Partei des Volkes (HEP). Drei Jahre später wird sie wieder verboten.
1991	Im Januar greifen alliierte Truppen den Irak an, da der Irak im Vorjahr in Kuwait einmarschierte. Die USA signalisieren den Kurden, einen Aufstand gegen Bagdad zu beginnen. Erbil und Dohuk werden schnell unter kurdische Kontrolle genommen. Am 27. März gehen die irakischen Truppen zu einer Offensive über. Die Kurden müssen zurückweichen. Mit dem Fall von Suleimania beginnt im April 1991 eine Massenflucht der kurdischen Bevölkerung vor dem Angriff irakischer Truppen in den Iran und die Türkei. Durch die Einrichtung der alliierten Schutzzone werden die Flüchtlinge

	aus der Türkei in den Süden (Nordirak) zurückgeführt. Im Schutz der von der US- und der britischen Luftwaffe kontrollierten nördlichen Flugverbotszone entwickelt sich eine weitgehende Autonomie eines großen Teils von Irakisch-Kurdistan. Verwaltung, politische Parteien, Parlament und relativer wirtschaftlicher Wohlstand in der »Autonomen Region Kurdistan« (Irak) entwickeln sich in den folgenden zwölf Jahren.
Juli 1991	Vedat Aydin, Vorsitzender der Arbeiterpartei des Volkes (HEP) in Diyarbakir und Vorstandsvorsitzender der örtlichen Sektion des Menschenrechtsvereins (IHD) wird von türkischen Spezialeinheiten aus seinem Haus geholt, bis zur Unkenntlichkeit mißhandelt und dann ermordet. Sein Leichnam wird am 8. Juli 1991 unter einer Brücke auf einer Landstraße gefunden. An der Trauerfeier am 10. Juli 1991 im Zentrum von Diyarbakir nehmen über 100 000 Menschen teil. Durch den Kugelhagel der Spezialteams, Kommandoeinheiten und der Polizei werden elf Menschen getötet und mehrere hundert verletzt.
1992	Bei den Newroz-Feierlichkeiten in Kurdistan erschießen die türkischen Streitkräfte über 100 Kurdinnen und Kurden.
18. Aug. 1992	70 Prozent der kurdischen Stadt Sirnak wird durch türkisches Militär mit schweren Waffen vernichtet.
März 1993	Abdullah Öcalan verkündet in Libanon den ersten einseitigen Waffenstillstand. Er erklärt, daß die PKK bereit ist, die Kurdistan-Frage auf politischem Wege zu lösen und eine Zeit friedlicher Verhandlungen zu beginnen.
1993	Gründung der Demokratie Partei (DEP). Auch sie wird ein Jahr später verboten. Insgesamt 24 Parteiführer und Mitglieder, darunter auch Abgeordnete, werden Opfer von »unaufgeklärten Morden«.
22. Okt. 1993	Zerstörung der kurdischen Stadt Lice durch türkisches Militär
1994	Die Demokratiepartei des Volkes (HADEP) wird am 11. Mai 1994 gegründet. Repressionen, Folter, Drohun-

	gen und Mord werden auch gegen die HADEP fortgesetzt.
1995	Aachener Friedenspreis 1995 für die inhaftierte kurdische Abgeordnete Leyla Zana. Sie wird im gleichen Jahr auch für den Friedensnobelpreis nominiert.
März/April 1995	Die türkische Armee marschiert mit 50 000 Soldaten in die kurdischen Gebiete des Nordirak ein. Ihr Ziel ist die Zerstörung der Lager der PKK.
Mai 1995	Der erste kurdische Fernsehsender Med-TV beginnt regelmäßig Sendungen in kurdischer, türkischer, assyrischer und arabischer Sprache für ganz Europa, Nordafrika und den Nahen Osten auszustrahlen.
August 1995	Zur Beendigung des Streits zwischen der KDP und PUK in Irak findet ein Treffen in Dublin statt. Neben den Konfliktparteien KDP und PUK nehmen auch Vertreter des INC und Delegationen der USA und Großbritanniens teil. Der US-Delegationsleiter übergibt beiden kurdischen Parteien einen Brief, in dem die USA einen eigenständigen kurdischen Staat, nicht jedoch eine Föderationslösung im Irak ablehnen.
November 1998	Abdullah Öcalan wird nach massivem militärischen Druck der Türkei aus Syrien, wo er Unterstützung gefunden hatte, ausgewiesen. Er reist nach Rom, um eine friedliche und demokratische Lösung der Kurdenfrage unter Beteiligung der Europäer zu erreichen. Im Januar 1999 verläßt er Italien.
15. Febr. 1998	Abdullah Öcalan wird in einer Geheimdienstoperation aus Kenia in die Türkei entführt und im Juni 1999 vom türkischen Staatssicherheitsgericht zum Tode verurteilt.
April 2002	Washingtoner Kurdenkonferenz: Die Führer der beiden großen kurdischen Parteien des Irak, Massud Barsani (KDP) und Dschalal Talabani (PUK), werden in Washington von US-Präsident Bush empfangen und führen mit dem Vizepräsidenten, dem Außen- und dem Verteidigungsminister der USA Gespräche über die Zukunft der Kurden des Irak nach dem schon geplanten Krieg gegen den Irak und dem erwarteten

	Sieg. Die Kurdenführer werden aufgefordert, die US-Kriegspläne zu unterstützen. Der Lohn der Kurden soll die Umwandlung der bereits bestehenden De-facto-Autonomie im Irak in eine De-jure-Autonomie sein.
Mai 2002	Bei Geheimverhandlungen in der Nähe von Berlin wird die Zusammenarbeit zwischen US-Spezialtruppen und den militärischen Verbänden der irakischen Kurdenparteien konkret besprochen.
Juli 2002	Auf Drängen der Europäischen Union, der Menschenrechtskommission der UNO und einiger NATO-Partner kündigt Ankara gewisse Reformen seiner bis dahin extrem restriktiven Kurdenpolitik an. Unter anderem sollen privat veranstaltete kurdische Sprachkurse gestattet und nicht mehr verfolgt werden. »In Zukunft« sollen auch kurdische Sendungen in Rundfunk und Fernsehen möglich werden.
Dezember 2002	Aufhebung des Kriegsrechts in den kurdischen Regionen der Türkei
März 2003	Die Türkei verbietet die (kurdenfreundliche) Partei HADEP.
März/April 2003	Kurdische Pesh Merga und Spezialeinheiten unterstützen die US-Operationen im Nordirak. Sie erleiden Verluste vor allem durch »friendly fire«, fehlgezielte Luftschläge der US Air Force.
Mai 2003	Zumindest vorläufig erfüllt sich ein kurdischer Traum: Die im Erdölfördergebiet gelegene Großstadt Kirkuk, »das kurdische Jerusalem«, erhält durch Rückkehr Zehntausender kurdischer Vertriebener wieder eine kurdische Bevölkerungsmehrheit und einen kurdischen Oberbürgermeister.

Quellen- und Literaturverzeichnis

Das Material für dieses Buch geht zum großen Teil auf eigene Erlebnisse und Beobachtungen während zahlreicher Reisen in die kurdischen Regionen des Irak, des Iran, Syriens und der Türkei in den Jahren 1973 bis 2003 zurück. Von den vielen kurdischen Gesprächspartnern in den verschiedenen Teilen Kurdistans und in Europa werden manche im Text namentlich aufgeführt; andere bleiben besser ungenannt.

Ausführliche Interviews habe ich in verschiedenen Orten Kurdistans, in Teheran, Damaskus, Beirut, Bonn, Berlin und München mit den folgenden Kurdenführern und -politikern geführt: Mulla Mustafa Barsani, Massud Barsani, Idris Barsani, Dilschad Barsani, Ali Homam Ghasi, Abdullah Öcalan, Mahmud Osman, Sami Rahman, Dschalal Talabani.

Für die Mithilfe bei der Beschaffung und Auswertung der zu Rate gezogenen wissenschaftlichen Literatur und der Reiseberichte danke ich insbesondere Herrn Dr. H. W. Poll, Köln, für die Erläuterung kurdischer Begriffe Herrn Tarik Akrawi, Königswinter.

Im nachfolgenden Verzeichnis wird nur eine überschaubare Auswahl von ohne große Schwierigkeiten zugänglicher Literatur aufgeführt, vorwiegend in deutscher, englischer und französischer Sprache. Von der Aufnahme arabischer, türkischer und kurdischer Literatur wurde im wesentlichen abgesehen. Von den besonders reichlich vorhandenen Arbeiten russischer Kurdologen sind nur jene genannt, die tatsächlich zu Rate gezogen wurden. Herrn Dr. Poll sei an dieser Stelle besonders für die Auswertung der russischen Titel und für die Übersetzungen aus dem Russischen gedankt.

Aufsätze in wissenschaftlichen Zeitschriften werden nur erwähnt, wenn der Autor sie benutzte und teilweise auch zitierte. Zahlreiche Jahrgänge folgender Zeitungen und Zeitschriften wurden ausgewertet: *Christ und Welt, Daily Telegraph, Die Welt, Evening Standard, Frankfurter Allgemeine Zeitung, Frankfurter Rundschau, International Herald Tribune, Le Monde, New York Times, Neue Zürcher Zeitung, Observer, Pogrom, Spiegel, Stern, Süddeutsche Zeitung, Times, Taz, Washington Post.*

Selbstverständlich standen mir auch alle Druckschriften (und neuerdings Internetseiten) der kurdischen politischen und kulturellen Organisationen zur Verfügung.

Zur Darstellung mehrerer Kapitel der kurdischen Geschichte vor 1980 habe ich mich inhaltlich und mit umfangreichen Auszügen im wesentlichen auf mein eigenes Buch »Saladins Söhne«, München 1983, gestützt.

Die Quellen in alphabetischer Reihenfolge:

Abbas, Hilmi: *Altkurdische Kampf- und Liebeslieder,* München 1964

Adamson, David Grant: *The Kurdish War,* New York 1965

Ainsworth, William: *A Personal Narrative of the Euphrates Expedition,* London 1888

Akdag, C.: *Familienauseinandersetzungen und Stammeskämpfe. Analysen und Dokumente,* Berlin 1977

Al-Dahoodi: *Die Kurden. Geschichte, Kultur und Überlebenskampf,* Frankfurt 1987

Amirsadeghi, Hossein: *Twentieth Century Iran,* London 1977

Arfa, Hassan: *The Kurds. A Historical and Political Study,* London 1966

Aristova, Tatjana Fedorovna: *Kurdy Zakavkazja* (Die Kurden Transkaukasiens), Moskau 1966

Armstrong, H. C.: *Grey Wolf Mustafa Kemal,* London 1932

Aydinlik: *Die Kurdenfrage,* dt. Ausgabe 1974

Azizan, Herekol: *De la question kurde,* Qelemsah 1934

Bachmann, Walter: *Kirchen und Moscheen in Armenien und Kurdistan,* Leipzig 1913

o'Ballance, Edgar: *Tbe Kurdish Revolt, 1961–1970,* London 1973

Barb, H. A.: *Einführung in die unter dem Namen Tarich el-Akrad bekannte Kurdenchronik Scheref,* in: Sitzungsbericht d. Philos.-hist. Klasse d. Kaiserlichen Akademie d. Wissenschaften in Wien, Wien 1853

Barth, Fredrik: *Principles of Social Organization in Southern Kurdistan,* Oslo 953

Bedir Khan, Amurhan Ali: *La lyre kurde,* Paris 1973

Bedir Khan, Amurhan Ali: *La calvaire de Kurdistan,* Paris 1973

Bedir Khan, Amurhan Ali: *Der Schnee des Lichtes,* Paris 1968

Bedir Khan, Amurhan Ali: *Der Adler von Kurdistan,* Potsdam 1938

Bedir Khan, Amurhan Ali, und Lescot, R.: *Grammaire kurde (Dialecte kurmandij),* Paris 1970

Behn, Wolfgang: *The Kurds in Iran,* London 1977

Berendt, Günter: *Nationalismus in Kurdistan: Vorgeschichte, Entstehungsbedingungen und erste Manifestationen bis 1925*, Hamburg 1978 (DOI)
Berliner, R., und Borchardt, P.: *Silberschmiedearbeiten aus Kurdistan*, Berlin 1922
Biegel, Leonard Cuno: *Minderheden in het Midden-Oosten*, Deventer 1972
Binder, Henry: *Au Kurdistan*, Paris 1887
Bishop, Isabella Bird: *Journeys in Persia and Kurdistan*, London 1891
Blau, J.: *Dictionnaire kurde-français-anglais*, Brüssel 1965
Blau, J.: *Le probleme kurde. Essai sociologique et historique*, Brüssel 1963
Bois, Thomas: *The Kurds*, Beirut 1966
Bois, Thomas: *Connaissance des Kurdes*, Beirut 1965
Brentjes, B.: *Die älteste Darstellung von Kurden auf einem persischen* (?) *Siegelzylinder*, in: Wissenschaftliche Zeitschrift der Martin-Luther-Universität Halle-Wittenberg, Halle 1963
Chalfin, Naftula Aronovic: *Borba za Kurdistan* (Kampf um Kurdistan), Moskau 1963
Chaliand, Gerard: *La question kurde*, Paris 1961
Chaliand, Gerard (Hrsg.): *Kurdistan und die Kurden*, Göttingen 1984
Christoff, Hellmut: *Kurden und Armenier*, o. O. 1935
Chubin, Sharam: *Soviet Policy Towards Iran and the Gulf*, Adelphi Papers No. 157, Washington 1980
Clayton, L.: *The Mountains of Kurdistan*, o. O. 1886–1888
Clement, A.: *Excursions dans le Kurdistan ottoman, de Kerkuk à Revandouze*, Paris 1866
Coan, Frederick Gaylord: *Yesterdays in Persia and Kurdistan*, Claremont (Calif.) 1939
Creagh, J.: *Armenians, Kurds and Turks*, London 1880
Dersimi, M. N.: *Kürdistan Tarihinde Dersim*, Aleppo 1952
Dettmann, K.: *Vertraue der Pranke. Bilddokumente Kurdistan 1963–1965*, Hamburg 1970
Deutsches Orient-Institut (Hrsg.): *Aktueller Informationsdienst moderner Orient. Sondernummer: Material zum Kurdenproblem*, Hamburg 1970
Eagleton, William: *The Kurdish Republic of 1946*, London 1963
Edmonds, C. J.: *Kurds, Turks and Arabs*, London 1957
Edmonds, C. J.: *A Pilgrimage to Lalish*, o. O. 1967
Edmonds, C. J., und Wehby, T.: *A Kurdish-English Dictionary*, Oxford 1966
Eickstedt, Egon von: *Türken, Kurden und Iranier seit dem Altertum*, Stuttgart 1961
Fieldhouse, D. K.: *Kurds, Arabs and Britons: The Memoirs of Wallace Lyon in Iraq 1918-44*, Oxford 1965

Fowler, Georg: *Drei Jahre in Persien und Reiseabenteuer in Kurdistan*, Aachen/Leipzig 1842
Franklin, William: *Bemerkungen auf einer Reise von Bengalen nach Persien*, o. O. 1786
Frazer, J. B.: *Travels in Koordistan, Mesopotamia*, 2 Bde., London 1840
Fuad, Kamal: *Kurdische Handschriften*, Wiesbaden 1970
Gavan, S. S.: *Kurdistan, Divided Nation of the Middle East*, London 1958
Ghareb, Edmund: *The Kurdish Question in Iraq*, Syracuse (N. Y.) 1981
Ghassemlu, Abdul Rahman: *Kurdistan and the Kurds*, Prag 1965
Ghasi, Ali Homam: *Die Kurden – Waisenkinder des Universums*, Herford 1994
Gstrein, Heinz: *Volk ohne Anwalt. Die Kurdenfrage im Mittleren Osten*, Freiburg (Schweiz)/Nürnberg 1974
Gunter, Michael M.: *The Kurdish Predicament in Iraq*, London/New York 1992
Halban, George: *Malik der Wolf*, München 1975
Hamilton, A. M.: *Road Through Kurdistan*, New York 1975
Hammond, Thomas: *The Anatomy of Communist Takeovers*, New York 1975
Händel, Manzetti H.: *Kurdistan*, Jena 1912
Hansen, H. H.: *The Kurdish Woman's Life*, Kopenhagen 1961
Hansen, H. H.: *Daughters of Allah*, Kopenhagen 1960
Haraldsson, Erlendur: *Land im Aufstand: Kurdistan*, Hamburg 1966
Hauser, Hans: *Kurdistan. Schicksal eines Volkes*, München 1975
Hay, W. R.: *Two Years in Kurdistan*, London 1921
Heinrich, Lothar A.: *Die kurdische Nationalbewegung in der Türkei*, Hamburg 1988 (DOI)
Helsinki Watch/Human Rights Watch (ed): *The Kurds of Turkey: Killings, Disappearances and Torture*, New York 1990
Hesse, F.: *Die Mossulfrage*, Berlin 1925
Hirszowicz, Lukasz: *The Third Reich and the Arab East*, London/Toronto 1966
Hoffmeister, E. von: *Durch Armenien und der Zug Xenophons*, Leipzig/Berlin 1911
Hottinger, *Arnold: Der Kampf der irakischen Kurden um die Autonomie*, in: Europa-Archiv 12/1965
Hünseler, Peter: *Der Irak und sein Konflikt mit Iran. Entwicklung, innenpolitische Bestimmungsfaktoren und Perspektiven*, Forschungsinstitut der Deutschen Gesellschaft für Auswärtige Politik, Bonn 1982
Hurevitz, J. C.: *Middle East Politics. The Military Dimension*, o. O. 1969
Hurevitz, J. C.: *Diplomacy in the Near and Middle East. A Documentary Record 1914–1956*, Princeton 1956
Hussein, Saddam: *Iraq Asserts its Sovereignity*, Bagdad 1981

Hüsing, Georg: *Der Zagros und seine Völker. Der Alte Orient,* Leipzig 1908
Hütteroth, Wolf-Dieter: *Bergnomaden und Yaylabauern im mittleren kurdischen Taurus,* Marburg 1959
Jafaar, Majeed R.: *Under-Underdevelopment. A Regional Case Study of the Kurdish Area in Turkey,* Helsinki 1976
Khadduri, Majid: *Independent Iraq, A Study in Iraqui Politics since 1932,* London/NewYork/Toronto 1951
Khadduri, Majid: *Socialist Iraq. A Study in Iraqi Politics since 1968,* Washington 1978
Khani, Ahmad: *Mam und Zin, genannt Romeo und Julia der Kurden,* München 1969
Kinnane, Derek: *Kurds and Kurdistan,* London 1964
Kissinger, Henry A.: *Memoiren,* 2 Bde., München 1979 und 1982 (Original: *White House Years,* New York 1979)
Klippel, Ernst: *Unter Drusen, Kurden und Teufelsanbetern,* Berlin 1926
Köhler, W.: *Die Kurdenstadt Bitlis nach dem türkischen Reisewerk des Ewlija Tschelebi (17. Jahrhundert),* Diss. München 1926
Komala (Hrsg.):
- *Komala and the Kurdish People's Resistance Movement. Speech Made by Komala Member to the People of Mahabad. June 1980,* Uppsala 1980
- *Bemerkungen zu einigen politischen Ereignissen von März 1980 bis März 1981,* Berlin1981

Kowalewski, E. de: *Les Kurdes et les Yezidis,* Brüssel 1890
Laber, Jeri: *Destroying ethnic identity: The Kurds of Turkey,* US Helsinki Watch Committee New York 1978
Layard, Austen Henry: *Niniveh and its Remains,* London 1849 (deutsch: *Auf der Suche nach Ninive,* Leipzig 1854)
Layard, Austen Henry: *Early Adventures in Persia,* 2 Bde., 1887–1894
Lazarev, Mikhail Semenovich: *Kurdskij Vopros (Die kurdische Frage)* 1891–1917, Moskau o. J.
Lehmann-Haupt, C. F.: *Armenien einst und jetzt,* o. O. 1931
Lerch, Peter: *Forschungen über die Kurden und iranischen Nordchaldäer,* St. Petersburg 1857
Longrigg, S. H.: *Oil in the Middle East: Its Discovery and Development,* London 1968
Lovat, François Xavier: *Kurdistan Democratic Party,* London 1999
Luschan, Felix von: *Völker, Rassen, Sprachen,* o. O. 1922
Mackenzie, D. N.: *Kurdish Dialect Studies,* 2 Bde., Oxford 1961
Mann, Oscar: *Kurdisch-persische Forschungen,* Berlin o. J.
Maunsell, F.: *Kurdistan,* London 1894
May, Karl: *Durchs wilde Kurdistan,* Bamberg, Ausgabe 1962

Millingen, F.: *Wild Life Among the Koords,* London 1879
Moltke, Helmuth Karl Bernhard von: *Das Land und Volk der Kurden,* in: *Vermischte Schriften zur orientalischen Frage,* Berlin 1892
Moltke, Helmuth Karl Bernhard von: *Briefe über Zustände und Begebenheiten in der Türkei aus den Jahren 1835–1839,* Berlin 1841
Müller, Gottfried J., *Einbruch ins verschlossene Kurdistan,* Reutlingen 1937
Nebez, Jemal: *Der kurdische Fürst Mir Muhammad i-Rawandizi,* Hamburg 1970
Nebez, Jemal: *Kurdische Märchen und Volkserzählungen,* Berlin 1972
Nebez, Jemal: *Kurdistan und seine Revolution,* Berlin 1972
Nehru, Jawaharlal: *Glimpses on World History,* Bd. III, Allahabad 1935
Niebuhr, Karsten: *Reisebeschreibung nach Arabien und andern umliegenden Ländern,* Göttingen 1770
Nikitin, Basil: *Les Kurdes,* Paris 1956
Nolde, E.: *Reise nach Innerarabien, Kurdistan und Armenien 1892,* Braunschweig 1895
Odell, P. R.: *An Economic Geography of Oil,* London 1963
Pietschmann, Victor: *Durch kurdische Berge und armenische Städte,* Wien 1940
Price, M. Philips: A *History of Turkey,* London 1968
Puchstein: *Reise in Kurdistan,* Berlin 1883
Quazzaz, Shaffiq Tawfiq: *Nationalism and Cultural Pluralism: The Kurdish Case,* Ann Arbor (Mich.) 1971
Rambout, L.: *Les Kurdes,* Paris 1956
Rasoul, Fadil: *Irak-Iran. Ursachen und Dimensionen eines Konflikts,* Wien 1987
Rich, James Claudius: *Notes on Kurdistan,* London 1836
Rich, James Claudius: *Narrative of a Residence in Koordistan,* o. O. 1836
Robinson, Richard D.: *The First Turkish Republic,* Cambridge (Mass.) 1963
Rohrbach, Paul: *Vom Kaukasus zum Mittelmeer,* Leipzig 1903
Rohrbach, Paul: *Im vorderen Asien. Politische und andere Fakten,* Leipzig 1901
van Rooy, Silvio, und Tamboer, Kees: *ISK's Kurdish Bibliography,* 2 Bde., Amsterdam 1968
Rostovtzeff, M.: *Geschichte der Alten Welt,* Wiesbaden 1941
Roth, Jürgen: *Aufstand im wilden Kurdistan,* Baden-Baden 1977
Roth, Jürgen (Hrsg.): *Geographie der Unterdrückten – die Kurden. Bilder und Texte über Geschichte, Kultur, Lebensverhältnisse und Freiheitskampf einer Minderheit,* Reinbek 1978
Safrastian, Arshak: *The Kurds. Their Origins and History,* o. O. 1928
Safrastian, Arshak: *Kurds and Kurdistan,* London 1948
Sandreczki: *Reise nach Mossul und durch Kurdistan nach Urmia,* Stuttgart 1857
Sauvebreuf, Comte de: *Memoires historiques, politiques et geographiques des*

voyages du Comte de Ferrieres-Sauveboeuf faits en Turquie, en Perse et en Arabie depuis 1782 jusqu'en 1789, Maestricht 1790
Schläfli: *Beiträge zur Ethnographie Kurdistans,* in: Petermanns Mitteilungen 1863
Schlumberger, Hella: *Durchs freie Kurdistan. Erlebnisse in einem vertrauten Land,* Gütersloh 1980
Short, Martin: *The Kurds,* London 1975
Sitte, Fritz: *Ich war bei den Kurden. Augenzeuge eines Lebenskampfes,* Graz/Wien/Köln 1980
Smith, Dana Adams: *Journey Among Brave Men,* Boston 1964
Soane, E. B.: *Elementary Kurmanji Grammar,* o. O. 1919
Soane, E. B.: *To Mesopotamia and Kurdistan in Disguise,* 2nd edition, o. O.1926
Strohmeier, Martin: *Crucial Images in the Presentation of a Kurdish Identity: Heroes and Patriots, Traitors and Foes,* Leiden 1996
Sykes, Mark: *Kurdish Tribes in the Ottoman Empire,* in: Journal of Anthropological Institute, London 1908
Sykes, Mark: *The Caliph's Last Heritage,* London 1915
Taylor John: *Travels in Kurdistan,* London 1965
United Nations (Hrsg.): *Studies on Selected Development Problems in Various Countries of the Middle East,* New York 1970
Vanly, I. C.: *Le Kurdistan Irakien entité nationale,* Neuchatel 1970
Vanly, I. C.: *Interview sur le Kurdistan et la question kurde,* Paris 1960
Vanly, I. C.: *Les Kurdes et le Kurdistan dans les relations d'anciens voyageurs occidentaux,* ed. by Kurdish Students Society in Europe 1973
Vanly, I. C: *Survey of the National Questions of Turkish Kurdistan with Historical Background,* Rom 1971
Vilcevskij, O. L.: *Kurdy,* Moskau/Leningrad 1961
Wagner, M.: *Reise nach dem Ararat und Hocharmenien,* Stuttgart/Tübingen 1848
Wagner, M.: *Reise nach Persien und dem Lande der Kurden,* 2 Bde., Leipzig 1852
Wahbi, Tawfiq: *The Origins of the Kurds and their Language,* London 1968
Waheid, A.: *The Kurds and their Country,* Lahore 1958
Wentzel, Luise-Charlotte (Hrsg.): *Kurdische Märchen,* Düsseldorf/Köln 1978
Westarp, E. von: *Unter Halbmond und Sonne,* Berlin 1913
Wigram: *The Cradle of Mankind. Life in Eastern Kurdistan,* London 1940
Wunsch, J.: *Reise in Kurdistan,* Wien 1883
Xenophon: *Der Zug der Zehntausend (Cyri Anabasis),* zitiert nach der Heimeran-Ausgabe, München 1959
Yellow Book on the Kurdish Question, 2 Bde., Paris 1962
Zana, Mehdi: *La Prison no. 5: Onze ans dans les geoles turques,* Paris 1998

Personenregister

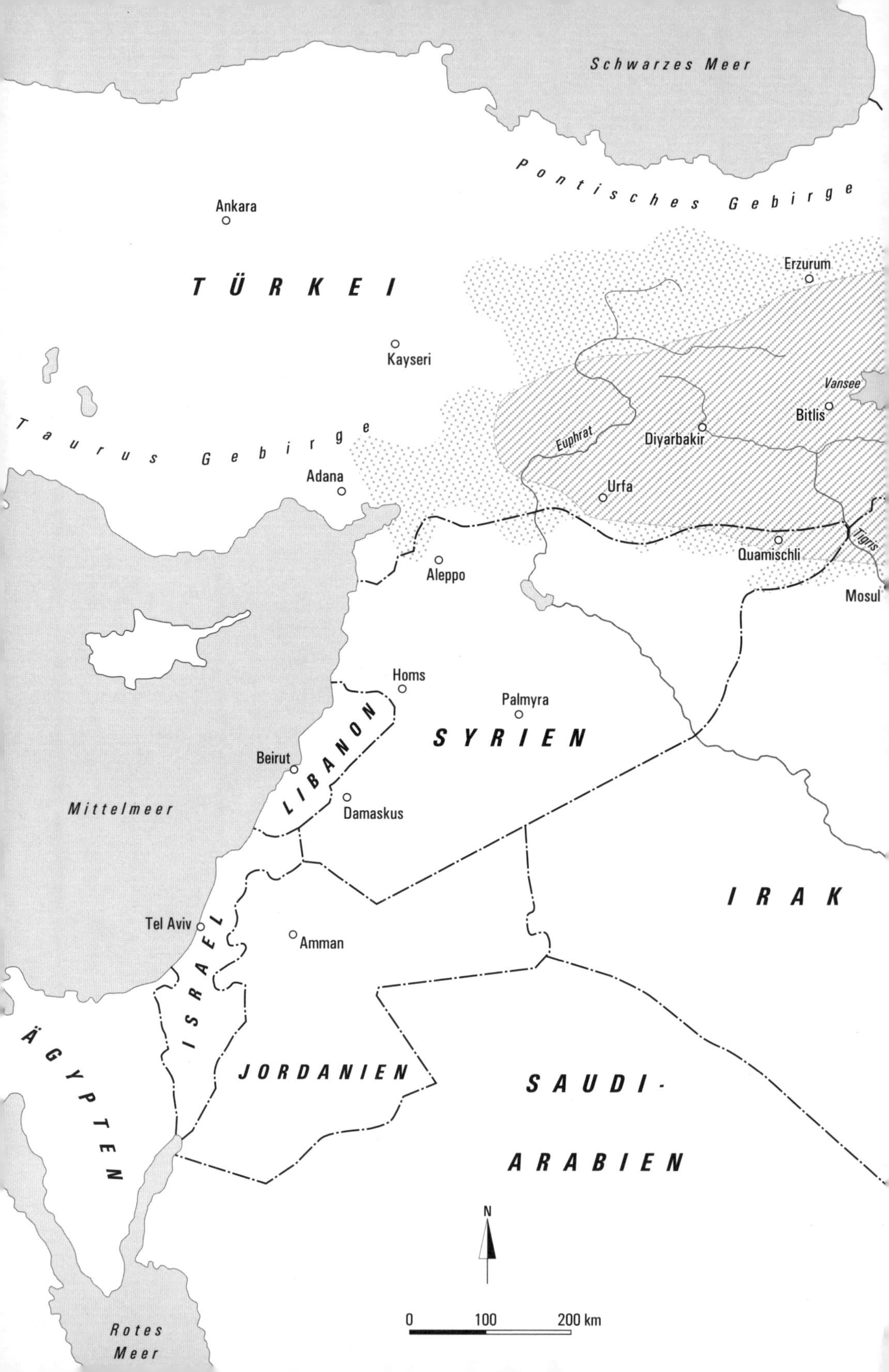

Schwarzes Meer
Pontisches Gebirge
Ankara
TÜRKEI
Erzurum
Kayseri
Vansee
Bitlis
Taurus Gebirge
Euphrat
Diyarbakir
Adana
Urfa
Tigris
Quamischli
Aleppo
Mosul
Homs
Palmyra
SYRIEN
Beirut
LIBANON
Mittelmeer
Damaskus
IRAK
Tel Aviv
ISRAEL
Amman
ÄGYPTEN
JORDANIEN
SAUDI-ARABIEN
N
0
100
200 km
Rotes Meer